Dirk Effertz

Kants Metaphysi
Welt und Freiheit

Symposion

PHILOSOPHISCHE SCHRIFTENREIHE

BEGRÜNDET VON
MAX MÜLLER, BERNHARD WELTE, ERIK WOLF

HERAUSGEGEBEN VON
ROBERT SPAEMANN,
KLAUS HEMMERLE, ALEXANDER HOLLERBACH

Dirk Effertz

Kants Metaphysik: Welt und Freiheit

Zur Transformation des Systems der Ideen in der Kritik der Urteilskraft

VERLAG KARL ALBER FREIBURG / MÜNCHEN

Die Deutsche Bibliothek – CIP-Einheitsaufnahme
Effertz, Dirk:
Kants Metaphysik: Welt und Freiheit: zur Transformation des Systems der Ideen in der Kritik der Urteilskraft / Dirk Effertz. – Freiburg (Breisgau); München: Alber, 1994
(Symposion; 99)
Zugl.: Osnabrück, Univ., Diss., 1991
ISBN 3-495-47793-4
NE: GT

Symposion 99

Gedruckt auf alterungsbeständigem Papier (säurefrei)
Printed on acid-free paper

Druck: Offsetdruckerei J. Krause, Freiburg i. Br.
ISBN 3-495-47793-4

„*Totalitas* haec absoluta . . . penitius perpensa crucem figere philosopho videtur.“

(Kant, AA 2, 391)

Vorbemerkung

Mein besonderer Dank gilt meinem Doktorvater, Herrn Prof. Dr. Heribert Boeder, der diese Arbeit angeregt und mit Wohlwollen und Geduld begleitet hat; Herr Prof. Dr. Manfred Riedel hat mich durch sein freundliches Interesse, mit dem er das Projekt verfolgt hat, sehr ermutigt. Danken möchte ich auch Herrn Prof. Dr. Raymond Klibansky, der meinen Studienaufenthalt am Wolfson College der Universität Oxford betreut hat, sowie Herrn Prof. Dr. Robert Spaemann für die Aufnahme in das „Symposion". Herr Marcus Brainard hat freundlicherweise die technische Gestaltung des Manuskripts übernommen. Nicht zuletzt schulde ich Dank der Studienstiftung des deutschen Volkes, die mich in Studium und Promotionszeit gefördert hat und ohne deren Hilfe diese Arbeit schwerlich zustandegekommen wäre.

Osnabrück, im Juni 1994 Dirk Effertz

Inhalt

Zweiter Teil
Die erneute Thematisierung der Welt in der Kritik der Urteilskraft

Vorwort

Eine Untersuchung, die sich eine Position der philosophischen Überlieferung zum Gegenstand macht, muß sich fragen lassen, welchen Standpunkt sie ihrerseits in ihrer Arbeit am überkommenen Denken einnehme. Eine Auskunft sieht sich sogleich in die gewohnte Alternative gedrängt, entweder ein historisches oder ein systematisches Interesse zu nehmen und, infolgedessen, entweder kritiklos bloß das Überlieferte auszulegen oder es daraufhin zu prüfen, was an ihm für ein „aktuelles" Interesse brauchbar sei.

Die hier versuchte Erschließung der Kantischen Position entscheidet sich weder für die eine noch für die andere Seite der Alternative, indem sie, der „Topologie der Metaphysik"[1] folgend, der Geschichte selbst eine systematische Verfassung zutraut. Die Geschichte erschließt sich systematisch, wenn auf die epochal unterschiedenen Aufgaben des Denkens geachtet wird. Für die Epoche der neueren Philosophie ist diese Aufgabe zuerst und maßgeblich für Kant von Rousseau formuliert worden – sie läßt sich in die Gewißheit „Ich bin frei" zusammenziehen. Diese Gewißheit zu „retten", ihr die Form einer philo-sophischen Logik zu leihen, ist Absicht des Kantischen Unternehmens.

Die Beziehung der Kantischen Metaphysik auf diese ursprüngliche Gestalt des Wissens, das die Bestimmung des Menschen zum Inhalt hat – eine Beziehung, die auch historisch durchaus bekannt ist –, soll hier nicht als solche thematisch werden; es wird ihr aber die Anweisung entnommen, den Kantischen Gedanken auf die Idee der Freiheit hin als seinen scopus, Endzweck zu sammeln.

---

[1] Boeder (1980).

Eine solche Synopsis auf das Prinzip hin bedarf gleichwohl noch eines näher bestimmten Gesichtspunkts, um nicht in einem bloßen Zusammen-Lesen steckenzubleiben. Der hier gewählte Weg geht nicht darauf aus, die Entfaltung des Freiheitsprinzips in der praktischen Philosophie (Grundlegung und Kritik der praktischen Vernunft) darzustellen. Es wird vielmehr zugesehen, wie sich die beiden anderen Teile des Systems der Kritik zum praktischen Teil verhalten. Das heißt zuerst: Inwieweit ist in der Kritik der reinen Vernunft der Vor-schein der Freiheit zu erkennen? Daraus wird sich die weitere, komplementäre Frage entwickeln lassen: Inwieweit ist in der Kritik der Urteilskraft der Rück-Schein der Freiheit zu erkennen?

Auch wenn auf diese Weise die Alternative „Entweder historisch – Oder systematisch" zugunsten einer geschichtlichen Erschließung verlassen ist, möchte man doch, gerade in bezug auf die Kritiklosigkeit des hier versuchten Erschließens, auf einer gegenwärtigen Stellungnahme insistieren. Diesem Bedürfnis sei mit einem Wort Heideggers aus der Davoser Disputation entgegnet: „daß es gerade das Wesentliche ist in der Auseinandersetzung mit der Geschichte der Philosophie, daß es der erste Schritt ist in die Geschichte der Philosophie, sich freizumachen vom Unterschied der Positionen und Standpunkte; zu sehen, *wie gerade die Unterscheidung der Standpunkte die Wurzel der philosophischen Arbeit ist*".[2] Diese Einsicht scheint in der herrschenden Orientierungslosigkeit gründlich vergessen zu sein.

[2] Heidegger, GA 3, 296.

Erster Teil
Welt und Freiheit in der Dialektik der theoretischen Vernunft

I. Einführung in die Frage

Die Idee der Freiheit als scopus des Kantischen Denkens bildet in der Kritik der praktischen Vernunft mit den Ideen von Unsterblichkeit und Gott eine Sequenz, die ihren Zusammenhalt durch ein hypothetisches Schlußgefüge[1] erhält, das von der prinzipiellen Idee getragen wird. Dieselben Ideen bezeichnen den Grundriß der Dialektik der reinen Vernunft, erscheinen jedoch in einer Differenz zu ihrer praktischen Fassung. Soll sich nun das Vor-Urteil bewähren lassen, daß sich der praktische Grundzug der Kantischen Metaphysik bereits in der Kritik der theoretischen Vernunft geltend macht, so wird eine Konfrontation der praktischen und theoretischen Fassung der Ideen einen Weg in das Gefüge der Kritik eröffnen. Kant selber legt diesen Vergleich nahe, indem er in der zweiten Auflage der Kritik folgende Anmerkung zum „System der transzendentalen Ideen" macht: „Die Metaphysik hat zum eigentlichen Zwecke ihrer Nachforschung nur drei Ideen: *Gott, Freiheit und Unsterblichkeit,* so daß der zweite Begriff, mit dem ersten verbunden, auf den dritten als einen nothwendigen Schlußsatz führen soll. Alles, womit sich diese Wissenschaft sonst beschäftigt, dient ihr bloß zum Mittel, um zu diesen Ideen und ihrer Realität zu gelangen . . . In einer systematischen Vorstellung jener Ideen würde die angeführte Ordnung, als die *synthetische,* die schicklichste sein; aber in der Bearbeitung, die vor ihr nothwendig vorhergehen muß, wird die *analytische,* welche diese Ordnung umkehrt, dem Zwecke angemessener sein, um, indem wir von demjenigen, was uns Erfahrung unmittelbar an die Hand giebt, der *Seelenlehre,* zur *Weltlehre* und von da bis zur Erkenntniß *Gottes* fortgehen, unseren großen Entwurf zu vollziehen." (B 395)

[1] Vgl. Pérez Paoli (1977) 129.

In den Blick genommen werden soll nicht der abweichende Schlußzusammenhang, sondern die unterschiedene Bestimmtheit der Ideen in der theoretischen und praktischen Sequenz. Diese ist hinsichtlich der Ideen der Unsterblichkeit und Gottes leicht zu fassen, wenn man darauf sieht, welche erfüllte Bestimmtheit die Ideen für das praktische Interesse der Vernunft annehmen müssen. Diesem kann nicht der transzendentale Begriff der Seele als Substanz genügen, sondern allein derjenige von ihrer Unsterblichkeit, wie er in der „Topik der rationalen Seelenlehre" (B 402) als aus allen ihren transzendentalen Prädikaten resultierend vorgestellt wird (B 403).

Ebenso verlangt das praktische Bedürfnis nicht den Begriff von Gott als „Urwesen" (B 394), wodurch der transzendentale Begriff genauer bezeichnet ist, nämlich als „Wesen, das alle Realität hat, die man aber nicht näher bestimmen kann" (B 659), sondern den vollen Begriff von Gott als einem „Wesen, das durch *Verstand* und *Willen* die Ursache (folglich der Urheber) der Natur ist".[2]

Nicht einsichtig und einer weitergehenden Erläuterung bedürftig ist jedoch die Differenz der beiden Fassungen hinsichtlich der herrschenden Idee der Freiheit. Sie erscheint in der theoretischen Sequenz nicht als solche, sondern verbirgt sich gleichsam im Weltbegriff. Wenn sich also die Kritik der reinen Vernunft in der vorblickenden Sammlung auf die Freiheit hin erschließen lassen soll, so ergibt sich als die leitende Hauptfrage: *Weshalb erscheint die Freiheit in der Dialektik der theoretischen Vernunft unter dem Thema der Welt?*

In dieser Frage liegt eine Vorentscheidung über die Frageperspektive: Es wird nicht auf die überkommene kritisierte Metaphysik, nicht auf die zunächst voraufliegende natürliche Metaphysik und deren Vollendung in der Leibnizischen Position zurückgeblickt, sondern vorgeblickt auf die praktische Phase der Kantischen Metaphysik, in der ihr Bestimmungsgrund maßgeblich entfaltet wird.

Um einen Weg in die Lösung der aufgeworfenen Frage zu finden, sei zuerst Schritt für Schritt dem Weg der Dialektik in die Erörterung des Weltbegriffs gefolgt. Was auf diesem Weg zum Leitfaden dienen kann, ist die Stellung der Dialektik in der Kritik der reinen Vernunft. Deren

---

[2] KPV, AA 5, 125.

Sache ist nach der voraufgehenden Kritik der Sinnlichkeit und des Verstandes die Selbstkritik der Vernunft in ihrem Anspruch, über eben dieses durch Sinnlichkeit und Verstand abgegrenzte Feld der Erfahrungserkenntnis, ihrer Ideen Seele, Welt, Gott wegen, hinauszukommen. Wenn es also die weiteste und abstrakteste Kennzeichnung der Vernunft ist, daß sie über die Erfahrungserkenntnis hinausgehe, so liegt es auf der Hand, in der Ausmessung der Vernunft stets ihre Abgrenzung gegen den Verstand in den Blick zu fassen.

Wird nun die Vernunft mit der Charakterisierung des ihr anhängenden Scheins eingeführt, so ist dieser abzusetzen von einer Form des Irrtums, der sich innerhalb des Verstandesgebrauchs hält.

II. Der Irrtum des Verstandes und der Schein der Vernunft

Die Dialektik der reinen Vernunft ist eine „Logik des Scheins" (B 349). „Schein" – dies besagt nicht einfach Irrtum, sondern „Verleitung" (B 350) zum Irrtum und schließt so ein Motiv des Irrtums ein, das selbst aufgehellt werden kann. „Logik" – dies weist darauf hin, daß die Aufdeckung des Scheins, seine Kritik, eine Durchsichtigkeit und Vollständigkeit erreichen soll, welche der Forderung entspricht, unter die sich die Vernunft in ihrer kritischen Arbeit überhaupt gestellt hat.

Die „Logik des Scheins" steht gegen die „Logik der Wahrheit" (B 87), und um den Schein, wie er der Vernunft entstammt, abzugrenzen, ist auf die Analytik des Verstandes und ihre Bestimmung einer möglichen Erkenntnis, die Wahrheit und das heißt Übereinstimmung mit ihrem Gegenstand besitzt, zurückzublicken.

Vernunft und Verstand kommen nämlich darin überein, daß sie als Quelle von Begriffen und Urteilen anzusprechen sind; wenn sie so als Vermögen des Denkens – nicht des Anschauens – zusammengehören, so ist die Eigenart der Vernunft auch nur in Abhebung vom Verstand zu begreifen. Diese Vermögen der Spontaneität stehen in einem gemeinsamen Gegensatz zur Sinnlichkeit, die allein als die „Fähigkeit (Receptivität), Vorstellungen durch die Art, wie wir von Gegenständen afficirt werden, zu bekommen" (B 33) Anschauungen gewährt.

Doch auch die Ästhetik, als Kritik der Sinnlichkeit, steht unter der „allgemeinen Aufgabe der reinen Vernunft": „Wie sind synthetische Urtheile a priori möglich?" (B 19) Sie erbrachte die erste Antwort, indem sie fand, daß es „reine Anschauungen a priori, Raum und Zeit" sind, „in welchen wir, wenn wir im Urtheile a priori über den gegebenen Begriff hinausgehen wollen, dasjenige antreffen, was nicht im Begriffe, wohl aber in der Anschauung, die ihm entspricht, a priori entdeckt werden und mit jenem synthetisch verbunden werden kann, welche Urtheile aber aus diesem Grunde nie weiter, als auf Gegenstände der Sinne reichen und nur für Objecte möglicher Erfahrung gelten können" (B 73).

Dieses Resultat der Ästhetik aufnehmend, führte die Analytik auf drei Quellen der „Möglichkeit reiner synthetischer Urtheile": „Es ist nur ein Inbegriff, darin alle unsre Vorstellungen enthalten sind, nämlich der innre Sinn und die Form desselben a priori, die Zeit. Die Synthesis der Vorstellungen beruht auf der Einbildungskraft, die synthetische Einheit derselben aber (die zum Urtheile erforderlich ist) auf der Einheit der Apperzeption." (B 194)

Dennoch sind diese Quellen nicht für sich hinreichend zur Konstitution synthetischer Erkenntnis. Es muß etwas hinzukommen, was auch in der Ästhetik geltend gemacht wurde und wodurch allein „eine Erkenntniß objective Realität haben, d. i. sich auf einen Gegenstand beziehen" (B 194) kann: Der Gegenstand muß „auf irgend eine Art gegeben werden können" (B 194). „Einen Gegenstand geben, . . . ist nichts anders, als dessen Vorstellung auf Erfahrung (es sei wirkliche oder doch mögliche) beziehen." (B 195)

Die formierende Tätigkeit des Vorstellungsvermögens[3] in der sinnlichen Anschauung, sein Synthetisieren durch die Einbildungskraft und die getätigte Einheit der Apperzeption sind insgesamt verwiesen auf ihre Beziehung auf mögliche Erfahrung. Erst die Berücksichtigung dieser Angewiesenheit aller reinen Synthesis auf „Erfahrung als empirische Synthesis" (B 196) erlaubt die Fassung des obersten Prinzips aller synthetischen Urteile: „ein jeder Gegenstand steht unter den nothwendigen Bedingungen der synthetischen Einheit des Mannigfaltigen der Anschauung in einer möglichen Erfahrung" (B 197) und aufgrund dieses Prinzips die zusammenfassende Beantwortung der Hauptfrage, in der eben die notwendige Beziehung der Bedingungen, wie sie a priori im Vorstellungsvermögen liegen, auf ihren möglichen Erfahrungsgebrauch ausgesprochen wird: „Auf solche Weise sind synthetische Urtheile a priori möglich, wenn wir die formalen Bedingungen der Anschauung a priori, die Synthesis der Einbildungskraft und die nothwendige Einheit derselben in einer transscendentalen Apperception, auf ein mögliches Erfah-

[3] Vgl. Boeder (1980) 460.

rungserkenntnis überhaupt beziehen und sagen: die Bedingungen der Möglichkeit der Erfahrung überhaupt sind zugleich Bedingungen der Möglichkeit der Gegenstände der Erfahrung und haben darum objective Gültigkeit in einem synthetischen Urtheile a priori." (B 197)

Die kritische Arbeit der Ästhetik und Analytik zeigt also, wie alle Erfahrungserkenntnis notwendig zusammengesetzt ist, indem die formierende, synthetisierende und einende Tätigkeit der Vorstellungskraft isoliert und in ihrer Vorgängigkeit vor allem Gegebenen der Erfahrung geltend gemacht wurde, zugleich aber dargelegt wurde, daß diese apriorischen Formen auch nur in Beziehung auf dieses Gegebene objektive Bedeutung annehmen, außer welcher Beziehung sie leer bleiben müßten.

Wie die in dieser Weise gerechtfertigte Erkenntnis des Verstandes sich in synthetischen Urteilen auslegte, so liegt auch der aus der Vernunft entspringende Schein „nicht im Gegenstande, so fern er angeschaut wird, sondern im Urtheile über denselben, so fern er gedacht wird" (B 350). Sind aber die Urteile des Verstandes in Gestalt seiner Grundsätze nur dadurch möglich, daß sie den Gegenstand als Erscheinung nehmen und nichts anderes lehren als „die Verstandesbegriffe, welche die Bedingung zu Regeln a priori enthalten, auf Erscheinungen anzuwenden" (B 171), nachdem zuvor die „sinnliche Bedingung" (B 175) dieser Anwendung im Schema aufgefunden ist, so werden die Grundsätze, in denen der Schein der Vernunft wirksam wird, dadurch gekennzeichnet, daß sie gerade diese Anwendung auf Erscheinungen ausschließen, daß ihr „Gebrauch nicht einmal auf Erfahrung angelegt ist" (B 352).

Mit einem Hinausgehen über das Feld des Verstandesgebrauchs hatte es bereits die Unterscheidung aller Gegenstände in Phaenomena und Noumena (B 294) zu tun. Dort wurde zuerst das allgemeine Resultat der Analytik befestigt, daß sich „alle Begriffe und mit ihnen alle Grundsätze, so sehr sie auch a priori möglich sein mögen, dennoch auf empirische Anschauungen, d. i. auf data zur möglichen Erfahrung" (B 298) beziehen.

Mit dieser Einschränkung schließt sich das Feld des Verstandesgebrauchs zu einer Sphäre. Deren vollständige Umgrenzung, die erst die Arbeit der Analytik erreicht hat, läßt zugleich ein Außerhalb dieser Sphäre in den Blick kommen: „Gleichwohl liegt es doch schon in unserm Begriffe, wenn wir gewisse Gegenstände als Erscheinungen Sinnenwesen (Phaenomena) nennen, indem wir die Art, wie wir sie anschauen, von ihrer Beschaffenheit an sich selbst unterscheiden: daß wir entweder eben dieselbe nach dieser letzteren Beschaffenheit, wenn wir sie gleich in derselben nicht anschauen, oder auch andere mögliche Dinge, die gar nicht Objecte unserer Sinne sind, als Gegenstände, bloß durch den Verstand gedacht, jenen gleichsam gegenüber stellen und sie Verstandeswesen (Noumena) nennen." (B 306)

Diese Unterscheidung des Gegenstandes und entsprechend der Welt „in eine Sinnen- und Verstandeswelt" (B 311) hat den Charakter einer Abstraktion (B 307), und zwar von der uns allein möglichen Anschauungsart. Das Produkt dieser Abstraktion ist deshalb der „ganz unbestimmte Begriff von einem Verstandeswesen als einem Etwas überhaupt außer unserer Sinnlichkeit" (B 307), ein negativer Begriff, der ganz in der Funktion aufgeht, eine von der Sinnenwelt unterschiedene Sphäre offenzuhalten. Diese Abstraktion geschieht gleichwohl nicht beliebig. Sie ist sogar „nothwendig, um die sinnliche Anschauung nicht bis über die Dinge an sich selbst auszudehnen und also um die objective Gültigkeit der sinnlichen Erkenntniß einzuschränken" (B 310). Und doch ist diese Notwendigkeit hier nur erst angegeben, ohne daß ihr Grund schon ans Licht gekommen wäre.

Vom negativen Begriff des Noumenon ist der Irrtum zu trennen, nicht bloß ein Innerhalb und Außerhalb der Sphäre der Erscheinungen auseinanderzuhalten, sondern dieses Außerhalb durch die Verstandesbegriffe bestimmt erkennen zu wollen. Dieser Irrtum führt zu einer „Ontologie, welche sich anmaßt, von Dingen überhaupt synthetische Erkenntnisse a priori in einer systematischen Doctrin zu geben (z. E. den Grundsatz der Causalität)" (B 303). Obwohl ihm eine „schwer zu vermeidende Täuschung" (B 305), eine „Zweideutigkeit, welche großen Mißverstand veranlassen kann" (B 306), zugrundeliegt, so ist doch die Täuschung nur negativ zu fassen. Sie rührt her vom nicht-sinnlichen Ursprung der Kategorien, die eben deshalb auch eine Anwendung auf ein „Object einer nichtsinnlichen Anschauung" (B 307) zu erlauben scheinen.

Dieser „‚ontologische' Irrtum des Verstandes"[4] ist zu einer weiteren Ausführung gekommen als „Amphibolie der Reflexionsbegriffe" (B 316). Sie betrifft allerdings nicht den Gebrauch der reinen Verstandesbegriffe

4 Boeder (1980) 466.

außerhalb der Sphäre der Erscheinungen, sondern mißdeutet die Erscheinungen selbst als Verstandeswesen, zu deren Erkenntnis im Sinne ihrer vergleichenden Beziehung die Vergleichung der Begriffe, welche den Gehalt der Reflexionsbegriffe ausmacht, hinreichen soll. War bei der Unterscheidung der Gegenstände in Phaenomena und Noumena die Zweideutigkeit des Noumenon als bloß gedachtes unbestimmtes Etwas und als vermeintlich durch die Kategorien zu Erkennendes Ursache der Täuschung, so ist es jetzt eine Verwechslung, die „Verwechslung des reinen Verstandesobjects mit der Erscheinung" (B 326), die den Verstand in den Irrtum führt. Doch diese Gestalt des Irrtums, obgleich sie durch die „Tafel der Reflexionsbegriffe" (B 326) vollständig rekonstruiert wird, ist nicht von einer bleibenden Notwendigkeit und wird durch die Kritik des Verstandes (B 345) vermittels der Reflexion auf den Ursprung aller Vorstellungen (B 316) gleichsam zum Verschwinden gebracht.

Der Schein jedoch, mit dem es die Kritik der reinen Vernunft im engeren und eigentlichen Sinne zu tun hat, ist von dieser Verstandesgestalt des Irrtums zu trennen, – und diese Trennung ist die maßgebliche, wenn man sie mit der Unterscheidung des transzendentalen Scheins vom „empirischen" (B 351) und „logischen" (B 353) vergleicht. Der angezeigte Mißbrauch der Kategorien nämlich war bloß ein „Fehler der nicht gehörig durch Kritik gezügelten Urtheilskraft . . ., die auf die Grenze des Bodens, worauf allein dem reinen Verstande sein Spiel erlaubt ist, nicht genug Acht hat" (B 352). Der Schein der Vernunft dagegen wird zunächst dadurch charakterisiert, daß er durch die aus ihm fließenden Grundsätze nicht einfach nur die Grenze des Verstandes überschreitet, vielmehr sie „zu überschreiten *gebietet*" (B 353). Solchem Gebieten, solcher Forderung entspringt der Irrtum des Verstandes keineswegs; er beruhte „auf nichts als einem Mißverstande" (B 326) in der Anwendung der Verstandesbegriffe und hatte dementsprechend seinen Sitz in der Urteilskraft, so daß gilt: „Es hat aber keine Gefahr, daß der Verstand von selbst, ohne durch fremde Gesetze gedrungen zu sein, über seine Grenzen so ganz muthwillig in das Feld von bloßen Gedankenwesen ausschweifen werde."[5]

---

[5] PROL, AA 4, 332.

Diese dem Verstand fremden Gesetze stammen aus der Vernunft. Daß sie überhaupt Gesetze genannt werden können, läßt schon vermuten, daß das Überschreiten der Grenze der Erfahrung einem eigenen Trieb der Vernunft zuzuschreiben ist, nicht einem bloßen Fehler des Verstandesgebrauchs, und daß der daraus entspringende Schein eine Notwendigkeit besitzt, die ihn zu einer „natürlichen und unvermeidlichen Illusion" (B 354) werden läßt. Wie „aller Schein darin besteht, daß der subjective Grund des Urtheils für objectiv gehalten wird",[6] so hat der Schein der Vernunft seine Ursache darin, „daß die subjective Nothwendigkeit einer gewissen Verknüpfung unserer Begriffe zu Gunsten des Verstandes für eine objective Nothwendigkeit der Bestimmung der Dinge an sich selbst gehalten wird" (B 353).

Für die Entdeckung des Scheins ist darauf zu achten, daß er nicht einfachen Begriffen, sondern, wie es hier heißt, „einer gewissen Verknüpfung unserer Begriffe" angehört. Verknüpft werden Begriffe in einem Urteil, und dementsprechend ist genauer vom „Schein transscendenter Urtheile" (B 354) zu handeln. Diese „transzendenten Urteile" sind zuerst negativ zu fassen, indem sie ihre Bewahrheitung durch die Beziehung auf mögliche Erfahrung nicht nur nicht beanspruchen, sondern ausschließen. Durch dieses Ausschließen wird die Vernunfterkenntnis jedoch nicht völlig gelöst vom Verstand, sie geschieht vielmehr „zu Gunsten des Verstandes" (B 353). Wie das möglich ist, zeigt zunächst die Bestimmung der Vernunft als Vermögen überhaupt.

---

6 PROL, AA 4, 328.

III. Der Grundsatz der Vernunft

1. Verstandesregel und Vernunftprinzip

Wie die logische Form des Urteils den „Leitfaden der Entdeckung aller reinen Verstandesbegriffe" (B 91) darbot, so wird jetzt der logischen Form des mittelbaren Schlusses der Hinweis auf das Vernunftvermögen in seinem nicht-formalen Gebrauch entnommen. Der reale Gebrauch der Vernunft zeichnet sich vor dem logischen dadurch aus, daß sie in jenem „selbst den Ursprung gewisser Begriffe und Grundsätze enthält" (B 355).

Zunächst wird nun geklärt, wie ein solcher Grundsatz beschaffen sei. Sowohl für den logischen als auch für den realen Gebrauch der Vernunft gilt: sie ist „das Vermögen der Principien" (B 356). Prinzip in logischer Bedeutung kann jeder allgemeine Satz genannt werden, insofern er als Obersatz eines Schlusses gebraucht wird. Als Obersatz nämlich, als allgemeine Regel erlaubt er die Subsumtion unter seine Bedingung und im Schluß erkennt man „dadurch die Conclusion a priori nicht im Einzelnen, sondern als enthalten im Allgemeinen und als nothwendig unter einer gewissen Bedingung".[7] Als Prinzip kann der Obersatz deswegen bezeichnet werden, weil er eine erste Erkenntnis für eine andere aus ihm abzuleitende darstellt. Dies hindert nicht, daß er an ihm selbst nicht ein Erstes sein muß, da er seinerseits abgeleitet sein kann und seinen Ursprung etwa aus der Erfahrung ziehen mag. Somit ist dem logischen Gebrauch der Vernunft im Schließen zunächst nur der Hinweis auf das Prinzip als komparatives in seiner subsumierenden Funktion zu entnehmen, so wie auch die mathematischen Axiome „mit Recht relativisch

[7] Logik, AA 9, 120.

auf die Fälle, die unter ihnen subsumirt werden können, Principien" (B 356) genannt werden.

Für die Unterscheidung des Prinzips der reinen Vernunft von einem allgemeinen Satz überhaupt kommt es nun genau auf seinen Ursprung an, von dem im formal-logischen Gebrauch der Vernunft gänzlich abgesehen wird. Ein Grundsatz der Vernunft ist dadurch ausgezeichnet, daß er eine Erkenntnis rein „aus Begriffen" (B 357) ist. Dies bedeutet, daß für die synthetische Verknüpfung der Begriffe im Grundsatz die Ebene des Begreifens nicht verlassen wird, daß also das Prinzip keinen dem Begriff als solchem heterogenen Ursprung duldet.

Die Abgezogenheit einer Vernunfterkenntnis durch bloße Begriffe von allen fremden Quellen erhellt wiederum am besten durch die Abhebung von der des Verstandes. Dieser ist selbst Ursprung seiner Begriffe, ohne deshalb schon ihre Gültigkeit und Anwendung durch Regeln in völliger Selbständigkeit bewähren zu können; dazu bedarf es unumgänglich eines Hinausgehens aus dem bloßen Denken zu „Bedingungen einer möglichen Erfahrung überhaupt" (B 357). Ebensowenig können die mathematischen Axiome rein durch Begriffe gerechtfertigt werden; sie verlangen die Beziehung auf „reine Anschauung" (B 357), und darüberhinausgehend, so ist hier zu ergänzen, muß die reine Anschauung, was etwa den Raum und somit die geometrischen Sätze angeht, „als Bedingung der Erscheinungen, welche den Stoff zur äußeren Erfahrung ausmachen" (B 196) anzusehen sein, damit die auf sie gegründeten Urteile objektive Bedeutung annehmen.

Ein Grundsatz „a priori" ist also nicht einerlei mit einem Prinzip „aus Begriffen". Ist auf diese Weise die Erkenntnis der Vernunft streng getrennt von der des Verstandes, so bleibt sie doch auf sie bezogen. Diese Beziehung hat eine Analogie zu der Beziehung des Verstandes auf die Sinnlichkeit, indem es hier wie dort um die Einheit eines Mannigfaltigen geht. Zum einen wird das Mannigfaltige der Erscheinungen unter die Kategorien subsumiert, welche Subsumtion die Analytik der Grundsätze als ein „Kanon für die Urtheilskraft" (B 171) beschäftigte. Zum anderen wird das Mannigfaltige der Regeln durch den Schluß unter Prinzipien gebracht. (Streng genommen ist die Subsumtion allerdings nur die Mitte des Schlusses; das eigentliche Tun der Vernunft beruht im Ziehen der Konsequenz, vgl. B 361.) So kann es also heißen:

„Der Verstand mag ein Vermögen der Einheit der Erscheinungen vermittelst der Regeln sein, so ist die Vernunft das Vermögen der Einheit der Verstandesregeln unter Principien." (B 359)

Dieser Begriff des Vernunftprinzips als einer Einheit von untergeordneten Einheiten des Mannigfaltigen, deren Beziehung als die des Allgemeinen auf das Besondere (B 357) verstanden wird, legt die Vorstellung nahe, die höchste Einheit selbst sei Produkt eines fortgesetzten Abstrahierens und zeichne sich bloß durch einen höheren Grad von Allgemeinheit aus. Dieses Verständnis der durch Vernunft zustandegebrachten Einheit kommt dann zum Tragen, wenn das Vernunftprinzip nicht mehr als ein vorgegebenes zugrundegelegt, sondern als aufgegebenes vorgestellt wird. Die Bewegung des Schlusses kann nämlich auch in umgekehrtem Richtungssinne gelesen werden; anstatt von einem gegebenen Satz auszugehen, um vermittels Subsumtion unter ihn einen anderen zu begründen, kann die Vernunft auch den Weg nehmen, zu einem gegebenen Urteil, welches sie als mögliche Konklusion ansieht, die allgemeine Regel zu suchen. Die Tätigkeit der Vernunft besteht dann darin, „im Schließen die große Mannigfaltigkeit der Erkenntniß des Verstandes auf die kleinste Zahl der Principien (allgemeiner Bedingungen) zu bringen und dadurch die höchste Einheit derselben zu bewirken" (B 361).

Doch so vorgestellt wäre die Vernunfteinheit gerade nicht als „von ganz anderer Art . . . als sie von dem Verstande geleistet werden kann" (B 359) begriffen. Die wesentliche Unterschiedenheit und Ungleichartigkeit von Prinzip und Regel bliebe uneinsichtig und Vernunft wäre „ein bloß subalternes Vermögen, gegebenen Erkenntnissen eine gewisse Form zu geben, welche logisch heißt, und wodurch die Verstandeserkenntnisse nur einander und niedrige Regeln andern, höhern (deren Bedingung die Bedingung der ersteren in ihrer Sphäre befaßt) untergeordnet werden, so viel sich durch die Vergleichung derselben will bewerkstelligen lassen" (B 362); sie ginge darin auf, „den Verstand mit sich selbst in durchgängigen Zusammenhang zu bringen" (B 362).

Um die Eigenständigkeit der Vernunft als Ursprung eines Grundsatzes aufzudecken, setzt die Untersuchung noch einmal bei der Betrachtung ihres logischen Gebrauchs ein, diesen jedoch so aufnehmend, wie er jetzt durch die Umkehrung der Schlußbewegung gekennzeichnet ist.

2. Das hypothetische Prinzip

Die Schrittfolge, in der nicht, wie bereits gezeigt, die Vorstellung eines Vernunftprinzips im allgemeinen, sondern seine bestimmte Formulierung in einem einzigen Grundsatz erreicht wird, bestätigt, daß das Achten auf Beziehung und Unterscheidung von Verstand und Vernunft den entscheidenden Gesichtspunkt für die Erörterung darbietet.

1) Zuerst nämlich wird an der logischen Tätigkeit der Vernunft im Schließen herausgehoben, daß sie nicht auf Anschauungen geht, sondern allein auf Begriffe und Urteile. Dem ist der Hinweis zu entnehmen, daß es die Vernunft auch in ihrem reinen Gebrauch nur mit diesen Formen zu tun haben kann – wie sie in objektiver (nicht bloß logischer) Bedeutung als die des Verstandes hervorgetreten sind. „Wenn also reine Vernunft auch auf Gegenstände geht, so hat sie doch auf diese und deren Anschauung keine unmittelbare Beziehung, sondern nur auf den Verstand und dessen Urtheile, welche sich zunächst an die Sinne und deren Anschauung wenden, um diesen ihren Gegenstand zu bestimmen.“ (B 363)

2) Das Eigene und Unterscheidende der Vernunft wird sodann aus dem formalen Schlußverfahren herausgelesen, wie es zu einem gegebenen Urteil die „allgemeine Bedingung“ (B 364) aufsucht. Der Ausdruck „allgemeine Bedingung“ erinnert noch an die erste Vorstellung des Prinzips, „da ich das Besondre im Allgemeinen durch Begriffe erkenne“ (B 357). Genauer besehen aber wird jetzt das Verhältnis der höheren Bedingung zur niederen nicht auf das Verhältnis des Allgemeinen zum Besonderen eingeschränkt, es wird schlechthin von der „Bedingung der Bedingung“ (B 364) gesprochen. So ist es also „logische Maxime“ (B 364) der Vernunft: „zu dem bedingten Erkenntnisse des Verstandes das Unbedingte zu finden, womit die Einheit desselben vollendet wird“ (B 364). Von dieser Einheit wird aber durch die Maxime nichts weiter ausgemacht, als daß sie eine zu suchende sei. Daß sie notwendigerweise gefunden werden kann, wird allein durch die Annahme ausgesprochen: „wenn das Bedingte gegeben ist, so sei auch die ganze Reihe einander untergeordneter Bedingungen, die mithin selbst unbedingt ist, gegeben (d. i. in dem Gegenstande und seiner Verknüpfung enthalten)“ (B 364).

Dies ist die Transformation der logischen Maxime in das „oberste

Princip der reinen Vernunft“ (B 365), welches sich von jener durch die „Abweisung des ‚regressus ad infinitum‘“[8] unterscheidet.

Mit dieser Fassung des Vernunftprinzips hat sich auch die Beziehung desselben auf die Verstandeserkenntnis neu bestimmt. Zunächst stellte sie sich dar als die Beziehung einer zuhöchst einheitgebenden Erkenntnis auf die mannigfaltigen Regeln des Verstandes. Das Prinzip wurde als für sich bestehend angenommen und erlaubte die begründende Ableitung von mannigfaltigen Urteilen.

Nunmehr ist die Verstandeserkenntnis für das Auffinden des Prinzips selbst unabdingbar; das Prinzip hat gar keinen anderen Inhalt als die Verknüpfung der Verstandeserkenntnis mit der Vernunfterkenntnis im Sinne eines Rückgangs auf das Unbedingte und nimmt also hypothetischen Charakter[9] an. Die Vernunfteinheit ist nur über den Ausgang von der stets bedingten Synthesis des Verstandes zu erreichen. Die Beziehung beider ist verwandelt zur *Angewiesenheit* der reinen Vernunft auf die Urteile des Verstandes als Grundlage, durch welche allein erkannt wird: Das Bedingte ist gegeben.

Obgleich aber die Vernunft, um das Unbedingte zu erreichen, von dieser durch den Verstand erbrachten Voraussetzung ausgehen muß, so sind doch die behauptete Beziehung des Bedingten aufs Unbedingte und der Begriff des Unbedingten selbst Eigentum der reinen Vernunft und können nicht aus der Verstandeserkenntnis durch bloße Vergleichung herausgezogen worden. Dies bedeutet: „Ein solcher Grundsatz der reinen Vernunft ist aber offenbar synthetisch; denn das Bedingte bezieht sich analytisch zwar auf irgend eine Bedingung, aber nicht aufs Unbedingte.“ (B 364)[10]

Im synthetischen Charakter des Grundsatzes liegt aber zugleich die Forderung, ihn einer kritischen Erwägung zu unterziehen, die erst klären kann, ob er überhaupt „seine objective Richtigkeit habe“ oder ob „dieses Bedürfnis der Vernunft durch einen Mißverstand für einen transscen-

---

8 Boeder (SS 1968) 58.

9 Vgl. Pérez Paoli (1977) 123.

10 Dieser synthetische Grundsatz kann, in Abhebung vom obersten Prinzip aller synthetischen Urteile (vgl. unten Kap. V), als die Fassung des Satzes vom Grund im Bezirk der theoretischen Vernunft bezeichnet werden.

dentalen Grundsatz der reinen Vernunft gehalten worden" (B 365) – womit an die gegebene Erklärung des Scheins der Vernunft erinnert ist.

Diese kritische Erwägung macht den Inhalt der transzendentalen Dialektik aus. Sie handelt zwar nicht von dem hypothetischen Grundsatz als solchem, geht aber auf diesen insofern ein, als sie es mit den dialektischen Schlüssen zu tun hat, „deren Obersatz aus reiner Vernunft genommen worden" (B 366).

Demzuvor handelt sie vom Vernunftbegriff des Unbedingten. Wenn es nicht beliebig ist, daß vor der Entdeckung der Begriffe zuerst der Grundsatz der Vernunft aufgewiesen wurde und das Unbedingte durch eben diesen Grundsatz eingeführt ist, so ist zu sehen, ob und wie diese Einführung die Bestimmung und Einteilung der Vernunftbegriffe vorzeichnet, welche im Ersten Buch der Dialektik gegeben wird.

IV. Die Begriffe der Vernunft

1. Der allgemeine Charakter der Vernunftbegriffe

Wenn die Begriffe aus reiner Vernunft als „nicht bloß reflectirte, sondern geschlossene Begriffe" (B 366) bezeichnet werden, so ist an dieser Kennzeichnung wiederum das Vorgehen erkennbar, das auch in Erläuterung des Scheins der Vernunft und ihres Grundsatzes befolgt wurde. Zuerst wird der Vernunftbegriff abgesetzt vom Verstandesbegriff; dieser ist „reflektierter" Begriff, und das heißt hier, durch ihn werden die Erscheinungen vermittels Subsumtion zur Einheit eines möglichen empirischen Bewußtseins (B 367) gebracht. „Empirisch" – dies bedeutet in der Kritik der reinen Vernunft immer die Erfahrung hinsichtlich ihrer Materie, und damit ist der Punkt der Unterscheidung des Vernunftbegriffs gegeben, dessen Benennung nämlich anzeigt, „daß er sich nicht innerhalb der Erfahrung wolle beschränken lassen" (B 367).

Obgleich der Vernunftbegriff streng geschieden ist von der Synthesis des Verstandes, so weist doch der Ausdruck „geschlossener" Begriff darauf hin, daß er in einer Verknüpfung mit den Kategorien stehen muß. Dieser Ausdruck ist insofern merkwürdig, als das Schließen herkömmlicherweise – und auch bislang in der Einleitung – nur auf die Verknüpfung von Urteilen geht, hier aber sollen die Begriffe selbst geschlossene sein. Sie werden also in ihnen selbst die Beziehung auf die Verstandesbegriffe enthalten, und nach dem Gesagten kann diese Beziehung nur nach Maßgabe des hypothetischen Grundsatzes der Vernunft gedacht werden: Die Vernunftbegriffe betreffen das Unbedingte *zu* dem Bedingten, welches der Verstand denkt, *zu* dem Bedingten, welches schon die Form des Gedachten, der Synthesis angenommen hat und kein bloß Wahrgenommenes mehr ist. In diesem Sinne geben die Verstandesbegriffe „zuerst Stoff zum Schließen", und das Unbedingte ist „etwas, worauf die Vernunft in ihren Schlüssen aus der Erfahrung führt" (B 367).

Von diesem schließenden Charakter der Vernunftbegriffe oder der Ideen her, wie Kant sie in Abhebung von den Kategorien nennt, wird auch die Bestimmung der Idee im Ausgang von der „Vorstellung" (B 376) im allgemeinen deutlich. Diese Bestimmung zeichnet in abstrahierender Kürze das ganze Gefüge der Kritik der reinen Vernunft nach: Sie erinnert die Trennung von Empfindung und Anschauung,[11] die von der Ästhetik geleistet ist, ferner die Unterscheidung von Anschauung und Begriff, welche die Analytik eröffnet, zuletzt aber erreicht sie die Unterscheidung des Vernunftbegriffs vom Verstandesbegriff. Gerade deren Nachbarschaft als reine Begriffe verlangt, sie in einem zusammenzuhalten und auseinanderzusetzen. Diese Nachbarschaft geht in die Bestimmung der Idee als solcher ein: „Ein Begriff *aus Notionen*, der die Möglichkeit der Erfahrung übersteigt, ist die Idee oder der Vernunftbegriff." (B 377)

Ein Begriff aus Notionen, d. h. aus Verstandesbegriffen deshalb, weil die Idee als geschlossener Begriff in Verknüpfung gebracht ist mit dem Bedingten des Verstandes. Ein Begriff, der die Möglichkeit der Erfahrung übersteigt, aber darum, weil die Idee als Produkt der Vernunft von allem Erzeugnis des Verstandes abgesondert ist.

Würde allerdings die Erörterung des Vernunftbegriffs nur das Augenmerk auf seine Abgrenzung vom Verstandesbegriff heften, so bliebe seine Bestimmung noch einseitig. Sie kommt erst auf den Grund, sofern der Vernunftbegriff noch in einer anderen Beziehung betrachtet wird, auf die Kant führt, wenn er daran erinnert: „Plato fand seine Ideen vorzüglich in allem, was praktisch ist, d. i. auf Freiheit beruht" (B 371). Nun steht es außer Zweifel, daß der praktische Zug der Ideen, wo sie „wirkende Ursachen (der Handlungen und ihrer Gegenstände) werden" (B 374), nicht in die Darstellung der theoretischen Vernunftbegriffe eingehen kann, ja daß an dieser Stelle nicht einmal von theoretischen Begriffen gesprochen werden darf, da dies nur im Hinblick auf bestimmt hervorgetretene praktische Ideen sein Recht hätte.[12] Und dennoch: Die Eigenart der in

11 Vgl. Boeder (1980) 456.

12 Gleichwohl ist die Unterscheidung der Vernunfttätigkeit selbst in die praktische und theoretische dem Beginn der Kritik des theoretischen Vernunftvermögens voraufliegend, vgl. Boeder (1980) 455.

der Dialektik hervortretenden Ideen erschließt sich nur, wenn ihre Mittelstellung zwischen den Verstandesbegriffen und den praktischen Ideen – und das heißt zuhöchst: zur Idee der Freiheit – beachtet wird. Diese Behauptung muß hier ein Vorgriff bleiben, aber ein nötiger Vorgriff, der das Gefüge erhellt, aus dem her die theoretischen Ideen ihren Ort einnehmen. Die Stellung der theoretisch gefaßten Ideen wird auch dadurch bezeichnet, „daß sie vielleicht von den Naturbegriffen zu den praktischen einen Übergang möglich machen und den moralischen Ideen selbst auf solche Art Haltung und Zusammenhang mit den speculativen Erkenntnissen der Vernunft verschaffen können" (B 386), in welchem Übergang die hier aufgenommene Anweisung liegt, sowohl zurückzublicken auf die Naturbegriffe als auch vorzublicken auf den Freiheitsbegriff.

2. Die Einteilung der Vernunftbegriffe

a. Die Form der Vernunftbegriffe

Um von der allgemeinen Abgrenzung des Vernunftbegriffs zu dessen Einteilung fortzugehen, nimmt der Gedanke einen doppelten Weg; er setzt zunächst bei der schon erläuterten Form des Vernunftbegriffs an, die als sein Schlußcharakter[13] angesprochen wurde, und geht somit vom Wie des Begreifens aus, um im zweiten Schritt das Was des Begreifens anzugeben und zu gliedern.

Die Form des Vernunftbegriffs beruht auf dem Zusammenschließen der bedingten Synthesis des Verstandes mit dem Unbedingten, im Erschließen des Unbedingten aus dem Bedingten. Wie gezeigt, ist der hypothetische Grundsatz maßgebend für die Form des Vernunftbegriffs, der kein anderer ist „als der von der Totalität der Bedingungen zu einem gegebenen Bedingten. Da nun das Unbedingte allein die Totalität der Bedingungen möglich macht, und umgekehrt die Totalität der Bedingungen jederzeit selbst unbedingt ist: so kann ein reiner Vernunftbegriff überhaupt durch den Begriff des Unbedingten, sofern er einen Grund der Synthesis des Bedingten enthält, erklärt werden." (B 379)

---

[13] Vgl. Boeder (1980) 691.

Diese Fassung des Vernunftbegriffs entspricht genau der Formulierung des hypothetischen Prinzips: „wenn das Bedingte gegeben ist, so sei auch die ganze Reihe einander untergeordneter Bedingungen, die mithin selbst unbedingt ist, gegeben" (B 364); sie entspricht ihr auch insofern, als die Totalität oder „Allheit" (B 379) der Bedingungen eigens von der „Allgemeinheit" (B 379) der Bedingung abgesetzt wird, welche Unterscheidung an die Verwandlung des „Princips der Subsumtion"[14] in das hypothetische Prinzip erinnert. Auch die zweifache Gestalt des Vernunftbegriffs als der des Unbedingten und der Totalität der Bedingungen ging bereits in die Formulierung des Grundsatzes ein.[15]

Wenn nun die Gliederung des Unbedingten durch die Art, es zu erschließen, vorgenommen wird, so liegt es nahe, daß die Schlußformen, die als kategorisch, hypothetisch und disjunktiv aufgewiesen wurden, diese Einteilung leiten werden. Doch wenn auf den Grund der Einteilung der Schlüsse gesehen wird, so zeigt sich, daß diese wiederum aus dem Obersatz hervorgeht: „Das Verhältniß also, welches der Obersatz als die Regel zwischen einer Erkenntnis und ihrer Bedingung vorstellt, macht die verschiedenen Arten der Vernunftschlüsse aus." (B 361) Der Obersatz eines Schlusses aber ist Sache des Verstandes (B 360), und somit geht die Gliederung der Schlüsse zurück auf die der Urteile, „so fern sie sich in der Art unterscheiden, wie sie das Verhältniß des Erkenntnisses im Verstande ausdrücken" (B 361). Die Einteilung des Begriffs von der absoluten Totalität der Bedingungen ist also zuletzt vorgezeichnet von dem Verhältnis von Bedingung und Bedingtem, das durch den Verstand vorgegeben ist und sich in den Urteilen bzw. Kategorien der Relation auslegt. So wird denn auch nicht schlechthin gesagt, die Form der Vernunftschlüsse enthalte den Ursprung der Vernunftbegriffe, sondern es wird der entscheidende Zusatz gemacht, „wenn man sie auf die synthetische Einheit der Anschauungen *nach Maßgebung der Kategorien anwendet*" (B 378).

Das Resultat dieser Anwendung ist folgendes: „So viel Arten des Verhältnisses es nun giebt, die der Verstand vermittelst der Kategorien sich vorstellt, so vielerlei reine Vernunftbegriffe wird es auch geben; und es wird also erstlich ein Unbedingtes der kategorischen Synthesis in einem

---

14 Pérez Paoli (1977) 123.

15 KRV, B 364 Z 3-4 und B 365 Z 23; vgl. auch die spätere Formulierung des Grundsatzes B 436 Z 22-24.

Subject, zweitens der hypothetischen Synthesis der Glieder einer Reihe, drittens der disjunctiven Synthesis der Theile in einem System zu suchen sein." (B 379)

Obgleich also mit Entschiedenheit festgehalten werden muß, daß die Vernunft Ursprung von Begriffen ist, so bleibt doch – nach dem bislang Erörterten – die Vorzeichnung eben dieser Begriffe durch die Kategorien bemerklich, so daß zu sagen ist, „die reine Vernunft überläßt alles dem Verstande" und „behält sich allein die absolute Totalität im Gebrauche der Verstandesbegriffe vor und sucht die synthetische Einheit, welche in der Kategorie gedacht wird, bis zum Schlechthin-Unbedingten hinauszuführen" (B 382 f.).

b. Der Gehalt der Vernunftbegriffe

Daß die Ideen nicht als „angeboren"[16] und ihr Gehalt nicht als irgendwie gegebener, in der Natur der Dinge liegender angenommen wird, zeigt der Ausgang von dem „Allgemeinen aller Beziehung, die unsere Vorstellungen haben *können*" (B 390). Diese Beziehung gliedert sich in „1) die Beziehung aufs Subjekt, 2) die Beziehung auf Objecte und zwar entweder als Erscheinungen, oder als Gegenstände des Denkens überhaupt" (B 390 f.).

Da es jedoch die Vernunft nie unmittelbar mit Gegenständen zu tun hat, ist aus dieser Gliederung der Vorstellung und der ihr eigenen Beziehung nicht sogleich das System der Ideen abzulesen. In der zweiten Formulierung derselben Einteilung wird deshalb die „synthetische Einheit der Vorstellungen" (B 391) in den Blick gefaßt – weshalb nun die Rede ist von dem „Verhältniß der Vorstellungen, davon wir uns entweder einen *Begriff* oder *Idee* machen können" (B 391). Erst mit der Synthesis der Vorstellungen also, nicht schon mit den Vorstellungen überhaupt ist die Ebene erreicht, um Begriff und Idee, Verstand und Vernunft auseinandergehen zu lassen.

Die Konkretion der Ideen wird sodann in einem dritten Schritt gedacht, indem eben diese synthetische Einheit zur „unbedingten synthetischen Einheit aller Bedingungen" (B 391) erhoben wird. So ist klar, wes-

16 PROL, AA 4, 330.

halb statt vom „Unbedingten“ ebensogut von der „absoluten Einheit“ gesprochen werden kann; das Unbedingte nämlich ist Prinzip als „Grund der Synthesis des Bedingten“ (B 379). Die vollendete Einteilung erbringt also „drei Classen“ von Ideen, „davon die erste die absolute (unbedingte) Einheit des denkenden Subjects, die zweite die absolute Einheit der Reihe der Bedingungen der Erscheinung, die dritte die absolute Einheit der Bedingung aller Gegenstände des Denkens überhaupt enthält“ (B 391).

Was die Fortbestimmung dieser Dreiheit von Ideen anlangt, denen *erst, nachdem* sie der Form und dem Gehalt nach erörtert sind (wie diese beiden Gestalten der Einteilung[17] zusammengehören „wird sich auch nur in der völligen Ausführung deutlich machen lassen“ (B 392)), ihre Namen – Seele, Welt, Gott – zugesprochen werden, so befestigt sich die Beobachtung, daß die Vernunft auf die Verstandesbegriffe bezogen bleibt, da für die „modi der reinen Vernunftbegriffe“ gilt: „Sie laufen am Faden der Kategorien fort.“ (B 392)

Erst die Modifizierung der Ideen wird auch den Freiheitsbegriff innerhalb des Weltthemas erscheinen lassen und erlauben, ihren Zusammenhang ans Licht zu bringen. Doch würde eine Erläuterung, die erst am „System der kosmologischen Ideen“ ansetzt, zu kurz greifen. Deshalb sei zuvor herausgehoben, was die Arbeit der Einleitung und des Ersten Buches der Dialektik für den Weltbegriff erbracht hat; nur aus dieser Vorbereitung wird sich die Stellung der Freiheit im Ganzen der Kritik der reinen Vernunft verstehen lassen.

---

17 Schmucker (1990) bemerkt zur Ableitung der Ideen: „Jedenfalls aber zeigt dieses neue zusätzliche Prinzip der Ableitung [KRV, B 390 f.], daß die Vernunftideen von Seele, Welt und Gott nicht von den immanenten apriorischen Prinzipien des Vernunftvermögens, den Kategorien (der Relation) einerseits und den syllogistischen Schlußformen der formalen Logik andererseits, abgeleitet werden können, sondern nur von den Gegenstandsbereichen des in der Erfahrung Gegebenen aus: der inneren Welt des Bewußtseins und seinem Einheitsprinzip, der transzendentalen Apperzeption, der äußeren Welt der Erfahrung in Raum und Zeit und der Welt alles Wirklichen und Möglichen überhaupt. Die drei Bereiche des Gegebenen bzw. der Gegenstände sind der wahre Ausgangspunkt und das spezifizierende Prinzip der Vernunftschlüsse auf die Ideen von Seele, Welt und Gott.“ (64)

Diese Sicht ist unhaltbar, weil zum einen die beiden Schritte der Ableitung sich ergänzend, nicht alternativ zueinander verhalten – es werden Form und Gehalt der Ideen bestimmt –, vor allem aber, weil der Gehalt der Ideen a priori durch Beziehung auf die Erkenntnisvermögen eingeteilt wird (vgl. unten Kap. VIII 1 Anm.), also gerade nicht in Beziehung auf „Gegenstände“; die besagte Einteilung läßt die möglichen Gegenstände vielmehr durch Unterscheidung entspringen.

V. Die Sonderstellung des Weltbegriffs

Wenn in der Vergegenwärtigung des ersten Teils der Dialektik nicht allein auf die Unterscheidung der Vernunft vom Verstande geachtet wurde, sondern ebenso die Beziehung der Vernunft und sogar ihre *Angewiesenheit* auf den Verstand herausgezogen wurde, so scheint dies zunächst nicht der Absicht und Richtung des Kantischen Gedankens zu entsprechen, da Kant doch alles Gewicht vornehmlich auf die „Unterscheidung der Ideen, d. i. der reinen Vernunftbegriffe, von den Kategorien oder reinen Verstandesbegriffen, als Erkenntnissen von *ganz verschiedener Art, Ursprung* und *Gebrauch*"[18] legt.

Die Angewiesenheit der Vernunft auf das Gedachte des Verstandes trat zuerst zutage in dem Grundsatz, der das Verhältnis von Bedingtem und Unbedingtem hypothetisch auffaßte, während die Vorstellung der Vernunfterkenntnis als der Erkenntnis des Besonderen im Allgemeinen durch bloße Begriffe zwar die subsumierende Beziehung, aber nicht die Angewiesenheit auf den Verstand beinhaltete. Durch diesen Grundsatz wurden die Begriffe des Verstandes und der Vernunft synthetisch verknüpft. Wenn nun aber der Schein gerade solcher Verknüpfung und nicht Begriffen für sich genommen anhängt, so ist zu sehen, daß der Schein genau mit der so gedachten Beziehung der Vernunfterkenntnis auf die des Verstandes zusammenhängen muß, und daß also diese Beziehung in einer Logik des Scheins besondere Aufmerksamkeit beansprucht.

Die angesprochene Beziehung wird auch als eine Aufstiegsbewegung gekennzeichnet, sowohl im Hinblick auf die Ideen (B 394) als auch auf die ihnen entsprechende Schlüsse (B 390). Die ausgezeichnete Stellung des Weltbegriffs springt aber heraus, wenn man sich vor Augen hält,

18 PROL, AA 4, 328.

daß einerseits das erschließende Aufsteigen zum Unbedingten unter der Forderung des hypothetischen Grundsatzes steht und dieser Grundsatz leitend war für die Entdeckung *aller* Vernunftbegriffe, da sie es *insgesamt*[19] mit der Erhebung der bedingten Synthesis zur unbedingten Einheit zu tun haben, andererseits aber nur im Weltbegriff das Aufsteigen zum Unbedingten so gedacht wird, wie es der Maßgabe des Grundsatzes für alle Ideen entspricht, nämlich als hypothetisches Erschließen des Unbedingten. Im Weltbegriff und allein im Weltbegriff ist das Denken des Unbedingten auf der Grundlage der bedingten Verstandeserkenntnis vorgezeichnet. Der Weltbegriff ist der Ort, die Verknüpfung des Denkens der Vernunft mit dem des Verstandes zum Austrag zu bringen, und sofern dieser Verknüpfung ein Schein entspringt, diesen kritisch aufzulösen.

Beruht so die herausgehobene Stellung des Vernunftbegriffs der Welt hinsichtlich seiner Form auf dem Zusammenschluß mit der Synthesis des Verstandes, so läßt auch der ihm eigene Gehalt erkennen, inwieweit in ihm sich das „Begreifen" mit dem „Verstehen" (B 367) berührt.

Der Gehalt des Weltbegriffs ist der „Inbegriff aller *Erscheinungen*" (B 391). Inbegriff bedeutet an dieser Stelle nicht die Summe der Erscheinungen, sondern diese als begriffene, und das heißt zunächst durch den Verstand gedachte. Zum absoluten Inbegriff aber wird das Verstehen der Erscheinungen erhoben, indem die Vernunft auf die „absolute Einheit der Reihe der Bedingungen der Erscheinung" (B 391) geht, insofern nämlich die Zutat der Vernunft darin besteht, „alle Verstandeshandlungen in Ansehung eines jeden Gegenstandes in ein absolutes Ganzes zusammen zu fassen" (B 383). Wenn also überhaupt gilt, daß die Verstandeshandlung, indem sie ins Unbedingte erweitert wird, in den Vernunftbegriff eingeht, so ist zu fragen, in welcher Gestalt sie in den Weltbegriff aufgenommen wird.

Hier ist zu erinnern, daß die Erscheinung Gegenstand des Verstandes ist (B 392), in dem Sinne, daß die Verstandesbegriffe auf dem Boden der Erscheinungen und nur auf ihm objektive Gültigkeit besitzen. Im

---

[19] Dies führt Kant zu der Bemerkung, daß alle den Ideen zugrundeliegenden Schlußarten auf die in ihnen beschlossene Hypothesis hin angesehen werden können: „Der bedingte Vernunftschlus heißt uneigentlich so, denn es sind mehr Bedingungen der Urtheile als blos der Grund in ansehung der Folge (conditio consequentiae). Es giebt auch eine condition der inhaerentz etc. etc." (Reflexionen zur Metaphysik, AA 18, R 5553, 223)

Weltbegriff kommt also die Synthesis des Verstandes zum Tragen, wie sie auf ihren notwendigen Gegenstand bezogen bleibt und also Wahrheit beanspruchen kann. Der Verstand tritt nur in dieser Beziehung auf Erscheinungen, im Verhältnis „zum Mannigfaltigen des Objects in der Erscheinung“ (B 391) als gesetzgebend auf, befindet sich da in seinem „Gebiet“, unterwirft sich die Erscheinungen. Dieses Unterstelltsein des Gegenstandes als Erscheinung unter den Verstand herauszutreiben, macht die ganze Arbeit der Analytik aus. Das oberste Prinzip aller synthetischen Urteile hat genau dieses Unterstehen zum Inhalt, als „Satz von dem zureichenden Grunde, welcher der Verstand ist – zureichend zur Erkenntnis eines Gegenstandes, der Erscheinung ist. Als solcher ist der Gegenstand zuerst ein Unterstehendes, weil den Bedingungen unseres Vorstellungsvermögens unterstellt.“[20]

Deswegen vollendet sich die Deduktion der Kategorien erst in dem Nachweis, daß sie den Erscheinungen die Regel vorschreiben. Kant unterscheidet zwei Schritte dieser Deduktion (in der zweiten Fassung). Der erste (§ 20-21) erbringt den Nachweis: „Also steht auch das Mannigfaltige in einer gegebenen Anschauung nothwendig unter Kategorien.“ (B 143) Dabei ist das Mannigfaltige das einer Anschauung überhaupt, sofern sie nur sinnlich ist; es wird von der Art, wie das Mannigfaltige unserer Anschauung gegeben ist, abstrahiert, und zwar deshalb, weil die Kategorien so beschaffen sind, daß sie als Formen der Einheit des Denkens sich nicht auf Gegenstände, die unseren Sinnen vorkommen können, beschränken lassen wollen. Diese Abstraktion hat ihre Absicht darin, die Reinheit der Kategorien auch in der Deduktion ihrer notwendigen Anwendung nicht vergessen zu lassen.[21]

Der zweite Schritt (§ 26) zeigt, daß das Mannigfaltige unserer Anschauung, wie es durch die Anschauungsformen des Raumes und der Zeit formiert ist, unter die Kategorien gehört, indem diese jenen An-

---

20 Boeder (1980) 459. Vgl. dazu „Über eine Entdeckung, nach der alle neue Kritik der reinen Vernunft durch eine ältere entbehrlich gemacht werden soll“, AA 8, 248 und Heidegger, GA 9, 136.

21 Vgl. dazu PROL: „Reine Mathematik und reine Naturwissenschaft hätten zum *Behuf ihrer eigenen Sicherheit* und Gewißheit keiner dergleichen Deduktion bedurft“ (AA 4, 327). KPV: „Aus diesen Erinnerungen wird der Leser der Kritik der reinen speculativen Vernunft sich vollkommen überzeugen: wie höchstnöthig, wie ersprießlich für Theologie und Moral jene mühsame Deduction der Kategorien war.“ (AA 5, 141)

schauungsformen diejenige Einheit geben, ohne welche die „Synthesis der Apprehension“ als die „Zusammensetzung des Mannigfaltigen in einer empirischen Anschauung“ (B 160) unmöglich wäre. Der Gedanke des zweiten Schrittes geht darauf aus, das Unterstelltsein der Apprehension unter die Apperzeption, vermittels der Kategorien, zu beweisen. Damit ist auch die Beweisart der „Axiome der Anschauung“, „Antizipationen der Wahrnehmung“ und „Analogien der Erfahrung“ vorgezeichnet, in denen es überall auf die Ermöglichung der Apprehension, des empirischen Bewußtseins durch das reine Bewußtsein in Gestalt der Kategorien ankommt.

Wenn also das Denken des Verstandes in den Weltbegriff eingeht als bezogen auf die Erscheinungen, auf das Mannigfaltige unserer sinnlichen Anschauung, so ist darauf zu achten, daß es in dieser Hinsicht – das ihm eigentümliche Objekt sich unterwerfend – als gesetzgebend anzusehen ist. Bezeichnenderweise wird denn auch erst im zweiten Schritt der Deduktion, der die besagte Beziehung der Kategorien auf die Konkretion des Gegenstandes herstellt, der Verstand als Gesetzgeber der Natur (B 164) angesprochen.

Natur ist zunächst als „Inbegriff aller Erscheinungen (natura materialiter spectata)“ (B 163) zu nehmen, die Erscheinungen verstanden als das gegebene Mannigfaltige, das bereits in Raum und Zeit auseinandergelegt ist. Der Begriff der Natur vervollständigt sich aber, indem auf die Form ihrer Gesetzmäßigkeit gesehen wird, welche sich aus der Gesetzgebung des Verstandes herschreibt.

Da aber die Vernunft ihrerseits gesetzgebend eingeführt wurde, insofern sie den Verstand über sich hinaustreibt zum Unbedingten, so zeichnet sich ab, daß sie gerade in dem von ihr hervorgebrachten Weltbegriff auf das gesetzgebende Erkennen des Verstandes, auf den Verstand in seinem „Gebiet“ treffen muß.

Was demnach den Weltbegriff unter den transzendentalen Ideen heraushebt, ist dies, daß er in sich einen *Übergang* denken läßt, den Übergang vom Gedachten des Verstandes zum Unbedingten, zu den Prinzipien. Diese Stellung des Weltbegriffs prägt sich zum einen in seinem hypothetischen Charakter aus, welcher die Form des Übergehens vorgibt, zum anderen aber in seinem Gehalt, in den das Feld der verstandenen Erscheinungen als Woher des Übergehens eingegangen ist.

VI. Die aus dem Weltbegriff hervorgehende Antinomie

In der Einführung in die dialektischen Schlüsse, die den Weltbegriff – entfaltet zum System der kosmologischen Ideen – zu „Grundsätzen" (B 435) ausführen sollen, wird auf eine Merkwürdigkeit hingewiesen, welche die herausgearbeitete Sonderstellung des Weltbegriffs vertieft: Es findet sich nicht „ein bloß einseitiger Schein" (B 434), sondern die Vernunft gerät in „eine ganz natürliche Antithetik" (B 433), die allein bei den kosmologischen Schlüssen und weder bei den Paralogismen noch den Beweisen vom Dasein Gottes statt hat.

Weshalb sich dies so verhält, ist aber aus der Eigentümlichkeit des Weltbegriffs zu beantworten. Es war gesehen worden, daß durch ihn das Unbedingte auf dem Wege über die stets bedingte Verstandeserkenntnis gesucht werde. Der Weltbegriff beschließt deshalb zwei Momente in sich, auf die Kant noch einmal ausdrücklich hinweist: zum einen betrifft er die „unbedingte Totalität, worauf auch der Begriff des Weltganzen beruht" (B 434), zum anderen aber geht er auf dieses Unbedingte nur hinsichtlich der „Synthesis der Erscheinungen" (B 434). Wenn aber im Weltbegriff diese Extreme – das Bedingte und das durch den Regressus zum Grund gedachte Unbedingte – als in einer Verknüpfung stehend vorgestellt wurden, indem die Vernunft „den Verstandesbegriff von den unvermeidlichen Einschränkungen einer möglichen Erfahrung frei mache und ihn also über die Grenzen des Empirischen, doch aber *in Verknüpfung* mit demselben zu erweitern suche" (B 435), so verwandelt sich in den entsprechenden dialektischen Schlüssen diese Verknüpfung in eine Entgegensetzung genau deshalb, weil das Unbedingte, im Ausgang von der Synthesis der Erscheinungen gedacht, seinerseits „unter den Erscheinungen" (B 447) gesucht wird.[22] Gerade die Setzung des Unbedingten von

[22] Daß diese beiden Momente der Schlußbewegung zu unterscheiden sind, das zweite Mo-

der Reihe der Bedingungen der Erscheinungen her und also in den Gesichtskreis der Erscheinungen setzt es einer Antithesis aus, welche die Notwendigkeit des Verstandes, stets eine fernere Bedingung zu suchen und nur lauter Bedingtes anzuerkennen, geltend macht. Die „Antithetik der reinen Vernunft" beruht also auf der Konfrontation des Begreifens der Vernunft mit dem Verstehen des Verstandes.

Der sachgerechte Name dieser Antithetik lautet aber deshalb Antinomie, weil nicht bloß Behauptungen, sondern die ihnen zugrundeliegenden Gesetzgebungen des Verstandes und der Vernunft auseinandergesetzt werden. Daß der Ort dieser Auseinandersetzung der Weltbegriff als „Inbegriff aller Erscheinungen" ist, rührt daher, daß zum einen – wie erinnert – die Erscheinungen das eigentümliche Gebiet des Verstandes ausmachen, zum anderen aber die Vernunft durch das hypothetische Schließen sich gleichsam auf das Feld der Erscheinung einläßt, weshalb fraglich werden muß, ob ihre Idee sich mit Erscheinungen vereinbaren läßt (B 435).

Mit der Antinomie hat es aber die Bewandtnis, daß sie sowohl als Streit der Vernunft mit sich selbst als auch als Widerstreit von Vernunft und Verstand gedeutet werden kann. Wie dies zusammenhängt, lehrt eine nähere Betrachtung des Unbedingten, die Kant nach der Vorstellung der Tafel der kosmologischen Ideen anstellt. Es ist zu bemerken, daß diese Tafel selbst noch keinerlei Entgegensetzung enthält, da die Ideen jeweils nur die „absolute Vollständigkeit" betreffen – „1. . . . der Zusammensetzung des gegebenen Ganzen aller Erscheinungen. 2. . . . der Theilung eines gegebenen Ganzen in der Erscheinung. 3. . . . der Entstehung einer Erscheinung überhaupt. 4. . . . der Abhängigkeit des Daseins des Veränderlichen in der Erscheinung" (B 443) – ohne daß schon entschieden würde, wie diese Vollständigkeit zu denken sei. Darüber gibt nun die Einteilung des Unbedingten Auskunft, die sich

---

ment aber – die dialektischen Schlüsse der Antinomien – im Schlußcharakter der kosmologischen Ideen vorgegeben ist, hebt Sallis (1980) zu Recht hervor: „The impending conflict that is to be unleashed by the cosmological ideas is foreshadowed within the structure of the first moment of the inferential movement, that moment in which the ideas originate. In its simplest form the conflict lies in the fact that the extension of the categories *beyond* the limits of experience is, on the other hand, carried out *in connection with* the empirical." (109, Hervorh. von Sallis) ans System der kosmologischen Ideen anschließt und den Übergang[23] zu den dialektischen Schlüssen macht. „Dieses Unbedingte kann man sich nun gedenken: entweder als bloß in der ganzen Reihe bestehend, in der also alle Glieder ohne Ausnahme bedingt und nur das Ganze derselben schlechthin unbedingt wäre, und dann heißt der Regressus unendlich; oder das absolut Unbedingte ist nur ein Theil der Reihe, dem die übrigen Glieder derselben untergeordnet sind, der selbst aber unter keiner anderen Bedingung steht." (B 445)

Zunächst mag es den Anschein haben, daß diese beiden Gestalten den Begriff des Unbedingten in gleicher Weise erfüllen, daß sie lediglich verschiedene Weisen darstellen, das Unbedingte zu denken, so daß die darin angelegte Antinomie in der Tat als ein Widerspruch innerhalb der Vernunft anzusehen wäre.

Doch genauer betrachtet ist die andere Gestalt des Unbedingten (ausgeführt als Seite der Antithesis) der ersten insofern entgegengesetzt, als in ihr „alle Glieder ohne Ausnahme bedingt" (B 445) sind und also das Unbedingte gar nicht anzutreffen ist. Die andere Seite ist nur deshalb als Gestalt des Unbedingten anzusprechen, weil sie das stets Bedingte ins Unendliche erhebt, welches unendlich-Bedingte aber daraufhin zu untersuchen ist, ob es überhaupt den Begriff des Unbedingten erfüllt. So erweist sich die erste Seite des Unbedingten als die eigentliche, wie es auch in einer Anmerkung hervorgehoben wird: „Allein dieses absolute Ganze einer solchen Reihe ist nur eine Idee, oder vielmehr ein problematischer Begriff, dessen Möglichkeit untersucht werden muß und zwar in Beziehung auf die Art, wie das Unbedingte als die eigentliche transscendentale Idee, worauf es ankommt, darin enthalten sein mag." (B 445 Anm.)

Dieser Sachverhalt bedingt, daß – in problematischer Form – der unendliche Regressus in die kosmologischen Ideen aufgenommen werden kann. Dies scheint zunächst widersprechend, weil der hypothetische Grundsatz, der für die Weltbegriffe leitend ist, die Zurückweisung des regressus in infinitum enthielt, wie es dem Übergang von der logischen Maxime zum Prinzip der Vernunft zu entnehmen war. So kann denn der

[23] Es ist wiederum genau darauf zu achten, daß die Unterscheidung des Unbedingten in das unbedingte Erste und die unbedingte Reihe des Bedingten nicht dialektisch ist, dessen ungeachtet aber die Antinomien dieser Unterscheidung entsprechen und deshalb durch sie erläutert werden können.

Regressus auf der Seite der Antithesis überhaupt nur deshalb als Gestalt des Unbedingten erwogen werden, wenn und weil zugleich vorausgesetzt wird, daß ihm – obwohl er selbst nur „potentialiter unendlich" ist – eine Reihe als „ganz gegeben" (B 445) zugrundeliegt.

Die Antithesis behauptet somit in der ausgeführten Hinsicht das Bedingte gegen das Unbedingte: in einer Reflexion erklärt Kant die „Antinomie der Vernunft" deshalb als den „Streit zwischen den Principien des Unbedingten in der Synthesis und den Principien des in Raum und Zeit Bedingten".[24] Die Antinomie entspringt der Entgegensetzung der Gesetzgebungen des Verstandes und der Vernunft, die dann erscheinen muß, wenn das Prinzip der Vernunft in Verbindung mit der Regel des Verstandes aufgesucht wird, so daß die Bedingungen der Vernunfteinheit, „da sie erstlich als Synthesis nach Regeln dem Verstande und doch zugleich als absolute Einheit derselben der Vernunft congruiren soll, wenn sie der Vernunfteinheit adäquat ist, für den Verstand zu groß und, wenn sie dem Verstande angemessen, für die Vernunft zu klein sein werden" (B 450).

Um nun dieses doppelte Gesicht der Antinomie zusammenzusehen, so ist hervorzuheben, daß der Widerstreit von Vernunft und Verstand kein vorfindlicher ist, sondern seinerseits durch die eine Seite der Entgegengesetzten – die Vernunft – hervorgerufen wird. Diese allein ist es, die dadurch, daß sie ihr Prinzip im Gesichtskreis des verständigen Vorstellens von Erscheinungen zu erkennen sucht, den Widerstand des Verstandes ermöglicht. Diese ist es aber auch, die nicht nur als kritisierte sich durch die verständige Deutung ihrer Prinzipien in den ihr selbst anhängenden Schein verwickelt, sondern als kritisierende die Antinomie in Befolgung ihrer „sceptischen Methode" (B 451) selbst veranlaßt, indem sie die Entgegensetzung des Unbedingten und des jederzeit Bedingten als zweifache Form des Unbedingten selbst auftreten läßt.

---

24 Reflexionen zur Metaphysik, AA 18, R 6317, 626.

VII. Die Notwendigkeit, die Freiheit im Weltthema einzuführen

1. Die Erschließung der Disjunktion von Natur und Freiheit

In der hier gegebenen Nachzeichnung der Bestimmung der Vernunftideen überhaupt und des Weltbegriffs scheint bislang noch keinerlei Hinweis auf die Beantwortung der Frage zu liegen, weshalb die Freiheit im Beginn, den die Kritik der reinen Vernunft macht, unter dem Weltthema erscheinen muß. Und doch bietet die Erörterung des Weltbegriffs bereits den Anfang zu der gesuchten Antwort. Diese Erörterung ging von Beginn an darauf aus, den Weltbegriff als Ort innerhalb des Gefüges der Kritik der reinen Vernunft aufzuklären, und zwar als den Ort des Übergangs vom Gebiet des Verstandes zu dem, was als Prinzip das eigentliche Interesse der Vernunft beschäftigt. Dabei hatte sich gezeigt, daß dieser Übergang in den theoretisch gefaßten Ideen *überhaupt* angelegt ist, in den Weltbegriff aber *eigens* eingeschlossen wird. Doch diese aufgezeigte Verknüpfung der beiden einzigen Vermögen des Denkens in der Weltidee läßt die Zugehörigkeit der Freiheit zum Weltthema noch nicht offenkundig werden.

Dies ist daran abzulesen, daß die Modifizierung des Weltbegriffs zum System der kosmologischen Ideen, wodurch die besagte Verknüpfung in eine Vierheit von Begriffen ausgefaltet wird, die diejenigen Kategorien in jeder Kategorienklasse ins Unbedingte erweitern, welche einen begründenden Rückgang vom gegebenen Bedingten her einschließen, nicht auf die Freiheit als einen der Weltbegriffe führt: in der entsprechenden Tafel ist nur erst von der „absoluten Vollständigkeit der Entstehung einer Erscheinung überhaupt" (B 443) die Rede. Die Frage nach dem Ort der Freiheit ist deshalb nicht mit dem scheinbar selbstverständlichen Verweis auf die Entfaltung des Weltbegriffs zur Tafel der kosmologischen Ideen beantwortet. So könnte nur nachgezeichnet werden, wie die Zusammenstellung der Kategorien, die sich zu Ideen schikken sollen, geleitet ist vom hypothetischen Charakter des Weltbegriffs; weiterhin, daß unter den Relationskategorien sich gerade der Begriff der Kausalität zu einer Erhebung in eine kosmologische Idee eignet, während die Kategorien der Substanz mit ihren Akzidenzen und der Wechselwirkung kein regressives Bedingungsverhältnis beinhalten. Aber diese „systematische" Notwendigkeit läßt noch nicht die prinzipielle Notwendigkeit, die Freiheit als Weltbegriff einzuführen, einsichtig werden. Dazu bedarf es eines weiteren Schrittes, der aber genau durch die Folge der Kantischen Erörterung angegeben ist.

Die Freiheit zeigt sich nämlich in diesem System der kosmologischen Ideen erst mit dem Gedankenschritt, der den Weltbegriff nicht nur als Ort des Übergangs und Rückgangs, vielmehr als Ort des Widerstands des Verstehens gegen das Begreifen erweist – dieser Schritt führt in die Entgegensetzung innerhalb des Systems der Weltbegriffe, deren Tafel zunächst keine Entzweiung kennt, durch die Unterscheidung des Unbedingten in ihm selbst: Erst an diesem Punkte erscheint die „absolute Selbstthätigkeit (Freiheit)" (B 446). Mit dieser Entgegensetzung ist aber unmittelbar – im Schein – der Übergang in den Widerspruch der dialektischen Schlüsse verbunden, die jeweils antithetisch auseinandergehen. Erst indem herausgestellt wird, daß das Denken des Unbedingten im hypothetischen Rückgang von den verstandenen Erscheinungen her in die Entgegensetzung, und weiter: in die Antinomie führt, indem das Bedingte der Erhebung zu einem Anfang gleichsam widersteht, tritt die Freiheit im Gefüge der Weltbegriffe hervor.

In diesem Sachverhalt liegt aber der entscheidende Hinweis für die Frage nach der Zusammengehörigkeit von Welt und Freiheit: Diese Frage kann in maßgebender Weise nicht derart beantwortet werden, daß die Freiheit in der Subsumtion der einzelnen Modi des Weltbegriffs unter den Weltbegriff im allgemeinen gesucht wird – so wäre nur die nicht weiterführende Auskunft möglich,[25] daß es eben die Freiheit sei, durch welche die Kategorie der Kausalität, die nun einmal als regressive

---

25 Vgl. Boeder (SS 1968) 179.

ins Weltthema gehört (B 441), zur absoluten Vollständigkeit des Vernunftbegriffs erweitert werde.

Es ist im Gegenteil darauf zu sehen, daß die Freiheit nicht subsumiert wird unter das Weltthema, sondern daß mit gleichem Recht zu sagen ist: sie erscheint überhaupt nicht im Weltthema, ist nämlich dort durch die andere Seite der Entgegensetzung der Gestalten des Unbedingten, die ihre Ausführung als Antithesis des Verstandes finden wird, ausgeschlossen.

Daß die Freiheit anfänglich unter dem Weltbegriff thematisiert wird, muß darauf beruhen, daß sie zuerst in ihrem Ausgeschlossensein gefaßt werden will.

Nun muß aber eingeräumt werden, daß nicht allein die Setzung der Freiheit in die Antinomie treibt. Die Fortführung des Systems der kosmologischen Ideen im Hinblick auf die doppelte Weise, die Vollständigkeit der Bedingungen zu erschließen, läßt wiederum eine Vierheit von Begriffen des Unbedingten als Unbedingten, d. h. als Erstes einer Reihe zusammenstellen, die insgesamt auf die Entgegensetzung einer Antithesis bezogen bleiben: Es gibt da ein „Erstes der Reihe, welches in Ansehung der verflossenen Zeit der Weltanfang, in Ansehung des Raums die Weltgrenze, in Ansehung der Theile eines in seinen Grenzen gegebenen Ganzen das Einfache, in Ansehung der Ursachen die absolute Selbstthätigkeit (Freiheit), in Ansehung des Daseins veränderlicher Dinge die absolute Naturnothwendigkeit heißt“ (B 446).

Um hier das Bedenken zu verschärfen, ist darauf zu achten, daß in dieser Vierheit des Unbedingten erstaunlicherweise die beiden anderen Begriffe der vollständigen Trias der Ideen, die den Grundriß der Dialektik ausmachen – Seele, Welt, Gott –, wiederkehren. Dies ist zwar weder den genannten Begriffen noch den ausgeführten Thesen der vier Antinomien ohne weiteres zu entnehmen, aber ohne Zweifel in der Ausdeutung der Thesen enthalten, die sie in die Fragen zusammenfaßt: „ob die Welt einen Anfang und irgend eine Grenze ihrer Ausdehnung im Raume habe; ob es irgendwo und vielleicht in meinem denkenden Selbst eine untheilbare und unzerstörliche Einheit, oder nichts als das Theilbare und Vergängliche gebe; ob ich in meinen Handlungen frei, oder wie andere Wesen an dem Faden der Natur und des Schicksals geleitet sei; ob es endlich eine oberste Weltursache gebe, oder die Naturdinge und deren Ordnung den letzten Gegenstand ausmachen, bei dem wir in allen unseren Betrachtungen stehen bleiben müssen" (B 491).

Also: im Begriff des Einfachen verbirgt sich die Idee der Seele,[26] im Begriff der Naturnotwendigkeit die Idee Gottes als „Urwesen" (B 494). Hinzuzufügen ist, daß Kant ausdrücklich den Gedanken des Weltanfangs zurückbindet in die vierte Antinomie, in den Begriff des Urwesens, indem eine Welt ohne Anfang zugleich eine Welt ohne Urheber bedeutete (B 496).

Jedenfalls wird durch diese Versammlung aller Ideen im Weltbegriff deutlich, daß die Bezeichnung der Weltidee als Ort und die entsprechende Frage nach dem Ort der Freiheit im Weltthema gegründet ist. Zugespitzt ist zu sagen: Auf den Vergleich der theoretischen und praktischen Fassung der Ideen gesehen, nimmt der Weltbegriff die gesamte praktische Sequenz – Gott, Freiheit und Unsterblichkeit – in sich auf, jedoch so, daß das erschließende Erkennen der Realität dieser Ideen den Widerspruch in der Vernunft entdeckt.

Auch darin bekundet sich erneut die Sonderstellung des Weltbegriffs, dessen umfassende Eigenart zunächst daran hervortrat, daß allein er dem hypothetischen Prinzip als Prinzip der Vernunft überhaupt entspricht.

Zwar liegt auch den Paralogismen eine Vierheit von Vernunftbegriffen zugrunde, die ebenso wie die kosmologischen Ideen am „Leitfaden der Kategorien" (B 402) aufgesucht werden, doch bleibt dessenungeachtet die Seele als „denkendes Wesen" (B 411) der einheitliche Gegenstand aller Paralogismen, die in der zweiten Fassung deshalb auch in einen einzigen herrschenden zusammengezogen werden können (B 410). Die „Topik der rationalen Seelenlehre" (B 402) befaßt, anders als das System der kosmologischen Ideen, lediglich die „Eigenschaften" (B 405) ein und desselben Vernunftgegenstandes, des denkenden Ich.

Für die theologische Idee gilt dasselbe, da sie sich nicht in ein System von Ideen auseinanderlegt, sondern in eine Vielheit von „Prädicamenten" (B 608) des einzigen Urwesens, genauer in deren „unbedingte Vollständigkeit" (B 608). Letztere verlangt aber nicht mehr – wie noch die Vollständigkeit „aller Prädicamente der rationalen Seelenlehre" – eine Auswahl der Kategorien gemäß der herrschenden Idee (A 403). „Im

26 Vgl. Sallis (1980) 111.

Ideal der reinen Vernunft, weil da alle Categorien in einer Idee beysammen sind, haben wir nicht nothig, sie zu unterscheiden; denn es ist das Principium aller Moglichkeit, dadurch denn die categorien selbst bestimmt werden."[27]

Nur der Weltbegriff also ist ein systematischer Ort, an dem die Vernunftideen in Hinsicht auf den ihrer theoretischen Setzung anhängenden Schein des Widerspruchs im Ganzen erscheinen. Darin liegt aber, wie zunächst vermutet, kein Bedenken gegen die ausgezeichnete Zugehörigkeit der Freiheit zum Weltthema; diese Zugehörigkeit wird im Gegentheil erst greifbar, wenn gesehen wird, daß die Vernunftbegriffe von Seele und Gott nur *auch* als kosmologische Ideen erscheinen, der ihnen anhängende Schein aber nicht in erster Linie ein zweiseitiger ist, sondern als einseitiger maßgeblich außerhalb der Antinomie[28] auf den Begriff gebracht wird.

Die Zweiseitigkeit des Scheins beruht auf dem Hinzutreten der Antithesis, die überall die Gesetzgebung des Verstandes, der sich im Feld der Erscheinungen, wie schon erinnert, „auf seinem eigenthümlichen Boden" (B 496) befindet, und also die „Kette der Naturordnung" (B 496) geltend macht. Ist also der Schein in der theoretischen Fassung des Freiheitsbegriffs notwendig ein solcher zweiseitiger, so bedeutet dies: Nur der Freiheit ist es – im Gegensatz zu den Ideen der Seele und Gottes – nicht äußerlich, in den Widerspruch zur Behauptung der Naturnotwendigkeit zu treten.

Dieser Widerspruch geht aber auf eine Unvereinbarkeit zurück, welche auf die logische Form einer Disjunktion zu bringen ist. Zu Beginn der Auflösung der dritten Antinomie wird sie gefaßt: „Man kann sich nur zweierlei Causalität in Ansehung dessen, was geschieht, denken, entweder nach der Natur, oder aus Freiheit." (B 560)

---

27 Reflexionen zur Metaphysik, AA 18, R 5553, 223; vgl. Heimsoeth (1969) 453 Anm. 70.

28 Vgl. dazu: „Hier zeigt sich Antinomie. *Alle* Ideen, die den Grund dieser Dialectic ausmachen, sind hierin enthalten: psychologische so wohl als theologische, aber nur so fern sie in die reihe moglicher Erfahrung gehören, die sich selbst begrenzen soll. Hier sollen die Ideen den Progressus nur vollenden und sind cosmologisch. Aber es zeigt sich noch ein anderer schein, wo sie nicht zur Reihe gehören und vor sich selbst etwas zur Erfahrung hinzusetzen sollen, und da sind die Ideen theils psychologisch, theils theologisch." (Reflexionen zur Metaphysik, AA 18, R 5642, 281)

Genau diese Disjunktion von Natur und Freiheit als fundamentales Verhältnis zu erschließen, ist Aufgabe der dialektischen Schlüsse der dritten Antinomie.

Um jetzt den Zusammenhang von Welt und Freiheit einerseits, die Unterscheidung von Welt und Natur andererseits zu klären, sei zunächst der Weltbegriff so genommen, wie er sich bislang dargestellt hat, noch vor seiner Einteilung in die Weltbegriffe im engeren Sinne und die Naturbegriffe.

Das Entscheidende ist: Im Weltbegriff wird die Natur als das dem Verstand unterworfene Feld der Erscheinung darauf hin angesehen, das Unbedingte in ihr und von ihr her erkennen zu lassen. Doch genau dieses dem Trieb der Vernunft entspringende Zusammenschließen treibt unmittelbar das Sich-Ausschließen von Natur und Vernunftprinzip hervor, und das heißt zuhöchst: von Natur und Freiheit. Natur und Welt sind also nicht einerlei, obgleich beide als Inbegriff der Erscheinungen (B 163, B 483) angesprochen werden; sie berühren sich auf diese Weise aber nur, weil sie in den Erscheinungen das durch ihre sich unterscheidenden Begriffe zu Exponierende gemeinsam haben. Welt unterscheidet sich von Natur, deren Begriff bereits Resultat der Analytik des Verstandes ist, dadurch, daß sie die Natur als vernünftige betrachten lassen will, auf die Realität des vernünftigen Prinzips in ihr hin.[29] Die dabei hervortretende Unmöglichkeit läßt im Weltbegriff die unmittelbare Unvereinbarkeit von Natur und Freiheit entdecken. Es gibt deshalb keinen einlinigen Zusammenhang von Welt und Freiheit, derart, daß aus dem Gehalt des Weltbegriffs der Gehalt des Freiheitsbegriffs zu entwickeln wäre; durch den Weltbegriff wird ein Verhältnis aufgedeckt, in dem die Freiheit der Notwendigkeit des Verstandes gegenübertritt.

Die Behauptung der Notwendigkeit des Verstandes und so der Natur ist Sache jeder der vier Antithesen. Wenn aber nun die kosmologischen Ideen als Weltbegriffe überhaupt (B 447) eingeteilt werden in die Weltbegriffe im engeren Sinne und die Naturbegriffe, indem gemäß der Unterscheidung der mathematischen und dynamischen Kategorien (B 110) die Totalität der Synthesis der Erscheinungen hinsichtlich ihrer Anschau-

[29] Diese Transformation ist klar in einer Reflexion ausgesprochen: „Die Welteinheit ist die Natureinheit im Ganzen." (Reflexionen zur Metaphysik, AA 18, R 5120, 97)

ung als Größen in Raum und Zeit von derjenigen hinsichtlich ihres Daseins abgesetzt wird, so wird die Bewandtnis dieser Unterscheidung erst „im Fortgange" (B 448) der Auflösung der Antinomien sichtbar. Nur soviel ist jetzt zur Situierung der Freiheit nicht nur in der Antinomie überhaupt, sondern in einer dynamischen Antinomie zu bemerken, daß die dynamischen Kategorien und die entsprechenden Verstandesgrundsätze, des näheren aber die „Analogien der Erfahrung" einen Vorrang vor den „mathematischen" Grundsätzen besitzen, da jene erst den vollen Begriff der Natur erbringen. Ihr vollständiger Begriff wird nicht durch die mathematische Synthesis der Erscheinungen, die sie hinsichtlich ihrer Form und Materie durch apriorische Bestimmung ihrer Anschauung und Wahrnehmung zustandebringt, sondern erst durch die Verknüpfung der Erscheinungen untereinander hinsichtlich ihres Daseins – das steht gegen die „bloße Möglichkeit" (B 221) einer Erscheinung als einzelner – erreicht. „Natur ist das Dasein der Dinge, so fern es nach allgemeinen Gesetzen bestimmt ist."[30] Deshalb heißen zwar alle Grundsätze des Verstandes „allgemeine Gesetze der Natur, welche a priori erkannt werden können",[31] diejenigen Grundsätze aber, die es mit der Möglichkeit der Erfahrung als Ordnung des Daseins der Erscheinungen in der Zeit zu tun haben, werden vorzüglich „die eigentlichen Naturgesetze"[32] genannt. Durch sie ist der Begriff eines Gegenstandes der Natur vollständig gegeben. Dieser Vollständigkeit widerspricht nicht, daß sich das System der Grundsätze erst mit den „Postulaten des empirischen Denkens überhaupt" schließt. Denn in ihnen wird die Bestimmung des Begriffs eines Naturgegenstandes nicht erweitert, sondern dieser Begriff als Begriff gesetzt: „Die Grundsätze der Modalität sind aber nicht objectiv-synthetisch, weil die Prädicate der Möglichkeit, Wirklichkeit und Nothwendigkeit den Begriff, von dem sie gesagt werden, nicht im mindesten vermehren, dadurch daß sie der Vorstellung des Gegenstandes noch etwas hinzusetzten. Da sie aber gleichwohl doch immer synthetisch sind, so sind sie es nur subjectiv, d. i. sie fügen zu dem Begriffe eines Dinges (Realen), von dem sie sonst nichts sagen, die Erkenntniskraft hinzu, worin er ent-

30 PROL, AA 4, 294.
31 PROL, AA 4, 306.
32 PROL, AA 4, 307.

springt und seinen Sitz hat" (B 286). Diese Stellung der Modalitätsgrundsätze drückt sich darin aus, daß sie nicht zu den Axiomen der Anschauung, Antizipationen der Wahrnehmung und Analogien der Erfahrung als in derselben Reihe stehend hinzukommen, sondern diese „zusammen betreffen" (B 223), nämlich den erbrachten Begriff des Objekts in Beziehung auf die Erkenntnisvermögen setzen. Obgleich das Herstellen dieser Beziehung den entscheidenden Schritt bezeichnet, in dem Kant „den Verstand als Gesetzgeber für die Natur erweist",[33] so ist gleichwohl mit den Erfahrungsgrundsätzen der volle Begriff des Naturgegenstandes durch seine „*objectiv*-synthetische" (B 286) Bestimmung gewonnen.

Wenn es also notwendig ist, die grundlegende Disjunktion von Natur und Freiheit hervorzutreiben, so ist nach dem Gesagten klar, daß dies nur dort geschehen kann, wo der Naturbegriff seine Konkretion erreicht hat – im Horizont der dynamischen Bestimmung der Natur. Innerhalb dieses Horizontes aber muß die Antithesis der „objektiv-synthetischen" Ordnung der Erfahrungsgegenstände entspringen, insofern die kosmologischen Schlüsse die Vernunft ebenso „auf die objective Synthesis der Erscheinungen" (B 433) anwenden.

Inwiefern nun durch die dritte Antinomie das unmittelbar disjunktive Verhältnis von Natur und Freiheit ans Licht gebracht wird, sei durch eine Erläuterung im einzelnen dargestellt.

Daß die *Antithesis*: „Es ist keine Freiheit, sondern alles in der Welt geschieht lediglich nach Gesetzen der Natur" (B 473) zuerst auf das Sich-Ausschließen von Natur und Freiheit und deshalb auf das Ausgeschlossensein der Freiheit durch die Naturkausalität geht, zeigt sich daran, daß in ihre Formulierung nur die Unmöglichkeit der Freiheit und die ausnahmslose Herrschaft des Naturgesetzes eingeht, nicht ausdrücklich aber die anzunehmende Unendlichkeit in der Reihe der Ursachen. Es ist die Negation der Freiheit, des Unbedingten als Ersten, zu setzen und dagegen das Bedingte zu behaupten, nicht aber das Bedingte selbst als Totalität geltend zu machen. Letzteres wird zwar als Folge aus der Negation der Freiheit angesehen, ist aber nicht das Beweisziel oder besser: das Interesse des Beweises. Dies verrät auch die Ordnung des Beweises. Zuerst steht der Nachweis: „Also ist die transscendentale Freiheit dem Causalgesetze

33 Boeder (1980) 464.

entgegen und eine solche Verbindung der successiven Zustände wirkender Ursachen . . . ein leeres Gedankending." (B 473 f.) Die sich daraus ergebende Notwendigkeit eines unendlichen Regresses wird nur in einem Nachtrag erwähnt, indem die durchgängige Gesetzmäßigkeit der Natur „den Verstand mit der Schwierigkeit belästigt, die Abstammung der Begebenheiten in der Reihe der Ursachen immer höher hinauf zu suchen" (B 475); „die Möglichkeit einer solchen unendlichen Abstammung" (B 477) wird denn auch erst in der Anmerkung zum Beweis wenn nicht einsichtig so doch annehmbar.

Diesem negativen Charakter der Antithesis kommt die Form des Beweises als reductio ad impossibile[34] entgegen, die von der Setzung der Freiheit ausgeht.

Was hier alle Aufmerksamkeit verdient ist dies, daß durch die Setzung der Freiheit ihr Begriff eine Bestimmung erhält, die noch nicht durch seine Erörterung im System der kosmologischen Ideen vorgegeben ist. Zunächst wird sie angenommen als „ein Vermögen, einen Zustand, mithin auch eine Reihe von Folgen desselben schlechthin anzufangen" (B 473). Dies entspricht noch genau dem Begriff der Freiheit, wie sie durch die Erhebung der Kausalität ins Unbedingte gedacht war: ein Verursachen, das selbst ohne Ursache ist, „schlechthin anfängt". Aber die weitere Analyse dieses schlechthin spontanen Anfangens (im intransitiven Sinne, vgl. B 483 Anm.) bringt eine Deutung der Freiheit hervor, die über diese begriffliche Fassung hinausgeht: „Es setzt aber ein jeder Anfang zu handeln einen Zustand der noch nicht handelnden Ursache voraus" (B 473). Damit ist die Spontaneität des Anfangs in eine Folge von Zuständen der handelnden Ursache, in eine Sukzession gesetzt, und dies muß bedeuten: Die Gegenwart eines Anfangs aus Freiheit ist verzeitlicht. Was zu dieser verzeitlichten Vorstellung der Freiheit führen muß, ist zuletzt der Weg des Begreifens, der durch den hypothetischen Grundsatz vorgezeichnet war: Das Unbedingte wird aus dem Rückgang vom Bedingten her verstanden. Dies trägt der Freiheit im dialektischen Schluß eine verständige Deutung ein, die bestimmt ist vom Verstandesbegriff der Kausalität, wie er durch sein Schema auf Erscheinungen bezogen ist: Zeitfolge nach einer Regel (B 301). Das Zurückgehen von

---

34 Pérez Paoli (1977) 124.

den erscheinenden Wirkungen, die stets den Charakter eines „Zustandes" besitzen, auf einen ersten Anfang führt zu dessen Auslegung als ein zwar unbedingtes, aber gleichwohl in die Zeit fallendes und also erscheinendes Verursachen. Eben diese Vorstellung der Freiheit aber ist es, die in der Unvereinbarkeit mit der Kausalität der Natur stehen muß. Sie kann neben ihr nur als Zeitfolge ohne Regel oder „Gesetzlosigkeit" (B 475) angesehen werden und ist deshalb auszuschließen.

Mit dem disjunktiven Verhältnis von Natur und Freiheit ist so unzertrennlich die Auslegung der Freiheit als erscheinendes Vermögen verbunden.

In der Anmerkung zu Antithesis heißt es nun weiter: „Wenn auch indessen allenfalls ein transscendentales Vermögen der Freiheit nachgegeben wird, um die Weltveränderungen anzufangen, so würde dieses Vermögen doch wenigstens nur *außerhalb der Welt* sein müssen" (B 479). Der Kern der Schwierigkeit liegt demnach gerade darin, die Freiheit „in der Welt selbst" (B 479) zu denken, wobei Welt hier die weitere Bedeutung des Feldes der Erscheinungen oder des Inbegriffs aller Anschauungen (B 479) annimmt. Die Freiheit in der Welt zu denken, scheint zu bedeuten: ein Vermögen annehmen, das in die Erscheinung fällt, gleichwohl aber nicht der Gesetzmäßigkeit der Erscheinungen untersteht, dessen erscheinende Wirkungen deshalb den Naturmechanismus in seiner Allgemeinheit und Notwendigkeit aufheben.

Die Schwierigkeit in der Annahme der Freiheit, die sowohl hinsichtlich eines Ursprungs der Welt als auch hinsichtlich eines Vermögens in der Welt, und bei diesem in Verschärfung, hervortritt, ist nicht eine äußerliche, der Freiheit gleichsam angetragene, sondern im Begriff der Freiheit selbst angelegt, die gar nicht anders als bezogen auf die Welt gedacht werden kann. Ein Satz, welcher die Bestimmung der Freiheit „als das Vermögen, eine Begebenheit von selbst anzufangen" erläutern soll, spricht diesen Sachverhalt in aller Deutlichkeit aus: „Die Idee der Freiheit findet lediglich in dem Verhältnisse des Intellectuellen als Ursache zur Erscheinung als Wirkung statt."[35] Da dies schon im Zusammenhang der Auflösung der Antinomie, also nicht auf die Auslegung der Freiheit in der Antinomie hin gesagt ist, wird dadurch befestigt, daß in

35 PROL, AA 4, 344 Anm.

der Idee der Freiheit selbst ein Verhältnis zu den Erscheinungen und also zur Welt zu begreifen aufgegeben ist. Die Freiheit hat nur Bedeutung, sofern sie nicht bloß neben die Erscheinungen gesetzt wird. Sie muß im Verhältnis zu den Erscheinungen als bestimmende Seite angenommen werden können, welches Bestimmen allerdings auf dem Niveau der Antithesis nur als die „Einflüsse" eines „gesetzlosen Vermögens der Freiheit" (B 479) auf die Gesetze der Natur verstanden werden kann.

In der *Thesis*: „Die Causalität nach Gesetzen der Natur ist nicht die einzige, aus welcher die Erscheinungen der Welt insgesammt abgeleitet werden können. Es ist noch eine Causalität durch Freiheit zu Erklärung derselben anzunehmen nothwendig." (B 472) scheint das ausschließende Verhältnis von Natur und Freiheit in der Welt nicht zum Tragen zu kommen, vielmehr das Zusammenbestehen beider angenommen zu werden. Darin bekundet sich die Thesis als die der Vernunft, deren Interesse nicht die Setzung der Freiheit gegen die Naturnotwendigkeit, sondern deren mögliche Vereinbarkeit ist. Und dennoch wird die Betrachtung des Schlusses ergeben, daß auch die Thesis unter der Macht der Disjunktion steht.

Dem Interesse des Beweises entsprechend wird in der reductio ad impossibile von der Annahme, „es gebe keine andere Causalität, als nach Gesetzen der Natur" (B 472) und so von der aufzuhebenden Ausschließlichkeit des Naturgesetzes ausgegangen.

Der Widerspruch in der Annahme der unbeschränkten Gültigkeit des Kausalgesetzes entdeckt sich aber dadurch, daß es an der in der Idee liegenden Forderung des unbedingten Begründens gemessen wird. Sie läßt nämlich bemerken, daß der Naturmechanismus nur solche Ursachen kennt, deren Wirksamkeit, ihrer Wirkung entsprechend, in der Zeit anfängt und die also stets verursacht sind. Der Naturmechanismus treibt so in den regressus in infinitum und schließt „einen ersten Anfang", eine „Vollständigkeit der Reihe auf der Seite der von einander abstammenden Ursachen" (B 474) aus. Der Widerspruch im Naturgesetz liegt deshalb nicht schon in seiner Allgemeinheit, der gemäß ihm „ohne Ausnahme *ein jedes*"[36] unterworfen ist, sondern wird erst in seiner „unbeschränkten Allgemeinheit" (B 474), auf die hin es erst die Vernunft ansieht, offenkundig.

36 Reflexionen zur Metaphysik, AA 18, R 5992, 417.

Die Unmöglichkeit, durch den bloßen Mechanismus der Natursachen ein Erstes aufzufinden, läßt nun schließen: „Diesemnach muß eine Causalität angenommen werden, durch welche etwas geschieht, ohne daß die Ursache davon noch weiter durch eine andere vorhergehende Ursache nach nothwendigen Gesetzen bestimmt sei, d. i. eine absolute Spontaneität der Ursachen, eine Reihe von Erscheinungen, die nach Naturgesetzen läuft, von selbst anzufangen, mithin transscendentale Freiheit" (B 474).

Der auf diese Weise „geschlossene" Begriff der Freiheit entspricht seiner Fassung im System der kosmologischen Ideen: ein erstes Verursachen sowohl für anderes als auch an ihm selbst.[37] Doch der ausgeführte dialektische Schluß hat bei näherem Zusehen ebenso wie in der Antithesis zu einer Ausdeutung des Begriffs geführt, die am Rückschluß vom Verstandesbegriff in seinem auf Erscheinungen bezogenen Gebrauch hängt. Die absolute Spontaneität wird in eine verzeitlichte Gegenwart gesetzt. Dies ist in der Anmerkung zur Thesis ausgesprochen, in der bei der Unterscheidung eines absolut ersten Anfangs der Kausalität und der Zeit nach klar wird, daß ein dynamischer ersten Anfang in der Zeitreihe zu denken ist; er ist zwar dem Erfolgen, keineswegs aber der Folge der Zeitreihe überhaupt entnommen (B 478).

Diese Verdeutlichung der Zeitlichkeit der unbedingten Kausalität gehört bereits einem zweiten Schritt des Beweises an, der es – über die Annahme eines „Ursprungs der Welt" (B 476) hinausgehend – mit der Möglichkeit „mitten im Laufe der Welt verschiedene Reihen der Causalität nach von selbst anfangen zu lassen" (B 478) zu tun hat. Gleichwohl ist davon auszugehen, daß auch der Schluß auf einen Ursprung der Welt aus freier Kausalität auf einen Begriff dieses Anfangs führt, der von den Erscheinungen her gedeutet wird; denn es besteht kein Anlaß, die Spontaneität aus ihrer Vorbeziehung auf ihre erscheinende Wirkung zu lösen.

Der zweite Schritt des Beweises oder dessen Fortführung in der Anmerkung wird nun mit dem Hinweis eingeleitet, daß die transzendentale

---

37 Gemäß der Bestimmung des Unbedingten als „ein Theil der Reihe, dem die übrigen Glieder derselben untergeordnet sind, der selbst aber unter keiner anderen Bedingung steht" (KRV, B 445).

Freiheit zwar nicht einerlei sei mit der praktischen[38] oder der „Freiheit des Willens" (B 476), die Schwierigkeit aber in der Annahme der praktischen Freiheit in der Frage aufgehe, welche die spekulative Vernunft beschäftigen muß, nämlich „ob ein Vermögen angenommen werden müsse, eine Reihe von successiven Dingen oder Zuständen von selbst anzufangen" (B 476).

War die Notwendigkeit einer solchen Annahme durch den eigentlichen Beweis im Hinblick auf einen einzigen Ursprung der Welt dargetan worden, so verlangt das praktische Interesse der Vernunft darüberhinausgehend die Annahme einer freien Kausalität in der Welt, ebenso wie in der Antithesis das in erster Linie Auszuschließende die Möglichkeit einer solchen Kausalität „*in der Welt selbst*" (B 479) war.[39]

Aus der Notwendigkeit eines Ursprungs der Welt aus freier Kausalität wird aber nun nicht die Notwendigkeit, sondern bloß die Möglichkeit der Freiheit in der Welt erschlossen, so daß es „nunmehr auch erlaubt" ist, „mitten im Laufe der Welt verschiedene Reihen der Causalität nach von selbst anfangen zu lassen und den Substanzen derselben ein Vermögen beizulegen, aus Freiheit zu handeln" (B 478). Daß in der Fortführung des Beweises auf die praktische Idee hin lediglich die Erlaubnis oder

38 Daß die praktische Freiheit an dieser Stelle als „psychologische" bezeichnet wird, zeigt nur an, daß sie – von der Vollendung ihrer Idee im Gesichtskreis der praktische Vernunft her gesehen – hier noch ununterschieden (vgl. Högemann, 1980, 227) genommen wird. Dies hindert jedoch nicht, den transzendentalen oder theoretisch gefaßten Begriff der Freiheit auf ihre reine praktische Idee hin zu lesen (wie es der Aufgabenstellung der vorliegenden Arbeit entspricht), wenn anders es nicht darauf ankommt, daß letztere in der Kritik der reinen Vernunft gefunden sei, sondern was für diese durch die Kritik getan wird.

39 Schmucker (1990) sieht in dieser Gewichtung der Freiheit *in* der Welt eine „unbefriedigende, ja fehlerhafte Formulierung der Antinomie" und verlangt als die „genuine Formulierung der Antithesis: Es gibt keinen Ursprung der Weltreihe der Veränderungen durch freie Kausalität, vielmehr sind die Welt und der Weltprozeß anfangslos und unerschaffen." (158) Dies ist ungeschichtlich gedacht, weil die in der dritten Antinomie allerdings zu beobachtende Verschiebung des Beweisinteresses von der Freiheit als Weltursprung zur Freiheit in der Welt der Notwendigkeit entspringt, den Begriff der geschaffenen Welt gleichsam aus der Tradition der theologischen Metaphysik herauszudrehen, um die Freiheit bereits innerhalb der Kritik der Metaphysik in einem ihr gemäßen Kontext einzuführen. – Schmucker selbst (297) verweist auf den wichtigen Brief Kants vom 21. September 1789, in dem die dritte Antinomie ohne weiteres ganz auf die Freiheit in der Welt bezogen wird: „Es ist Freiheit im Menschen, – gegen den: es ist keine Freiheit, sondern alles ist in ihm Naturnotwendigkeit" (Nr. 426 der Ausgabe von Schöndörffer und Malter).

Möglichkeit, eine absolute Spontaneität der Ursachen anzunehmen, gezeigt wird, ist aber nicht als Mangel[40] anzusehen, sondern deutet darauf hin, daß es eben die Disjunktion von Natur und Freiheit ist, die den Gedanken der Antinomie bewegt: die Aufhebung der Disjunktion verlangt aber nicht die Behauptung der Wirklichkeit der Freiheit, sondern nur deren mögliches Zusammenbestehen mit dem Naturgesetz.

Die Disjunktion scheint im letzten Gedankenschritt gebrochen zu sein, dies geschieht aber in einer Weise, die – um vorzugreifen – vielmehr deren ungebrochenes Bestehen verrät. Denn das Vermögen, einen Anfang aus Freiheit zu machen, wird zwar „mitten im Laufe der Welt" eingeräumt, jedoch so, daß „verschiedene Reihen" aus dem Naturmechanismus herausgenommen werden, deren Anfang also die Naturkausalität ebenso ausschließt wie diese die Kausalität aus Freiheit.

Die Disjunktion, der es wesentlich ist, daß ein Selbes als entweder dies oder das behauptet wird, wird nicht aufgehoben, sondern vermieden in der Beziehung auf die Verschiedenheit der Gegenstände. Es wird ein Nebeneinander, keine Vereinigung gedacht.

Es sei zusammengefaßt: Beiden Schlüssen der dritten Antinomie liegt das ausschließende Verhältnis von Natur und Freiheit zugrunde. Es wird offenbar gemacht durch die Seite der Antithesis, beherrscht aber ebenso die Seite der Thesis, die allerdings der Antithesis insofern ungleich ist, als sie nicht das eine Extrem der Disjunktion gegen das andere festhalten, sondern beide vereinbaren will. Das Erschließen der Disjunktion von Natur und Freiheit bedeutet zugleich das ausgeführte Zusammenschließen des Freiheitsbegriffs mit dem Verstandesbegriff der Kausalität und in diesem Sinne seine verständige Deutung.

---

40 Schmucker (1990) bemerkt zur „erlaubten Annahme" der Freiheit in der Anmerkung zur Antithesis: „Andererseits hat Kant bereits in den Beweisen der dritten Antinomie in Abschnitt II und vor allem in den Anmerkungen dazu eindeutig den Akzent von der transzendental-kosmologischen Freiheit des Anfangs der Weltreihe weg auf die menschliche Willensfreiheit, auf die Freiheit im Lauf der Welt, verschoben, obwohl er dort ausdrücklich sagt, daß es sich bei letzterer nur um eine ‚erlaubte' Annahme handle, d. h. nicht um ein notwendiges Vernunft- und Weltproblem, also nur um eine sekundäre, untergeordnete Frage im Rahmen der notwendigen transzendental-kosmologischen Probleme." (291) Dieses „also" ist jedoch zu bestreiten – daß die Freiheit *in* der Welt durch die Thesis als bloß erlaubte eingeführt wird, beweist nur, wie genau sich der Gedanke auf die auf den Begriff zu bringende Disjunktion sammelt.

Daß hier – auch formal – zu Recht auf eine die Antinomie hervorrufende Disjunktion geachtet wird, beweist ein Blick auf die anderen Antinomien des kritischen Unternehmens. Stets zeigt sich da eine Disjunktion, die als unwahre oder doch zumindest unterscheidungsbedürftige das Begreifen herausfordert.

Der Antinomie der praktischen Vernunft hinsichtlich der Möglichkeit ihres Unbedingten, des höchsten Gutes, liegt der disjunktive Satz zugrunde: „Es muß also entweder die Begierde nach Glückseligkeit die Bewegursache zu Maximen der Tugend, oder die Maxime der Tugend muß die wirkende Ursache der Glückseligkeit sein." (AA 5, 113)

In der Dialektik der ästhetischen Urteilskraft führt die scheinbare Alternative, das Geschmacksurteil könne sich nur entweder auf „Annehmlichkeit" oder auf das „Princip der Vollkommenheit" (AA 5, 341) gründen, in die Antinomie.

Ebenso entspringt die Dialektik der teleologischen Urteilskraft der unmittelbaren Unvereinbarkeit des Prinzips des Mechanismus der Natur mit dem teleologischen: „An einem und eben demselben Dinge der Natur lassen sich nicht beide Principien, als Grundsätze der Erklärung (Deduction) eines von dem andern, verknüpfen, d. i. als dogmatische und constitutive Principien der Natureinsicht für die bestimmende Urtheilskraft vereinigen . . . Denn eine Erklärungsart schließt die andere aus" (AA 5, 411 f.).

Selbst noch die Religionsschrift wird mit einer Entgegensetzung von Behauptungen über die Natur des Menschen, unter welcher „der subjective Grund des Gebrauchs seiner Freiheit überhaupt (unter objectiven moralischen Gesetzen), der vor aller in die Sinne fallenden That vorhergeht" (AA 6, 21), verstanden wird, eröffnet, welchem Streit der Hypothesen ein „disjunctiver Satz zum Grunde" liegt: „der Mensch ist (von Natur) entweder sittlich gut oder sittlich böse. Es fällt aber Jedermann leicht bei, zu fragen: *ob es auch mit dieser Disjunction seine Richtigkeit habe*" (AA 6, 22).

Es ist aber hier die Gedankenbewegung der Dialektik auf die Herausarbeitung der Unvereinbarkeit von Natur und Freiheit gesammelt worden, weil in ihr die tragende Aufgabe[41] der Metaphysik der letzten Epoche ans

[41] Vgl. Boeder (1985) 37, welcher Abhandlung hier die entscheidende Anregung und Führung verdankt wird.

Licht gebracht ist. Deswegen ist die Aufstellung der Antinomie „sogar allein schon ein beträchtliches Verdienst um die Kenntnis der menschlichen Vernunft".[42] Wenn Kant sich dieser Aufgabe zunächst in der Auflösung der Antinomie annimmt, indem er das besagte Verhältnis der Ausschließung aufhebt, so ist damit nicht das Verhältnis selbst zum Verschwinden gebracht. Es ist von bleibender Bedeutung, insofern in ihm der Freiheit als Prinzip das von ihr zu Durchdringende gegenübergetreten ist. Abstrakt läßt sich dies an der Unterscheidung der Gesetzgebung der Natur und der Freiheit klarmachen, nach der die erstere auf das geht „was da ist", die letztere auf das, „was da sein soll" (B 868). Das, was ist, zeigt sich unmittelbar als nicht bestimmbar durch das, was sein soll, Aufgabe aber ist der Zusammenschluß dessen, was sein soll, mit dem, was ist. Die Freiheit ist als die erste und bestimmende Seite im Verhältnis zur Natur zu realisieren.

Wenn nun aber dieses Verhältnis durch den Weltbegriff eröffnet wird, der sich genau durch seinen aufgezeigten Schlußcharakter, durch die in ihm enthaltene Verknüpfung der Gesetzgebung des Verstandes mit dem Unbedingten zu dieser Eröffnung schickt, so kündigt sich bereits in der Dialektik die herrschende Stellung der Idee der Freiheit an. Es zeichnet sie als Prinzip aus, durch die Antinomie in das Verhältnis zu dem „Anderen" gesetzt zu werden, das als von ihr bestimmbar erwiesen werden muß.

2. Die Auflösung des traditionellen Zusammenhangs

Um die Notwendigkeit, die Freiheit im Weltthema einzuführen, noch klarer hervortreten zu lassen und um zugleich mit der scheinbaren Selbstverständlichkeit, sie in das Gefüge der Weltbegriffe einzuordnen, zu brechen, sei die Hauptfrage jetzt, mit Blick auf den Grundriß der Dialektik, ins Negative gewendet:

Weshalb erscheint die Freiheit nicht im Zusammenhang mit der psychologischen oder der theologischen Idee?

---

42 PROL, AA 4, 347.

1) Daß der zuerst erwähnte Zusammenhang keine leere Möglichkeit ist, kann aus einem Entwurf der Systematik der reinen Seelenlehre entnommen werden, den Kant in einer früheren, noch auf traditionellem, dogmatischem Niveau gehaltenen Vorlesung gegeben hat, der aber aufgrund seiner Übereinstimmung mit der Tafel im Paralogismen-Abschnitt einen Vergleich erlaubt.

Als die „transscendentalen Begriffe, nach denen wir die Seele erwägen" werden dort angeführt:
„1) daß die Seele eine Substanz sey;
2) daß sie einfach;
3) daß sie eine einzelne Substanz, und
4) daß sie simpliciter spontanea agens sey."[43]

Es springt heraus, daß die Freiheit oder Spontaneität, wenn sie, wie hier geschehen, als ein Prädikat der Seele genommen wird, auch in Unterordnung unter den Begriff der Seele verstanden werden muß. Ob und wie die Freiheit zu denken ist, kann dann nur unter der Herrschaft eines vor ihr verschiedenen Begriffs entschieden werden. Dieser herrschende Begriff ist aber derjenige, der hier und auch in der Kritik der reinen Vernunft an erster Stelle als der leitende erscheint: der Begriff der Substanz. Wie diese Unterordnung geschieht, kann durch eine Reflexion erläutert werden:

„Der Begrif einer Substantz führt schon den Begrif der Freyheit mit; denn, würde ich nicht selbst handeln können unabhangig von äußerer Bestimmung, so würde meine Handlung nur die Handlung eines anderen, mithin ich eigentlich eines anderen Handlung seyn, also ich nicht substantz."[44]

Der Begriff der Freiheit müßte aus dem der Substanz entwickelt werden, indem hervorgezogen wird, daß diese, unabhängig von äußerer Bestimmung, alle Handlungen „aus dem innern Princip"[45] hervorbringt. Durch eine solche Entwicklung wäre aber die prinzipielle Stellung der Freiheit bereits in ihrer theoretischen Fassung vergeben. Zwar könnte

---

[43] Metaphysik L_1 Kosmologie, Psychologie, Theologie nach Pölitz, AA 28, 265; vgl. Heimsoeth (1966 b) 89 Anm. 123.

[44] Reflexionen zur Metapysik, AA 18, R 5094, 86.

[45] Metaphysik L_1 Kosmologie, Psychologie, Theologie nach Pölitz, AA 28, 267.

eingewendet werden, es sei Sache der Dialektik, den Schein der theoretisch gefaßten Ideen abzuarbeiten und also auch diesen Freiheitsbegriff, der unter der Vorherrschaft des Substanzbegriffs steht, zu „kritisieren". Doch es hat sich gezeigt, wie der Schein, welcher der theoretischen Setzung der Freiheit entspringt, von vorausweisender Kraft ist; er ist nicht gänzlich von der Kritik der überkommenen Metaphysik bestimmt, sondern faßt ebenso die Aufgabe des ganzen Kantischen Gedankens und der durch diesen eingeleiteten zentralen Phrase der Metaphysik. Die Freiheit in absoluter Bedeutung verlangt, daß auch der ihr anhängende Schein Vor-Schein ihrer herrschenden Stellung sei. Deshalb muß der Freiheitsbegriff aus dem Horizont der seelischen Substanz gelöst werden. Wenn auch in der dritten Antinomie das Vermögen, einen Zustand schlechthin anzufangen, den *Substanzen* in der Welt entweder zugesprochen (B 478) oder abgesprochen (B 479) wird, so ist dies doch eine beiläufige Bestimmung; der Begriff dieser Spontaneität selbst ist da unabhängig von dem der Substanz gesetzt.

2) Wenn die Freiheit als Eigenschaft der substantiellen Seele verstanden wird, so kommt ihre Betrachtung im theologischen Zusammenhang auf den Grund, da erst die Rücksicht auf das Geschaffensein der Substanz die Schwierigkeit im Begreifen der Freiheit hervorruft. In der zitierten Vorlesung führt Kant auf diese Vertiefung der Frage: „Wenn angenommen wird (*welches aber erst in der theologia rationali ausgemacht wird*), daß die Seele eine Ursache hat, daß sie ein ens dependens, ein causatum alterius ist, so ist hier die Frage: ob der Seele, als einem Wesen welches eine Ursache hat, spontaneitas absoluta hat können beigelegt werden?"[46]

Das ist die Frage der Tradition, und es ist zuletzt die Frage Leibnizens. Es sei hier nur an die Exposition der „Theodizee" erinnert, die im Blick auf den Ursprung des Übels als die eine Hauptschwierigkeit vorbringt: Die Freiheit des Menschen scheint „incompatible avec la nature divine".[47] Diese Unverträglichkeit scheint auf dem Vorherwissen („préscience") und der Vorsehung („providence") bzw. Vorherbestimmung („préordi-

---

46 Metaphysik L_1 Kosmologie, Psychologie, Theologie nach Pölitz, AA 28, 268. In diesen theologischen Zusammenhang setzt auch die Nova Dilucidatio (Sectio II, AA 1, 391 ff.) die Freiheit.

47 Leibniz, Theodizee, § 1, Opera philosophica 504.

nation")[48] Gottes zu beruhen. Ohne daß hier die Bestimmtheit des Leibnizischen Freiheitsbegriffs ausgeführt werden soll, kann doch eines festgehalten werden: Sofern die Leibnizsche Metaphysik durch den Grundriß der transzendentalen Dialektik durchsichtig gemacht werden kann,[49] ist zu sagen, daß die Erörterung der Freiheit erst im letzten und maßgeblichen[50] „theologischen" Stadium ihrer Grundlegung in die Konkretion und demzuvor in die eigentümliche Schwierigkeit geführt wird.

Wenn nun in der Kantischen Metaphysik die Freiheit selbst die Würde des Prinzips annimmt, so ist zum einen die Tilgung des theologischen Grundzugs der Metaphysik erfordert, zum anderen aber muß auch schon in dieser Kritik selbst die Freiheit aus ihrer theologischen Bestimmung gelöst werden. Das bedingt aber, daß die Schwierigkeit, unter der sie in dieser Kritik betrachtet wird, nicht aus der Rückbeziehung auf die kritisierte Metaphysik, sondern aus der Vorbeziehung auf sie selbst in ihrer praktischen Gestalt gezogen werden muß. Dadurch kommt in die Dialektik eine gegenläufige Bewegung, indem sie in der besagten Rückbeziehung ihre Vollendung in der Kritik der theologischen Idee findet – wovon der von Kant angedeutete Schlußzusammenhang zeugt[51] –, in der Vorbeziehung aber auf die praktische Aufgabe der Vernunft in der Weltidee ihr Zentrum hat, weil diese der Entfaltung und Klärung des grundlegenden Verhältnisses dient, in dem die Freiheit als Prinzip darzustellen ist.

Wie entschieden der alten Frage nach der Verträglichkeit menschlicher Freiheit mit der göttlichen Vorherbestimmung das Interesse entzogen worden ist, beweist auch ihr Vorkommen im ganzen Kantischen Werk.[52] Die Hauptstelle ist in der kritischen Beleuchtung der Analytik der praktischen Vernunft zu finden. Dort wird sie gleichsam nur als Nachtrag, nach vollendeter Aufsuchung und Bestimmung des Prinzips,

---

48 Leibniz, Theodizee, § 2, Opera philosophica 504.

49 Die topologische Darstellung (Boeder, 1980, 415-438) folgt bis ins einzelne der Kantischen Gliedung, im besonderen der Topik der psychologischen und kosmologischen Ideen.

50 Vgl. Boeder (1980) 424.

51 „Von der Erkenntnis seiner selbst (der Seele) zur Welterkenntnis und vermittelst dieser zum Urwesen fortzugehen, ist ein so natürlicher Fortschritt, daß er dem logischen Fortgange der Vernunft von den Prämissen zum Schlußsatze ähnlich scheint." (KRV, B 394)

52 Vgl. Beck (1974) 194 f. und Anm. 86.

vorgebracht: Es scheint, „man müsse, so bald man annimmt, Gott als allgemeines Urwesen sei die Ursache auch der Existenz der Substanz (ein Satz, der niemals aufgegeben werden darf, ohne den Begriff von Gott als Wesen aller Wesen und hiemit seine Allgenugsamkeit, auf die alles in der Theologie ankommt, zugleich mit aufzugeben), auch einräumen, die Handlungen des Menschen haben in demjenigen ihren bestimmenden Grund, was gänzlich außer ihrer Gewalt ist, nämlich in der Causalität eines von ihm unterschiedenen höchsten Wesens, von welchem das Dasein des erstern und die ganze Bestimmung seiner Causalität ganz und gar abhängt".[53] Die Auflösung der so formulierten Schwierigkeit wird überdies von Kant gänzlich zurückgeführt auf die Aufhebung des Widerspruchs, die in der transzendentalen Dialektik geleistet ist.

Es sei hervorgehoben, daß durch die kritische Beleuchtung der Analytik, die es ausdrücklich mit dem vergleichenden Rückblick auf die Kritik des theoretischen Vernunftvermögens zu tun hat, die hier genommene Wendung der Frage nach dem Ort der Freiheit bestätigt wird. Vor der Abweisung der theologischen Schwierigkeit der Freiheit wird nämlich ebenso auf die zurückzuweisende Thematisierung der Freiheit „als *psychologische* Eigenschaft, deren Erklärung lediglich auf eine genauere Untersuchung der Natur der Seele und der Triebfeder des Willens ankäme, nicht als transscendentales Prädicat der Causalität eines Wesens, das zur Sinnenwelt gehört, (wie es doch hierauf wirklich allein ankommt)"[54] eingegangen und der entsprechende komparative Begriff der Freiheit als unhaltbar erwiesen.

Außerhalb des kritischen Unternehmens findet die bezeichnete theologische Schwierigkeit noch Berücksichtigung in der Religionsschrift. Sie gehört dort zur Unbegreiflichkeit des Geheimnisses der „Berufung": „Es ist aber für unsere Vernunft schlechterdings unbegreiflich, wie Wesen zum freien Gebrauch ihrer Kräfte erschaffen sein sollen".[55] Aber auch hier hat diese Unbegreiflichkeit ihr Gewicht verloren; sie ist in eine allgemeine Anmerkung verwiesen, deren Gegenstand das ist, was

---

53 KPV, AA 5, 100 f.

54 KPV, AA 5, 94.

55 Die Religion innerhalb der Grenzen der bloßen Vernunft, AA 6, 142.

außerhalb der Religion in den Grenzen der bloßen Vernunft fällt: „denn die Schwierigkeiten gegen das, was für sich selbst (praktisch) fest steht, wegzuräumen, ist, wenn sie transscendente Fragen betreffen, nur ein *Nebengeschäfte* (*Parergon*)".[56]

Es ergibt sich also, daß die Situierung der Freiheit im Weltthema zugleich die Auflösung ihrer Bindung an die theologisch bestimmte Metaphysik[57] ermöglicht.

Damit der Weltbegriff der Dialektik dies leisten könne, mußte er auf die Entdeckung der Antinomie als des Widerstreits zwischen den Gesetzgebungen der Vernunft und des Verstandes hin ausgelegt werden. Diese Fassung des Weltbegriffs schließt aber ihrerseits eine Transformation ein. Denn auch die Welt selbst war unter die Herrschaft der metaphysischen Theologie gestellt, indem „Welt" nämlich die „geschaffene Welt" bedeutete.

Wie der Weltbegriff aus dieser theologischen Vorbestimmtheit gelöst wird, ist gerade an der dritten Antinomie zu beobachten. Deren Sache oder das Strittige ist nämlich nicht in erster Linie der Ursprung der Welt aus Freiheit, obwohl Kant in der Anmerkung zur Thesis an die alte Annahme eines ersten Bewegers zur Erklärung der Weltbewegungen erinnert. Was den Gedanken der Thesis bewegt, ist vielmehr die aus diesem Ursprung erschlossene Möglichkeit der Freiheit *in* der Welt, ebenso wie die negative Stoßrichtung der Antithesis vor allem auf eine solche Kausalität in der Welt selbst geht. Die Transformation des Weltbegriffs scheint so in der Formulierung der Freiheitsantinomie durch.

Obgleich also mit Recht erinnert werden kann, daß der Gedanke der Weltschöpfung in die Frage nach der Freiheit geführt hat und „diese

---

56 Die Religion innerhalb der Grenzen der bloßen Vernunft, AA 6, 52.

57 Das ist ohne weitere Einschränkung gesagt, weil die Kantische Kritik von weitreichendster Konsequenz ist, den Schnitt legt „nicht nur zur rationalen Schulmetaphysik, nicht nur zu der ihr voraufliegenden Natürlichen Metayphysik, sondern demzuvor zur Metaphysik der beiden älteren Epochen" (Boeder, 1980, 453). – Was die Schulmetaphysik angeht, so ordnet sie bezeichnenderweise den Freiheitsbegriff entweder in die Disziplin der rationalen Psychologie oder in die der rationalen Theologie ein (Wolff, Vernünfftige Gedancken von Gott, der Welt und der Seele des Menschen, auch allen Dingen überhaupt, §§ 511 ff., §§ 883 ff., § 970; Baumgarten, Metaphysica, §§ 719 ff.), nicht jedoch in die Kosmologie – ein Beleg dafür, daß die transzendentale Dialektik selbst in ihrer thematischen Gliederung nicht unbesehen der metaphysica specialis folgt.

Lehre, daß die Schöpfung einen Anfang hat, der als solcher nur ein Anfang aus der Freiheit des Schöpfers sein kann, ... der Metapysik das Problem der Freiheit im praktischen Sinne eingetragen"[58] hat, so ist durch den Weltbegriff der Dialektik doch diese Zusammengehörigkeit zerrissen zugunsten der Eröffnung jenes Verhältnisses von Natur und Freiheit, das unmittelbar als Disjunktion erscheint und durch den daraus entspringenden Widerspruch das Unterscheiden der Vernunft anwegt.

58 Boeder (SS 1968) 163.

VIII. Die Vereinbarkeit von Natur und Freiheit

1. Das Bei-sich-Sein der Vernunft

Bevor die Auflösung der Antinomien angegangen wird, macht Kant eine Bemerkung zu deren Auflösbarkeit, die von größter Tragweite für die Natur der Vernunft ist: „Ich behaupte nun, daß die Transscendentalphilosophie unter allem speculativen Erkenntnis dieses Eigenthümliche habe: daß gar keine Frage, welche einen der reinen Vernunft gegebenen Gegenstand betrifft, für eben dieselbe menschliche Vernunft unauflöslich sei, . . . weil eben derselbe Begriff, der uns in den Stand setzt zu fragen, durchaus uns auch tüchtig machen muß, auf diese Frage zu antworten, indem der Gegenstand außer dem Begriffe gar nicht angetroffen wird (wie bei Recht und Unrecht)." (B 505)

Die notwendige Auflösbarkeit aller Fragen, „welche reine Vernunft an reine Vernunft thut" (B 514), geht aber nicht allein die Entscheidbarkeit auf Wahrheit hin an, sondern bedeutet darüberhinausgehend, daß es zur Gewißheit (B 512) über diese Wahrheit gebracht werden können muß. Daß dies möglich ist, hat seinen Grund darin, daß der Gegenstand der Vernunft die eigentümliche Beschaffenheit hat, überhaupt nur als begriffener sein zu können. Der Vernunftgegenstand kann keine unaufhebbare Fremdheit, keine „undurchdringliche Dunkelheit" (B 506) an sich haben, weil er nicht „außer uns" (B 508) ist.

Wie die Vernunft in der Dialektik auf keinen „unbekannten Gegenstand" (B 507) bezogen ist, in ihren Ideen bei sich bleibt,[59] so gilt dies

[59] Das zeigte besonders klar die Gliederung des Gehalts der Ideen, der nicht als gegebener hingenommen wurde, sondern rein aus dem „Allgemeinen aller Beziehung, die unsere Vorstellungen haben *können*" (KRV, B 390) entwickelt wurde, damit aber nicht aus der „Vorstellung im Allgemeinen" oder der „Vorstellung der Vorstellung" (Boeder, SS 1968, 84), sondern, wie Kant es in einer Reflexion faßt, aus der Beziehung der Vorstellungen auf die Erkenntnisvermögen: „Die transscendentale Idee kan nichts als die Erkenntniskräfte zum object haben oder

zuvor schon für ihre kritische Tätigkeit im Ganzen: Die Kritik der reinen Vernunft kann nicht „von großer, abschreckender Weitläuftigkeit sein, weil sie es nicht mit Objecten der Vernunft, deren Mannigfaltigkeit unendlich ist, sondern es bloß mit sich selbst, mit Aufgaben, die ganz aus ihrem Schooße entspringen und ihr nicht durch die Natur der Dinge, die von ihr unterschieden sind, sondern durch ihre eigene vorgelegt sind, zu thun hat“ (B 23).

Die Beantwortlichkeit aller Fragen der reinen Vernunft muß aber in der kosmologischen Dialektik erinnert werden, weil das Bezogensein der Weltbegriffe auf Erscheinungen nahelegen könnte, die Vernunft stehe einem ihr äußerlichen Gegenstand gegenüber. Dagegen ist geltend zu machen, daß es gerade die kosmologischen Fragen sind, die sich ihrer Durchdringung nicht entziehen können. Denn deren Gegenstand ist zum einen gegeben, zum anderen aber kann die Entscheidung nicht auf eine mögliche Erfahrung gestellt werden, weil diese nie eine absolut vollständige Synthesis einräumt; die Prüfung der Angemessenheit des Gegenstandes zur Idee muß deshalb von der Vernunft erbracht werden.

2. Der Grund der Unterscheidung des Gegenstandes in Ding an sich und Erscheinung

Die Auflösung der Antinomien wird mit einer Vorerinnerung des Ergebnisses der transzendentalen Ästhetik eingeleitet, „daß alles, was im Raume oder der Zeit angeschauet wird, mithin alle Gegenstände einer uns möglichen Erfahrung nichts als Erscheinungen, d. i. bloße Vorstellungen, sind, die so, wie sie vorgestellt werden, als ausgedehnte Wesen oder Reihen von Veränderungen, außer unseren Gedanken keine an sich gegründete Existenz haben“ (B 518 f.).

Auf die Unterscheidung des Gegenstandes in Ding an sich und Erscheinung kann wie auf ein fertiges Resultat zurückgegriffen werden, weil

---

Vorstellungen überhaupt in Beziehung auf sie. Also 1. die Apperception, zweytens die Apprehension der Erscheinung, 3. den Begrif des Verstandes überhaupt. Das erste ist Vernunftbegrif vom Subject, das zweyte vom obiect, so fern es gegeben werden kann, das dritte vom Gegenstande des Denkens überhaupt.“ (Reflexionen zur Metaphysik, AA 18, R 5553, 229) der Beweis in der Ästhetik als für sich hinreichend und apodiktisch gewiß (B XXII Anm.) anzusehen ist. Obgleich aber die dort geleistete Begründung eigenständig ist und keine Rücksicht auf die in der Dialektik verhandelten Fragen nimmt, so ist doch der Grund der Unterscheidung des Gegenstandes nirgendwo anders als in der Aufgabe zu suchen, die der Kritik der Sinnlichkeit (und des Verstandes) von den Antinomien gestellt worden ist, und das heißt zuhöchst von der in der dritten Antinomie auf den Begriff gebrachten Disjunktion von Natur und Freiheit.

Die Voraussetzung, Erscheinungen seien Dinge an sich selbst betrachtet, wird durch das Ausgeschlossensein der Freiheit erschüttert: „Denn sind Erscheinungen Dinge an sich selbst, so ist Freiheit nicht zu retten." (B 564) Es wäre schwer einzusehen, weshalb diese Voraussetzung in Zweifel zu ziehen sei, weshalb überhaupt die Kritik des theoretischen Vernunftvermögens mit einer Kritik der Sinnlichkeit und einer Restriktion des Gebrauchs ihrer Formen beginnen sollte, wenn das Motiv dieses Beginns nicht in den „unvermeidlichen Aufgaben der reinen Vernunft" – „Gott, Freiheit und Unsterblichkeit" (B 7) – beschlossen läge: enthält doch die Natur der spekulativen Vernunft „einen wahren Gliederbau . . ., worin alles Organ ist, nämlich Alles um Eines willen und ein jedes Einzelne um aller willen" (B XXXVII). Aus diesem Begründungsverhältnis herausgenommen und als ein „Problem der Erkenntnistheorie" behandelt, wäre die Unterscheidung des Objekts in ihrer Absicht verdeckt.

Daß die Vernunftkritik im Ganzen von diesem Begründungsverhältnis getragen wird, ist in ihrer Vergleichung mit einem Experiment ausgesagt: „Findet es sich nun, daß, wenn man die Dinge aus jenem doppelten Gesichtspunkte betrachtet, Einstimmung mit dem Princip der reinen Vernunft stattfinde, bei einerlei Gesichtspunkte aber ein unvermeidlicher Widerstreit der Vernunft mit sich selbst entspringe, so entscheidet das Experiment für die Richtigkeit jener Unterscheidung." (B XVIII Anm.) Ebenso zeigt das später aus den Antinomien gezogene Dilemma (B 534), wie die „Entdeckung der wahren Beschaffenheit der Dinge als Gegenstände der Sinne" (B 535) von dem Interesse gesteuert ist, die Antinomie beizulegen. Dieses Interesse der Vernunft ist ein praktisches, wobei es allerdings abzuheben ist von dem Interesse, welches innerhalb der Antinomien selbst auftritt als der einen Seite der Thesis zugehörig. Letzteres nämlich bedarf noch einer Einschränkung und erfährt sie auch durch die

Antithesis des Empirismus, sofern diese dazu dienen kann, „den Vorwitz und die Vermessenheit der ihre wahre Bestimmung verkennenden Vernunft niederzuschlagen, welche mit Einsicht und Wissen groß thut, da wo eigentlich Einsicht und Wissen aufhören, und das, was man in Ansehung des praktischen Interesse gelten läßt, für eine Beförderung des speculativen Interesse ausgeben will" (B 498).

Daß die Freiheit das Motiv ist, die Gegenstände der Erfahrung als Erscheinungen von den Dingen an sich zu unterscheiden, scheint aber in dieser Unterscheidung selbst durch, indem sie es nämlich ermöglicht, dem vorstellenden Subjekt in seiner Beziehung auf den Gegenstand die Selbständigkeit zu geben. Wäre der Gegenstand etwas an sich zu wissen gegebenes, so könnte seine Bestimmtheit auf keine Weise vom vorstellenden Ich, das sich nach ihm richten müßte, hervorgebracht werden. Wird hingegen der Gegenstand als Erscheinung gedacht, und das heißt „als etwas unserem Vorstellungsvermögen Innerliches",[60] so ist damit der Weg freigemacht, dem vorstellenden Ich die Macht zu geben, seinen Gegenstand hinsichtlich seiner Gegenständlichkeit zu formieren. In diese Selbständigkeit erhoben, bleibt aber das erkennende Subjekt stets auf etwas nicht von ihm Erbrachtes – das Material der Empfindung – angewiesen.[61] Derart bedingt kann seine Selbsttätigkeit auch nicht als Freiheit bezeichnet werden; die absolute Selbsttätigkeit ist allein Sache der Vernunft.

3. *Die allgemeine Beurteilung der Antinomie*

Die „Kritische Entscheidung des kosmologischen Streits der Vernunft mit sich selbst" (B 525) geht nicht auf die einzelnen Beweisgänge der Antinomien ein, sondern wendet sich zurück auf jenen Beginn der Dialektik, der ihren ganzen Weg bestimmte, nämlich die Aufsuchung des hypothetischen Grundsatzes der Vernunft. Dieser wurde erreicht in Verwandlung der logischen Maxime der Vernunft (B 364) in ein synthetisches Prinzip, welches allen dialektischen Schlüssen zugrundeliegt, die

60 Boeder (1980) 565.
61 Vgl. Boeder (1980) 501; Boeder (1977) 167.

insgesamt auf folgenden Syllogismus gebracht werden können: „Wenn das Bedingte gegeben ist, so ist auch die ganze Reihe aller Bedingungen desselben gegeben; nun sind uns Gegenstände der Sinne als bedingt gegeben; folglich etc.“ (B 525)

Genau genommen liegt dieser Schluß zwar den Beweisen der Thesen und Antithesen zugrunde, da sie voraussetzen, daß es die Totalität der Bedingungen zum Bedingten gebe; bewiesen wird aber jeweils, wie diese Totalität anzunehmen sei, und dies geschieht nicht vermittels des angegebenen Schlusses im modus ponens, sondern auf dem Wege der reductio ad impossibile (modus tollens):[62] „ich schließe daraus, daß ich von der unbedingten synthetischen Einheit der Reihe auf einer Seite jederzeit einen sich selbst widersprechenden Begriff habe, auf die Richtigkeit der entgegenstehenden Einheit, wovon ich gleichwohl auch keinen Begriff habe“ (B 398).

Die Kritik setzt nun an der Verwandlung der logischen Maxime an. Diese selbst ist über jeden Zweifel erhaben, weil sie ein analytischer Satz (B 526) ist. Analytisch ist sowohl die Beziehung eines Bedingten auf die vorhergehende Bedingung (B 364) als auch das Postulat, den Regressus fortzusetzen, solange sich noch eine aufgefundene Bedingung als wiederum bedingt erweist. Da aber die Aufmerksamkeit auf den Unterschied zum Grundsatz geschärft ist, kann der Modus dieses Regresses durch alle Bedingungen herausgehoben werden: er ist „aufgegeben“ (B 526), hat also den Charakter einer Forderung.

Nun greift die Unterscheidung des Gegenstandes in den Übergang von der so als Forderung herausgestellten Forderung ein. Sie kann nämlich nur dann in einen synthetischen Grundsatz verwandelt werden, „wenn das Bedingte so wohl, als seine Bedingung, Dinge an sich selbst sind“ (B 526). Denn so ist der Gegenstand unabhängig von unserer Kenntnis gegeben und also auch seine Bedingung und weiter, entsprechend nicht mehr der Maxime, sondern der notwendig gemachten Voraussetzung der Vernunft, die Totalität der Bedingungen und somit das Unbedingte. In der Sphäre der Dinge an sich tritt an die Stelle des aufgegebenen Regresses die als gegeben vorausgesetzte Totalität der Bedingungen.

---

62 Vgl. dazu den Abschnitt in der Methodenlehre „Die Disciplin der reinen Vernunft in Ansehung ihrer Beweise“, insbesondere KRV, B 820 ff.

Wenn jedoch der Gegenstand als Erscheinung in den Blick genommen wird, dann ist nicht allein diese Totalität nicht vorauszusetzen, sondern bereits der Rückgang auf die nächste Bedingung ist bloß ein aufgegebener. Denn Erscheinungen sind nichts als Vorstellungen, die „gar nicht gegeben sind, wenn ich nicht zu ihrer Kenntnis (d. i. zu ihnen selbst, denn sie sind nichts als empirische Kenntnisse) gelange" (B 527). Die Bedingung eines Bedingten ist durch empirische Synthesis aufzufinden, kann nicht als vor dieser Synthesis gegeben erschlossen werden; dies gilt a fortiori von der Totalität der Bedingungen.

Mit dieser auf die Unterscheidung des Gegenstandes gegründeten Unterscheidung des Regressus zu den Bedingungen ist die Täuschung des allgemeinen dialektischen Schlusses aufgedeckt. Sie geht darauf zurück, daß die Synthesis des Bedingten „in transscendentaler Bedeutung einer reinen Kategorie" (B 527) mit der Totalität seiner Bedingungen, die der Obersatz zu Recht behauptet, auf das Bedingte „in empirischer Bedeutung eines auf bloße Erscheinungen angewandten Verstandesbegriffs" (B 527) übertragen wird, indem diese Erscheinungen wie im Obersatz als unabhängig von unserer Vorstellung gegebene Dinge an sich gedeutet werden.

Dagegen ist auf der Absetzung der empirischen von der reinen Synthesis zu bestehen. Letztere kann in der Tat in absoluter Vollständigkeit durch bloße Begriffe vorausgesetzt werden. Die empirische Synthesis hingegen steht unter Zeitbedingungen, ist nur sukzessive zu vollziehen und kann deshalb nie der absoluten Totalität gleichkommen.

Um jetzt die Stellung des hypothetischen Grundsatzes nach der kritischen Entscheidung festzuhalten, so ist erstens seine Gültigkeit als Urteil aus reinen Begriffen nicht bestritten; er ist vielmehr um seinen Prinzipcharakter gebracht, weil ein Bedingtes durch den bloßen Begriff unerkennbar ist, für unseren Verstand nicht gegeben. Damit ist für die kosmologischen Ideen deren Ausführung zu einem Urteil durch die spekulative Vernunft abgeschnitten und zugleich der Schein, der ja nicht, wie in der Einleitung gesagt wurde, einfachen Begriffen, sondern deren Verknüpfung anhängt, aufgelöst.

Zweitens behält der Grundsatz seine Bestimmungskraft, indem er zu einer Regel modifiziert wird, „welche in der Reihe der Bedingungen gegebener Erscheinungen einen Regressus gebietet, dem es niemals erlaubt ist, bei einem Schlechthin-Unbedingten stehen zu bleiben" (B 536 f.).

Durch diese Modifikation ist das Verbot des regressus in infinitum, das mit dem Grundsatz gedacht war, aufgehoben; denn der Regressus soll auf das Unbedingte hin fortgesetzt werden, „obgleich dieses niemals erreicht wird" (B 538). Mit dieser regulativen Verwendung des Grundsatzes ist zugleich der regulative Gebrauch der kosmologischen Ideen, und darüberhinausgehend, wenn man an seine umfassende Bedeutung zurückdenkt, aller theoretischen Ideen eingeleitet. (Auf die nähere Ausführung des regulativen Gebrauchs sei hier verzichtet.)

Drittens ist zu beachten, daß von der so durchgeführten Kritik die Bestimmungskraft des Grundsatzes, die sich in der Einführung der Ideen selbst bekundete, unberührt bleibt. Darauf wird gerade im Zusammenhang mit dem Freiheitsbegriff noch einzugehen sein.

Der Tilgung des scheinbaren Gegebenseins des Unbedingten durch die Kritik des dialektischen Arguments der Antinomien (wie auch der Paralogismen und der Beweise vom Dasein Gottes) hat nicht nur die Seite der Einschränkung der spekulativen Vernunft, sondern setzt zugleich eine neue Stellung der Vernunft zu ihrem Gegenstande frei, ganz abgesehen von der vorbereitenden Bedeutung dieser Kritik für die praktische Vernunft, die im letzten Abschnitt zu betrachten sein wird.

Ebenso wie die Einschränkung des Verstandes auf den Gegenstand als Erscheinung, d. h. als etwas, das nicht an sich zu wissen gegeben, sondern bloß Vorstellung ist, die positive Bedeutung[63] hatte, dem erkennenden Subjekt die Selbständigkeit zu sichern, so gibt die Aufhebung des

---

63 Ohne die Möglichkeit einer unmittelbaren Konfrontation suggerieren zu wollen, sei vermerkt, daß die Heideggersche Auslegung der Unterscheidung von Erscheinung und Ding an sich (er zieht bezeichnenderweise „Unterschied" vor (GA 3, 34)), die sie aus der Endlichkeit des menschlichen Erkennens verstehen will, gerade diese ihre positive Bewandtnis gleichsam verdrängt und ihren Richtungssinn umkehrt. Insistiert nämlich Heidegger darauf, die Erscheinung sei Gegenstand der endlichen Erkenntnis, so hört er in „Endlichkeit" allein das Moment der „Angewiesenheit auf . . .", des Ausgeliefertseins „an das schon Seiende" (GA 3, 31). Dem entspricht die Zurückdrängung der Spontaneität des Verstandes: „Das metaphysische Wesen des so ‚herstellenden' Verstandes wird zwar durch diesen Charakter des ‚von sich aus' (Spontaneität) mit-bestimmt, *aber nicht im Kern getroffen.*" (GA 3, 30)

Dieser Auslegungswille ist aber nicht beliebig, sondern Index einer gänzlich verschiedenen Stellung der Vernunft zum Gegenstand, die nämlich das Bei-sich-Sein nicht kennt. Sprechend dafür ist, was Heidegger als das Philosophische der Kantischen Grundlegung der Metaphysik auszeichnet: „sie führt nicht auf die sonnenklare absolute Evidenz eines ersten Satzes und Prinzips, sondern geht und zeigt bewußt *ins Unbekannte*" (GA 3, 37).

Gegebenseins des Unbedingten – daß und wie beides zusammengehört, beweist eben jener kosmologische Schluß – das Selbstbewußtsein der Vernunft im Setzen des Unbedingten frei,[64] indem sie es nämlich nicht als zu Erkennendes hinnimmt, sondern den Verstand auf es hin zu systematischer Vollständigkeit antreibt.

Um das Gegebensein des Unbedingten vollends aufzuheben, bedarf es aber nicht nur einer Kritik des Schlusses, durch welchen es erkannt werden sollte, sondern auch der Schlußsätze, deren Alternative dazu zu zwingen scheint, eine der entgegengesetzten Behauptungen als wahr anzunehmen, wenn auch die Beweisgründe für die eine und andere Seite entkräftet worden sind.

Zu dieser Absicht wird die Unterscheidung von analytischer und dialektischer Opposition eingeführt. Erstere liegt vor, wenn zwei Sätze streng kontradiktorisch entgegengesetzt sind, d. h. wenn die negierende Behauptung nichts über diese ihre Negation Hinausgehendes aussagt, so daß über die beiden Sätze nach dem Satz vom ausgeschlossenen Dritten entschieden werden kann. Ein solches Drittes ist aber nicht ausgeschlossen, wenn, in der dialektischen Opposition, der widersprechende Satz den ersteren nicht bloß aufhebt, sondern etwas anderes setzt, indem er eine Bedingung, die auch im ersteren eingeschlossen ist, beibehält. In diesem Fall „können von zwei dialektisch einander entgegengesetzten Urtheilen alle beide falsch sein, darum weil eines dem andern nicht bloß widerspricht, sondern etwas mehr sagt, als zum Widerspruche erforderlich ist" (B 532).

Bei den kosmologischen Behauptungen handelt es sich um solche dialektischen Oppositionen, weil in beiden jeweils widerstreitenden Sätzen die nicht haltbare Voraussetzung gemacht wird, Erscheinungen seien Dinge an sich. Ist der in dieser Voraussetzung liegende Schein entdeckt, so ergibt sich: Die Reihe der Bedingungen kann weder als an sich endlich noch als an sich unendlich angesehen werden, weil sie überhaupt nicht als ganze vor dem empirischen Regressus gegeben ist.

Welche Folge ist jetzt mit der allgemeinen Entscheidung über die Antinomie für die Unvereinbarkeit von Natur und Freiheit verbunden?

Zuerst ist zu bemerken, daß diese nicht einerlei ist mit der dialektischen

---

64 Vgl. Boeder (1980) 468.

Opposition der dritten Antinomie. Denn während in jener Disjunktion Freiheit durch das Verstandesgesetz der Kausalität überhaupt ausgeschlossen scheint, ist sie in der dialektischen Opposition der Naturkausalität als einer Gestalt des Unbedingten entgegengesetzt, eben der unendlichen gegebenen Reihe der Ursachen. Wenn also nunmehr dieses „Entweder endlich – Oder unendlich" in ein Weder-Noch aufgehoben wird, so ist auf der ersten Seite die Freiheit gänzlich verneint, die Seite der Natur dagegen bleibt zwar nicht im Schein der gegebenen Bedingungskette, wohl aber in der Wirklichkeit des empirischen Regressus bestehen. Die Herrschaft des Verstandesgesetzes im Felde der Erscheinungen ist somit durch die Entscheidung über die Antinomie nicht gebrochen, sondern – und dies ist der erste Schritt in Richtung auf die abschließende Auflösung – in ihrer Modalität offengelegt. Hinsichtlich der Freiheit ist aber nichts anderes getan, als die Unmöglichkeit erwiesen, sie als Idee des Unbedingten auf Erscheinungen anzuwenden (B 534).

4. Auflösung der Freiheitsantinomie und Reinheit des Freiheitsbegriffs

Während die Einzelauflösung der beiden ersten Antinomien in der allgemeinen Beurteilung derselben erschöpft ist,[65] erlauben die beiden anderen Antinomien eine über das Weder-Noch hinausgehende Entscheidung. Daß aber eine weitergehende Lösung möglich ist, zeigt die unterschiedliche Eigenart der in den Kategorien enthaltenen Synthesis, welche durch die Ideen zu absoluter Vollständigkeit getrieben werden soll. Im Falle der kosmologischen Ideen von der absoluten Vollständigkeit der Zusammensetzung und Teilung der Erscheinungen liegt nämlich ein mathematischer Verstandesbegriff zugrunde; dieser läßt nur eine Bedingungsreihe zu, in der die Bedingung stets von gleicher Art ist wie ihr Bedingtes, indem beide in die Erscheinung fallen. Die dynamische Synthesis hingegen, die nicht auf die Anschauung der Erscheinungen als Größen, sondern auf deren Dasein gerichtet ist, verlangt nicht diese Homogenität der Bedingung und des Bedingten, sondern räumt eine „Synthesis . . . des Ungleichartigen" (B 558) ein. Auf diese Weise ist es aber zumindest

---

65 Vgl. Sallis (1980) 123.

nicht ausgeschlossen, eine nicht-sinnliche, intelligible Bedingung mit einer erscheinenden zu verknüpfen und so der Forderung nach dem Unbedingten zu genügen.

Um nun die eigentliche Auflösung der Freiheitsantinomie zu betrachten, so sei sowohl auf die Aufhebung der Disjunktion von Natur und Freiheit (1) gesehen als auch darauf, welche Folgen damit für den Begriff der Freiheit verbunden sind (2).

1) Die alles bewegende Kernfrage ist präzise formuliert: „ob es ein richtig disjunctiver Satz sei, daß eine jede Wirkung in der Welt *entweder* aus Natur, *oder* aus Freiheit entspringen müsse, oder ob nicht vielmehr *beides* in verschiedener Beziehung bei einer und derselben Begebenheit zugleich stattfinden könne“ (B 564).

Damit eine und dieselbe Wirkung als naturnotwendig und frei betrachtet werden kann, dazu ist es nötig, einen und denselben Gegenstand unter zweierlei Gesichtspunkt zu betrachten, nicht aber, zwei verschiedene Gegenstände oder Gegenstandsbereiche voneinander zu trennen. Dies wirft ein Licht auf die Unterscheidung des Gegenstandes in Ding an sich und Erscheinung, der es wesentlich ist, daß derselbe Gegenstand (also nicht zwei Arten von Gegenständen) auf unsere Kenntnis von ihm hin in sich unterschieden wird.

Der Kern der Antwort beruht nun in der doppelten Beziehung einer erscheinenden Wirkung gemäß dieser Unterscheidung des Gegenstandes: Zum einen kann und muß sie auf eine erscheinende Ursache bezogen werden, welche niemals einen ersten Anfang aus Freiheit machen kann. „Denn der Verstand erlaubt unter Erscheinungen keine Bedingung, die selbst empirisch unbedingt wäre.“ (B 559 Anm.) Zum anderen aber läßt diese erscheinende Ursache, weil sie kein Ding an sich selbst ist, noch Raum für die Beziehung auf eine nicht-erscheinende Ursache, deren Kausalität nicht dem Gesetz der Erscheinungen untersteht und also frei ist. „Die Wirkung kann also in Ansehung ihrer intelligibelen Ursache als frei und doch zugleich in Ansehung der Erscheinungen als Erfolg aus denselben nach der Nothwendigkeit der Natur angesehen werden“ (B 565).

Durch dieses doppelte Beziehen einer erscheinenden Wirkung auf ihre freie und empirische Ursache ist das Entweder-Oder der Disjunktion von Natur und Freiheit in ein Sowohl-Als-auch verwandelt; alle weiteren Ausführungen beruhen hierauf und erbringen lediglich eine Verdeutlichung.

Ist nun aus der so gedachten Vereinigung von Naturkausalität und Kausalität aus Freiheit die Zusammengehörigkeit von Welt und Freiheit näher einzusehen?

In der Verbindung mit dem Naturmechanismus ist in der Kausalität aus Freiheit eine „Synthesis des Ungleichartigen" zu denken. Das Moment der Ursache ist außer der Reihe der sinnlichen Bedingungen, die Wirkung dieser Ursache gehört aber in dieselbe Reihe, die den Naturmechanismus konstituiert. Der Freiheit ist es wesentlich, ihr Vermögen, ihre Bestimmungskraft im Felde der Erscheinung zu verwirklichen; ihre Wirkung ist keine intelligible, weil auf diese Weise das Unbedingte bloß neben dem Bedingten in der Sinnenwelt bliebe, ohne als die erste Seite bewährt zu sein.

Dieser Synthesis des Ungleichartigen wegen ist also die Freiheit mit der Welt, mit dem Inbegriff der Erscheinungen verknüpft. In dieser Verknüpfung wiederum ist das unmittelbar Sich-Ausschließen von Natur und Freiheit angelegt, welches aufzuheben Sache der Kritik ist.

In der systematischen Zusammenschau, welche die Kritik der Urteilskraft einleitet, heißt es entsprechend: „Verstand und Vernunft haben also zwei verschiedene Gesetzgebungen *auf einem und demselben Boden* der Erfahrung, ohne daß eine der anderen Eintrag thun darf. Denn so wenig der Naturbegriff auf die Gesetzgebung durch den Freiheitsbegriff Einfluß hat, eben so wenig stört dieser die Gesetzgebung der Natur."[66]

2) Wie die erscheinende Kausalität einem Gesetz gehorcht, so muß auch die unbedingte Kausalität unter einem solchen stehen; letzteres muß betont werden, weil die Freiheit von dem gesetzlosen Vermögen, als das sie in der Antinomie erscheint, abzusetzen ist, obwohl das Gesetz selbst hier nicht gekannt sein kann. Es wird also an dem Vermögen eines Gegenstandes der Sinne von seinem „empirischen Charakter" (B 567) ein „intelligibeler Charakter" (B 567) unterschieden, „ob wir zwar davon nichts als bloß den allgemeinen Begriff desselben haben können" (B 569).

Was kann also von diesem intelligiblen Charakter, was kann von dem Moment der Ursache in dem Kausalverhältnis der Freiheit gewußt werden, oder wie bestimmt sich der Freiheitsbegriff durch die Beilegung des Widerstreits mit der Naturnotwendigkeit?

---

[66] KU, AA 5, 175.

Wenn angenommen wird, daß es ein solches handelndes Subjekt mit derart unterschiedenen Vermögen gäbe, so würde in ihm, nach seinem intelligiblen Charakter, „keine Handlung entstehen, oder vergehen, mithin würde es auch nicht dem Gesetze aller Zeitbestimmung, alles Veränderlichen unterworfen sein: daß alles, was geschieht, in den Erscheinungen (des vorigen Zustandes) seine Ursache antreffe" (B 567 f.).

Zweierlei ist hier gesagt und sei gesondert in den Blick genommen: Die freie Kausalität untersteht nicht der „Zeitform" (B 579), und infolgedessen auch nicht den „Bedingungen der Zeitfolge" (B 579).

Dadurch, daß die Freiheit als nicht erscheinendes Vermögen der Zeitlichkeit, die nur als eine Form unserer sinnlichen Anschauung gelten kann, gänzlich entzogen wird, ist mit dem Schein gebrochen, mit der in der Zeit anhebenden Wirkung fange ebenso im intelligiblen Charakter ein Zustand an. Dieser Schein beruhte auf dem Zusammenschluß der Idee mit dem Verstandesbegriff in seinem empirischen Gebrauch, wie er in der Antinomie vollzogen und in der allgemeinen Beurteilung derselben aufgedeckt wurde, in der die Verwechslung des Bedingten in der Bedeutung einer reinen Kategorie und einer empirisch angewandten hervorgezogen wurde.

Mit dieser Trennung von der verzeitlichten Kategorie ist aber der Freiheitsbegriff von seiner verständigen Deutung gereinigt.

Von einem Subjekt nach seinem intelligiblen Charakter ist zu sagen, „daß es seine Wirkungen in der Sinnenwelt von selbst anfange, ohne daß die Handlung in ihm selbst anfängt" (B 569). An diesem dem gewohnten Verstehen zuwiderlaufenden Verhältnis ist festzuhalten, obwohl es eine Unerklärlichkeit einschließt, denn erklären läßt sich nie, weshalb die freie Kausalität gerade diese oder jene erscheinenden Wirkungen von sich zeigt, weil das Erklären Tätigkeit des Verstandes ist, der auf den Gegenstand der Erfahrung eingeschränkt ist.

Daß eine intelligible Kausalität nicht der Zeitform untersteht, hat eine wichtige Folge, die Kant in der vorgreifenden Anwendung auf die Vernunftkausalität in praktischer Absicht erläutert (ohne dabei über das hinauszugehen, was der transzendentale Begriff in sich befaßt).

Wenn in der Vernunft kein Nacheinander der Zeitfolge vorzustellen ist, so kann sich auch ihre Wirksamkeit nicht in der Zeit entwickeln, sondern sie muß, hinsichtlich jeder Handlung, als in jedem Augenblick vollkommen gegenwärtig erachtet werden. Die Bestimmungskraft der Vernunft gewinnt nicht mit der Zeit die Übermacht über die empirischen Bedingungen, sie ist „nicht etwa bloß wie Concurrenz, sondern an sich selbst als vollständig" (B 583) in jedem Augenblick zu betrachten, so daß eine jede Handlung „unmittelbar unter der Macht der Vernunft" (B 584) steht, ihre „unmittelbare Wirkung" (B 581) ist.

Um zu sehen, was mit der anderen und entscheidenden Bestimmung, die intelligible Kausalität sei nicht dem Gesetz der Zeitfolge unterworfen, für den Begriff der Freiheit gewonnen ist, sei die Erklärung dessen, was „intelligibel" sagt, gehört: „Ich nenne dasjenige an einem Gegenstande der Sinne, was selbst nicht Erscheinung ist, intelligibel." (B 566) Das Intelligible wird lediglich von dem abgegrenzt, was es *nicht* ist, seine Erklärung ist bloß negativ. Dementsprechend kann auch von der intelligiblen Kausalität nur dies ausgemacht sein, daß sie, wie nicht in die Erscheinung fallend, so auch nicht dem Gesetz der Erscheinungen unterstellt sei, daß eine jede Ursache wiederum selbst verursacht sein müsse. Die Freiheit ist demnach durch das erklärt, was von ihr ausgeschlossen wird, und von einem frei handelnden Subjekt, wenn man es annimmt, kann allein soviel gesagt werden, daß es „in seinen Handlungen von aller Naturnothwendigkeit, als die lediglich in der Sinnenwelt angetroffen wird, *unabhängig* und *frei*" (B 569) sein wird.

Unabhängigkeit ist also die Bedeutung, welche die Freiheit nach Aufhebung ihrer Unvereinbarkeit mit dem Naturmechanismus annimmt. Dieser Begriff hält sich genau in den Grenzen der Aufgabe, die aufzulösen war, eben zu zeigen, wie die Kausalität aus Freiheit und das Gesetz der Naturnotwendigkeit „beide von einander *unabhängig* und durch einander ungestört stattfinden können" (B 585). Weder die Wirklichkeit, noch die Möglichkeit, allein die Nicht-Unmöglichkeit der Freiheit war darzutun (B 585 f.).

Indem der Freiheitsbegriff durch die Antinomie gegangen ist, hat er eine Krisis durchlaufen. Es gilt zwar: „Die Ideen der reinen Vernunft können nimmermehr an sich selbst dialektisch sein, sondern ihr bloßer Mißbrauch muß es allein machen, daß uns von ihnen ein trüglicher Schein entspringt" (B 697), und insofern wird die Idee der Freiheit nicht von den dialektischen Schlüssen der dritten Antinomie berührt. Ihre Fassung im System der kosmologischen Ideen und im Resultat der Auflösung der Antinomie ist dieselbe, indem sie hier wie dort als unbedingte Kausalität erscheint. Gleichwohl unterscheidet sich aber der resultierende Begriff von dem zuerst bestimmten derart, daß sein negativer Charakter jetzt eigens gesetzt wird. Dies konnte nur nach Auflösung des Widerspruchs der Freiheitsantinomie geschehen, weil zuvor kein Anlaß bestand, auf die Grenze des theoretischen Begriffs, auf seine negative Fassung aufmerksam zu werden.

Dennoch heißt es an anderer Stelle, die Freiheit der Vernunft „kann man nicht allein negativ als Unabhängigkeit von empirischen Bedingungen ansehen (denn dadurch würde das Vernunftvermögen aufhören, eine Ursache der Erscheinungen zu sein), sondern auch positiv durch ein Vermögen bezeichnen, eine Reihe von Begebenheiten von selbst anzufangen" (B 581 f.).

In der Tat wäre die freie Kausalität gar keine Kausalität, wenn sie auf das Moment der Unabhängigkeit der Ursache reduziert würde. Sie muß – positiv – eine Wirksamkeit einschließen. Allein von diesem positiven Vermögen, eine erscheinende Wirkung hervorzubringen, wird doch nur dies gedacht, daß es der empirischen Verursachung derselben Wirkung nicht widerspricht – das Gesetz dieser Wirksamkeit bleibt unbekannt. Die unbedingte Kausalität ist nur so weit als positives Vermögen gefaßt, als es nötig ist, um sie mit der empirischen Verursachung zusammenzudenken. Das Positive dieses Vermögens ist abstrakt,[67] als die Form einer Kausalität überhaupt, vorgestellt, ebenso wie die reine Kategorie nichts als eine „Gedankenform" (B 305) ist. Positiv wird der Freiheitsbegriff nur in dem Sinne und zu dem Zweck gefaßt, daß in ihm der „leere Platz"[68] für die praktische Idee eingeräumt werde.

Ist dies eingesehen, so kann die im Beginn der Dialektik herausgestellte Angewiesenheit der Vernunft auf die reinen Kategorien ins rechte Licht gerückt werden. Allerdings bleibt es bei der Gültigkeit des hypothetischen Grundsatzes für die Einführung der geschlossenen Vernunftbegriffe, und auch von der Idee der Freiheit gilt, daß „ich nichts ohne Kategorie denken kann".[69] Für den Freiheitsbegriff ist aber jene Angewiesenheit in

---

67 Vgl. Högemann (1980) 230.
68 KPV, AA 5, 49.
69 KPV, AA 5, 103

der Weise eingeschränkt, daß die Erweiterung der Verstandeskausalität ins Unbedingte nicht auf die erfüllte praktische Idee, sondern nur auf ihre abstrakte Gestalt führen kann, welche die „leere Stelle“ für die erstere freimacht. Die Vernunft in ihrem theoretischen Gebrauch ist auf die Verstandesbegriffe angewiesen, als praktische bedarf sie aber für ihren prinzipiellen Gedanken des theoretischen Begriffs lediglich als einer negativen Vorgabe.

Die hier verfolgte Hauptfrage kann jetzt noch einmal anders gewendet werden:

Weshalb erscheint die Freiheit in der theoretischen Fassung der Ideen nicht als Freiheit, sondern in Unterordnung unter das Weltthema?

Dies muß deshalb so sein, weil die Idee der Freiheit ihrem positiven Gehalt nach ganz und gar Eigentum der praktischen Vernunft ist, die theoretische Vernunft aber für die Annahme und Anerkennung der Freiheit nur ihre negativ-abstrakte Fassung erbringen kann.[70] Wie aber der Weltbegriff auf die Herausarbeitung dieses negativen Begriffs führt, ist an der in ihm angelegten Konfrontation des Verstehens und Begreifens zu erkennen.

Die negativ verstandene Freiheit ist von der Naturnotwendigkeit hinsichtlich des einen Extrems im Kausalverhältnis, nämlich der Ursache, unterschieden worden, gemäß der aufgewiesenen doppelten Beziehung einer und derselben erscheinenden Wirkung auf eine Bedingung innerhalb und außerhalb der empirischen Reihe. Blickt man jedoch vor auf die maßgebliche praktische Fassung der Freiheit, so wird eben diese Vorstellung der Kausalität aus Freiheit, nach der das eine Extrem der intelligiblen Ursache auf ihre Wirkung in der Erscheinung als auf etwas anderes bezogen wird (wie es dem reinen Verstandesbegriff der Kausali-

---

[70] Wie schon oben (Kap. VII 1) bemerkt wurde, darf man sich nicht verwirren lassen, wenn Kant sagt, „daß auf diese transscendentale Idee der Freiheit sich der praktische Begriff derselben gründe“ (KRV, B 561), letztere aber als „arbitrium . . . liberum“ (KRV, B 562) versteht, von dem es im Kanon-Abschnitt heißt: „Die praktische Freiheit kann durch Erfahrung bewiesen werden.“ (KRV, B 830) Obwohl die strenge Trennung von empirisch-praktischer und moralisch-praktischer Freiheit erst in der „Grundlegung“ und der „Kritik der praktischen Vernunft“ geleistet wird, ist der transzendentale Freiheitsbegriff einzig auf die moralisch-praktische Freiheit hingeordnet. Auch darf die Beweisbarkeit durch Erfahrung, welche vom arbitrium liberum zu Recht behauptet wird, nicht in diesem Sinn auf die moralisch-praktische Freiheit übertragen werden (wie es von Funke (1981) versucht worden ist).

tät entspricht, „vermittelst dessen durch Etwas *etwas ganz davon Verschiedenes* gesetzt wird"[71]), verwandelt werden.

Im Verhältnis der praktischen Vernunft zum Willen wird das unmittelbare Anderssein der Extreme aufgehoben in ein Identitätsverhältnis: „*die Vernunft ist sowohl das Bewirkende* – als anderes zum Menschen, der sich unter ihrem Gesetz von sich selbst, seinen Affekten und seinem Begehren unterscheidet –, *als auch das Bewirkte*, denn sich von sich unterscheidend, kommt der Mensch zu sich als Vernunftwesen".[72]

Damit ist dem hier herausgehobenen Satz, die Idee der Freiheit finde lediglich im Verhältnisse des Intellektuellen als Ursache zur Erscheinung als Wirkung statt, und also der Vorstellung der intelligiblen Verursachung als einer Synthesis des Ungleichartigen die Grenze der Gültigkeit gezogen. Die Auslegung der Freiheit „als eines der Vermögen, welche die Ursache von den Erscheinungen unserer Sinnenwelt enthalten" (B 585 f.), wie sie aus der Beilegung ihres scheinbaren Widerstreits mit dem Naturmechanismus resultiert, wird so nicht hinfällig, sondern zeigt sich als abstrakter, aber notwendiger Beginn. Damit die Freiheit als Bestimmungsgrund gedacht werden könne, mußte sie zuerst als nicht-unmögliche Ursache von Erscheinungen gerettet werden, in welcher Beziehung auf den Inbegriff der Erscheinungen die Notwendigkeit liegt, sie als kosmologische Idee, als Weltbegriff in die Wissenschaft einzuführen.

71 PROL, AA 4, 343.

72 Högemann (1980) 232.

Zweiter Teil
Die erneute Thematisierung der Welt in der Kritik der Urteilskraft

I. Der Grundriß der Kritik der Urteilskraft

1. Die Vorstellung der Welt als Aufgabe der Urteilskraft

Indem die Dialektik der theoretischen Vernunft aus dem Weltbegriff die Disjunktion von Natur und Freiheit entwickelte und deren Vereinbarkeit durch die Unterscheidung des Gegenstandes in Ding an sich und Erscheinung zeigte, scheint der Weltbegriff selbst in der praktischen Fassung der Ideen verschwunden zu sein. Wenn die Weltidee in den Postulaten nicht durch die Idee der Freiheit ersetzt wird, so erscheint sie doch in einer bezeichnenden Differenz zu ihrer theoretischen Fassung. Es ist nicht mehr von der Welt als „Inbegriff aller Erscheinungen"[1] die Rede, sondern von der „kosmologischen Idee einer intelligibelen Welt".[2] Auf diese Weise ist aber das Eigentümliche des theoretischen Weltbegriffs getilgt, der den Übergang von der Sinnenwelt zur intelligiblen Welt einschloß. Die Welt, die in der praktischen Philosophie in den Blick genommen wird, ist stets unterschieden in die Sinnen- und Verstandeswelt. In dieser Unterscheidung ist sie aber gerade nicht so gedacht, wie sie als theoretischer Vernunftbegriff bestimmt war, nämlich als Zusammenschluß von Sinnen- und Verstandeswelt, den die Vernunft in Ausführung ihres hypothetischen Grundsatzes vollziehen zu können schien. Durch die Auflösung dieses Zusammenschlusses in der Kritik der kos-

---

1 KRV, B 391.

2 KPV, AA 5, 133. Vgl. auch die Sequenzen: „unserer Seele Natur, . . . die intelligibele Welt, . . . das höchste Wesen" (KPV, AA 5, 133); „diese Ideen von Gott, einer intelligibelen Welt (dem Reiche Gottes) und der Unsterblichkeit" (KPV, AA 5, 137); „ich will, daß ein Gott, daß mein Dasein in dieser Welt auch außer der Naturverknüpfung noch ein Dasein in einer reinen Verstandeswelt, endlich auch daß meine Dauer endlos sei" (KPV, AA 5, 143).

mologischen Schlüsse scheint die Natur nicht mehr als Welt, und das bedeutet, als in den Prinzipien der Vernunft gegründete Totalität, bestimmt werden zu können.

Genau genommen ist dieser Zusammenschluß in der praktischen Philosophie nicht getilgt, sondern in den Modus des Sollens übersetzt, ohne daß gezeigt würde, wie denn die Sinnenwelt selbst zum – nunmehr praktisch bestimmten – Unbedingten zusammenstimmt. In der „Grundlegung" gibt es lediglich einen Hinweis auf die notwendige Ergänzung dieser bloßen Forderung durch eine Betrachtung der Natur, wie sie sich dieser Forderung fügt: „Die Teleologie erwägt die Natur als ein Reich der Zwecke, die Moral ein mögliches Reich der Zwecke als ein Reich der Natur."[3] Auch in der Kritik der praktischen Vernunft wird diese Einheit nur als Sollen ausgesprochen. Das moralische Gesetz „soll der Sinnenwelt, als einer sinnlichen Natur (was die vernünftigen Wesen betrifft) die Form einer Verstandeswelt, d. i. einer übersinnlichen Natur, verschaffen, ohne doch jener ihrem Mechanism Abbruch zu thun".[4] Die Forderung des Zusammenschlusses besteht also, indem die praktische Vernunft die Realisierung des höchsten Gutes verlangt; darüberhinaus kann sogar die Bedingung der Möglichkeit dieser Realisierung in der Auflösung der Antinomie der praktischen Vernunft vorausgesetzt werden – was jedoch fehlt, ist eine Betrachtung der Natur, wie sie dieser Forderung gleichsam von sich aus entgegenkommt.

Um nun zu zeigen, daß die Urteilskraft genau dieser praktischen Forderung des Zusammenschlusses von Sinnenwelt und Vernunftprinzip *durch eine verwandelte Wiederaufnahme der theoretischen Weltidee* entspricht, sei zunächst die Ableitung des eigentümlichen Prinzips der Urteilskraft – der Zweckmäßigkeit der Natur – mit der Ableitung des Prinzips der theoretischen Vernunft – ihres hypothetischen Grundsatzes, der in ausgezeichneter Weise für den Weltbegriff bestimmend war – verglichen und so die hier behauptete Rückbindung der Urteilskraft an die theoretische Vernunft begründet.

---

3 GMS, AA 4, 436.
4 KPV, AA 5, 43.

2. *Das Prinzip der Urteilskraft und der hypothetische Grundsatz der theoretischen Vernunft*

Die Ableitung des Grundsatzes der theoretischen Vernunft aus der Form des mittelbaren Schlusses vollzog sich in zwei Schritten.[5] Die erste Charakterisierung des Prinzips ist im folgenden Satz enthalten: „Ich würde daher Erkenntniß aus Principien diejenige nennen, da ich das Besondre im Allgemeinen durch Begriffe erkenne."[6] Vergleicht man diese Formulierung mit der allgemeinsten Bestimmung der Urteilskraft, so springt die Verwandtschaft beider Vermögen ins Auge: „Urtheilskraft überhaupt ist das Vermögen, das Besondere als enthalten unter dem Allgemeinen zu denken." (179) Gemeinsam ist beiden Erkenntnisvermögen, daß sie es mit dem Verhältnis des Allgemeinen zum Besonderen, mit der Unterordnung des Besonderen unter das Allgemeine zu tun haben.

Die genaue Entsprechung wird aber erst deutlich, wenn die nun folgende Unterscheidung der Urteilskraft in die bestimmende und reflektierende in Betracht gezogen wird: „Ist das Allgemeine (die Regel, das Princip, das Gesetz) gegeben, so ist die Urtheilskraft, welche das Besondere darunter subsumirt, . . . bestimmend." (179) Denn die Vernunft in der ersten Charakterisierung ihres Grundsatzes kommt genauer besehen mit der bestimmenden Urteilskraft überein, und zwar darin, daß sie den Weg vom Allgemeinen, das vorgegeben ist, zum Besonderen nimmt und also die logische Form des mittelbaren Schlusses im Ganzen, die für beide Vermögen als der logische Schlüssel zum transzendentalen Prinzip gebraucht wird,[7] in der Richtung vom Obersatz zur Konklusion gelesen wird.

Wie aber die erste Fassung des Vernunftprinzips im Ausgang von einer Umkehrung der Schlußbewegung in das hypothetische Prinzip: „wenn das Bedingte gegeben ist, so sei auch die ganze Reihe einander untergeordneter Bedingungen, die mithin selbst unbedingt ist, gegeben"[8] verwandelt wurde und dieses maßgebend für die gesamte Dialektik, vor al-

---

[5] „Von der reinen Vernunft als dem Sitze des transscendentalen Scheins", Abschnitt A und C, KRV, B 355 ff.

[6] KRV, B 357.

[7] Vgl. EE, AA 20, 201.

[8] KRV, B 364.

lem aber für den Weltbegriff bleibt, so wird die Tätigkeit der reflektierenden Urteilskraft genau aus dieser Umkehrung des Verhältnisses des Allgemeinen zum Besonderen bestimmt: „Ist aber nur das Besondere gegeben, wozu sie das Allgemeine finden soll, so ist die Urtheilskraft bloß reflectirend." (179)

Der Vergleich des Grundsatzes der theoretischen Vernunft und der allgemeinen Bestimmung der reflektierenden Urteilskraft läßt aber zugleich das beide Vermögen Trennende erkennen. Die Vernunft nimmt an, daß das Unbedingte zum Bedingten „gegeben sei", während die Urteilskraft das Allgemeine zum Besonderen „finden soll". Es ist also hier dieselbe Bewegung vom Besonderen (Bedingten) zum Allgemeinen (Unbedingten) vorhanden, jedoch in einer verschiedenen Modalität; zum einen als eine (scheinbare) synthetische Erkenntnis aus Begriffen, zum anderen als eine Gestalt des Vorstellens.

Die Aufgabe, unter der diese reflektierende Urteilskraft steht, ist wiederum der Aufgabe der theoretischen Vernunft vergleichbar. Bezog sich nämlich die Vernunft auf den Verstand, „um den mannigfaltigen Erkenntnissen desselben Einheit a priori durch Begriffe zu geben, welche Vernunfteinheit heißen mag",[9] so steht auch die reflektierende Urteilskraft unter der Forderung, die mannigfaltigen empirischen Gesetze des Verstandes zu vereinheitlichen. „Allein es sind so mannigfaltige Formen der Natur, gleichsam so viele Modificationen der allgemeinen transscendentalen Naturbegriffe, die durch jene Gesetze, welche der reine Verstand a priori giebt, weil dieselben nur auf die Möglichkeit einer Natur (als Gegenstandes der Sinne) überhaupt gehen, unbestimmt gelassen werden, daß dafür doch auch Gesetze sein müssen, die zwar als empirische nach unserer Verstandeseinsicht zufällig sein mögen, die aber doch, wenn sie Gesetze heißen sollen (wie es auch der Begriff einer Natur erfordert), aus einem, wenn gleich uns unbekannten, Princip der Einheit des Mannigfaltigen als nothwendig angesehen werden müssen." (179 f.)

Das gemeinsame Anliegen von theoretischer Vernunft und reflektierender Urteilskraft, die Verstandeserkenntnisse in durchgängigen Zusammenhang zu bringen, ist besonders an den *Maximen* beider Vermögen zu fassen, da in diesen Maximen der Unterschied von Schluß und Reflexion

---

[9] KRV, B 359.

noch nicht zum Tragen kommt. Einerseits wird von der Vernunft gesagt, daß sie „im Schließen die große Mannigfaltigkeit der Erkenntnis des Verstandes auf die kleinste Zahl der Principien (allgemeiner Bedingungen) zu bringen und dadurch die höchste Einheit derselben zu bewirken suche",[10] andererseits ist es eine der Maximen der reflektierenden Urteilskraft: die „große Mannigfaltigkeit in empirischen Gesetzen ist gleichwohl Einheit unter wenigen Principien" (182).

Diese Maximen sind aber noch nicht das Prinzip selbst und wie die Vernunft als eigener Quell von Begriffen und Urteilen erst in der Verwandlung der genannten Maxime in ihren Grundsatz zum Vorschein kam, so zeigt auch erst die Rückführung der Maximen der reflektierenden Urteilskraft auf das ihnen zugrundeliegende Prinzip die Eigenständigkeit dieses Vermögens gegenüber Verstand und Vernunft: „Nun kann dieses Princip kein anderes sein als: daß, da allgemeine Naturgesetze ihren Grund in unserem Verstande haben, der sie der Natur (obzwar nur nach dem allgemeinen Begriffe von ihr als Natur) vorschreibt, die besondern empirischen Gesetze in Ansehung dessen, was in ihnen durch jene unbestimmt gelassen ist, nach einer solchen Einheit betrachtet werden müssen, als ob gleichfalls ein Verstand (wenn gleich nicht der unsrige) sie zum Behuf unserer Erkenntnißvermögen, um ein System der Erfahrung nach besonderen Naturgesetzen möglich zu machen, gegeben hätte." (180)

Die Urteilskraft scheint so als Prinzip der Reflexion die theologische Idee zu übernehmen und die Natur auf das Unbedingte im Sinne eines unendlichen Verstandes zu beziehen. Da der Gedanke dieses unendlichen Verstandes aber nur *gebraucht* wird, um die systematische Einheit der Natur vorzustellen, so bedarf es noch eines weiteren Schritts, um das Prinzip der reflektierenden Urteilskraft zu entdecken. Dieser „andere" Verstand kann nämlich nicht selbst, als nach Zwecken wirkender, das Prinzip sein; Prinzip ist vielmehr die Beschaffenheit der Dinge der Natur, wie sie als von diesem Verstand hervorgebracht vorgestellt wird, also nicht der zwecktätige Verstand, sondern die Zweckmäßigkeit der Natur: „Weil nun der Begriff von einem Object, sofern er zugleich den Grund der Wirklichkeit dieses Objects enthält, der Zweck und die Übereinstimmung eines Dinges mit derjenigen Beschaffenheit der Dinge,

[10] KRV, B 361.

die nur nach Zwecken möglich ist, die Zweckmäßigkeit der Form desselben heißt: so ist das Princip der Urtheilskraft in Ansehung der Form der Dinge der Natur unter empirischen Gesetzen überhaupt die Zweckmäßigkeit der Natur in ihrer Mannigfaltigkeit.“ (180)

3. Reflektierende Urteilskraft und hypothetischer Vernunftgebrauch

Die Voraussetzung der Urteilskraft, die Natur so anzusehen, „als ob ein Verstand den Grund der Einheit des Mannigfaltigen ihrer empirischen Gesetze enthalte“ (181), läßt an das „Als-ob“ des regulativen Gebrauchs der Ideen zurückdenken, in dem die theoretische Vernunft denselben Weg vom Besonderen in der Natur zum Allgemeinen nimmt, wie ihn die reflektierende Urteilskraft geht. Entsprachen bereits die beiden Schritte der Ableitung des theoretischen Vernunftprinzips der Unterscheidung von bestimmender und reflektierender Urteilskraft, so ist diese Unterscheidung ebenso in derjenigen von apodiktischem und hypothetischem Vernunftgebrauch wiederzufinden: „Wenn die Vernunft ein Vermögen ist, das Besondere aus dem Allgemeinen abzuleiten, so ist entweder das Allgemeine schon an sich gewiß und gegeben, und alsdann erfordert es nur Urtheilskraft zur Subsumtion, und das Besondere wird dadurch nothwendig bestimmt. Dieses will ich den apodiktischen Gebrauch der Vernunft nennen. Oder das Allgemeine wird nur problematisch angenommen und ist eine bloße Idee; das Besondere ist gewiß, aber die Allgemeinheit der Regel zu dieser Folge ist noch ein Problem . . . Diesen will ich den hypothetischen Gebrauch der Vernunft nennen.“[11]

In der Tat ist diese Entsprechung von hypothetischem (regulativem) Vernunftgebrauch und reflektierender Urteilskraft genauer als diejenige von hypothetischem (scheinbar konstitutivem) Grundsatz der Vernunft und reflektierender Urteilskraft, da hier nicht bloß die Aufstiegsbewegung vom Besonderen zum Allgemeinen das Gemeinsame bezeichnet, sondern darüberhinaus auch die Art der Gewißheit dieselbe ist. „Hypothetisch“ nimmt hier dementsprechend einen anderen Sinn an, der nicht nur den Rückgang vom Bedingten zur Bedingung anzeigt, sondern auch

[11] KRV, B 674 f.

den „problematischen“ oder „regulativen“ Charakter dieses Rückgangs einschließt. Nichtsdestoweniger liegt aber hier keine bloße Äquivokation vor, da der hypothetische Regressus der theoretischen Vernunft, vermittels der Kritik der dialektischen Illusion, im „hypothetischen“ Gebrauch der Ideen, wie er dem apodiktischen entgegengesetzt ist, resultiert.

Die Gemeinsamkeit von theoretischer Vernunft in ihrem regulativen Gebrauch und reflektierender Urteilskraft ist offenkundig und auch schon mehrfach bemerkt worden. Es war aber hier noch einen Schritt weiter zurückzugehen auf den hypothetischen Grundsatz der Vernunft, um die Nähe der Urteilskraft nicht nur zum regulativen Gebrauch der Ideen überhaupt, sondern demzuvor zum Weltbegriff hervorzuheben. Die Urteilskraft ist nicht nur zum *hypothetischen Gebrauch* der Ideen insgesamt in Beziehung zu setzen, sondern ebenso und vor allem mit der *in sich hypothetisch* bestimmten Idee der Welt.

Diese Beziehung der Urteilskraft auf die Weltidee läßt sich dadurch weiter befestigen, daß nicht nur auf die Analogie des Schlußcharakters der Weltidee mit der Reflexionsbewegung der Urteilskraft geachtet wird, sondern ebenso auf die Stellung der Weltidee innerhalb des regulativen Gebrauchs der theoretischen Ideen. Denn wie die Weltidee unter den transzendentalen Ideen eine Sonderstellung behauptete, indem sie das, was in *allen* Ideen gedacht wird – den Rückgang in den unbedingten Grund – *eigens* zur Ausführung bringt, so bewährt sie diese Sonderstellung im regulativen Vernunftgebrauch, indem sie die Absicht dieses Gebrauchs *aller* Ideen an ihr selbst ausdrückt. Denn alle Vernunftideen in ihrem regulativen Gebrauch dienen dazu, die Natur als systematische Totalität, und das heißt, als eine Welt zu denken. Die Weltidee ist nicht nur eine der hypothetisch gebrauchten Vernunftideen, sondern stellt zugleich die Gesamtabsicht des Gebrauchs aller dieser Ideen dar. Sie greift über auf die psychologische und theologische Idee, indem der einheitliche Gebrauch der Ideen als Schema-Analoga der systematischen Einheit der Verstandeserkenntnisse auf die Welteinheit der Natur gerichtet ist.

Dieser Vorrang der Weltidee macht sich insbesondere an der theologischen Idee geltend. Zwar besitzt die Idee von einer obersten Weltursache den Vorzug, den Gedanken der Zweckmäßigkeit der Natur – er tritt schon hier auf, bevor er zum eigenständigen Prinzip der Urteilskraft wird – zu vermitteln: „Die höchste formale Einheit, welche allein auf Vernunftbegriffen beruht, ist die zweckmäßige Einheit der Dinge, und das spekulative Interesse der Vernunft macht es nothwendig, alle Anordnung in der Welt so anzusehen, als ob sie aus der Absicht einer allerhöchsten Vernunft entsprossen wäre."[12] Aber gerade weil die theologische Idee den Gedanken der Zweckmäßigkeit vermitteln soll, ist es nicht der Vernunftbegriff von Gott, sondern der Weltbegriff, in dem sich die Endabsicht der Ideen der reinen Vernunft erfüllt: „denn was kann uns wohl dazu vermögen, oder auch nur berechtigen, ein Wesen von der höchsten Vollkommenheit und als seiner Natur nach schlechthin nothwendig aus dessen bloßem Begriffe an sich selbst zu glauben oder zu behaupten, wäre es nicht die Welt, in Beziehung auf welche diese Supposition allein nothwendig sein kann; und da zeigt es sich klar, daß die Idee desselben, so wie *alle* speculative Ideen, nichts weiter sagen wolle, als daß die Vernunft gebiete, alle Verknüpfung der Welt nach Principien einer systematischen Einheit zu betrachten, mithin als ob sie insgesammt aus einem einzigen allbefassenden Wesen als oberster und allgenugsamer Ursache entsprungen wären".[13]

Die reflektierende Urteilskraft schließt also an den „Weltgebrauch"[14] der theologischen Idee und aller spekulativen Ideen an, indem sie die Zweckmäßigkeit der Natur, deren Begriff in der Kritik der reinen Vernunft nur erst angegeben ist, als selbständiges Prinzip aufnimmt und entfaltet.

Der Abschied von der überkommenen, theologisch bestimmten Metaphysik tritt in diesem „Weltgebrauch" der theologischen Idee mit größter Deutlichkeit ans Licht. Die Idee Gottes ist nicht bloß in ihrer objektiven Realität unerweislich, sondern wird ihrer prinzipiellen Stellung beraubt, indem sie dazu „gebraucht" wird, die systematische Welteinheit vorzustellen – sowohl im hypothetischen Vernunftgebrauch innerhalb der Kritik der reinen Vernunft, als auch in der Kritik der praktischen Vernunft als Bedingung der Möglichkeit des zweiten Elements des höchsten Guts, das die „beste Welt"[15] ist, zuletzt in der Kritik der Urteilskraft, wie in der zweifach angesetzten Formulierung des Prinzips der Urteilskraft (180 Z 18 ff. und Z 31 ff.) zu bemerken war.

---

12 KRV, B 714.
13 KRV, B 714.
14 KRV, B 726.
15 KPV, AA 5, 125.

Die Anknüpfung der Urteilskraft an den regulativen Vernunftgebrauch ist des näheren an der ersten Gestalt der Zweckmäßigkeit, wie sie in den beiden Einleitungen gefaßt wird, nämlich an der formalen (logischen) Zweckmäßigkeit festzumachen. Denn bereits die Vernunft fordert ein System der empirischen Verstandesbegriffe nach den Gesetzen Homogenität, Spezifikation und Kontinuität.[16] In der Kritik der Urteilskraft werden diese Gesetze zwar in das Gesetz der Spezifikation zusammengefaßt,[17] aber es ist klar, daß der Sache nach alle drei Gesetze da sind, da sie untrennbar voneinander und nur zusammen das System der empirischen Begriffe bilden können. Durch diese sowohl von der regulativ gebrauchten Vernunft als auch von der Urteilskraft angenommene „logische Zweckmäßigkeit"[18] wird die Mannigfalt der Naturformen und der entsprechenden Gesetze in eine faßliche Ordnung nach Gattungen und Arten gebracht. Die Voraussetzung eines „logischen Systems"[19] der empirischen Begriffe ist kein Satz der bloßen Logik, sondern das transzendentale Prinzip der Urteilskraft,[20] da die reflektierende Urteilskraft nach der Idee dieses Systems nur verfahren kann, wenn sie annimmt, die Natur selbst schicke sich in eine solche Ordnung der Begriffe.

Bei aller Übereinstimmung von reflektierender Urteilskraft und regulativ gebrauchter Vernunft in Hinsicht auf die systematische Einheit der Natur ist jedoch ein Unterschied zu bemerken und hervorzuheben, der in die erweiterte Aufgabe der Urteilskraft führt. Die theoretische Vernunft muß in der Beziehung auf den Verstand die Grenze ihres Bei-sich-Seins streng wahren: „Die reine Vernunft ist in der That mit nichts als sich selbst beschäftigt und kann auch kein anderes Geschäfte haben, weil ihr nicht die Gegenstände zur Einheit des Erfahrungsbegriffs, sondern die Verstandeserkenntnisse zur Einheit des Vernunftbegriffs, d. i. des Zusammenhanges in einem Princip, gegeben werden."[21] Die theoretische Vernunft bleibt bei sich, indem sie sich nicht mit „Gegenständen",

16 KRV, B 686.
17 EE, AA 20, 216; KU, AA 5, 186.
18 EE, AA 20, 216.
19 EE, AA 20, 216.
20 EE, AA 20, 211 Anm.; KRV, B 678.
21 KRV, B 708.

sondern mit der „Erkenntniß der Gegenstände“[22] befaßt, sie bezieht sich nicht, wie der Verstand, auf etwas dem Begriff schlechthin Heterogenes (den Gegenstand der Anschauung).

Dagegen hat die Urteilskraft ein doppeltes Geschäft: sie soll nicht nur die mannigfaltigen empirischen Gesetze ordnen, sondern ebenso die besonderen Wahrnehmungen überhaupt erst auf Begriffe bringen.[23] Hier deutet sich ein spezifischer Unterschied von Vernunft und Urteilskraft an. Die Urteilskraft ist nicht daran gebunden, bei sich zu bleiben, d. h. sich allein auf das zu beziehen, was nicht unaufhebbar verschieden von ihr ist. Dieses „Nicht-bei-sich-Bleiben“ ist jedoch für die Urteilskraft kein Mangel, sondern ein konstitutives Merkmal ihrer Tätigkeit. Die Urteilskraft geht hinaus zu dem, was schlechthin verschieden ist von der Vernunft – um es in das Gebiet der Vernunft einzuholen – und reicht insofern weiter in die Sinnenwelt hinein als es die Vernunft vermag. Wie weit die Urteilskraft in die Sinnenwelt hineinreicht, das wird die Erörterung der ästhetischen Urteilskraft klären; sie hat es mit derjenigen Gestalt der Zweckmäßigkeit zu tun, die noch nicht durch den hypothetischen Vernunftgebrauch vorweggenommen ist, welcher, des Bei-sich-Seins der Vernunft wegen, allein zum Gedanken der logischen und teleologischen Zweckmäßigkeit führt.

4. Die Entfaltung der Aufgabe der Urteilskraft

Doch bevor auf die Entfaltung des Begriffs der Zweckmäßigkeit eingegangen werden kann, muß zuerst Klarheit über die Aufgabe,[24] unter der die Urteilskraft steht, gewonnen werden. Von dieser Aufgabe war bereits die Rede im Zusammenhang mit der Einführung des Prinzips der Urteilskraft als der formalen Zweckmäßigkeit. Die Unbestimmtheit, in der

---

22 KRV, B 708.

23 EE, AA 20, 210, 212 Z 30-33.

24 Kant hat dieses Verfahren, den Begriff aus seiner Aufgabe herzuleiten, nicht nur der Tat nach befolgt, sondern auch ausdrücklich auf es hingewiesen: „Der *Begrif* von Gott ist einmal da man muß ihn aus dem Gebrauche *genetisch* entwickeln indem man nicht den Sinn den man wirklich damit verbindet sondern die *Absicht* aufsucht die bey allen diesen Begriffen zum Grunde liegt“ (Ergänzungen zu den Fortschritten der Metaphysik, AA 23, 473).

die besonderen Naturgesetze durch die allgemeine Gesetzgebung des Verstandes gelassen werden, verlangte ein Prinzip der durchgängigen Ordnung auch der empirischen Verstandeserkenntnisse. Entsprechend der so gestellten Aufgabe zeigte sich die Zweckmäßigkeit sogleich als logische Zweckmäßigkeit. Der Begriff entspricht seiner Aufgabe: die unbestimmte Allgemeinheit der Verstandesgesetze wird ergänzt durch das Prinzip der Spezifikation oder die Annahme eines logischen Systems der empirischen Begriffe. Von diesem Standpunkt der „transscendentalen Deduction" (182) des Begriffs der Zweckmäßigkeit scheint die Aufgabe der Urteilskraft allein vom *Verstande* vorgeschrieben zu sein; es scheint ein „Verstandesbedürfnis" (186), „eine nothwendige Absicht (ein Bedürfnis des Verstandes)" (184) zugrundezuliegen: „Um sich von der Richtigkeit dieser Deduction des vorliegenden Begriffs und der Nothwendigkeit ihn als transscendentales Erkenntnißprincip anzunehmen zu überzeugen, bedenke man nur die Größe der Aufgabe: aus gegebenen Wahrnehmungen einer allenfalls unendliche Mannigfaltigkeit empirischer Gesetze enthaltenden Natur eine zusammenhängende Erfahrung zu machen, welche *Aufgabe a priori in unserm Verstande liegt.*" (184)

Doch wenn die Idee der Freiheit sich nicht nur als Prinzip der praktischen Philosophie, sondern des kritischen Unternehmens im Ganzen erweisen soll, so ist zu erwarten, daß diese Formulierung der Aufgabe nicht die endgültige sein kann, sie vielmehr auf die Vernunft hin zu vertiefen sein wird. Und in der Tat ist an der zweiten Fassung der Einleitung zu erkennen, wie Kant die Aufgabe als die der Vernunft deutlicher herausbringt. Denn während die Erste Einleitung die Funktion der Urteilskraft vornehmlich aus der Notwendigkeit, die Erfahrung als System zu denken, definiert, ist in der zweiten Einleitung diesem Gedanken die vertiefte Fassung der Aufgabe der Urteilskraft, wie sie von der praktischen Vernunft gestellt ist, vorgeordnet: „Ob nun zwar eine unübersehbare Kluft zwischen dem Gebiete des Naturbegriffs, als dem Sinnlichen, und dem Gebiete des Freiheitsbegriffs, als dem Übersinnlichen, befestigt ist, so daß von dem ersteren zum anderen (also vermittelst des theoretischen Gebrauchs der Vernunft) kein Übergang möglich ist, gleich als ob es so viel verschiedene Welten wären, deren erste auf die zweite keinen Einfluß haben kann: so soll doch diese auf jene einen Einfluß haben, nämlich der Freiheitsbegriff soll den durch seine Gesetze aufgegebenen Zweck in der Sinnenwelt wirklich machen; und die Natur muß folglich auch so gedacht werden können, daß die Gesetzmäßigkeit ihrer Form wenigstens zur Möglichkeit der in ihr zu bewirkenden Zwecke nach Freiheitsgesetzen zusammenstimme." (175 f.)

Dies muß die maßgebliche Bestimmung der Aufgabe sein, weil die Urteilskraft so in jenes fundamentale Verhältnis von Natur und Freiheit eingebunden wird, das im Beginn der Kritik der reinen Vernunft als Disjunktion erschlossen wurde.

Diese Disjunktion zu vermitteln ist Sache der Urteilskraft. Dabei ist genau hinzuhören, in welchem Sinne ein vermittelnder Terminus zwischen Natur und Freiheit zu erbringen ist: „der Freiheitsbegriff soll den durch seine Gesetze aufgegebenen *Zweck* in der Sinnenwelt *wirklich machen*". Darin liegt: Es ist nicht erstlinig die Bestimmbarkeit des Willens durch Freiheit, sondern die Verwirklichung dieses Willens, als Realisierung seiner Zwecke, zuhöchst des Endzwecks, in der Sinnenwelt verlangt – das Objekt des freien Willens, nicht der freie Wille als solcher bezeichnet die genaue Aufgabe der Urteilskraft. Was der Urteilskraft obliegt, ist die Möglichkeit dessen vorstellbar zu machen, was im moralischen Handeln nicht völlig in unserer Gewalt ist; dies ist der Erfolg der einzelnen Handlung und die Möglichkeit des Endzwecks aller Handlungen, des höchsten Guts, und in diesem wiederum in erster Linie die Möglichkeit seines zweiten Elements, der Glückseligkeit, weil deren Verwirklichung von empirischen Bedingungen abhängt (vgl. 453 Z 20-26). Die Notwendigkeit des Denkens der Urteilskraft ist zuerst in der Ungewißheit der *äußeren* Realität der Handlungen begründet, die Moralität selbst, der reine Wille, bedarf nicht unumgänglich der Vermittlung der Urteilskraft. Denn die „formale Beschaffenheit meiner Handlungen (Unterordnung derselben unter das Princip der Allgemeingültigkeit), worin allein ihr innerer moralischer Werth besteht, ist gänzlich in unserer Gewalt; und ich kann von der Möglichkeit, oder Unausführbarkeit der Zwecke, die mir jenem Gesetze gemäß zu befördern obliegen, gar wohl abstrahiren (weil in ihnen nur der äußere Werth meiner Handlungen besteht), als von etwas, welches nie völlig in meiner Gewalt ist, und nur auf das zu sehen, was meines Thuns ist" (471 Anm.).

Damit ist die Aufgabe der Urteilskraft konkretisiert; sie soll nicht bloß zugunsten des Erkenntnisvermögens die besonderen Gesetze der

Natur systematisieren, sondern die Natur als zusammenstimmend zur Realisierung von Zwecken nach dem Freiheitsbegriff begreifen. Ihre Aufgabe entspringt aus dem Verhältnis von Natur und Freiheit und wird in die Forderung des *Übergangs* vom Gebiet des Naturbegriffs zu dem des Freiheitsbegriffs zusammengefaßt.

Mit dem Gedanken des Übergangs vom Naturbegriff zum Freiheitsbegriff bestätigt sich die behauptete Wiederaufnahme des Weltthemas der theoretischen Vernunft durch die Urteilskraft erneut. In der Betrachtung der Dialektik der theoretischen Vernunft war herausgearbeitet worden, wie in der Weltidee die Verknüpfung – und Auseinandersetzung – der Gesetzgebungen des Verstandes und der Vernunft zum Austrag kommt. Die Sonderstellung des Weltbegriffs beruhte darauf, daß er den Übergang vom Verstand zur Vernunft in sich schloß, indem die Natur als eine im Unbedingten gegründete Totalität erschließen sollte. Nach der Kritik dieser kosmologischen Schlüsse konnte diese Natur-Totalität (Welt) zunächst im „Weltgebrauch" der Ideen wiederhergestellt werden. Nunmehr zeigt sich, daß es abschließend der Urteilskraft zukommt, die Natur als im Unbedingten gegründet wenn nicht zu erkennen so doch vorzustellen. In der entscheidenden Formulierung der Aufgabe der Urteilskraft ist ausdrücklich an diesen Rückbezug der Urteilskraft auf den unmöglichen Übergang der theoretischen Vernunft erinnert (176 Z 2). Die Urteilskraft erfüllt dasjenige Vernunftbedürfnis, das sich nicht als Erkenntnis realisieren läßt. Das Unbedingte, auf welches die Urteilskraft die Natur durch ihren Begriff der Zweckmäßigkeit bezieht, ist dabei fortbestimmt zum unbedingten Zweck oder Endzweck, dessen Verwirklichung durch das moralische Gesetz geboten ist.

Ist die Urteilskraft also ein Vermögen, das zum Verknüpfen der Gesetzgebungen des Verstandes und der Vernunft dient, so ist doch zu beachten, daß der Übergang, den sie zu machen hat, eine mehrfältige Bedeutung annimmt.

Zuerst war die Urteilskraft in ihrer Mittelstellung unter den Erkenntnisvermögen in bloß logischer Bedeutung betrachtet, und im Anhalt daran der Begriff der formalen Zweckmäßigkeit bestimmt worden, die „blos ein Princip für den logischen Gebrauch der Urtheilskraft [ist], zwar ein transscendentales Princip seinem Ursprunge nach, aber nur um die Natur a priori als qualificirt zu einem logischen System ihrer Mannigfaltigkeit unter empirischen Gesetzen anzusehen".[25] Dieser erste Begriff der Zweckmäßigkeit entspricht einer Aufgabe, die der Urteilskraft vom Verstand gestellt ist.

Sodann wurde die Urteilskraft als Mitte zwischen den Erkenntnisvermögen als gesetzgebenden gedacht, die Aufgabe dementsprechend vertieft zu derjenigen der praktischen Vernunft, deren Gesetz die Realisierung ihres Endzwecks in der Sinnenwelt verlangt. Diese Verknüpfungsaufgabe wird der teleologische Begriff der Zweckmäßigkeit erfüllen.

Schließlich aber werden diese Erkenntnisvermögen auf die Gemütsvermögen bezogen, und es ist jetzt darum zu tun, das „Aggregat" der Gemütskräfte zum „System"[26] zu bilden, indem das Erkenntnisvermögen vermittels des Gefühls der Lust und Unlust mit dem Begehrungsvermögen zusammengeschlossen werden soll.[27] Diesen Übergang wird die Urteilskraft als ästhetische machen, indem sie ein Prinzip a priori der Bestimmung des Gefühls der Lust und Unlust in sich enthält, durch welche apriorische Bestimmung dieses Gefühl erst dazu qualifiziert wird, die beiden anderen Gemütskräfte zu verbinden; denn das Gefühl der Lust kann nicht als empirisch bestimmtes vermitteln, sondern muß zur Dignität einer solchen Mitte erst durch die Urteilskraft erhoben werden. Auch in der Bestimmung dieses Gefühls steht die Urteilskraft unter der Aufgabe der Vernunft, den Übergang vom Gebiet des Naturbegriffs zu dem des Freiheitsbegriffs zu ermöglichen. (179)

Weshalb ist es aber unverzichtbar, die Aufgabe der Urteilskraft zuerst vom Standpunkt des Verstandes in den Blick zu nehmen und demgemäß den Begriff der Zweckmäßigkeit zunächst abstrakt zu denken, nämlich noch ohne auf die von der ersten Seite im Verhältnis von Freiheit und Natur geforderte Vermittlung zu sehen? Für die Überzeugungskraft des von der Urteilskraft Gedachten kommt es darauf an, daß sie der praktischen Vernunft gleichsam von sich aus entgegenkommt, also mit einer Voraussetzung, die sich zwar in die Vernunftaufgabe fügt, aber dennoch „ohne Rücksicht auf das Praktische" (196) gemacht wird. Die Zweckmäßigkeit muß der eigene Gedanke der Urteilskraft sein, der sie als

25 EE, AA 20, 214.
26 EE, AA 20, 206.
27 EE, AA 20, 207.

eigenständiges Vermögen rechtfertigt. Diese Eigenständigkeit läßt sich nur dartun, indem gezeigt wird, wie die Urteilskraft in der Beschäftigung mit der Mannigfalt der empirischen Naturgesetze zu ihren eigenen Gunsten eine für sie selbst faßliche systematische Ordnung annimmt. In der Folge wird klar werden, daß erst die Fortbestimmung dieses abstrakten Begriffs der Zweckmäßigkeit in die eigentliche Aufgabe der Urteilskraft und deren Lösung führt. Daß die Zweckmäßigkeit der Natur auf die Freiheit verweist und mit ihr zusammenstimmt, kann nur dann überzeugend dargestellt werden, wenn dieser Gedanke auch unabhängig vom Freiheitsbegriff eingeführt wird, um erst dann auf diesen seinen Grund zurückgeführt zu werden. Die Urteilskraft ist in ihrer ganzen Tätigkeit darauf hingeordnet, die Natur auf die Idee der Freiheit hin zu durchdringen; sie vollbringt dies aber als ein eigenständiges gesetzgebendes Vermögen, dessen Gesetz aus ihrem logischen Gebrauch entdeckt wird. Auf eine solche Harmonie der Erkenntnisvermögen, das heißt auf ihre Zusammenstimmung in dem, was sie unabhängig voneinander voraussetzen, verweist Kant auch in anderem Zusammenhang.[28] An erster Stelle ist hier die Harmonie von theoretischer und praktischer Vernunft zu nennen, deren Einstimmung mit zur Überzeugungskraft des Ganzen beiträgt. Es findet sich, daß „praktische Vernunft jetzt *für sich selbst, und ohne mit der speculativen Verabredung getroffen zu haben*, einem übersinnlichen Gegenstande der Kategorie der Causalität, nämlich der Freiheit, Realität verschafft".[29]

5. Die Fortbestimmung der Zweckmäßigkeit

1) Die logisch reflektierende Urteilskraft setzte voraus, „daß sich zu allen Naturdingen empirisch bestimmte Begriffe finden lassen",[30] wodurch erstens angenommen wird, daß sich besondere Wahrnehmungen auf empirische Begriffe bringen lassen, und zweitens, daß diese Begriffe selbst anderen höheren untergeordnet werden können. Die ästhetische

---

28 Über eine Entdeckung, nach der alle neue Kritik der reinen Vernunft durch ein ältere entbehrlich gemacht werden soll, AA 8, 249 f.

29 KPV, AA 5, 6; vgl. auch 106, 141, 146 ff.

30 EE, AA 20, 211.

Vorstellung der Zweckmäßigkeit knüpft nun an den ersten Teil dieser Voraussetzung an, indem die Urteilskraft in ihrer ästhetischen Reflexion unmittelbar an der Anschauung eines Gegenstandes ansetzt. Kant weist ausdrücklich darauf hin, daß die ästhetische Vorstellung der Zweckmäßigkeit sich auf die formale (logische) gründet: „Nun sind, wenn gleich die ästhetischen Urtheile selbst a priori nicht möglich sind, dennoch Principien a priori in der nothwendigen Idee einer Erfahrung, als Systems, gegeben, welche den Begrif einer formalen Zweckmäßigkeit der Natur für unsere Urtheilskraft enthalten, und woraus a priori die Möglichkeit ästhetischer Reflexionsurteile, als solcher, die auf Principien a priori gegründet sind, erhellet."[31]

Die ästhetische Urteilskraft beurteilt aber einen Gegenstand in der Anschauung nicht als zweckmäßig für ihre Tätigkeit, wenn sie in der Tat einen bestimmten Begriff gefunden hat, sondern ist in seiner Auffassung allein auf die Möglichkeit eines Begriffs aufmerksam. Die Urteilskraft vergleicht nicht Anschauung und Begriff, sondern die Einbildungskraft, das „Vermögen der Anschauungen a priori" mit dem Verstand, dem „Vermögen der Begriffe" (190). Eine solche Übereinstimmung kann aber, da ein bestimmter Begriff zum Maßstab der Entscheidung nicht gegeben ist, nur durchs Gefühl bemerkt werden.

Die subjektive Zweckmäßigkeit eines Gegenstandes für die ästhetische Urteilskraft hat also zwei Seiten. Zum einen ist sie bezogen auf das Prinzip der logischen Zweckmäßigkeit, wodurch die Erkenntnisvermögen ins Spiel kommen und dementsprechend die Form des Gegenstandes allein beurteilt wird, die Lust also nicht als unmittelbare mit der Empfindung verknüpft, sondern durch die Reflexion hervorgerufen wird. „Wenn nämlich die Reflexion über eine gegebene Vorstellung vor dem Gefühle der Lust (als Bestimmungsgrunde des Urtheils) vorhergeht, so wird die subjective Zweckmäßigkeit *gedacht*, ehe sie in ihrer Wirkung *empfunden* wird".[32] Zum anderen aber trennt sich die ästhetische Vorstellung der Zweckmäßigkeit von der logischen dadurch, daß die Absicht auf eine bestimmte Erkenntnis überhaupt aufgegeben wird. Diese beiden Momente bilden die zusammenfassende Bestimmung des ästheti-

31 EE, AA 20, 232, vgl. 242 f.; KU, AA 5, 193.
32 EE, AA 20, 224.

schen Urteils über das Schöne: „Wessen Gegenstandes Form (nicht das Materielle seiner Vorstellung, als Empfindung) in der bloßen Reflexion über dieselbe (ohne Absicht auf einen von ihm zu erwerbenden Begriff) als der Grund einer Lust an der Vorstellung eines solchen Objects beurtheilt wird: mit dessen Vorstellung wird diese Lust auch als nothwendig verbunden geurtheilt, folglich als nicht bloß für das Subject, welches diese Form auffaßt, sondern für jeden Urtheilenden überhaupt. Der Gegenstand heißt alsdann schön; und das Vermögen, durch eine solche Lust (folglich auch allgemeingültig) zu urtheilen, der Geschmack." (190)

In der Erläuterung der logischen Zweckmäßigkeit war behauptet worden, daß diese nur erst einer Verstandesaufgabe entspringt und deshalb als abstrakter Vorbegriff zu gelten habe. Auch ohne die Aufmerksamkeit darauf, wie die ästhetische Zweckmäßigkeit in die Vernunftaufgabe der Vermittlung der Gebiete des Naturbegriffs und Freiheitsbegriffs eingebunden ist, läßt sich aus ihrer soeben skizzierten Eigenart ersehen, daß sie, verglichen mit der logischen, eine Konkretion des Begriffs bezeichnet. Dazu muß der Charakter des Allgemeinen, in das die Urteilskraft das Besondere reflektiert, näher beleuchtet werden. Die reflektierende Urteilskraft ist ja überhaupt als Vermögen eingeführt worden, das „von dem Besondern in der Natur zum Allgemeinen aufzusteigen die Obliegenheit hat" (180). Doch von welcher Allgemeinheit ist dieses Allgemeine? Die logische Reflexion in das Allgemeine ist stets begleitet von den Tätigkeiten der Komparation und Abstraktion.[33] Die ästhetische Reflexion jedoch kennt zwar auch eine Vergleichung, kann sogar selbst als Vergleichen bezeichnet werden, ist aber nicht darauf angewiesen, den aufgefaßten Gegenstand mit *anderen* zusammenzuhalten;[34] sie vergleicht ihn allein mit dem Verhältnis der Erkenntnisvermögen Einbildungskraft und Verstand unter sich. Weil sie also gar keine Rücksicht auf andere Vorstellungen nimmt, um einen bestimmten empirischen Begriff zu gewinnen, bedarf sie auch nicht der Abstraktion, des Weglassens von Verschiedenheiten, das einen solchen Begriff vollendet. Dadurch hat sich aber der Charakter des Allgemeinen für die ästhetische Urteilskraft gewandelt. Da

33 Logik, AA 9, 94.
34 EE, AA 20, 223.

sie nicht auf Begriffe von „mehrerer oder minderer Allgemeinheit“[35] ausgeht, wie die Urteilskraft im logischen Gebrauch, ist das ihr eigene Allgemeine aus dem „Mehr-oder-Weniger“ der Komparation gelöst; es ist weder ein Komparativ-Allgemeines, noch ein Abstrakt-Allgemeines, vielmehr ein Allgemeines, das sich als Grund[36] herausstellen wird. Denn dieses Allgemeine, das „harmonische Spiel der beyden Erkenntnißvermögen der Urtheilskraft“,[37] wird auf das intelligible Substrat, das Zugrundeliegende, den Grund des Subjekts verweisen. Diese vertiefte Begründung des ästhetischen Urteils wird allerdings erst in der Abhandlung gegeben; doch soll an dieser Stelle bereits klargestellt werden, wie sich das Allgemeine der ästhetischen Urteilskraft von dem der logischen unterscheidet, wie das Begreifen einen Weg der Konkretion geht, aus dem einsichtig wird, weshalb die formal-logische Zweckmäßigkeit auf das gesamte Werk gesehen von verschwindender Bedeutung ist: der abstrakte Begriff der Zweckmäßigkeit dient dazu, die Möglichkeit des erfüllten Begriffs zu begründen.

2) Die gedrängte Darstellung des Grundrisses der Kritik der Urteilskraft in der ersten und vor allem zweiten Einleitung erlaubt und fordert dazu heraus, die verschiedenen Gestalten der Zweckmäßigkeit zusammenzusehen und sie an der Aufgabe der Urteilskraft zu messen. Für diese Einschätzung ist nun folgende Abgrenzung des ästhetischen Urteils über das Erhabene von dem über das Schöne äußerst aufschlußreich: „Die Empfänglichkeit einer Lust aus der Reflexion über die Formen der Sachen (der Natur sowohl als der Kunst) bezeichnet aber nicht allein eine Zweckmäßigkeit der Objecte in Verhältniß auf die reflectirende Urtheilskraft, gemäß dem Naturbegriffe, am Subject, sondern auch umgekehrt des Subjects in Ansehung der Gegenstände, ihrer Form, ja selbst ihrer Unform nach, zufolge dem Freiheitsbegriffe; und dadurch geschieht es: daß das ästhetische Urtheil nicht bloß als Geschmacksurtheil auf das Schöne, sondern auch, als aus einem Geistesgefühl entsprungenes, auf das Erhabene bezogen wird, und so jene Kritik der ästhetischen Urtheilskraft in zwei diesen gemäße Haupttheile zerfallen muß.“ (192)

[35] EE, AA 20, 212.
[36] Vgl. Boeder (1980) 624.
[37] EE, AA 20, 224.

Die ästhetische Urteilskraft beurteilt das Schöne „gemäß dem Naturbegriffe“, indem sie die Einbildungskraft auf den Verstand, das Vermögen der Naturbegriffe, bezieht. Sie beurteilt aber das Erhabene „zufolge dem Freiheitsbegriffe“, indem sie die Einbildungskraft auf die Vernunft, das Vermögen der Prinzipien, bezieht. Nun kann kein Zweifel darüber bestehen, daß die ästhetische Urteilskraft im ganzen unter der Aufgabe steht, den Übergang von der Natur zur Freiheit zu vermitteln. Dessenungeachtet zeigt aber die angeführte Entgegensetzung der beiden Urteilsformen, daß, gemessen an dieser Aufgabe, dem Urteil über das Erhabene der Vorzug zukommt, an seiner einfachen Bestimmung (Beziehung der Einbildungskraft auf die Vernunft) bereits klar erkennen zu lassen, wie es den Weg von der Sinnlichkeit zur Vernunft geht, während das Urteil über das Schöne eine entferntere Beziehung auf die Vernunft hat, die erst in seiner vertieften Begründung (in der Dialektik) ans Licht kommen wird. Obwohl die ästhetische Urteilskraft unter eine einzige Aufgabe gestellt ist, ist doch in der Erfüllung dieser Aufgabe eine Rangordnung ihrer Tätigkeiten unverkennbar. Das Urteil über das Schöne und über das Erhabene werden so einerseits entgegengesetzt; andererseits überholt die gemeinsame Aufgabe diese Entgegensetzung, so daß auch das Urteil über das Schöne dazu dient, das Gebiet des Naturbegriffs und des Freiheitsbegriffs zu verknüpfen. Dies Übergreifen der gemeinsamen Aufgabe der Urteilskraft über die Entgegensetzung ihrer Tätigkeiten ist als Eigentümlichkeit der Gliederung festzuhalten.

Dem Vorrang des Erhabenen vor dem Schönen scheint indessen etwas entgegenzulaufen, und die Klärung dieses scheinbaren Widerspruchs wird zu einer Schlüsselbeobachtung für den Aufbau der Kritik der Urteilskraft führen. In dem zitierten Satz werden nämlich die beiden Gestalten des ästhetischen Urteils nicht nur dem Naturbegriff und Freiheitsbegriff zugeordnet, es wird ebenso auf eine Umkehrung der Zweckmäßigkeit verwiesen, die näher zu erläutern ist durch die Unterscheidung von „innerer“ und „relativer“ Zweckmäßigkeit.

Das Schöne ist innerlich zweckmäßig, da seine Zweckmäßigkeit „in der Vorstellung des Gegenstandes an sich“[38] gründet. Das Schöne ist zwar *für* die Urteilskraft (subjektiv) zweckmäßig, aber es liegt etwas im

---

38 EE, AA 20, 249.

Gegenstande selbst, in seiner Bestimmtheit, in seiner Form, was ihn als zweckmäßig beurteilen läßt; die Zweckmäßigkeit ist die des Objekts, wird „dem Dinge und der Natur selbst beigelegt".[39]

Das Erhabene kann dagegen nur in einem abgeleiteten Sinne zweckmäßig genannt werden, da seine Zweckmäßigkeit „blos im zufälligen Gebrauche"[40] seiner Vorstellung beruht. Die Vorstellung gibt in diesem Fall keinen Grund der Beurteilung, sondern lediglich einen Anlaß, „eine a priori im Subjecte liegende Zweckmäßigkeit"[41] durchs Gefühl zu bemerken.

Wird nun das Schöne als innerlich zweckmäßig, das Erhabene als relativ zweckmäßig verstanden, so scheint damit eine Herabsetzung des Erhabenen verbunden zu sein: „Daraus sehen wir, daß der Begriff des Erhabenen der Natur *bei weitem nicht so wichtig* und an Folgerungen reichhaltig sei, als der des Schönen in derselben; und daß er überhaupt nichts Zweckmäßiges in der Natur selbst, sondern nur in dem möglichen Gebrauche ihrer Anschauungen, um eine von der Natur ganz unabhängige Zweckmäßigkeit in uns selbst fühlbar zu machen, anzeige. Zum Schönen der Natur müssen wir einen Grund außer uns suchen, zum Erhabenen aber bloß in uns und der Denkungsart, die in die Vorstellung der ersteren Erhabenheit hineinbringt" (246).

In welcher Rücksicht ist diese Einschätzung des Erhabenen im Vergleich mit dem Schönen notwendig? Sie gilt dann, wenn darauf geachtet wird, was die Urteilskraft aus sich selbst zur Beurteilung der Natur als zweckmäßig nehmen kann. In der Beurteilung des Schönen bleibt die Urteilskraft bei ihrem eigenen Prinzip, nämlich der Faßlichkeit der Natur für ihre eigene Tätigkeit, wie durch die Ableitung der ästhetisch vorgestellten Zweckmäßigkeit aus der logischen erhellt.

Wenn aber die Urteilskraft als eigenständiges Vermögen urteilt, kann sie die Zweckmäßigkeit auch der Natur selbst beilegen. Denn das Gesetz, das sie ihrer Reflexion gibt, hat nichts anderes als die Verfassung der Natur zum Inhalt und entspringt einer Aufgabe, die zuerst als die des Verstandes genommen werden mußte. Bleibt die Urteilskraft in der Vorstel-

---

39 EE, AA 20, 249.
40 EE, AA 20, 249.
41 EE, AA 20, 249.

lung der inneren Zweckmäßigkeit im Kreis der Naturbetrachtung, so beweist sie zugleich ihre Stärke als selbstgesetzgebendes Vermögen.

In dieser ihrer Selbständigkeit jedoch ist sie zugleich beschränkt auf die Natur, auf die Zweckmäßigkeit „gemäß dem Naturbegriffe". Die Aufgabe der Urteilskraft verlangt aber von ihr, diese Grenze zu überschreiten, um die Natur unmittelbar auf die Vernunft zu beziehen. Die Kritik der Urteilskraft beginnt also dort, wo diese sich selbst das Gesetz gibt und dementsprechend eine Zweckmäßigkeit der Natur selbst zusprechen kann. Dieser Beginn mit dem rein aus der Urteilskraft entspringenden Urteil über die formale (logische und) ästhetische Zweckmäßigkeit und seine entsprechende systematische Einschätzung schließen jedoch nicht aus, daß, innerhalb der Ästhetik, die Urteilskraft der Erfüllung ihrer Aufgabe gerade dort näher kommt, wo sie, über sich hinausgehend, eine Zweckmäßigkeit beurteilt, die sich nicht aus der Beziehung auf ihre eigene Tätigkeit ergibt, sondern aus der Beziehung auf die Vernunft.

Aus systematischen Gründen ist also das Urteil über das Schöne vorzuziehen, weil es rein das der Urteilskraft ist, weil es zeigt, was sie „für sich selbst" vermag.

Von der Vermittlungsaufgabe der Urteilskraft her – und dies ist die maßgebliche Hinsicht – ist das Urteil über das Erhabene, obwohl in einem „bloßen Anhang" (246) erörtert, vorzuziehen, weil die Urteilskraft durch es die Natur dazu gebraucht, an die „übersinnliche Bestimmung der Gemüthskräfte des Subjects"[42] zu erinnern. Die Kennzeichnung der Zweckmäßigkeit als „relativ" ist insofern eine Auszeichnung, als sie „relativ" auf die Vernunft verstanden wird.

3) Die teleologische Zweckmäßigkeit kann nicht, wie die ästhetische, aus der logischen abgeleitet werden, sondern wird der subjektiven (formalen) Zweckmäßigkeit als objektive entgegengesetzt, und zwar als Übereinstimmung der Form eines Gegenstandes „mit der Möglichkeit des Dinges selbst, nach einem Begriffe von ihm, der vorhergeht und den Grund dieser Form enthält" (192). Gleichwohl ist die objektive Zweckmäßigkeit an die subjektive auch anzuknüpfen, da das Prinzip der formalen Zweckmäßigkeit „schon den Begriff eines Zwecks (wenigstens der Form nach) auf die Natur anzuwenden den Verstand vorbereitet hat"

---

42 EE, AA 20, 250.

(194) und es also „möglich und erlaubt“[43] ist, sich dieses Prinzips auch für die Beurteilung einzelner Formen zu bedienen. Wurde durch die ästhetische Zweckmäßigkeit der erste Teil der Voraussetzung des logischen Prinzips aufgenommen (daß sich Anschauungen auf Begriffe bringen lassen), so wird durch die teleologische Zweckmäßigkeit der andere Teil dieser Voraussetzung aufgenommen (daß sich niedere Begriffe anderen höheren unterordnen lassen); denn es zeichnet die teleologische Beurteilung aus, daß sie in der Sphäre des Begriffs bleibt und sie es nicht mit Anschauungen als solchen, sondern mit durch den Verstand gedachten Anschauungen zu tun hat. Die Entgegensetzung von subjektiver und objektiver Zweckmäßigkeit wird auf diese Weise von ihrer Zusammengehörigkeit übergriffen; das Prinzip der Zwecke ist deshalb wie das transzendentale Prinzip der Urteilskraft überhaupt „ein heuristisches Princip . . ., den besondern Gesetzen der Natur nachzuforschen“ (411). Mehr noch: Das teleologische Prinzip steht nicht nur neben dem logischen Prinzip der Zweckmäßigkeit, sondern wird sich als dessen Konkretion erweisen. Denn auch für die teleologische Urteilskraft wird das Allgemeine, in das reflektiert wird, zum Grund fortbestimmt; reflektieren heißt ja für die teleologische Urteilskraft nicht, das Besondere unter das Abstrakt-Allgemeine zu bringen, sondern es auf seinen Zweck beziehen, der nichts anderes ist als ein Begriff, der vorhergeht und den Grund der Form eines Gegenstandes enthält.

Das Urteil über das Schöne bezog die Einbildungskraft auf den Verstand, das Urteil über das Erhabene die Einbildungskraft auf die Vernunft; die teleologische Urteilskraft aber wird „den Verstand mit der Vernunft . . . in Verhältnis setzen müssen“.[44] Sieht man diese einfachen Bestimmungen der reflektierenden Urteile zusammen, dann wird sogleich deutlich, daß es nur das teleologische Urteil sein kann, welches die Aufgabe der Urteilskraft löst, nämlich die „Verknüpfung der Gesetzgebungen des Verstandes und der Vernunft“ (195) erbringt. Die ästhetische Urteilskraft kann zwar den Übergang vom Gebiet des Verstandes zur Vernunft machen, nicht aber die Gesetzgebung dieses Gebiets durch den Verstand

43 EE, AA 20, 218.
44 EE, AA 20, 233.

mit der Gesetzgebung der Vernunft vereinigen, weil sie über einen Gegenstand vor allem Begriff reflektiert.

Demzufolge wird auch der Weltbegriff der theoretischen Vernunft, der sich genau als der Ort der Verknüpfung der Gesetzgebungen des Verstandes und der Vernunft erwiesen hatte, streng genommen allein durch die teleologische Urteilskraft neu gefaßt; erst die teleologische Urteilskraft nimmt sich der Aufgabe an, die Antinomie im Weltbegriff der theoretischen Vernunft zu versöhnen, also den Mechanismus der Natur mit dem Gesetz der Freiheit zusammenzudenken.

Daß das teleologische Urteil Verstand und Vernunft ins Verhältnis setzt, kann so ausgedrückt werden: „Ein teleologisches Urtheil vergleicht den Begrif eines Naturproducts nach dem, was es *ist*, mit dem was es *seyn soll*."[45] Auch diese Formulierung läßt erkennen, daß es das teleologische Urteil ist, welches den aus der Unterscheidung der Vernunft in die theoretische und praktische geforderten Übergang macht; denn die „Philosophie der Natur geht auf alles, was da *ist*, die der Sitten nur auf das, was da *sein soll*".[46]

Was sein soll, ist aber seinerseits für die teleologische Urteilskraft unterschieden nach dem Naturbegriff und Freiheitsbegriff, oder die Zwecke sind entweder die der Natur oder die der Freiheit. Bleibt die Urteilskraft bei den Naturzwecken, so beurteilt sie, wie im Geschmacksurteil, eine innere Zweckmäßigkeit, und der entsprechende Teil der Kritik ist die „physische Zweckslehre".[47] Geht die Urteilskraft aber auf Zwecke der Freiheit, so wird sie eine relative Zweckmäßigkeit der Natur denken, welche in der „moralischen Teleologie" ausgeführt wird.

Nachdem das Verhältnis der beiden Gestalten der ästhetischen Zweckmäßigkeit geklärt wurde, ist es nicht mehr schwer, das analoge Verhältnis der physischen und moralischen Teleologie einzusehen. In der physischen Teleologie bleibt die Urteilskraft bei ihrem eigenen Prinzip, indem sie die besonderen Naturgesetze angesichts gewisser Naturformen, die nur so beurteilt werden können, daß ihnen ein Begriff als Grund ihrer Möglichkeit untergelegt wird, zur Einheit bringt. „Der Begrif der Natur-

---

45 EE, AA 20, 240.

46 KRV, B 868.

47 EE, AA 20, 249.

zwecke ist also lediglich ein Begrif der reflectirenden Urtheilskraft *zu ihrem eigenen Behuf* um der Caussalverbindung an Gegenständen der Erfahrung nachzugehen."[48] Jeder Zweckbegriff ist zwar eigentlich ein Begriff der Vernunft.[49] Da er aber in der teleologischen Reflexion nicht als vorgegeben hingenommen, sondern „regulativ" gebraucht wird, bleibt es dabei, „daß der Begrif der Endursachen in der Natur . . . ein *blos der Urtheilskraft*, und nicht dem Verstande oder der Vernunft, *angehöriger Begrif* sey";[50] ja es kann sogar gesagt werden, daß die Urteilskraft dieses Prinzip „aus sich selbst" (169) nimmt. Die physische Teleologie zeigt also, was die Urteilskraft aus sich zur Durchdringung der Natur beiträgt und besitzt deshalb einen systematischen Vorrang im Gefüge der Kritik.

Demgegenüber führt die moralische Teleologie, die mit der Betrachtung der relativen Zweckmäßigkeit zusammengeht, über das Feld der Urteilskraft hinaus. Zwar kommt bereits die physische Teleologie zum Begriff der äußeren Zweckmäßigkeit, aber dieser Gedanke bleibt innerhalb der physischen Teleologie mangelhaft, kommt nicht auf seinen Grund. Eine begründete Antwort auf die Frage „Wozu gut?" – dies ist die Frage nach der relativen Zweckmäßigkeit – kann erst die moralische Teleologie durch den Begriff des Endzwecks geben. Mit dem Begriff des Endzwecks aber geht die Urteilskraft über sich hinaus, um sich von der praktischen Vernunft leiten zu lassen – was zur Folge hat, daß diese Erörterung, wie Kant in der zweiten Auflage hervorhebt, in einem „*Anhang*" (416), welcher die Methodenlehre der teleologischen Urteilskraft ist, verwiesen werden muß. Systematisch ist dies die genaue Entsprechung zur Behandlung des Erhabenen in einem „*Anhang*" zur Kritik der ästhetischen Urteilskraft. In der Gliederung der Kritik fällt diesen beiden Teilen, die jeweils die relative Zweckmäßigkeit der Natur vorstellen, eine untergeordnete systematische Stelle zu, da die Urteilskraft sich an die Vernunft wenden muß, um ihr Urteil auf den Grund zu bringen. Dies hindert jedoch nicht, daß gerade in diesen Teilen das Entscheidende für die Erfüllung der Aufgabe der Urteilskraft geschieht. So genügt erst die moralische Teleologie der Forderung, die am Anfang der Kritik der Urteilskraft steht, näm-

---

48 EE, AA 20, 236.
49 EE, AA 20, 233.
50 EE, AA 20, 234.

lich die „Möglichkeit des Endzwecks, der allein in der Natur und mit Einstimmung ihrer Gesetze wirklich werden kann" (196), zu erkennen.

Dieser auffallende Zug der Systematik der dritten Kritik hat seinen Grund in der Natur der Urteilskraft, die ein Vermögen ist, „welches nur zum Verknüpfen dient".[51] Diese Verknüpfung bedeutet, als Mitte zwischen dem, „was da ist", und dem, „was da sein soll", das „was da ist, ist zweckmäßig" zu denken. Diese Zweckmäßigkeit stellt die Urteilskraft zunächst im Kreis der Natur und gleichsam aus eigenem Interesse vor. Daß es aber zuletzt das praktische Interesse der Vernunft ist, das verlangt, das, was ist, als zweckmäßig vorzustellen, beweist die Urteilskraft jeweils dort wo sie, ihre „Heautonomie" aufgebend, das Zweckmäßige „relativ" vorstellt, nämlich bezieht auf die Vernunftbestimmung des Menschen.

Wenn das Verhältnis von innerer und relativer Zweckmäßigkeit jeweils innerhalb der Kritik der ästhetischen und teleologischen Urteilskraft richtig eingeschätzt ist, so kann daraus ein Anhalt für die Vergleichung der ästhetischen und teleologischen Urteilskraft überhaupt gewonnen werden. Es überschneiden sich wiederum zwei Tendenzen.

Vom systematischen Standpunkt aus offenbart allein das Geschmacksurteil, welches Prinzip die Urteilskraft besitzt und begründet so ihre Dignität als oberes Erkenntnisvermögen: „In einer Kritik der Urtheilskraft ist der Theil, welcher die ästhetische Urtheilskraft enthält, *ihr wesentlich angehörig*, weil diese allein ein Princip enthält, welches die Urtheilskraft völlig a priori ihrer Reflexion über die Natur zum Grunde legt, nämlich das einer formalen Zweckmäßigkeit der Natur nach ihren besonderen (empirischen) Gesetzen für unser Erkenntnißvermögen, ohne welche sich der Verstand in sie nicht finden könnte" (193).

Daß es schöne Formen in der Natur gebe, kann zwar nicht aus dem Prinzip der formal-logischen Zweckmäßigkeit gefolgert werden, wohl aber kann sich das Urteil über diese Formen auf jenes Prinzip berufen, um seinen Anspruch auf Allgemeinheit und Notwendigkeit zu begründen.[52] Aus dieser Beziehung auf die logische Zweckmäßigkeit zieht das Geschmacksurteil seine systematische Bedeutung; Kant läßt keinen

---

51 EE, AA 20, 246.
52 EE, AA 20, 243.

Zweifel darüber bestehen, daß sich die Urteilskraft nur in diesem ästhetischen Urteil „zu einer Stelle in der Kritik der oberen reinen Erkenntnißvermögen berechtigt“[53] findet.

Der systematische Anspruch der ästhetischen Urteilskraft kann sogar auf das Urteil über das Erhabene ausgedehnt werden, da dieses auch eine unmittelbare Beziehung aufs Gefühl der Lust und Unlust hat, „die gerade das Räthselhafte in dem Princip der Urtheilskraft ist, welches eine besondere Abtheilung in der Kritik für dieses Vermögen nothwendig macht“ (169).

Für das ästhetische Urteil spricht, daß es, erstens, als Geschmacksurteil, sich auf das apriorische Prinzip der Urteilskraft stützen kann; daß es ein reines Urteil ist, das „ganz allein seinen Bestimmungsgrund der Urtheilskraft, unvermengt mit einem andern Erkenntnißvermögen“[54] hat; schließlich gibt das ästhetische Urteil dem Gefühl der Lust und Unlust die Bestimmung, welchem auf diese Weise sein angemessener Platz im Verband der Gemütsvermögen zu Teil wird.

Für das teleologische Urteil ist dagegen anzuführen, daß es die wichtigste Aufgabe der Urteilskraft auflöst, die Realisierbarkeit von sittlichen Zwecken in der Sinnenwelt vorzustellen. Dies kann nicht bedeuten, daß das ästhetische Urteil nichts zur Aufgabe der Urteilskraft beiträgt. Die Aufgabe der Urteilskraft wird in der Tat zu einer dreifachen auseinandergelegt. Zuerst erscheint sie als die des Verstandes und verlangt eine Regel der Orientierung in der Mannigfalt der besonderen Naturgesetze. Sie wird dann zur Aufgabe der Vernunft vertieft, den Übergang von der Natur zur Freiheit zu machen, und dies in einem doppelten Sinn: die entscheidende Forderung zielt auf die Verwirklichung des Endzwecks der praktischen Vernunft; die andere Forderung betrifft die „Empfänglichkeit des Gemüths für das moralische Gefühl“ (197). Folgt man der Kantischen Darstellung in der zweiten Einleitung (Kap. II und IX), so ist nicht von der Hand zu weisen, daß Kant alles Gewicht auf die erstgenannte Forderung legt, die er jeweils aus der Vorstellung der „Kluft“ zwischen den Gebieten des Naturbegriffs und Freiheitsbegriffs entwickelt. Weshalb diese Forderung, die Natur als zusammenstimmend zur Reali-

53 EE, AA 20, 243, vgl. 244.
54 EE, AA 20, 243.

sierung von Freiheitszwecken zu denken, die vorrangige ist, und weshalb sie dringlicher ist als die andere, das Gemüt als empfänglich für das moralische Gefühl zu denken, ist bereits gesagt worden.[55] Was in Zweifel steht, ist nicht der Wille selbst, wie er durchs moralische Gesetz schon bestimmbar ist, und das mit ihm unzertrennlich verbundene und unverlierbare Gefühl der Achtung, sondern die *äußere* Realität der Handlungen, die einen Zweck haben.

Es sei jetzt noch die „schwächere" systematische Stellung des teleologischen Urteils im Vergleich mit den genannten Vorzügen des ästhetischen Urteils (Apriorität, Reinheit, Beziehung aufs Gefühl der Lust) ins rechte Licht gerückt.

Was die Apriorität des teleologischen Urteils angeht, so ist zwar einzuräumen, daß „gar kein Grund a priori angegeben werden kann, ja nicht einmal die Möglichkeit davon aus dem Begriffe einer Natur, als Gegenstande der Erfahrung im Allgemeinen sowohl als im Besonderen, erhellt, daß es objective Zwecke der Natur . . . geben müsse" (193). Dies heißt aber nicht, daß der Begriff des Naturzwecks ein empirischer sei; es bedeutet nur, daß die Reflexion nach dem Begriff der objektiven Zweckmäßigkeit eines Anlasses bedarf, der zur Anwendung eines Prinzips berechtigt, das schon in der Urteilskraft bereit liegen, also der Erfahrung vorgängig sein muß. Denn das im teleologischen Urteil vermutete Sollen eines Dinges, seine Bestimmung, enthält eine „Nothwendigkeit, welche sich von der physisch-mechanischen . . . deutlich unterscheidet, und kann eben so wenig durch blos physische (empirische) Gesetze, als die Nothwendigkeit des ästhetischen Urtheils durch psychologische, bestimmt werden".[56]

Die teleologische Urteilskraft besitzt kein eigentümliches oder „besonderes" Prinzip, sie „folgt blos dem Princip der Vernunft";[57] dies trifft sowohl auf die physische als auch auf die moralische Teleologie zu, obgleich, wie herausgestellt wurde, der Begriff des Naturzwecks, im Unterschied zu

---

[55] Diese Präzisierung der Aufgabe der Urteilskraft und der daraus erwachsende Vorzug des teleologischen Urteils ist in der Dissertation von Trede (1969, 4) übersehen. Düsing (1968) gibt der Teleologie zwar ihr Gewicht, jedoch ohne, wie hier versucht worden, das Bedenken der systematischen Prävalenz des Geschmacksurteils zu entkräften.

[56] EE, AA 20, 240.

[57] EE, AA 20, 243 f.

dem des Endzwecks, der Urteilskraft noch erlaubt, in ihrem Feld der Naturbetrachtung zu bleiben. Indem aber die Urteilskraft dem Prinzip der Vernunft folgt, trägt sie das Entscheidende dazu bei, den Übergang vom Gebiet des Naturbegriffs zu dem des Freiheitsbegriffs zu machen. Die Urteilskraft ist ein Vermögen, das wesentlich in einer Dienststellung steht, welche sich in diesem Hinausgehen über das eigene Prinzip ausdrückt. Man kann sie dieses Hinausgehens wegen ein *exzentrisches* Vermögen nennen. Die Urteilskraft hat zwar ein eigenes Interesse, das jedoch vom praktischen Interesse der Vernunft überholt wird; das Vernunftinteresse bringt die Urteilskraft dazu, ihre Reinheit aufzugeben, um statt ihrer Heautonomie dem Gesetz der Vernunft zu folgen. Dieser Sachverhalt darf nicht durch den – begründeten – systematischen Vorzug des ästhetischen Urteils verdeckt werden.

Das ästhetische Urteil zeichnet sich aus durch die unmittelbare Beziehung auf das Gefühl der Lust. In die teleologische Beurteilung geht das Gefühl der Lust zwar nicht als konstitutives Element ein, jedoch ist sie vom Gefühl der Lust begleitet. Denn ist die logische Zweckmäßigkeit der Natur, also die „entdeckte Vereinbarkeit zweier oder mehrerer empirischen heterogenen Naturgesetze . . . der Grund einer sehr merklichen Lust, oft sogar einer Bewunderung“ (187), so ist dies a fortiori von der teleologischen Zweckmäßigkeit zu erwarten, wenn anders die Einheit des Zwecks die Konkretion der bloßen Gattungsallgemeinheit ist. Hier ist wieder ein Zug der Gliederung zu bemerken, der als „Übergreifen über die Entgegensetzung“ bezeichnet werden kann. Die Entgegensetzungen, welche die Einteilung des Werks begründen, werden überholt vom gemeinsamen Ziel aller Tätigkeiten der Urteilskraft. Anzunehmen ist, daß dieser Zug der vermittelnden Funktion der Urteilskraft entspringt, die durchgängig auf die Überwindung fester Gegensätze angelegt ist.

Abschließend sei noch einmal auf die Aufgabe der Urteilskraft eingegangen. Die von der Vernunft verlangte Möglichkeit eines Einflusses der übersinnlichen Welt auf die Sinnenwelt (176) wird auch als „Bestimmbarkeit des *intelligiblen* Substrats der Natur“ gedacht; dieser Gedanke ist nicht ohne Erläuterung zu verstehen, da zu erwarten wäre, es müsse von der Bestimmbarkeit der *Sinnlichkeit* durch die Vernunft die Rede sein: „Der Verstand giebt durch die Möglichkeit seiner Gesetze a priori für die

Natur einen Beweis davon, daß diese von uns nur als Erscheinung erkannt werde, mithin zugleich Anzeige auf ein übersinnliches Substrat derselben, aber läßt dieses gänzlich unbestimmt. Die Urtheilskraft verschafft durch ihr Princip a priori der Beurtheilung der Natur nach möglichen besonderen Gesetzen derselben ihrem übersinnlichen Substrat (in uns sowohl als außer uns) Bestimmbarkeit durch das intellectuelle Vermögen. Die Vernunft aber giebt eben demselben durch ihr praktisches Gesetz a priori die Bestimmung; und so macht die Urtheilskraft den Übergang vom Gebiete des Naturbegriffs zu dem des Freiheitsbegriffs möglich.“ (196)

Auf das unbestimmte intelligible Substrat der Natur führt der Verstand durch seinen Begriff des Noumenon, der „Anzeige“ auf eine Sphäre des Übersinnlichen gibt, diese nur offenhält, ohne sie positiv bestimmen oder erkennen zu können. Seiner völligen Unbestimmtheit wegen darf das Intelligible des Verstandes (ein „unbekanntes Etwas“[58]), der Grenzbegriff des Noumenon, nicht mit dem theoretischen Vernunftbegriff verwechselt werden, der sehr wohl Bestimmtheit, wenn auch keine erfüllte besitzt.

Die Vernunft gibt dem intelligiblen Substrat der Natur *in* uns die Bestimmung, insofern sie „a priori gesetzgebend [ist] für die Freiheit und ihre eigene Causalität, als das *Übersinnliche in dem Subjecte*, zu einem unbedingt-praktischen Erkenntniß“ (195). Diese Bestimmung des Übersinnlichen in uns, der Einfluß des moralischen Gesetzes auf den Willen ist aber gar nicht möglich, ohne daß die Vernunft zugleich Einfluß auf unsere Sinnlichkeit nimmt, „und ein Gefühl bewirkt, welches dem Einflusse des Gesetzes auf den Willen beförderlich ist“[59] – das Gefühl der Achtung. Die Bestimmung (im Sinne der „Verbindlichkeit“,[60] nicht bloß des Gebens von Bestimmtheit) des Übersinnlichen in uns ist so in einem die Bestimmung unserer Sinnlichkeit; beides ist im Grunde dasselbe, da die „Achtung fürs Gesetz nicht Triebfeder zur Sittlichkeit, sondern . . . die Sittlichkeit selbst“[61] ist.

Der ästhetischen Urteilskraft kommt es zu, genau diese Bestimmung des intelligiblen Substrats *in* uns vorzubereiten, oder, was dasselbe ist,

58 KRV, B 312.
59 KPV, AA 5, 75.
60 EE, AA 20, 245.
61 KPV, AA 5, 76.

unsere Sinnlichkeit so zu bilden, daß sie empfänglich wird für das moralische Gefühl (197). „Bestimmbarkeit“ des Gemüts durch das intellektuelle Vermögen heißt „Empfänglichkeit“ für seine Vernunftbestimmung.

Inwiefern gibt die Vernunft dem intelligiblen Substrat der Natur *außer* uns die Bestimmung? Diese Bestimmung kann nur die Forderung der Realisierung von sittlichen Zwecken in der Sinnenwelt bedeuten, und die Urteilskraft hat die Möglichkeit dieser Realisierung, gleichsam die „Empfänglichkeit“ der Sinnenwelt für die Verwirklichung von Freiheitszwecken, zu denken. Wenn aber die objektive Zweckmäßigkeit der Natur nur durch die Beziehung auf ihr intelligibles Substrat vorstellbar sein wird (worüber die Dialektik der teleologischen Urteilskraft Aufschluß gibt), dann stimmt die Natur im Grunde nur in ihrem intelligiblen Substrat zur Verwirklichung des Endzwecks zusammen, und so ist klar, wie die Bestimmung und Bestimmbarkeit der Sinnenwelt durch die Vernunft in einem die Bestimmung und Bestimmbarkeit ihres intelligiblen Substrats ist. Die Bestimmbarkeit heißt hier mögliche Zusammenstimmung zum moralisch-zweckmäßigen Handeln.

Die ästhetische Urteilskraft denkt also die Bestimmbarkeit des intelligiblen Substrats der Natur *in* uns, die teleologische die Bestimmbarkeit des intelligiblen Substrats der Natur *außer* uns.[62] Jedoch ist diese Entgegensetzung nicht ausschließend; denn auch die ästhetische Urteilskraft wird auf das intelligible Substrat der Natur *außer* uns führen (vgl. für das Schöne 340 Z 4 f., 353 Z 29 f., für das Erhabene 255 Z 35 f.).

6. Leitfaden für den Durchgang durch die Kritik der Urteilskraft

Der Natur die Fremdheit gegenüber dem Prinzip, das die Freiheit ist, zu nehmen und sie so als eine Welt des Menschen als „Weltwesen“ zu denken, ist die leitende Absicht der Kritik der Urteilskraft. Es wird zu verfolgen sein, wie die Urteilskraft dieser Aufgabe vermittels der unterschiedlichen Gestalten der Zweckmäßigkeit gerecht wird. Dabei ist zum einen jeder einzelne Teil der Kritik daraufhin anzusehen, was er zur Erfüllung dieser Aufgabe beiträgt; zum anderen aber soll besonders auf die

62 Diese Verteilung wird hervorgehoben von Düsing (1968) 112 f.

Stufung der Tätigkeiten der Urteilskraft aufmerksam gemacht werden, weil sich in ihr der Zug zur Idee der Freiheit, der dieses Werk durchherrscht, bekundet.

Dabei wird die im allgemeinen mit geringerer Aufmerksamkeit bedachte Kritik der teleologischen Urteilskraft nicht vernachlässigt werden dürfen. Auf die entscheidende Wichtigkeit der teleologischen Urteilskraft führt einerseits die Aufgabe der notwendigen Verknüpfung der Gesetzgebungen des Verstandes und der Vernunft, wie sie innerhalb der dritten Kritik selbst formuliert ist; wir hatten gesehen, wie an der einfachsten Erklärung des teleologischen Urteils (das, was etwas ist, wird verglichen mit dem, was es „hat seyn sollen“[63]) abzulesen ist, daß es diese Verknüpfung zum Austrag bringt.

Auf die Wichtigkeit der teleologischen Urteilskraft führt aber auch die Erwartung, die durch das Resultat der Dialektik der reinen Vernunft hervorgerufen wird. Die Natur als eine im Unbedingten gegründete Totalität (Welt) zu erkennen, erwies sich für die theoretische Vernunft als unmöglich. Aber schon der regulative Gebrauch der Ideen zeigte, daß die Natur nicht ihrem zwecklosen Mechanismus überlassen werden kann; durch die Kritik der kosmologischen Schlüsse ist es nicht ausgeschlossen, die Natur als Welt wenigstens vorzustellen, vermittels des regulativen Gebrauchs vor allem der theologischen Idee.

Die Natur als eine im Unbedingten begründete Totalität zu denken, dazu kommt schließlich die teleologische Urteilskraft. Und zwar ist es die teleologische Urteilskraft, die dies leistet, weil nur sie das Element des Begriffs, der begriffenen Erscheinungen erreicht, während die ästhetische Urteilskraft zwar auch daran mitwirkt, die Sinnenwelt als vernünftig zu durchdringen, dies aber vor allem Begriff tut. Des geschlossenen Begriffs der Welt – des einzigen unter den Vernunftbegriffen, dem noch nicht seine Stelle im System der Kritik zugewiesen worden ist – nimmt sich die teleologische Urteilskraft an, indem sie ihn in einen Gedanken ihrer Reflexion verwandelt, die im Resultat die Natur als teleologisches System erbringt.[64]

---

[63] EE, AA 20, 240.

[64] Einen gewichtigen Beleg, daß Kant auf diese Verwandlung des Weltbegriffs aufmerksam war, bieten die Sequenzen der Ideen, welche in der nach Vollendung der Kritik der Urteilskraft verfaßten Fortschrittsschrift zu finden sind. Dort wird in die praktische Fassung der Ideen

II. Das Schöne

1. Die reine Schönheit

a. Der disjunktive Grundzug der Erörterung des Schönen

Der Weltbegriff der transzendentalen Dialektik hatte sich als der Ort erwiesen, in dem die Disjunktion von Natur und Freiheit ans Licht gebracht wird; sie konnte dort ans Licht gebracht werden, weil im Weltbegriff der Zusammenschluß von verständigem und vernünftigem Begreifen eigens als hypothetischer Rückgang vom Bedingten des Verstandes zum Unbedingten der Vernunft ausgeführt wurde – welcher Rückgang die unmittelbare Unvereinbarkeit beider Gestalten des Begreifens hervortrieb.

Um nun zu zeigen, wie die ästhetische Urteilskraft im Urteil über das Schöne dazu kommt, den Gedanken der Welt erneut zu fassen, und das heißt, die Natur als durchdrungen von der Vernunft, von der Freiheit anzusehen, ist nicht nach dem Vorkommen des Ausdrucks „Welt" in der Analytik des Schönen zu suchen. Wenn Welt wesentlich den Zusammenschluß von Natur und Freiheit bedeutet, und dieser Zusammen-

---

wieder der Weltbegriff aufgenommen, nur mit einem Unterschied – die Welt ist jetzt teleologisch gedacht und so ein Begriff, der letztlich der Urteilskraft angehört: „daß ein *Gott* sey, daß ein sittliches, seinem Willen gemäßes und der Idee des höchsten Gutes angemessenes Verhältniß in der *Welt* angetroffen werde, und daß es ein *künftiges Leben* für jeden Menschen gebe" (AA 20, 299). Vgl. auch die Sequenz: „da sich dann eine gewisse Organisation der reinen praktischen Vernunft zeigt, wo erstlich das Subjekt der allgemeinen Gesetzgebung, als Welturheber, zweytens das Objekt des Willens der Weltwesen, als ihres jenem gemäßen Endzweckes, drittens der Zustand der letztern, in welchem sie allein der Erreichung desselben fähig sind, in praktischer Absicht selbstgemachte Ideen sind, welche aber ja nicht in theoretischer aufgestellt werden müssen, weil sie sonst aus der *Theologie* Theosophie, aus der *moralischen Teleologie* Mystik und aus der *Psychologie* eine Pneumatik machen" (AA 20, 310). *An die Stelle der „rationalen Kosmologie" der reinen Vernunft ist die „moralische Teleologie" gerückt!*

schluß deren disjunktives Verhältnis „schließt", so ist vielmehr darauf zu achten, ob und wie die Analytik des Schönen eine Gedankenbewegung aufweist, die gänzlich auf die Vermittlung der besagten Disjunktion gerichtet ist.

Wie ist eine Disjunktion überhaupt zu vermitteln? Die Auflösung der Antinomien der reinen Vernunft kann hier einen Anhalt bieten. Um die Unvereinbarkeit eines Entweder-Oder zu brechen, geht sie zwei Schritte. Im ersten Schritt wird gezeigt, daß angesichts einer Opposition – etwa: die Welt ist entweder endlich oder unendlich – ein Drittes stattfindet,[65] welches beide Seiten ausschließt; hier also: die Welt ist überhaupt nicht an sich in einer bestimmten Größe gegeben. Dies ist die Verwandlung des Entweder-Oder in ein Weder-Noch.

Der zweite Schritt der Aufhebung einer Disjunktion findet nur in der Auflösung der dynamischen Antinomien statt und hat sein besonderes Interesse für die Freiheitsantinomie. Hier vervollständigt sich das Zusammenschließen der scheinbar Unvereinbaren, indem das Entweder-Oder in ein Sowohl-Als-auch aufgelöst wird. Die Grundfrage der Freiheitsantinomie lautete dementsprechend: „ob es ein richtig disjunctiver Satz sei, daß eine jede Wirkung in der Welt entweder aus Natur, oder aus Freiheit entspringen müsse, oder ob nicht vielmehr beides in verschiedener Beziehung bei einer und derselben Begebenheit zugleich stattfinden könne".[66]

Es ist nun äußerst erstaunlich und aufschlußreich, daß die Bestimmung des Schönen sich ganz und gar in der Bahn hält, die durch die Disjunktion von Natur und Freiheit und deren notwendige Vermittlung in der eben angegebenen Schrittfolge vorgezeichnet ist. Die Erörterung des Geschmacks und des Schönen bewegt sich durchgängig in einem disjunktiven Rhythmus. Der Begriff des Schönen zieht seine Begrenzung aus der ihm zugewiesenen Mittelstellung zwischen Natur und Freiheit. Dies sei jetzt an der ersten und zugleich für die folgenden Momente grundlegenden Bestimmung des Geschmacks offengelegt.

Das Wohlgefallen am Schönen ist „ohne alles Interesse" (§ 2). Damit ist die Alternative, daß ein Wohlgefallen oder Mißfallen stets entweder

---

65 KRV, B 531.
66 KRV, B 564.

dem Naturbegriffe gemäß sei, wie das Wohlgefallen am Angenehmen, welches das untere Begehrungsvermögen bestimmt, oder dem Freiheitsbegriffe entspringe, der ein Wohlgefallen am Guten zu nehmen gebietet, überholt durch ein Wohlgefallen, welches überhaupt keine Beziehung auf den Willen besitzt und also beide Seiten ausschließt. Das Wohlgefallen am Schönen ist auf diese Weise bloß negativ charakterisiert. Aber dieses Bestimmen durch Ausschließen zeigt doch eines in größter Deutlichkeit: Das Schöne wird nicht aufgenommen als ein vorgefundener Gegenstand, sondern was als schön gelten kann, bestimmt sich aus der vorgängigen Aufgabe, einen medius terminus zu Natur und Freiheit aufzufinden, derart, daß diese Aufgabe unmittelbar die erste negative Bestimmung des Schönen hervorruft. Das Schöne wird dadurch erklärt daß es weder das Angenehme noch das Gute sei; die Eigenart des Schönen ist „nicht besser [zu] erläutern, als wenn wir dem reinen, uninteressirten Wohlgefallen im Geschmacksurtheile dasjenige, was mit Interesse verbunden ist, entgegensetzen“ (205).

Bei dieser Abgrenzung beansprucht aber die „untere“ Grenze, die Grenze zum Extrem des Wohlgefallens am Angenehmen, die größte Aufmerksamkeit. Dies unterscheidet die ästhetische von der teleologischen Urteilskraft, deren Gestalt der Zweckmäßigkeit ebenso in einer Mittelstellung verdeutlicht wird, wobei aber das Augenmerk vornehmlich auf die „obere“ Grenze, die Grenze zum Extrem der Vernunft, fallen muß. Die teleologischen Urteile bedürfen einer Kritik, „indem sie, sich selbst überlassen, die Vernunft zu Schlüssen einladen, die sich ins Überschwengliche verlieren können“, anstatt daß die ästhetischen Urteile „eine mühsame Nachforschung erfordern, um nur zu verhüten, daß sie sich nicht, selbst ihrem Princip nach, lediglich aufs Empirische einschränken und dadurch ihre Ansprüche auf nothwendige Gültigkeit für jedermann vernichten“.[67]

Mühsam ist die Abgrenzung des Schönen vom Angenehmen deshalb, weil hier eine Grenze innerhalb des Gefühls selbst gezogen werden muß, das ob seiner Unmittelbarkeit (208 Z 10 f.) leicht für unterschiedslos genommen wird. „Alles Wohlgefallen (sagt oder denkt man) ist selbst Empfindung (einer Lust). Mithin ist alles, was gefällt, eben hierin, daß es gefällt, angenehm“ (205 f.).

---

67 EE, AA 20, 241.

Diese Einerleiheit ist jedoch ein Schein, der durch die Achtsamkeit auf das, was das Gefallen hervorruft, verschwindet. „Angenehm ist das, was den Sinnen in der Empfindung gefällt." (205) Empfindung wird hier wie in der Kritik der reinen Vernunft verstanden als das, was jenseits der apriorischen Formen des Vorstellens liegt, als das schlechthin Gegebene, Vorliegende, an dem die spontane Tätigkeit des Subjekts ihre Grenze findet. Und wie in der Kritik der reinen Vernunft Empfindung und Anschauung getrennt wurden, so beruht das Gefallen am Schönen, im Gegensatz zum Angenehmen, auf „reflectirten Formen der *Anschauung*" (206). Der Unterschied beider Formen der Lust muß darin gründen, daß das Subjekt bei dem, was „vergnügt" (207), in bloßer Passivität verharrt, abhängig bleibt von dem gegebenen Material der Empfindung, der Genuß also „leidend, von der Freigebigkeit der Natur" (208) erlangt wird, während das, was gefällt, mit einer Tätigkeit, einer Vorstellungstätigkeit des nicht bloß Empfindenden, sondern nunmehr Anschauenden verbunden ist. Durch diese Tätigkeit des reflektierend Anschauenden wird Urteilskraft bewiesen, dagegen „zu dem, was auf die lebhafteste Art angenehm ist, gehört so gar kein Urtheil über die Beschaffenheit des Objects, daß diejenigen, welche immer nur auf das Genießen ausgehen (denn das ist das Wort, womit man das Innige des Vergnügens bezeichnet), sich gerne alles Urtheilens überheben" (207).

Bevor jedoch geklärt werden kann, was es mit dieser Tätigkeit auf sich hat, die dem Wohlgefallen am Schönen zugrundeliegt, muß dieses Wohlgefallen selbst weiter eingegrenzt werden.

Dadurch, daß das Schöne zunächst vom Angenehmen streng geschieden wird, dessen Empfindung „eine Begierde nach dergleichen Gegenstand rege macht" (207) und so ein unfreies Verhältnis zum Gegenstand herstellt, scheint es sogleich auf die Seite der Freiheit treten zu müssen. Doch auch von diesem Extrem dessen, was durch den Freiheitsbegriff in sittlicher Bedeutung gefällt, ist es abzuheben. Bei dieser Abgrenzung vom Guten bleibt jedoch zu bemerken, daß das Gute in einem umfassenden Sinne genommen wird: „Gut ist das, was vermittelst der Vernunft durch den bloßen Begriff gefällt." (207) Das Gute überhaupt begreift unter sich sowohl das Nützliche, irgend wozu Gute, als auch das an sich Gute. Die eigentliche Grenze wird jedoch in Beziehung auf „das schlechterdings und in aller Absicht Gute, nämlich das moralische"

(209) gezogen. Denn der Unterschied des Schönen vom mittelbar Guten geht zusammen mit dem Unterschied des Schönen vom Angenehmen, insofern das Nützliche „als Mittel zu irgend einer Annehmlichkeit gefällt" (209). Das Extrem also, gegen welches das Schöne jetzt vornehmlich zu unterscheiden ist, ist das an sich Gute, das sich aus dem Freiheitsbegriff bestimmt. Dieser Unterschied kann aber in einer doppelten Hinsicht gemacht werden. Zum einen in Bezug auf das Interesse, das mit dem Gefallen verbunden ist. Und da zeigt es sich, daß ebenso wie das Angenehme auch das Gute ein Interesse an der Existenz des Gegenstandes einschließt, wenn auch ein grundverschiedenes. Es ist das Interesse, welches die Vernunft am Guten und seiner Realisierung zu nehmen gebietet, das sie also selbst bewirkt, nicht das Interesse, von dem sie als einem natürlichen, gegebenen in ihrem Urteil abhinge. Dieser Unterschied des Interesses tritt nur in Vergleichung des Schönen mit dem an sich Guten, oder moralisch Guten, hervor, während das Interesse am Nützlichen, wenn es sich nicht auf das Unmittelbar-Gute gründet, mit dem Interesse am Angenehmen zusammenfällt.

Zum anderen aber ist nicht nur die Eigenart des Gefallens und seiner Interesselosigkeit zu berücksichtigen, sondern ebenso die Eigenart der Vorstellungen, die von einer solchen unterschiedenen Lust begleitet sind. Hier ist das Schöne vom Guten verschieden als das, was nicht durch einen Begriff gefällt. Wird auf diese Weise die Vorstellung selbst, nicht das Gefühl der Lust betrachtet, so ist damit zugleich der zweite Schritt der disjunktiven Erörterung des Schönen eingeleitet, der dieses als Mitte zwischen Natur und Freiheit nicht bloß die Extreme ausschliessend, sondern ebenso einschließend erweist.

Das Schöne nämlich ist nicht nur verschieden vom Guten als dem, was durch einen Begriff gefällt, sondern besitzt umgekehrt auch eine gewisse Ähnlichkeit mit dem Guten, da das Geschmacksurteil zwar nicht „auf Begriffe gegründet, oder auch auf solche abgezweckt" (209) ist, das Wohlgefallen am Schönen aber „von der Reflexion über einen Gegenstand, die zu irgend einem Begriffe (unbestimmt welchem) führt" (207), abhängt. Die Unbestimmtheit des Begriffs, auf den die reflektierende Anschauung der schönen Form führt, steht gegen die völlige Begrifflosigkeit der Empfindung des Angenehmen.

Wie die doppelte, ebenso ausschließende wie einschließende Beziehung des Schönen zum Guten bereits im ersten Abschnitt eröffnet wird, so gilt dasselbe für die Beziehung des Schönen zum Angenehmen. Das größte Gewicht wird zunächst auf die ausschließende Beziehung gelegt, die (1) durch die Interesselosigkeit der Lust am Schönen bezeichnet wird, und (2) durch den Unterschied der Vorstellungsarten, nämlich zwischen Empfindung und reflektierter Anschauung.

Es darf aber die Gemeinsamkeit zwischen dem Schönen und Angenehmen nicht übersehen werden; sie muß da sein, wenn anders das Schöne einen Übergang machen, einen Weg *vom* Angenehmen zum Guten ermöglichen soll. Diese Gemeinsamkeit ist festzumachen am ästhetischen Charakter des Geschmacksurteils (§ 1). Ästhetisch ist das Urteil über das Schöne, weil es eine gegebene Vorstellung nicht aufs Objekt zum Erkenntnis, sondern lediglich aufs Subjekt und dessen Gefühl der Lust bezieht. „Ob ein Kleid, ein Haus, eine Blume schön sei: dazu läßt man sich sein Urtheil durch keine Gründe oder Grundsätze aufschwatzen. Man will das Objekt seinen eignen Augen unterwerfen, gleich als ob sein Wohlgefallen *von der Empfindung abhinge*" (215 f.). Letzteres gilt sowohl für das ästhetische Reflexionsurteil als auch für das ästhetische Sinnenurteil. Beide sind erst einmal als ästhetische Urteile anzusprechen, bevor das ästhetische Reflexionsurteil abgesondert werden kann als dasjenige, das zugleich Anspruch darauf erhebt, „daß sein Bestimmungsgrund nicht bloß im Gefühle der Lust und Unlust für sich allein, sondern zugleich in einer Regel der oberen Erkenntnißvermögen, und namentlich hier in der Urtheilskraft, liegen müsse".[68]

Wenn einmal gesehen ist, wie die Exposition des Geschmacksurteils einen die Disjunktion von Natur und Freiheit schließenden Grundzug annimmt, so kann der durchgängig zu beobachtende Wechsel der Hinsichtnahme, der immer wieder zu Einschränkungen gegebener Bestimmungen führt, nicht mehr verwirren. Dieser Wechsel ist nicht beliebig, sondern gebunden durch die (formale) Schrittfolge des Weder-Noch und Sowohl-Als-auch, in der das Schöne als Mitte erläutert wird.

Was eine gewisse Schwierigkeit in die Erörterung bringt, ist, daß sie sich von Anfang an auf zwei Ebenen bewegt. „Das Angenehme, das Schöne, das Gute bezeichnen also drei verschiedene Verhältnisse der Vorstellungen

[68] EE, AA 20, 225.

zum Gefühl der Lust und Unlust, in Beziehung auf welches wir Gegenstände oder Vorstellungsarten von einander unterscheiden." (209 f.)

Da ist also einmal das Verhältnis einer Vorstellung oder eines Gegenstandes zum Gefühl der Lust. Dieses Verhältnis und das Gefühl selbst werden durch das erste Moment des Geschmacksurteils unterschieden nach dem Interesse, das mit der Lust verbunden ist.

Zum anderen aber ist die Vorstellung selbst, die jenem Gefühl zugrundeliegt, zu bestimmen. Die Vorstellungsarten werden auseinandergelegt in die Empfindung, die reflektierte Anschauung und den Begriff. Dieser zweite Schritt ist Rückgang vom Gefühl der Lust zum Grund dieses Gefühl; für das Schöne ist dieser Grund aber nicht so sehr eine Vorstellung, als vielmehr eine Tätigkeit der Vorstellungsvermögen, das Spiel der in der Reflexion einer Anschauung beteiligten Erkenntniskräfte. Mit dieser Vorstellungstätigkeit als Grund des Gefühls der Lust am Schönen hat es aber genau genommen erst die Deduktion zu tun. Diese Reflexionstätigkeit kann also auf der Ebene der Exposition nur erst situiert werden, indem sie als in der Mitte stehend zwischen Empfindung und Begriff aufgewiesen wird. Der Bestimmungsgrund der Lust kann vorerst nur dadurch abgegrenzt werden, daß er weder Empfindung noch Begriff sei, zugleich aber eine Ähnlichkeit sowohl mit der Empfindung als auch dem Begriff habe. Wie er in sich selbst bestimmt sei, ist damit noch nicht gesagt. Die Darstellung greift jedoch an mehreren Stellen der Deduktion vor; die Kenntnis des Grundes des ästhetischen Urteils muß bereits in seine Exposition eingehen, um den Unterschieden einen vorläufigen Halt zu bieten – ein Verfahren, das mit dem der Grundlegung zur Metaphysik der Sitten zu vergleichen ist, deren analytischer Weg in den ersten beiden Abschnitten vom synthetischen des letzten Abschnitts überholt wird.[69]

Da es aber Hauptaufgabe der Exposition ist, das Wohlgefallen selbst zu bestimmen, sei jetzt dessen Interesselosigkeit näher betrachtet.

b. Der negative Begriff der ästhetischen Freiheit

„Man kann sagen: daß unter allen diesen drei Arten des Wohlgefallens das des Geschmacks am Schönen einzig und allein ein *uninteressirtes* und

[69] Vgl. Högemann (1980) 16, 50 f.

freies Wohlgefallen sei; denn kein Interesse, weder das der Sinne, noch das der Vernunft, zwingt den Beifall ab." (210) Die Interesselosigkeit des Wohlgefallens ist eine Gestalt der Freiheit. Schon ihr Name zeigt an, daß ihr Begriff zunächst negativ ist und läßt vermuten, daß er der Erfüllung in einem positiven Begriff bedarf, der aber auf der Stufe der Exposition noch nicht gegeben werden kann. Das Begreifen der „ästhetischen" Freiheit zeigt also dieselbe Doppelseitigkeit, die auch die Erörterung der moralisch-praktischen Freiheit besaß; der negative Begriff dient der Vorbereitung des erfüllten Begriffs, der in Wahrheit der erste ist und überhaupt einen solchen Vorbegriff verlangt. Heidegger hat auf diese „methodische Leistung"[70] des Begriffs der Uninteressiertheit aufmerksam gemacht: „Bevor nun Kant *aufbauend* sagt, was dieser bestimmende Grund für das Schön-Finden, also was das Schöne als solches sei, sagt er zunächst *abwehrend*, was als der Bestimmungsgrund niemals sich vordrängen kann und darf, nämlich nicht ein Interesse".[71]

Ein interessiertes Wohlgefallen ist ein Wohlgefallen am Dasein eines Gegenstandes und zugleich ein Begehren des Gegenstandes; beides ist identisch (209).

Daß nun das Wohlgefallen am Angenehmen ein solches Interesse einschließt, ist ohne weiteres zu sehen. Das Angenehme ist „Triebfeder der Begierden" (266) und die entsprechende Lust abhängig von der Existenz des als angenehm Empfundenen. Wie ist aber das Gefallen am Schönen unabhängig vom Dasein des schönen Gegenstandes, wie läßt es das Begehrungsvermögen gleichgültig? Die Anschauung der schönen Form scheint doch deren Existenz zur Voraussetzung zu haben. Doch in welchem Sinne? Nur deshalb, weil die deutlichste Anschauung der Form nur durch den daseienden, gegenwärtigen Gegenstand vermittelt wird. Die Existenz des Gegenstandes ist insofern eine äußerliche Voraussetzung der Anschauung der Form.[72]

Die Lust am Dasein eines Gegenstandes wird entgegengesetzt dem Gefallen an seiner bloßen Vorstellung (209) oder auch an seiner Form (299), was zusammengeht, insofern die Form des Gegenstandes nicht

70 Heidegger, GA 43, 128.
71 Heidegger, GA 43, 127.
72 Vgl. Krämling (1985) 251.

ohne die formierende Tätigkeit des Vorstellungsvermögens zu denken ist. Die Form des schönen Gegenstandes war aber bereits dem Materiellen der Empfindung entgegengesetzt worden, für welche Entgegensetzung an die Unterscheidung von Empfindung und Anschauung der transzendentalen Ästhetik erinnert werden konnte. Daß nun aber die Form ebenso dem Dasein entgegengesetzt werden kann, ist wiederum durch einen Verweis auf die Kritik der reinen Vernunft zu verdeutlichen. Denn das Dasein eines Gegenstandes wird durch die „Postulate des empirischen Denkens“ gerade durch die Beziehung auf die Empfindung definiert: „Was mit den materialen Bedingungen der Erfahrung (der Empfindung) zusammenhängt, ist wirklich.“[73] Vom Dasein kann also in der Betrachtung des Schönen genauso abgesehen werden wie vom Material der Empfindung, obwohl der Gegenstand dasein und empfunden werden muß, um angeschaut zu werden; er wird durch die reflektierende Anschauung in die Vorstellung, in die Möglichkeit aufgehoben.

Um nun das Zur-Ruhe-Kommen des Begehrungsvermögens im Verhältnis zum Schönen zu erhellen, so scheint das Schöne doch zumindest das Begehren zu wecken, sich in seine Anschauung zu versetzen, ebenso wie das Angenehme als Triebfeder wirkt, sich das entsprechende Vergnügen zu verschaffen.

Der Unterschied springt jedoch in die Augen, wenn der eigentümliche Charakter des Begehrens des Angenehmen beachtet wird. Kant verweist auf die Kategorie, unter der das Angenehme in erster Linie zu verstehen ist: „Daher kommt es bei der Beurtheilung des Einflusses desselben [des Angenehmen] auf das Gemüth nur auf die Menge der Reize (zugleich und nach einander) und gleichsam nur auf die Masse der angenehmen Empfindung an; und diese läßt sich also durch nichts als die *Quantität* verständlich machen.“ (266) Ist die Quantität die entscheidende Bestimmung des Angenehmen, so liegt darin schon, daß das durch es geweckte Begehren niemals durch einen bestimmten Genuß zufriedengestellt werden kann. Das Begehren treibt über sich selbst hinaus, eben weil es auf die Quantität des Begehrten bezogen ist, die wesentlich ohne Grenze ist (vgl. 326, wo es von den Künsten des Angenehmen heißt: „Sie dienen als-

[73] KRV, B 266.

dann nur zur Zerstreuung, deren man immer desto mehr bedürftig wird, als man sich ihrer bedient"). Die Abnutzungstendenz[74] des Angenehmen treibt das Begehren ständig an.

Genau gegen diese Bewegung des Begehrens, das gleichgültig gegen die Qualität des Begehrten ist, gleichgültig dagegen, „wie specifisch-verschieden auch die Vorstellung (des Sinnes und der Empfindung, objectiv betrachtet) sein mag" (266), ist die Begierdelosigkeit der Lust am Schönen zu halten. Sie ist in der Tat, wie Heidegger zu Recht hervorhebt, keine Teilnahmslosigkeit, läßt aber das Begehren in einer bestimmten Anschauung zur Ruhe kommen, so daß es nicht mehr – ins Endlose – fortgetrieben wird. Die Lust am Schönen hat aber doch „Causalität in sich, nämlich den Zustand der Vorstellung selbst und die Beschäftigung der Erkenntnißkräfte ohne weitere Absicht zu erhalten. Wir weilen bei der Betrachtung des Schönen, weil diese Betrachtung sich selbst stärkt und reproducirt" (222).

Da aber das interesselose Wohlgefallen vom interessierten Wohlgefallen am Angenehmen nicht derart geschieden werden darf, daß überhaupt jegliche Ähnlichkeit zwischen beiden getilgt würde – denn sonst täte sich die unüberbrückte Kluft zwischen dem Gebiet des Naturbegriffs und dem des Freiheitsbegriffs genau an dieser Stelle wieder auf – ist selbst die Verwandtschaft beider Formen der Lust anzugeben; Kant fährt deshalb an der zitierten Stelle fort: „welches derjenigen Verweilung analogisch (aber doch mit ihr nicht einerlei) ist, da ein Reiz in der Vorstellung des Gegenstandes die Aufmerksamkeit wiederholentlich erweckt, wobei das Gemüth passiv ist".

Das Verhalten zum Schönen ist also ein freies, dessen Freiheit zuerst negativ, durch den Ausschluß des Interesses der Neigung erklärt wird. Da dieses freie Verhalten aber eine Mitte konstituieren soll, kann es auch nicht mit dem Wohlgefallen am Guten, das aus dem moralisch-praktischen Freiheitsbegriff abgeleitet ist, zusammenfallen. Um die Grenze zu diesem Extrem zu ziehen, geht die Erörterung so weit, die Gunst, die wir dem Schönen entgegenbringen, sogar als das „*einzige* freie Wohlgefallen"

74 Vgl. auch KPV, AA 5, 118: „Denn die Neigungen wechseln, wachsen mit der Begünstigung, die man ihnen widerfahren läßt, und lassen immer ein noch größeres Leeres übrig, als man auszufüllen gedacht hat."

(210) zu bezeichnen. Dies schließt aber ein, daß das Wohlgefallen am Guten, das sich auf Achtung bezieht, nicht frei sei – eine auf den ersten Blick befremdliche Feststellung: „Ein Gegenstand der Neigung und einer, welcher durch ein Vernunftgesetz uns zum Begehren auferlegt wird, *lassen uns keine Freiheit*, uns selbst irgend woraus einen Gegenstand der Lust zu machen. Alles Interesse setzt Bedürfnis voraus, oder bringt eines hervor; und als Bestimmungsgrund des Beifalls läßt es das Urtheil über den Gegenstand *nicht mehr frei sein.*" (210)

Vom Standpunkt der „ästhetischen" Freiheit des Gefallens am Schönen rückt auch das Gefallen am Guten auf die Seite der Unfreiheit. Wie ist das zu verstehen, wenn anders das Gute Objekt des freien, selbstgesetzgebenden Willens ist? Wird hier die Freiheit in sittlicher Bedeutung von einer ursprünglicheren ästhetischen Freiheit überholt?

Was die Freiheit, die einzig dem ästhetischen Wohlgefallen zukommt, vor dem sittlichen Wohlgefallen auszeichnet, ist die Abwesenheit jeglicher Nötigung. „Denn wo das sittliche Gesetz spricht, da giebt es objectiv weiter keine freie Wahl in Ansehung dessen, was zu thun sei" (210). Die Selbstbestimmung durchs sittliche Gesetz läßt keinen Raum für eine Wahl und ist – für den Menschen – mit Nötigung verbunden. Dagegen kann es keine Nötigung geben, sich überhaupt etwas zum Gegenstand des ästhetischen Gefallens zu machen, noch auch, einem bestimmten schönen Gegenstand und nicht vielmehr einem anderen die Aufmerksamkeit zu schenken. Es steht frei, den Geschmack zu kultivieren und eine Wahl nach Geschmack zu treffen. Durch die Lust am Schönen wird „mehr die Freiheit im Spiele, als unter einem gesetzlichen Geschäfte vorgestellt" (268).

Daß aber das Gefallen am Schönen aufgrund dieser Abwesenheit von Nötigung („denn kein Interesse, weder das der Sinne, noch das der Vernunft, *zwingt* den Beifall *ab*" (210)) vorzüglich frei genannt werden kann, erhellt daraus, daß die Schönheit gerade vom Standpunkt des Menschen anzusehen ist, desjenigen Menschen, der die Selbstbestimmung durch sittliche Gesetz auch als Nötigung erfahren muß. „Annehmlichkeit gilt auch für vernunftlose Thiere; Schönheit nur für Menschen, d. i. thierische, aber doch vernünftige Wesen, aber auch nicht bloß als solche (z. B. Geister), sondern zugleich als thierische; das Gute aber für jedes vernünftige Wesen überhaupt" (210).

Das Gefallen am Schönen hat so der Billigung des Guten die Freiheit einer Wahl voraus. Dies kann jedoch nicht bedeuten, daß diese Gestalt der Freiheit ursprünglicher[75] oder gar der sittlichen Autonomie vorgeordnet wäre. Die negativ gefaßte Freiheit des Gefallens am Schönen als das Nicht-Genötigtsein hat ihren Sinn nur im Übergang, den sie von der Fremdbestimmung durch das Angenehme zur Selbstbestimmung zum Guten macht. Das Nicht-Bestimmtsein von . . . ist zu verstehen als Nicht-mehr-Bestimmtsein durch das Angenehme und ebenso als Noch-nicht-Bestimmtsein durch die moralische Selbstgesetzgebung und eröffnet so einen Raum, in dem die Idee der Freiheit dargestellt werden kann. Das Analogon der Darstellung aber übertrifft das Darzustellende nicht, sondern ist daran gebunden, auf das Darzustellende zu verweisen. Erst recht aber könnte das Übertreffende nicht im negativen Moment der ästhetischen Freiheit erblickt werden, im Moment der Wahl, des Beliebens, der Unbestimmtheit, die für sich genommen gar nicht die Dignität des Freiheitsbegriffs erreichen, der, jedenfalls im Kantischen Gedanken, das Moment des Gesetzes bei sich führt.

Um jedoch zugleich einem Mißverständnis entgegenzutreten: Die Mittelstellung des Schönen und seine vorbereitende Bedeutung setzen es nicht zu einer verschwindenden Mitte herab, die darin aufginge, den Übergang zur Sittlichkeit zu vermitteln, um mit deren Realisierung überflüssig zu werden. Diese Mitte bleibt, indem eine Gestalt der Freiheit zu bilden ist, die nicht-sittlichen Charakter besitzt, jedoch auf die Freiheit in sittlicher Bedeutung hinweist.

---

75 Um die formale Eigenart dessen, was Kant in der KU als Mitte denkt, durch einen Kontrast deutlicher zu machen, sei eine Aufzeichnung Heideggers im Zusammenhang seines Kant-Buches angesehen. Sie bezieht sich auf seine These über die Einbildungskraft in der KRV (die Ästhetik der KU hat Heidegger, nach seinem eigenen Zeugnis, „Nur so weit beachtet, um zu sehen, daß sie nicht widerspricht" (GA 3, 250)), wirft aber auch ein Licht auf die KU: „Aus all dem Erkenntnis a) weder Anschauung noch Denken ‚je *allein*', b) aber auch nicht: sowohl Anschauung *als auch* Denken, je beides, sondern c) *das Dritte* und *dieses* aber als Ursprünglicheres, Einbildungskraft und ‚Zeit'" (GA 3, 299). Das disjunktive Vorgehen in der Erörterung der Mitte ist hier bezeichnenderweise verlassen: unter b) wird nach dem Weder-Noch das Sowohl-Als-auch *nicht* als Ergänzung genannt. Dies deshalb, weil das „Dritte" Heideggers kein Zwischen, keinen Übergang bezeichnet, vielmehr ein Ursprünglicheres, welches das herausgearbeitete disjunktive Begreifen ausschließt. Nicht von ungefähr hat Heidegger denn auch an der KU ein geringes Interesse genommen, weil sie, wie noch nachzuweisen sein wird, die Einbildungskraft als Zwischenvermögen, nicht als Wurzelvermögen braucht.

Der Verweis auf die Freiheit verlangt aber, daß ebenso die Verwandtschaft des Schönen mit dem Guten gezeigt werde, und zwar zunächst aufgrund der einzigen Bestimmtheit, die sich bisher hervorgetan hat, der Interesselosigkeit des Gefallens. In der Sammlung der Betrachtung des Schönen als „Symbol des Sittlich-Guten" (353) heißt es dazu: Das Schöne „gefällt ohne alles Interesse (das Sittlich-Gute zwar nothwendig mit einem Interesse, aber nicht einem solchen, was vor dem Urtheile über das Wohlgefallen vorhergeht, verbunden, sondern was dadurch allererst bewirkt wird" (354). Bemerkenswert ist, daß dieselbe Interesselosigkeit, aufgrund deren das Gefallen am Schönen von demjenigen am Guten geschieden war, jetzt als Stück der Analogie des Schönen mit dem Guten dienen kann. Dies ist als Hinweis darauf zu nehmen, daß die Interesselosigkeit, obgleich Unterschiedenheit und Analogie des Schönen im Hinblick auf beide Extreme (das Angenehme und Gute) begründend, dennoch das Schöne sozusagen näher an das Gute bindet; dies muß auch so sein, wenn anders die beiden Extreme nicht von gleichem Werte sind, sondern sich wie das Prinzip und das Andere des Prinzips verhalten.

Dies bedeutet aber weiter für die disjunktive Erörterung des Schönen als Mitte, daß das Weder-Noch und das Sowohl-Als-auch, daß Abgrenzung und Analogie nicht gleichgültig nach beiden Seiten gerichtet sind. Nach der Seite des Angenehmen ist es in erster Linie um Abgrenzung zu tun, nach der Seite des Guten in erster Linie um Analogie – weshalb Kant die Analogie der kontemplativen Lust mit der Sinnenlust nur beiläufig erwähnt (222 Z 35 ff.), der Analogie des Schönen mit dem Guten aber einen die ganze Betrachtung schließende Abschnitt (§ 59) widmet. Das Schöne ist keine nach beiden Seiten indifferente Mitte, sondern die Darstellung der Freiheit in der Sinnenwelt.

c. Das Verhältnis des ersten Moments des Geschmacksurteils zu den übrigen

Wenn die erste Bestimmung des Geschmacksurteils gänzlich aus der zu vermittelnden Disjunktion von Natur und Freiheit resultiert und die dem Verhalten zum Schönen eigene Freiheit begrenzt, so ist anzunehmen, daß dieses erste Moment das entscheidende und für alle übrigen maßgebende sein wird.[76] Dies sei jetzt verfolgt und gezeigt, wie die folgenden Momente sich auf das erste gründen.

Kant selbst zieht die Exposition des Geschmacksurteils auf das interesselose Wohlgefallen zusammen (267); wenn er ebenso die „freie Gesetzmäßigkeit der Einbildungskraft" (240) als Resultat nennt, so greift er damit der Deduktion vor.

Was das *zweite Moment* anlangt, so kann die Erklärung des Schönen als das, „was ohne Begriff allgemein gefällt" (219), „aus der vorigen Erklärung desselben, als eines Gegenstandes des Wohlgefallens ohne alles Interesse, *gefolgert* werden" (211). Und zwar ist es die Interesselosigkeit als negative Eigenschaft des Gefallens, die dessen Allgemeinheit verbürgt. Denn wenn das Interesse der Privatneigungen ausgeschlossen ist, so kann mit Recht vermutet werden, daß das Schöne jedermann gefallen werde ohne Rücksicht auf die besonderen Bedingungen des Sinnengeschmacks in jedem Subjekt. Mit dieser Allgemeinheit des Gefallens kommt aber zugleich sein Grund in den Blick. Die Allgemeinheit weist auf den Grund, weil jedes Urteil, das Allgemeinheit (und Notwendigkeit, denn diese Eigenschaften sind unzertrennlich) beansprucht, nicht bloß auf dem Fehlen gewisser Bestimmungsgründe beruhen kann. Es muß ein eigener Bestimmungsgrund vorliegen, der dem Gefallen am Schönen und seiner Beurteilung eine Form der Allgemeinheit einträgt. Die Exposition braucht zwar nur auszuführen, daß das Gefallen auf einem solchen allgemeinen Grund beruht, ohne ihn näher anzugeben. Mit diesem Hinweis ist aber der erste Schritt zu Ergänzung des negativen Begriffs der ästhetischen Freiheit getan. Das freie und interesselose Wohlgefallen ist nicht ungebunden, sondern kann jedermann zugemutet (212) oder angesonnen (214) werden. Die Erörterung der ästhetischen Freiheit bewegt sich auf deren Notwendigkeit zu.

Es ist leicht zu sehen, daß das zweite Moment des Geschmacksurteils wie das erste disjunktiv erwogen wird. Im Doppelausdruck „ohne Be-

[76] Guyer (1979) will die Momente des Geschmacksurteils in eine andere Ordnung bringen: „Universality and necessity, we might say, are defining criteria for the judgment of taste, and disinterestedness and the form of finality are justificatory criteria." (122) – Diese Sicht ist jedoch bedingt durch das Absehen von der Vermittlungsaufgabe zugunsten eines „epistemologischen" Interesses an der KU.

griffe allgemein" liegt Verschiedenheit und Verwandtschaft des Schönen mit dem Angenehmen und Guten. Die beanspruchte Allgemeinheit des Gefallens trennt das Schöne vom Angenehmen und rückt es in die Nähe zum Guten, von dem es wiederum getrennt wird dadurch, daß es kein objektives Prädikat ist und wie das Angenehme empfunden werden will.

Daß das *dritte Moment*, die Zweckmäßigkeit ohne Vorstellung eines Zwecks, aus dem ersten abgeleitet werden kann, geht aus dem Zusammenhang von Zweck und Interesse hervor: „Aller *Zweck*, wenn er als Grund des Wohlgefallens angesehen wird, führt immer ein *Interesse*, als Bestimmungsgrund des Urtheils über den Gegenstand der Lust, bei sich." (221) Denn Zwecke setzen und wollen und deshalb ein Interesse nehmen ist einerlei, wie auch die Namenserklärung des Willens ihn als Vermögen, nach der Vorstellung von Zwecken zu handeln, definiert (220).

Im einzelnen wird durch die „Zweckmäßigkeit ohne Zweck" ein subjektiver Zweck der Annehmlichkeit (des Reizes oder der Rührung) als auch ein objektiver Zweck der Nützlichkeit oder Vollkommenheit ausgeschlossen. Wie das Angenehme ein Interesse erregt, ist bereits klar gemacht worden; daß Schönheit und Nützlichkeit nichts miteinander zu tun haben, ist „aus beiden vorigen Hauptstücken hinreichend zu ersehen" (226). Auch die moralische Vollkommenheit kann aufgrund des ihr anhängenden Interesses nicht in die ästhetische Beurteilung einfließen. Was nun im dritten Hauptstück ausführlicher erläutert wird, ist der Ausschluß eines objektiven (inneren) Zwecks, der Kunstprodukten oder Naturzwecken zum Maß des Urteils „Dies ist gut" dient, welches Urteil die Übereinstimmung eines Dinges mit seinem Begriff von dem, „was es für ein Ding sein solle" (227), feststellt. Es ist auf den ersten Blick nicht zu sehen, weshalb eine solche teleologische Beurteilung mit Interesse verknüpft sein soll. Der Abweis eines teleologischen Grundes für das Gefallen am Schönen stützt sich deshalb auch zunächst allein auf den ästhetischen Charakter des Geschmacksurteils (228 f.) und insistiert auf der Scheidung der Erkenntnisquellen Sinnlichkeit und Verstand. Die ästhetische Qualität des Geschmacksurteils fällt jedoch ebenso unter das erste Moment des interesselosen Wohlgefallens (§ 1). Darüberhinaus kann auch die Interesselosigkeit selbst zum Ausschliessungsgrund gemacht werden. Was die Form eines objektiv zweckmäßigen Dinges angeht, so legt der vorgängige Zweck als Richtmaß der Beurteilung die Erkenntniskräfte auf eine „Absicht auf Erkenntnis" fest, die im Geschmacksurteil aufzugeben ist. Durch einen Zweckbegriff würde „die Freiheit der Einbildungskraft, die in Beobachtung der Gestalt gleichsam spielt, nur eingeschränkt werden" (230). Mit der Freiheit der Einbildungskraft wird aber auch die des Wohlgefallens berührt. Das Wohlgefallen an etwas, das seinen Begriff erfüllt, muß zwar nicht zu einem Begehren des Gegenstandes führen, ist jedoch in das „Geschäft" des Erkennens eingebunden und so nicht von der gänzlichen Absichtslosigkeit eines reinen Anschauens des Schönen. Noch klarer tritt das unvermeidliche Interesse der teleologischen Beurteilung zu Tage, wenn nicht allein die Form des zweckmäßigen Dinges, sondern seine Existenz in Frage steht. Ist einmal der Gesichtspunkt des Zwecks geltend gemacht, so läßt sich die Frage, wozu denn dieser Gegenstand da sei (ob er ein Zweck an sich selbst sei oder irgendwozu nütze) nicht mehr abweisen und ein Interesse, das nichts anderes als ein Wohlgefallen am Dasein von etwas ist, wird das Urteil bestimmen müssen.

Erst nachdem auf diese Weise das Geschmacksurteil zur völligen Reinheit gebracht ist, indem Annehmlichkeit, Erhabenheit (226), Nützlichkeit, Vollkommenheit in teleologischer und sittlicher Bedeutung als Grund des Wohlgefallens ausgeschieden worden sind und das Gefallen in seiner vollständigen Freiheit isoliert ist, kann nunmehr zugesehen werden, wie es mit einer Verbindung verschiedener Bestimmungsgründe in einem Geschmacksurteil steht. Diese Verbindung verdient alle Aufmerksamkeit, weil sich in ihr das „übergängliche" Wesen der Urteilskraft bekundet, und dies gerade dort, wo die Urteilskraft ganz bei ihrem eigenen Prinzip bleiben zu können scheint. Das Urteil über das Schöne kann in zweifacher Richtung seine Reinheit verlieren. Es kann unrein werden, wenn sich Reize (nicht als Zugabe, sondern als Urteilsgrund) in das reine Wohlgefallen einmischen. „Daher Urtheile, die so afficirt sind, auf allgemeingültiges Wohlgefallen entweder gar keinen, oder so viel weniger Anspruch machen können, als sich von der gedachten Art Empfindungen unter den Bestimmungsgründen des Geschmacks befinden." (223) Reize können zwar „zugelassen" (225) werden, doch nur, wenn sie der Schönheit dienen, sei es, um die Form selbst anschaulicher zu machen (in diesem Sinne war auch die Existenz des schönen Gegenstandes erforderlich), oder um die Aufmerksamkeit zu stärken (226), wie die Analogie von kontemplativer Lust und Sinnenreiz es erlaubt.

Dagegen ist die Verbindung des Schönen mit dem Vollkommenen ganz anders geartet. Das Geschmacksurteil wird dadurch zwar nicht-rein, keineswegs aber unrein. Vielmehr ist diese Verbindung mit dem Vollkommenen dem Schönen derart notwendig, daß erst durch sie das „Ideal des Schönen" gefunden werden kann. Dieser Sachverhalt, „daß die Schönheit, zu welcher ein Ideal gesucht werden soll, . . . keinem Objecte eines ganz reinen, sondern dem eines zum Theil intellectuirten Geschmacksurtheils angehören müsse" (232), macht die der Urteilskraft innewohnende Tendenz offenkundig, ihre Heautonomie zugunsten eines ihr von der Vernunft vorgegebenen Gesetzes aufzugeben. Die Urteilskraft kann, selbst in ihrem eigensten Feld der Beurteilung des Schönen, zu der es zunächst allein der Einbildungskraft und des Verstandes bedurfte, nicht auf das Maß der Vernunft verzichten, wenn sie nur dieses Schöne selbst im Grunde fassen will. Indem die Urteilskraft sich so mit der Vernunft verbindet, geht sie in ihre Dienststellung über. Hatte die Annehmlichkeit in der Verbindung mit der Schönheit die untergeordnete Bedeutung eines bloßen Mittels, die Schönheit zur Geltung zu bringen, so wird jetzt umgekehrt die Schönheit im Ideal des Schönen zum *„Instrument der Absicht"* (230) für die Darstellung des Guten. Ist einmal diese Bewegungstendenz der Urteilskraft bemerkt, so wird der Streit über die „Autonomie des Ästhetischen" bei Kant hinfällig. Das Schöne gefällt in der Tat unmittelbar interesselos und so auch unabhängig vom sittlichen Urteil, ist aber bereits in diesem Anfang Darstellung der Freiheit, die sich in einer genauen Stufung dem Darzustellenden nähert. Um dieser Bewegung nachzugehen, ist hier die reine Schönheit als Ausgangspunkt gewählt worden, von dem her das Hinausgehen der Urteilskraft zur Vernunft erscheint, und dies (1) innerhalb des reinen Geschmacksurteils selbst durch Rückgang in seinen Grund und (2) vom Urteil über die reine Schönheit zu den benachbarten Urteilsformen.

Das *vierte Moment*, die subjektive, nicht-begriffliche Notwendigkeit des Gefallens am Schönen, wird ohne ausdrücklichen Hinweis auf eine Folge aus dem ersten Moment auseinandergelegt. Doch ist eine solche Ableitung unschwer zu ergänzen, wenn die Zusammengehörigkeit des vierten Moments mit dem zweiten, das eindeutig als Folgebestimmung vorgestellt wurde, berücksichtigt wird. Wie überhaupt Allgemeinheit und Notwendigkeit unzertrennliche Eigenschaften eines Urteils sind, so ist auch die ästhetische, subjektive Allgemeinheit mit der subjektiven Notwendigkeit des Geschmacks verknüpft. Was zur besonderen Charakterisierung der subjektiven Notwendigkeit angeführt wird, daß sie „exemplarisch" (237) sei, nämlich nicht aufs Objekt gehe, sondern alle Urteilenden einbegreife, ist bereits unter dem Titel der Quantität als „Gemeingültigkeit" (214) behandelt worden. Subjektive Allgemeinheit und Notwendigkeit des Gefallens gehören so eng zusammen, daß es den Anschein hat, das vierte Moment bringe nichts Neues zum bisher Gesagten hinzu. Dieser Eindruck ist nicht ohne Grund. Erinnert man die Stellung der Kategorien der Modalität in der Kritik der reinen Vernunft, die als Prädikate nicht die Erkenntnis des Objekts vermehren, sondern nur „das Verhältnis zum Erkenntnißvermögen ausdrücken",[77] so ist die Eigenart des vierten Moments näher zu verstehen. Durch es wird das Urteil über das Schöne nicht fortbestimmt, es tritt keine weitere Bestimmung zu den gegebenen hinzu, sondern das Geschmacksurteil in allen seinen bereits entfalteten Momenten wird auf das Erkenntnisvermögen und so auf seinen Grund bezogen – durch die Idee eines „Gemeinsinns". Durch ihn ist das Geschmacksurteil noch nicht begründet, wohl aber angezeigt, wie die Beziehung auf seinen Grund auch unmittelbar, in einem Gefühl, das Allgemeinheit beansprucht, erscheint. Der Gemeinsinn ist das Gefühl des Grundes; im Gemeinsinn, der „Wirkung aus dem freien Spiel unserer Erkenntnißkräfte" (238) ist, ist dieser Grund in der Unmittelbarkeit des Gefühls präsent. Das vierte Moment führt die Darlegung des Geschmacksurteils also an die Grenze seiner Deduktion. Von daher ist zu erklären, daß auch das vierte Moment mit Recht als das zentrale genannt werden könnte, da es die übrigen Momente in der Idee eines Gemeinsinns „vereinigt" (240). Das erste Moment ist grundlegend für die Analyse des Geschmacksurteils, das vierte Moment für die Zusammenfassung aller Momente durch Rückbeziehung auf ihren Grund.

---

77 KRV, B 266.

d. Der erste Schritt der Begründung des Geschmacksurteils (Deduktion) – der positive Begriff der ästhetischen Freiheit

Der Rückgang in den Grund des Geschmacksurteils führt vom Gefühl der Lust als dessen Inhalt über seine logische Form (die subjektive Allgemeinheit und Notwendigkeit), die zugleich seinen Inhalt charakterisiert (denn einzeln-allgemein ist sowohl das Gefühl als auch das Urteil), zu den Erkenntnisvermögen und ihrer Tätigkeit, die den Grund konstituieren. Diese Abstraktion vom Gefühl fürs Schöne (281) und die bloße Aufmerksamkeit auf die Form des Urteils ist sachgerecht, weil die Deduktion des Geschmacksurteils auf dessen Allgemeingültigkeit nur durch die Beziehung auf die Erkenntnisvermögen führen kann: „Es kann aber nichts allgemein mitgetheilt werden als Erkenntniß und Vorstellung, sofern sie zum Erkenntniß gehört." (217) Der Rückgang innerhalb des Systems der Gemütsvermögen ist nötig, um die dem Gefühl fürs Schöne (und jedem Gefühl) eigene Unmittelbarkeit und so auch Grundlosigkeit aufzuheben. Ähnliches gilt für das Gefühl im Bereich der Moralphilosophie. Das Gefühl der Achtung ist nur als Wirkung der Vernunft von einem Gefühl als schlechthin unmittelbaren (wie es das Rousseausche Gefühl der Freiheit war) unterschieden und fähig, durch Vernunft allgemeingültig verteidigt zu werden.

Mit dem Rückgang in den Grund ist zugleich die Vervollständigung des Begriffs der ästhetischen Freiheit verbunden, sofern nunmehr gezeigt werden kann, nicht nur welche Bestimmungsgründe für ein freies und interesseloses Gefallen ausscheiden, sondern wozu sich diese Freiheit selbst bestimmt. Weil aber der Rückgang zu den Erkenntnisvermögen und die positive Bestimmung der ästhetischen Freiheit zusammengehören, ist jetzt nicht mehr von der Freiheit des Wohlgefallens (seiner Interesselosigkeit), sondern von der Freiheit der Einbildungskraft in ihrem Verhältnis zum Verstand zu sprechen.

Die Freiheit der Einbildungskraft wird nun zunächst wieder negativ eingeführt; wie schon aus dem dritten Moment des Geschmacksurteils zu ersehen, ist ein Zweckbegriff ausgeschlossen, und dies bedeutet für die Einbildungskraft, daß sie in der Auffassung einer anschaulichen Form von jedem Gesetz oder Begriff des Verstandes frei ist. Die Freiheit *von* der Regel des Verstandes ist eine Entgrenzung. Weil aber eine solche

Lösung vom Verstand die Einbildungskraft sich selbst, d. h. ihren empirischen Gesetzen, überlassen zu können scheint, so ist eigens darauf zu achten, daß sie auch von diesen empirischen Gesetzen ihrer Tätigkeit, von den „Associationsgesetzen" (240), frei bleibt. Durch irgend etwas aber muß die Einbildungskraft bestimmt werden, wenn es nicht die Regel des Verstandes oder die Regel der empirischen Assoziation ist. Das, wovon die Einbildungskraft frei ist, ist nun genau das, wozu sie frei ist; sie ist frei von den Verstandesgesetzen, aber zugleich in freier Übereinstimmung mit ihnen, wobei der Verstand selbst frei genannt wird (241), weil er kein bestimmtes Gesetz enthält.

Hier deutet sich eine gewisse Schwierigkeit im Begriff des Spiels der Erkenntnisvermögen an, die darauf beruht, daß das Relatum der Freiheit von ... und der Freiheit zu ... für die Einbildungskraft dasselbe ist. Die Einbildungskraft ist erstens entgrenzt in ihrer Tätigkeit, nicht in die Grenzen eines bestimmten empirischen oder reinen Verstandesbegriffs eingeschlossen, zweitens aber soll sie nicht bloß über diese Grenze hinwegstreben (das wäre unmittelbar nur die Freiheit der Assoziation, die Bindungslosigkeit der Einbildungskraft), sondern im Grenzbereich des Verstandes bleiben – nur in der Weise der Unbestimmtheit. Diese Unbestimmtheit selbst aber scheint hier noch unterbestimmt zu sein. Denn wenn die Einbildungskraft in ihrem unbestimmten Spiel über den Verstandesbegriff hinausstrebt, so kann sie in einer größeren oder geringeren Nähe, einer aufdringlichen oder unmerklichen Übereinstimmung zum Verstande bleiben. Dieser Spielraum ihrer Tätigkeit ist nun durch die Doppelbestimmung – frei vom Verstande, aber doch zweckmäßig für ihn – noch nicht vollständig eröffnet, weil mit dem Verstand, über den die Einbildungskraft hinausgeht, nur ein Extrem ihrer Bewegung genannt ist, ohne daß das Wohin ihres sich vom Verstande lösenden Spiels angegeben wäre. Dieses Wohin kann nicht der Verstand selbst sein, weil sonst das Regelmäßige als das Schöne anzusehen wäre; dies aber ist ausgeschlossen: „daher der englische Geschmack in Gärten, der Barockgeschmack an Möbeln die Freiheit der Einbildungskraft wohl eher bis zur Annäherung zum Grotesken treibt und in dieser Absonderung von allem Zwange der Regel eben den Fall setzt, wo der Geschmack in Entwürfen der Einbildungskraft seine größte Vollkommenheit zeigen kann" (242). Die Einbildungskraft wahrt zwar eine Übereinstimmung zum Verstande, bleibt in der Nähe zu ihm, strebt aber nicht zum Verstandesbegriff. Da aber das Wohin ihres Strebens ebensowenig in die willkürliche Assoziation gesetzt werden kann, ist die Freiheit der Einbildungskraft durch die Beziehung auf den Verstand nur erst vorläufig begriffen. Es ist zu sehen, wie dieser vorläufige Begriff die Deduktion tragen kann und inwiefern er einer Erweiterung bedarf.

Kant nennt die Deduktion „leicht" (290), und leicht ist zunächst ihre Schrittfolge zu übersehen, die ganz zusammengedrängt im § 38 angegeben wird.

Im ersten Satz wird der Ausgangspunkt der Deduktion, die logische Eigentümlichkeit des Geschmacksurteils, erinnert. Das Geschmacksurteil geht auf die bloße Form eines Gegenstandes, es sind weder Sinnenempfindung noch Begriff Grund des Urteils. Zur Begründung steht also das *reine* Geschmacksurteil, was nicht zu vergessen deshalb wichtig ist, um zu verfolgen, ob und wie auch der Begründungsgang dieses reinen Urteils über seine Reinheit hinausführt.

Der erste Schritt der Deduktion besteht nun darin, daß von dieser Eigenart des Geschmacksurteils auf den einzig möglichen Grund dieser Eigenart geschlossen wird: „Da nun die Urtheilskraft in Ansehung der formalen Regeln der Beurtheilung, ohne alle Materie (weder Sinnenempfindung noch Begriff), nur auf die subjectiven Bedingungen des Gebrauchs der Urtheilskraft überhaupt (die weder auf die besondere Sinnesart, noch einen besondern Verstandesbegriff eingeschränkt ist) gerichtet sein kann" (290). Dieser Rückschluß ist noch problematisch: *Wenn* ein Geschmacksurteil zu Recht Anspruch auf eine subjektive allgemeine Gültigkeit macht, so kann es nur auf der subjektiven Bedingung der Urteilskraft überhaupt beruhen. Dieser problematische Rückgang findet sich bereits vorweggenommen im § 9, am ausführlichsten aber im § 35, in dem von der Inhaltslosigkeit des Geschmacksurteils auf die „subjektive formale Bedingung eines Urtheils überhaupt" (287) als dessen Grund geführt wird, welcher Grund dort mit dem freien Spiel der Erkenntniskräfte in eines gesetzt wird.

Damit aber der Rückschluß vollständig werde, muß gezeigt werden: diese Bedingung ist gegeben – weshalb der zitierte Satz des § 38 fortgeführt wird: „folglich auf dasjenige Subjective, *welches man in allen Menschen* (als zum möglichen Erkenntnisse überhaupt erforderlich) *voraussetzen kann*" (290). Was hier eher in der Weise der Behauptung ausgesprochen wird, ist ebenfalls schon vorher abgehandelt worden. Im § 21 wird von der allgemeinen Mitteilbarkeit der Erkenntnisse auf die allgemeine Mitteilbarkeit der besagten Stimmung der Erkenntnisvermögen geschlossen: „weil ohne diese als subjective Bedingung des Erkennens das Erkenntniß als Wirkung nicht entspringen könnte" (238; vgl. 290 Z 27-31).

Weil aber mit der so gezeigten Möglichkeit des Geschmacksurteils a priori nicht die Unfehlbarkeit desselben als eines notwendigerweise einzelnen Urteils verbunden ist, wird zuletzt noch einmal auf die Bedingung der reinen Subsumtion dieses Urteils unter seinen Grund aufmerksam gemacht: „so muß die Übereinstimmung einer Vorstellung mit diesen Bedingungen der Urtheilskraft als für jedermann gültig a priori angenommen werden können" (290).

Diese so leicht zu überschauende Schrittfolge verbirgt jedoch eine Schwierigkeit, die mit Nachdruck als Einwand gegen die Bündigkeit der Deduktion geltend gemacht worden ist.[78] An der Annahme, daß die subjektive Bedingung einer jeden (sinnlichen) Erkenntnis, eine unbestimmte Übereinstimmung der Vorstellungskräfte, allgemein vorausgesetzt werden kann, ist kein Anstoß zu nehmen. Es fragt sich nur: Ist diese subjektive Bedingung – deren Allgemeinheit keinem Zweifel unterliegt – mit dem freien Spiel der Erkenntnisvermögen angesichts des Schönen in eins zu setzen? Wenn dies so wäre, dann müßte bei aller Erkenntnis ein Zustand des Gemüts durchlaufen werden, der den zu erkennenden und dann auch erkannten Gegenstand als schön erscheinen ließe, da er sich zur Erkenntnis *überhaupt* eignet, bevor er durch die wirkliche Subsumtion der Anschauung unter einen Begriff erkannt wird. Es wäre zu folgern: alle Formen, die sich möglicherweise „reflektieren" lassen, auf Begriffe bringen lassen, sind schön.[79] Damit aber ist zuviel bewiesen. Der Rückgang auf die allgemeine subjektive Bedingung der Urteilskraft überhaupt scheint zwar die Allgemeinheit des ästhetischen Urteils zu sichern, nicht jedoch dessen Besonderheit fassen zu können. Die In-eins-Setzung von Geschmack und gemeinem Verstand trägt die Deduktion: „Diese Lust muß nothwendig bei jedermann auf den nämlichen Bedingungen beruhen, weil sie subjective Bedingungen der Mög-

---

78 So Kohler (1980) insb. 340-362; Guyer (1979) 279-330.

79 Vgl. McCloskey (1987) 87.

lichkeit einer Erkenntnis überhaupt sind, und die Proportion dieser Erkenntnisvermögen, welche zum *Geschmack* erfordert wird, auch *zum gemeinen und gesunden Verstande* erforderlich ist, den man bei jedermann voraussetzen darf." (292 f.) Und doch hatte die Exposition des Geschmacksurteils die Abgesondertheit des Geschmacks vom Verstand klargemacht; um eine regelmäßige Form einer völlig proportionslosen vorzuziehen, „dazu gehört nur gemeiner Verstand und gar kein Geschmack" (241).

Der Unterschied der Proportion der Erkenntniskräfte, die bei jeder gemeinen Erkenntnis zu empfinden ist, und der besonderen Proportion, in die das Gemüt durch Betrachtung des Schönen versetzt wird, wird keineswegs unterschlagen: „Aber diese Stimmung der Erkenntniskräfte hat nach Verschiedenheit der Objecte, die gegeben werden, eine verschiedene Proportion. Gleichwohl aber muß es eine geben, in welcher dieses innere Verhältnis zur Belebung (einer durch die andere) die zuträglichste für beide Gemüthskräfte in Absicht auf Erkenntniß (gegebener Gegenstände) überhaupt ist" (238 f.).

Was also herauszuheben ist, ist ein Unterschied der Proportion des Geschmacks und des Verstandes, der gleichwohl den Schluß der Deduktion von der allgemeinen Voraussetzbarkeit der subjektiven Erkenntnisbedingung auf die allgemeine Mitteilungsfähigkeit des Gemütszustandes der freien Reflexion nicht auflöst. Der zitierte Satz gibt bloß eine Andeutung auf das Besondere der ästhetischen Proportion: die Gemütskräfte werden „belebt". Wenn dies aber anderes als eine psychologische Beobachtung (239) sein soll, und die Deduktion nicht in das Dilemma[80] geraten darf, entweder Geschmack und gemeinen Verstand zu identifizieren, dabei aber das Schöne zu verfehlen, oder zwar die ästhetische Stimmung als unverwechselbar mit dem Verstand anzuerkennen, dabei aber die Notwendigkeit und Allgemeinheit, die dem Begriff eigen ist, zu verlieren, so muß sich das Verhältnis von Einbildungskraft und Verstand aus

80 „To drive any wedge between the concept of beautiful objects and that of objects for knowledge in general, some additional capacity must be introduced into the interpretation of the harmony of the faculties. Some psychological notion of an ability to actually feel rather than think unity, or to perceive the unity of a particular manifold with an unusual degree of immediacy or facility, must be added if we are both to preserve Kant's link between the harmony of the faculties and cognition in general and to differentiate between beautiful objects, which are always pleasing, and objects of knowledge in general, which are not." (Guyer, 1979, 322 f.)

dem Begriff der Freiheit der Einbildungskraft, so vorläufig er auch umrissen ist, entwickeln lassen.

Die freie Einbildungskraft ist frei *vom* Zwang des Verstandes, bleibt aber zugleich in einer Nähe *zum* Verstand. In dieser doppelten Freiheit von ... und zu ... liegt in einem Distanz und Nähe. Ein solcher Zustand der Einbildungskraft ist aber der einer Weile. Fehlte die Freiheit von der Regel, so würde die Einbildungskraft in die Grenzen eines bestimmten Begriffs hineingezogen. Bliebe die Einbildungskraft nicht in einer Nähe zum Verstand, so würde sie – in Ermangelung eines anderen Ziels – fortgezogen in die Assoziation. Bereits die einfachste Erklärung der Freiheit der Einbildungskraft führt so zu dem Eigentümlichen ihres Tätigseins. Der Unterschied der ästhetischen Stimmung der Einbildungskraft von derjenigen Stimmung, die subjektive Bedingung einer jeden Erkenntnis ist und jede empirische Reflexion begleitet, ist darin zu sehen, daß diese Gestimmtheit in der Anschauung des Schönen *sich erhält*. Das Schöne gewährt der Einbildungskraft ein Verweilen. Es ist derselbe Zustand, in den die Einbildungskraft bei einer gewöhnlichen empirischen Reflexion und bei Auffassung des Schönen tritt, nur mit dem Unterschied, daß er dort flüchtig, weil verschwindend in den bestimmten Begriff, hier jedoch bleibend ist. Die Formulierungen, in denen das Spiel von Einbildungskraft und Verstand umkreist wird, gehen immer wieder auf dieses Sich-Erhalten des Vorstellungszustandes: „wo nur ein freies Spiel der Vorstellungskräfte ... *unterhalten* werden soll ... wird die Regelmäßigkeit, die sich als Zwang ankündigt, so viel möglich vermieden" (242); die „lange Weile" (243), hervorgerufen durch eine bloß verständige Form, steht gegen die „lange Unterhaltung" (242), die der dem Geschmack entsprechende Gegenstand bietet. Das Schöne versetzt die Einbildungskraft gleichsam in einen schwebenden Zustand. Bei einer bloß regelmäßigen Form, auch wenn sie nur „in allerlei möglicher Absicht" (242) zweckmäßig ist, erschöpft sich die Stimmung der Vorstellungskräfte sogleich, während der Anblick des Schönen uns „jederzeit neu" (243) ist.

Nun kann sowohl die Stimmigkeit als auch die Ergänzungsfähigkeit der Deduktion aufgewiesen werden. Sofern das freie Spiel der Erkenntnisvermögen eine bloße Extension derjenigen Stimmung ist, die auch dem gemeinen Verstande angehört, ist die Deduktion vollendet. Wenn eine unbestimmte Zusammenstimmung von Einbildungskraft und Verstand allgemein vorauszusetzen ist, so ist auch eine ebensolche Stimmung, die sich selbst erhält, als allgemein mitteilungsfähig anzunehmen.

Weshalb aber ist die so geführte Deduktion ergänzungsfähig? Wenn das freie Spiel der Vorstellungsvermögen ein Verweilen der Einbildungskraft in einer Tätigkeit ist, die nicht vom Verstand gesteuert wird, aber doch in unbestimmter Nähe zu ihm bleibt, so fehlt zur Umgrenzung dieses gehaltenen Strebens die Bestimmung des „terminus ad quem". Ein Schweben der Einbildungskraft kann zwar zunächst durch die Doppelbestimmung „frei vom Verstandesbegriff, doch in Übereinstimmung mit ihm" gefaßt werden, eine abschließende Begründung jedoch muß angeben, zwischen welche Extreme die Einbildungskraft gespannt ist, derart, daß ihre Tätigkeit aus solcher Mittelstellung erhellt.

Erinnert man die Herleitung der Vernunftideen in der transzendentalen Dialektik, so wird das andere Extrem der Bewegung der Einbildungskraft offenkundig. Ein ins Unbedingte erweiterter Verstandesbegriff ist eine Idee. Ein ins Unbestimmte „ästhetisch" erweiterter Verstandesbegriff ist eine Vorstellung der Einbildungskraft, die an einen unbestimmten Vernunftbegriff grenzt. Um das Gefüge, innerhalb dessen die Einbildungskraft zu „spielen" kommt, freizulegen, bedarf es einer Entfaltung der einfachen Beziehung von Verstand und Einbildungskraft zu einem Verhältnis, in dem die Einbildungskraft zwischen Verstand und Vernunft gehalten wird. Nur als ein Gespanntsein zwischen zwei Extreme kann die Weile der Einbildungskraft begriffen werden.

Die Deduktion ist aber eher ergänzungsfähig als unvollständig zu nennen, weil sie die Beziehung der Einbildungskraft auf den Verstand ausschöpft und die verständige Seite des Schönen ausgeht, die jedermann nahegebracht werden kann.

Es ist sogar notwendig, die Deduktion des Geschmacksurteils zuerst ohne die Beziehung auf den Vernunftbegriff zu führen, d.h. die verständige Seite des Schönen für sich zur Geltung zu bringen. Denn der im Geschmacksurteil liegende Anspruch auf Notwendigkeit ist derjenige, der dem Menschen als allererst zur Vernunft zu bildendem am weitesten entgegenkommt; dieses Entgegenkommen unterscheidet es insbesondere von der Beurteilung des Erhabenen, bei dem eine moralische Kultur des Gemüts schon vorausgesetzt wird, und dessen Begründung von vornherein auf den Vernunftbegriff gestellt werden muß. „Die Lust am

Erhabenen der Natur, als Lust der vernünftelnden Contemplation, macht zwar auch auf allgemeine Theilnehmung Anspruch, setzt aber doch schon ein anderes Gefühl, nämlich das seiner übersinnlichen Bestimmung, voraus: welches, so dunkel es auch sein mag, eine moralische Grundlage hat." (292) Dagegen ist das Resultat der Deduktion des Geschmacksurteils, das gerechtfertigte Ansinnen, etwas schön zu finden, noch ohne moralische Bedeutung. Die Notwendigkeit *dieses* Sollens ist als so begründete noch die weder praktische noch theoretische des vierten Moments der Exposition (236 f.). Nur scheinbar widersinnig ist es, wenn dieses Sollen in der Folge durch seine Verbindung mit der Moralität befestigt wird: „Nun sage ich: das Schöne ist das Symbol des Sittlich-Guten; und auch nur in dieser Rücksicht (einer Beziehung, die jedermann natürlich ist, und die auch jedermann andern als Pflicht zumuthet) gefällt es mit einem Anspruche auf jedes andern Beistimmung" (353). Es ist dies der zweite Schritt, der die Beziehung von Einbildungskraft und Verstand zum Verhältnis der Vernunft vertieft, ohne den ersten in seiner Selbständigkeit und Notwendigkeit zu widerlegen. Diese Stufung der Deduktion entspricht genau der Verknüpfungsaufgabe der Urteilskraft.

Es sei festgehalten: Zur Deduktion des Geschmacksurteils, also zum Nachweis, daß dieses sich jedermann zumuten läßt, bedurfte es nicht des Hinweises darauf, daß das Schöne symbolisch – als Darstellung – oder instrumental – als die Empfänglichkeit des Gemüts fürs moralische Gefühl vorbereitend – auf das Gute hingeordnet ist.[81] Wohl aber kann der Begriff des freien Spiels der Vorstellungskräfte, auf den die Deduktion führt, durch die Analogie des Schönen mit dem Guten an Schärfe gewinnen. Das Kernstück dieser Analogie hat es mit dem Verhältnis von praktischer Freiheit und Freiheit der Erkenntnisvermögen angesichts des Schönen zu tun: „Die Freiheit der Einbildungskraft (also der Sinnlichkeit unseres Vermögens) wird in der Beurtheilung des Schönen mit der Gesetzmäßigkeit des Verstandes als einstimmig vorgestellt (im moralischen Urtheile wird die Freiheit des Willens als Zusammenstimmung des letz-

[81] Insofern ist McCloskey (1987) zuzustimmen, die gegen Crawfords (1974) Sicht, das Geschmacksurteil werde überhaupt erst durch die symbolische Beziehung auf das Gute als allgemeingültig begründet, überzeugend geltend macht, daß die von Kant als Analogiestück des Schönen und Guten vorgebrachte Allgemeinheit des ästhetischen Gefallens die Bündigkeit der Deduktion schon *voraussetzt*.

teren mit sich selbst nach allgemeinen Vernunftgesetzen gedacht)." (354) Das Verhältnis von Wille und Vernunft stellt sich also im Verhältnis von Einbildungskraft und Verstand dar. Inwiefern? Es ist nicht die bloße Übereinstimmung zur Gesetzmäßigkeit (des Willens zur Vernunft bzw. der Einbildungskraft zum Verstand) was hier die Analogie ausmacht, sondern daß diese Übereinstimmung eine freie ist, d.h. aber daß das Gesetz kein fremdes ist, sondern als das eigene des jeweils „unterworfenen" Vermögens zu verstehen ist. Der Wille geht in der Unterwerfung unter das Vernunftgesetz nur mit sich selbst zusammen, insofern er, als „Wille in der Idee", sich eben dieses Gesetz selbst gibt. Die Einbildungskraft stimmt zur Gesetzmäßigkeit des Verstandes zusammen gleichsam aus freien Stücken, das Gesetz des Verstandes ist ihr in diesem Fall kein fremdes, tut ihr keinen Zwang an. An diesem Punkt aber ist sogleich auf die Grenze der Analogie zu merken: „Allein daß die Einbildungskraft frei und doch von selbst gesetzmäßig sei, d. i. daß sie eine Autonomie bei sich führe, ist ein Widerspruch. Der Verstand allein giebt das Gesetz." (241) Für die Autonomie gilt: nicht die Vernunft allein gibt das Gesetz, sondern ebenso der Wille, der in ein Selbstverhältnis zur Vernunft tritt, wenn er sich von seiner unmittelbaren Fremdbestimmtheit unterscheidet. Die Einbildungskraft dagegen ist nicht so geartet, daß sie zur Selbstgesetzgebung fähig wäre, sie ist und bleibt auf der Seite der „Sinnlichkeit unseres Vermögens". Die Darstellung der Autonomie im freien Spiel der Erkenntniskräfte kann deshalb das Dargestellte nicht in seiner ganzen Reinheit erreichen. Einbildungskraft und Verstand bleiben verschieden voneinander; die Einbildungskraft fügt sich zwar ungezwungen dem Gesetze des Verstandes, bringt dieses Gesetz aber nicht hervor. Das Verhältnis von Wille und Vernunft kann als Identitätsverhältnis ausgezeichnet werden. Der nicht zu tilgenden Verschiedenheit des sinnlichen Vermögens und des Vermögens der Begriffe entsprechend kann das Verhältnis von Einbildungskraft und Verstand nur das eine Wechselwirkung sein, wie es in immer wiederkehrenden Wendungen heißt: eine „*wechselseitige* subjective Übereinstimmung der Erkenntniskräfte unter einander" (218), das „erleichterte Spiel beider durch *wechselseitige* Zusammenstimmung belebten Gemüthskräfte (der Einbildungskraft und des Verstandes)" (219).

Wie die Bahn der Erörterung des Schönen weiterläuft, läßt sich anhand derjenigen Erklärungen des Schönen übersehen, die an die unterschiedenen Gestalten der Vorstellung anknüpfen. Zunächst erscheint das Schöne als „Darstellung eines unbestimmten Verstandesbegriffs" (244), und als solches ist es durch die Deduktion vorgestellt worden. Die Dialektik wird das Geschmacksurteil auf den „unbestimmten Begriff . . . vom übersinnlichen Substrat der Erscheinungen" (340 f.) stellen. Zwischen diese Extreme des unbestimmten Verstandes- und Vernunftbegriffs wird aber das Schöne in der Lehre von der ästhetischen Idee gesetzt: „Man kann überhaupt Schönheit (sie mag Natur- oder Kunstschönheit sein) den Ausdruck ästhetischer Ideen nennen" (320). Denn die ästhetische Idee ist ein Produkt der Einbildungskraft, das durch ein Schweben zwischen dem Begriff des Verstandes, der die „ganze innere Anschauung der Einbildungskraft" (343) nicht erreichen kann, und einem Begriff der Vernunft, den die Einbildungskraft ihrerseits nicht erreichen kann, gekennzeichnet ist.[82]

Diese drei Definitionen machen keine willkürlichen Verschiebungen in der Lehre vom Schönen aus. Sie spiegeln den Weg der Einbildungskraft vom Verstand zur Vernunft. Dieser Weg beginnt damit, daß die Einbildungskraft, im Bereich der theoretischen Vernunft im Dienst des Verstandes, sich aus dieser Dienststellung löst, um in das freie Spiel zwischen Verstand und Vernunft einzugehen. Da die Einbildungskraft aber, ebenso wie die sie beziehende Urteilskraft, kein schlechthin autonomes Vermögen ist, so geht sie auch über diese ihre Freiheit hinaus, und dies in einem mehrfältigen Sinne:

1) Wie die Lehre von der ästhetischen Idee zeigt, strebt selbst die *freie* Schönheit zum unbestimmten Vernunftbegriff und dient so dessen Darstellung.

2) In der Hervorbringung des Ideals des Schönen gibt die Einbildungskraft einen Teil ihrer Freiheit auf, indem sie ihr Spiel durch den Vernunftbegriff vom selbstgesetzten Endzweck des Menschen einschränkt.

3) Schließlich wird sie gänzlich ihrer spielerischen Freiheit beraubt, oder genauer, sie beraubt sich selbst dieser Freiheit (269) – denn es ist die

---

82 Die doppelte Begründung des Geschmacksurteils durch Deduktion und Dialektik ist in der Dissertation von Trede (1969) gut gesehen; allerdings ist dieser Arbeit nicht zu folgen, wenn sie als Brücke zwischen Deduktion und Dialektik die Analytik des Erhabenen (ebd. Einl. II) annimmt – dadurch wird der charakteristische Unterschied der spielenden und sich anspannenden Einbildungskraft verkannt (vgl. dazu unten Kap. III 3c).

Gewalt der Vernunft, keine fremde, die sie erfährt –, wenn sie im Anblick des Erhabenen zum „Werkzeug der Vernunft" (269) dient.

Der Begründungsgang des Geschmacksurteils liegt jetzt in seinem Plan fest. Er führt von der – in sich vollständigen, aber aus den angeführten Gründen dennoch über sich hinausweisenden – eigentlichen Deduktion über die Lehre von der ästhetischen Idee zur Dialektik. (Daß die ästhetische Idee zur Ermittlung des Grundes herbeizuziehen ist, belegt auch die Synopsis von Vernunftidee, ästhetischer Idee und Verstandesbegriff, die im Anschluß an die Auflösung der Geschmacksantinomie gegeben wird.) Ist aber einmal diese Bahn von Einbildungskraft und Urteilskraft beobachtet, so klärt sich die Frage, ob das Schöne im Kantischen Gedanken eine moralisch-praktische Bewandtnis habe oder nicht. Die Freiheit des uninteressierten Gefallens und der Einbildungskraft sind nicht-sittliche Gestalten der Freiheit, die aber bereits als solche darstellend-übergänglich auf die praktische Idee der Freiheit verweisen, welche Verweisungstendenz sich durch die gestufte Annäherung an den Vernunftbegriff erfüllt. Die Kritik der ästhetischen Urteilskraft wäre mißverstanden, wenn sie zunächst, in Isolation vom praktischen Freiheitsbegriff als ihrer Aufgabe, als Analyse ästhetischer Phänomene aufgefaßt wird, um dann im nachhinein eine Beziehung auf die praktische Vernunft zu konstatieren, oder als Einmischung auszugrenzen. Für die Kritik der Urteilskraft gilt dasselbe, was Heidegger, unter anderem Vorzeichen, von den Forschungen der „metaphysischen" Auslegung der Kritik der reinen Vernunft gesagt hat: „Nur das eine sei angemerkt, daß sie alle von vornherein an der Auffassung der Kritik der reinen Vernunft als ‚Erkenntnistheorie' festhalten und jetzt daneben auch die Metaphysik und die ‚metaphysischen Motive' herausstellen."[83]

e. Die Lehre von der ästhetischen Idee zwischen Deduktion und Dialektik

Die Lehre von der ästhetischen Idee soll hier im Zuge der Begründung des reinen Geschmacksurteils gelesen werden. Dem steht unmittelbar entgegen, daß diese Lehre, obzwar im Abschnitt über die „Deduktion

---

83 Heidegger, GA 3, 6 Anm.

der reinen ästhetischen Urteile" eingeführt, in die Erörterung des Kunstschönen und also nicht der bloßen Beurteilung, sondern Hervorbringung des Schönen gehört – wie es auch als merkwürdig empfunden worden ist, daß die Lehre vom Kunstschönen sozusagen bloß im Deduktionskapitel untergebracht worden sei.[84] Dem steht des weiteren entgegen, daß mit der Hervorbringung des Schönen die Notwendigkeit eines vorgängigen, dieses Hervorbringen leitenden Begriffs verbunden ist; dieses Hinzukommen eines Begriffs scheint der Reinheit des Produkts im Sinne des reinen Geschmacksurteils Eintrag zu tun und so ebenfalls den Kontext von Deduktion (sie ist ausdrücklich die des *reinen* Geschmacksurteils) und Lehre vom Kunstschönen zu gefährden.

Um mit dem letzteren Einwand zu beginnen, so ist allerdings nicht zu bestreiten, daß die schöne Kunst, wie zuvor die Kunst überhaupt, von einem Begriff her ihren Anfang nehmen muß. Jedes Kunstwerk verdankt seine Form einem zuvor gedachten Zweck (303). Die Bestimmung der schönen Kunst wird nun durch Einteilung der Kunst in die mechanische und ästhetische, und dieser wiederum in die angenehme und schöne gewonnen. Der Begriff der Kunst überhaupt dient als Vorbegriff, von dem her sich das Eigentümliche der schönen Kunst erschließen läßt (vgl. die ähnliche Gedankenbewegung bei der Umgrenzung des Naturzwecks (373)). Die Spezifizierung der Kunst überhaupt zur mechanischen läßt sich nun widerstandslos vollziehen; sie ist dadurch erklärt, daß sie „dem Erkenntnisse eines möglichen Gegenstandes angemessen, *bloß* ihn wirklich zu machen die dazu erforderlichen Handlungen verrichtet" (305).

Um nun die spezifische Differenz der schönen Kunst deutlicher werden zu lassen, sei zuerst auf den Zweckbegriff, der die mechanische Kunst leitet, eingegangen. Als Zweck eines Kunstprodukts kann nicht nur die Vorstellung seiner möglichen Form als Vorstellung eines Ganzen, das die Beschaffenheit und Verbindung aller seiner Teile bestimmt, gelten, sondern ebenso die Vorstellung einer möglichen beabsichtigten Wirkung dieses Produkts; so etwa bei einem Haus die Vorstellung von einem „möglichen Einkommen" (372). Die erste Gestalt des Zweckbegriffs gibt die „*innere* Bestimmung"[85] (311 Z 25) des Produkts an und

84 Mertens (1975) 225.

85 Erst im Gegensatz zum Naturzweck wird diese Gestalt des Zwecks als dem Produkt äußerlich bezeichnet (KU, AA 5, 373).

ist Maß seiner Vollkommenheit. Die andere Gestalt des Zwecks geht auf die *äußeren* Folgen des Dinges und ist Maß seiner Nützlichkeit.

Für die Leitung des Hervorbringens eines mechanischen Kunstprodukts nun ist in erster Linie die „innere Bestimmung" maßgeblich. Die relative Zweckmäßigkeit ist nämlich eine zufällige[86] Beziehung auf einen Zweck, der in einem *anderen* (425) Ding liegt. Die vorgestellte äußere Folge, die mit einem Kunstprodukt herbeigeführt werden soll (etwa die besagten Mieteinnahmen), kann zwar auch die innere Zweckmäßigkeit, seine Vollkommenheit, betreffen und sogar beeinträchtigen, tut dies aber nur beiläufigerweise. Der Zweck als vorgängige Vorstellung von der Form des Hervorzubringenden ist der mechanischen Kunst genügende Vorgabe. Ihr obliegt „bloß" (305 Z 18), diese Möglichkeit in die Wirklichkeit zu übersetzen, die Wirklichkeit soll hier durchaus mit der vorgestellten Möglichkeit koinzidieren.

Was nun bei der schönen Kunst auffallen mag, ist, daß ihre „Absicht" (305) oder ihr „Zweck" (305) darein gesetzt wird, das Gefühl der Lust hervorzubringen, und zwar das der Reflexionslust (305). Formell gesprochen wird also die schöne Kunst von vornherein aus der *relativen* Zweckmäßigkeit verstanden, nämlich der Zweckmäßigkeit des Produkts für die Erzeugung der Reflexionslust. „Zweck" ist also in der schönen Kunst primär die beabsichtigte Wirkung ihres Produkts, während Zweck der Kunst überhaupt und insbesondere der mechanischen die Vorstellung der möglichen Form des Produkts bezeichnete.[87] Wie kann aber das Produkt der schönen Kunst relativ zweckmäßig genannt werden? Relative Zweckmäßigkeit ist die zufällige Beziehung auf einen Zweck, der in einem Anderen liegt. Beim Kunstschönen kann nun nicht von der Zufälligkeit dieser Beziehung gesprochen werden – ist es doch ganz aus ihr her zu begreifen –, wohl aber bleibt es dabei, daß der Zweck desselben in einem Anderen, dem auffassenden Subjekt liegt. Kant hat zwar in der Einteilung der Kritik der Urteilskraft dem Schönen allein die innere Zweckmäßigkeit zugesprochen (im Unterschied zum Erhabenen), es mag aber erlaubt sein,[88] auch von der relativen Zweckmäßigkeit des Kunstschönen

[86] EE, AA 20, 249.

[87] Der eine Zweckbegriff scheint der traditionellen causa finalis, der andere der causa formalis näherzustehen.

[88] So Kohler (1980) 223.

zu sprechen, sofern darunter nur die Verfaßtheit des Schönen als Angemessenheit zur reflektierenden Urteilskraft verstanden sei.

Die Hervorhebung der relativen Zweckmäßigkeit des Kunstschönen ist keine unnötige Subtilität, da sich dessen Eigenart genau dann erschließt, wenn es sowohl innerlich als auch äußerlich zweckmäßig aufgefaßt wird. Die spezifische Differenz des Produkts der schönen Kunst liegt in seiner relativen, subjektiven Zweckmäßigkeit für die reflektierende Urteilskraft, seine Gattungsbestimmtheit ist aber seine innere objektive Zweckmäßigkeit, da es, wie jedes Kunstprodukt überhaupt, durch seine Wirklichkeit einen vorgängigen Begriff von seiner Form darstellt. Zwischen seiner inneren (objektiven) und relativen (subjektiven), oder zwischen Gattungsbestimmtheit und spezifischer Differenz tritt aber sogleich eine Spannung ein. Kunst überhaupt braucht einen Begriff, der die Produktion leitet, und dieser Begriff muß ein bestimmter sein, wenn anders eine unbestimmte Vorstellung von einem bloß möglichen Gegenstand nicht zureichend ist für die herzustellende Wirklichkeit. Die Absicht der schönen Kunst auf die Reflexionslust jedoch läuft diesem Ausgang vom bestimmten Begriff insofern zuwider, als die Reflexionslust, wie ausführlich gezeigt, nicht einem bestimmten Begriff, sondern der bloßen Möglichkeit zum Begriff entspringt.

Wird also die schöne Kunst bedacht, so muß damit auch noch einmal das Verhältnis von bestimmtem und unbestimmtem Begriff bedacht werden; und dies in verschärfter Form, weil ein bestimmter Begriff nunmehr notwendig zur schönen Kunst zu gehören scheint. Nicht nur die unfreie Kunstschönheit, die ein bestimmtes Ding darstellt, selbst die „nichtgegenständliche" Kunstschönheit setzt einen solchen Zweckbegriff voraus; auch eine Arabeske muß nach einer gewissen Regel hervorgebracht werden, wenn nicht ein „bloßes Product des Zufalls" (310) zustande kommen soll. Daß aber die Reinheit des Produkts der schönen Kunst zunächst eingeschränkt erscheint (311 f.), schließt eine Anknüpfung an die Sache der rein reflektierenden ästhetischen Urteilskraft nicht aus; vielmehr wird die Möglichkeit der Reinheit des Kunstschönen, seine Freiheit vom Begriff gerade dann thematisch, wenn sie in den Widerstreit[89] mit der Regelbestimmtheit des Kunstprodukts überhaupt tritt.

89 Trede (1969) macht auf die „Antinomie" der ästhetischen Produktion aufmerksam (91).

Die Schrittfolge der §§ 43-45 bestätigt dies. Zuerst wird die Gattungsbestimmtheit des Kunstschönen und damit seine objektive Zweckmäßigkeit angegeben (§ 43), dem wird sodann seine spezifische Beschaffenheit als subjektive Zweckmäßigkeit für die – rein – reflektierende Urteilskraft entgegengesetzt (§ 44), um schließlich den ersten Begriff der schönen Kunst und ihres Gegenstandes zu erreichen, der beide entgegengesetzte Momente in sich schließt (§ 45): „Schöne Kunst ist eine Kunst, sofern sie zugleich Natur zu sein scheint."

Statt daß also die „Freiheit im Spiele unserer Erkenntnißvermögen" (306), die für die Beurteilung des (Natur-) Schönen den Maßstab abgibt, in der Betrachtung des Kunstschönen bloß eingeschränkt würde, ist sie nun als eine *sich* aus der Regelgebundenheit *herstellende* zu setzen. Das Kunstschöne gibt eine bestimmte Regelmäßigkeit zu erkennen und strebt zugleich über sie hinaus.

Mit diesen beiden Seiten des Kunstschönen, seiner Regelbestimmtheit als Kunstprodukt und seinem Hinausgehen über die Regel als scheinbares Naturprodukt, kommen aber genau die beiden logischen Eigentümlichkeiten des Geschmacksurteils (§ 32 f.) wieder ins Spiel, welche die Deduktion vorzeichneten. Wie es die erste Eigentümlichkeit des Geschmacksurteils war, gleichsam durch Begriffe Allgemeingültigkeit zu beanspruchen, so kann es als erste Eigentümlichkeit des Kunstschönen gelten, (gleichsam[90]) durch einen bestimmten Begriff produziert worden zu sein. Wie aber die zweite Eigentümlichkeit des Geschmacksurteils die erste einschränkte, indem das Geschmacksurteil nicht durch einen bestimmten Begriff zu beweisen ist, also gleichsam bloß subjektiv scheint, so bestimmt der Zusatz, daß das Kunstschöne als Natur erscheinen müsse, seine Regelmäßigkeit zu einer unscheinbaren. Allerdings entsprechen sich die beiden Entgegensetzungen nicht vollständig. Die offenkundige Regelmäßigkeit des Kunstschönen (sein Charakter als Kunstprodukt überhaupt) ist in der Tat genau mit der ersten logischen Eigentümlichkeit des Geschmacksurteils zu vergleichen, gleichsam begriffliche Allgemeinheit zu beanspruchen. Die andere Seite der Nicht-Begrifflichkeit aber ist in der Exposition, also *vor* der Deduktion, noch ununterschieden von

90 Dieses „gleichsam" ist streng genommen erst im Rückblick einzufügen, wenn Regelbestimmtheit und Regelfreiheit vermittelt sind.

der Einzelheit des ästhetischen Sinnenurteils her verstanden (bedient sich die Erörterung doch der beiden streng genommen dem Schönen unadäquaten Extreme von Allgemeinheit und Einzelheit, um dieses disjunktiv zu umgrenzen), während die Nicht-Begrifflichkeit des Kunstschönen, seine Unscheinbarkeit als Kunstprodukt und seine Scheinbarkeit als Naturprodukt bereits aus der Reflexionstätigkeit gedacht wird, also aus demjenigen, was sich als begründende Mitte zwischen und für die beiden logischen Eigentümlichkeiten erwiesen hatte.

Der Widerstreit der beiden Konstituentien des Kunstschönen läßt sich auch als der von bestimmender und reflektierender Urteilskraft fassen. Der Gattungscharakter des Kunstschönen, Ergebnis eines bestimmt-begrifflichen Hervorbringens zu sein, hatte Kant zunächst veranlaßt, ihm in der Kritik der Urteilskraft keine eigene Stelle einzuräumen: „Denn es ist um das Princip der bloß reflektirenden, nicht der bestimmenden Urtheilskraft, (dergleichen allen menschlichen Kunstwerken zum Grunde liegt) zu thun, bei der also die Zweckmäßigkeit als unabsichtlich betrachtet werden soll, und die also nur der Natur zukommen kann."[91] Daß in diesem Abschnitt aber überhaupt von Kunstschönheit gesprochen wird, die „aus denselbigen Principien, welche dem Urtheile über Naturschönheit zum Grunde liegen",[92] zu betrachten sei, zeigt, daß ihr Prinzip nicht gänzlich der bestimmenden Urteilskraft angehören kann; dann wäre keine Kunstschönheit, sondern bloß „Kunstvollkommenheit"[93] anzutreffen. In diesem ersten Blick auf die Kunstschönheit fehlt allerdings die klare Entgegensetzung und Vereinigung von Kunstvollkommenheit und Kunstschönheit, absichtlicher und unabsichtlicher Zweckmäßigkeit, in einem einzige Produkt, welche die Formel des § 45 ausspricht.

Die so exponierte doppelte Eigentümlichkeit des Kunstschönen legt einen der Deduktion des Geschmacksurteils ähnlichen Rückgang in den Grund nahe. Regelmäßigkeit und Regellosigkeit der schönen Kunst lassen auf die „Natur im Subjecte" (307) als den Grund ihrer Möglichkeit schließen; diese Natur begabt das Subjekt mit einer „Stimmung der Vermögen" (307), welche die des Genies ist. Diese Stimmung der Vermögen aber muß dieselbe sein, auf der bereits die Beurteilung nach Ge-

91 EE, AA 20, 251.
92 EE, AA 20, 251.
93 EE, AA 20, 251.

schmack beruhte; denn sie ist diejenige, welche eben das hervorbringt, was als schön zu beurteilen ist. An der „Deduktion" der schönen Kunst (§ 46, 3. Absatz) fällt auf, daß sie ganz aus der Beurteilung her gedacht ist: „Der Begriff der schönen Kunst aber verstattet nicht, daß das *Urtheil* über die Schönheit ihres Products von irgend einer Regel abgeleitet werde, die einen Begriff zum Bestimmungsgrunde habe" (307). Worauf diese Deduktion schließt, ist eine Proportion der Vermögen, die dem Geschmack entspricht, nämlich das zustandebringt, was vor dem Geschmack bestehen kann. Fürs erste ist also der Unterschied von geschmacklicher und produktiver Stimmung der Vermögen nur ein formeller, Genie scheint nichts als hervorbringender Geschmack oder Hervorbringung für den Geschmack zu sein. Damit ist aber der zweite der eingangs erhobenen Einwände gegen die Zusammennehmung von Deduktion des Geschmacksurteils und Lehre vom Kunstschönen entkräftet: Der Zusammenhang ist so eng, daß die schöne Kunst zuerst aus der Beurteilung durch den Geschmack verstanden sein will. Die spezifische Differenz der schönen Kunst liegt in der Zweckmäßigkeit für die reflektierende *Urteils*kraft: schöne Kunst ist „eine solche, die die reflectirende Urtheilskraft und nicht die Sinnenempfindung zum Richtmaße hat" (306). Nicht nur für die Naturschönheit, auch für die Kunstschönheit gilt: „schön ist das, was in der bloßen Beurtheilung ... gefällt" (306). Dies führt sogar zu einem unvermittelten Wechsel vom Standpunkt der Produktion zu dem der Auffassung in den Überlegungen zur schönen Kunst: „Da die Naturgabe der Kunst (als schönen Kunst) die Regel geben muß, welcherlei Art ist denn diese Regel? Sie kann in keiner Formel abgefaßt zur Vorschrift dienen; denn sonst würde das *Urtheil* über das Schöne nach Begriffen bestimmbar sein" (309; vgl. 344).

Wenn aber die Lehre vom Kunstschönen nicht eine bloß formelle Ergänzung der Analyse des Geschmacks sein soll, so steht es an zu sehen, wie sich der Begriff von der „Stimmung der Vermögen", die dieselbe wie die dem Geschmacksurteil unterlegte ist, bereichert und so durch die Ergründung des Kunstschönen zugleich die Begründung des Geschmacksurteils weitergeführt wird.

Wird die besagte Stimmung der Erkenntniskräfte produktiv, so kann dies nicht den Verstand – dessen Begriff bewegt sich nicht –, sondern nur die Einbildungskraft betreffen. Allein damit, daß die Einbildungskraft produktiv wird, ist noch nicht der Unterschied zu ihrer Stellung im Geschmack herausgebracht. In der geschmacklichen Beurteilung nämlich trat sie zwar als auffassend, nicht aber als reproduktiv auf. Auch die Auffassung einer gegebenen Form versetzte die Einbildungskraft in ein schöpferisches Spiel: „ob sie zwar bei der Auffassung eines gegebenen Gegenstandes der Sinne an eine bestimmte Form dieses Objects gebunden ist und sofern kein freies Spiel (wie im Dichten) hat, so läßt sich doch noch wohl begreifen: daß der Gegenstand ihr gerade eine solche Form an die Hand geben könne, die eine Zusammensetzung des Mannigfaltigen enthält, wie sie die Einbildungskraft, wenn sie sich selbst frei überlassen wäre, in Einstimmung mit der Verstandesgesetzmäßigkeit überhaupt entwerfen würde" (240 f.). In der geschmacklichen Auffassung ist die Einbildungskraft produktiv, allerdings unter der Vorgabe eines schon formierten Gegenstandes, der ihre Tätigkeit nicht bloß veranlaßt (wie dies beim Erhabenen der Fall ist), sondern dieser zugrundeliegt. Fällt aber diese Vorgabe weg, ist die Einbildungskraft nicht nur gleichsam, sondern in der Tat ihrem eigenen Entwerfen überlassen, so muß erneut gefragt werden, woher sie denn ihre Spontaneität nimmt.

Nachdem ausgeschlossen wurde, daß die Einbildungskraft sich selbst das Gesetz ihrer Produktivität gebe (241 Z 5), führt diese Frage in eine zweiseitige Antwort. Deren erster Teil wird mit der Rückführung der schönen Kunst auf das Genie gegeben. Die Tätigkeit der Einbildungskraft im Künstler ist als eine Begabung durch die Natur anzusehen. Da nun die erste Eigenschaft des Genies als Naturanlage die Originalität ist, so wird die Natur als das Woher der produktiven Einbildungskraft genauer Ursprung genannt werden dürfen. Charakteristisch für diesen Ursprung ist seine Undurchsichtigkeit für das Wissen: „und daher der Urheber eines Products, welches er seinem Genie verdankt, selbst nicht weiß, wie sich in ihm die Ideen dazu herbei finden, auch es nicht in seiner Gewalt hat, dergleichen nach Belieben oder planmäßig auszudenken" (308).

Wie der Ursprung der schönen Kunst nicht weiter aufgehellt werden kann, so ist die Stimmung zur Hervorbringung ihrer Werke nicht mitteilbar (309); dadurch hebt sich die produktive von der auffassenden Proportion der Vermögen ab, deren Mitteilungsfähigkeit (239) die Deduktion trug. Da sich aber die schöne Kunst nicht gänzlich außerhalb der Sphäre der Allgemeinheit bewegen darf und dies auch nicht tut, insofern zwar die Disposition der Einbildungskraft zur Hervorbringung unerklärlich und nicht mitteilungsfähig ist, im Gegensatz dazu aber das Produkt dieses nicht lehrbaren und lernbaren Spiels der Einbildungskraft mitteilbar (317) oder „exemplarisch" (308) ist, so ist nicht nur der Ursprung, sondern ebenso der Grund der Produktivität der Einbildungskraft aufzusuchen. Wäre nicht vom Ursprung der künstlerischen Einbildungskraft noch ihr Grund zu unterscheiden, wäre nicht einzusehen, weshalb das Produkt der schönen Kunst allgemeinen Beifall finden sollte.

Dieser Grund kann aber nur in der Vernunft liegen, wenn anders das Genie nicht so sehr ein besonderes Vermögen als vielmehr ein besonderes Verhältnis der Erkenntnisvermögen ist, in der Deduktion des Geschmacks aber das Verhältnis der Einbildungskraft zum Verstand ausgegangen worden ist; die Einbildungskraft zeigte sich dabei zwar zur Gesetzlichkeit des Verstandes zu stimmen, nicht aber zu ihr zu streben, so daß die Deduktion den „terminus ad quem" ihres Strebens offenlassen mußte. Er wird jetzt in der Lehre vom Kunstschönen durch den darzustellenden (unbestimmten) Vernunftbegriff als Movens der Einbildungskraft angezeigt.

Diese erweiterte Betrachtung der Einbildungskraft, die sie in ihrer Spontaneität an die Vernunft bindet, bringt eine neue Perspektive auf die auffassende Stimmung der Vermögen mit sich. Nicht zu übersehen ist, daß im ersten Ansatz das Genie vom Geschmack her eingeführt wird; mehr noch, in der ganzen Umgrenzung des Genies hält sich diese erste Charakterisierung durch: „Die Gemüthskräfte also, deren Vereinigung (in gewissem Verhältnisse) das Genie ausmacht, sind Einbildungskraft und *Verstand*." (316; 317 f., 329 Z 30 ff., 342 Z 6 ff.) Daß sie sich durchhält und daß ein gewisses Schwanken in der Begrenzung des Genies und seiner ästhetischen Ideen zu verzeichnen ist, da diese teils auf den Verstand, teils auf die Vernunft bezogen werden, ist aber nur konsequent, wenn berücksichtigt wird, daß die Einbildungskraft in der schwebenden Mitte zwischen Verstand und Vernunft zu ihrer Produktivität findet.

Die im Kunstschönen hinzukommende Richtung auf die Vernunft läßt aber das Genie, dessen Kunst zunächst eine formelle Definition erfuhr als Hervorbringung für den Geschmack (auch die Unterscheidung: „Eine Naturschönheit ist ein schönes Ding; die Kunstschönheit ist eine schöne Vorstellung von einem Dinge." (311) bringt noch keinen reicheren Sachgehalt in den Begriff der Kunstschönheit) ebenso mit dem Geschmack auseinandergehen, so daß von deren Verhältnis gesprochen werden kann. Beleg dafür ist, daß es sehr wohl so etwas wie Produkte des (bloßen) Geschmacks, also „hervorbringenden Geschmack" gibt, der aber nicht mit dem Genie zusammenfällt (313). Im Verhältnis zum Genieprodukt, das auf den Vernunftbegriff als darzustellenden bezogen ist, rückt das Geschmacksprodukt in die Nähe des bloßen Regelprodukts. Der Geschmack besorgt die verständige Seite des Kunstprodukts, durch eine „peinliche Nachbesserung" (312) diszipliniert er das Genie und trägt der schulgerechten Form Rechnung. Hatte es zuerst geheißen, das Schöne sei als Darstellung eines unbestimmten Verstandesbegriffs zu beurteilen, so betrifft der Geschmack vom Standpunkt des Genies nur die Form der Darstellung (312), läßt also einen Darstellungsgehalt vermissen; dieser kommt durch das Genie an die Einbildungskraft.

Nachdem also das Kunstschöne zuerst aus der Entgegensetzung seiner mechanischen Hergestelltheit und des mit ihm hervorzurufenden geschmacklichen Gefallens begriffen worden war – die beiden logischen Eigentümlichkeiten des Geschmacksurteils erschienen so als im Produkt sich durchdringende Eigenschaften –, wird diese Entgegensetzung jetzt zu der von Geschmack und Genie. Der Geschmack, der in der ersten Formulierung der Entgegensetzung auf der Seite der Freiheit von einer bestimmten Regel stand, nimmt die Seite des Verstandes ein (obwohl er selbst ein Verhältnis von Einbildungskraft und Verstand ist), das Genie zeigt sich vorzüglich in der freigesetzten Einbildungskraft (320). Das Spiel der Einbildungskraft bewegt sich notwendig in diesem „Widerstreit"[94] (319 Z 35) von Geschmack und Genie oder unbestimmtem Verstandes- und Vernunftbegriff. Sie trägt ihn aus, indem sie durch ihr über den Verstandesbegriff hinausgehendes Beibringen von Stoff sich mitten zwischen den Extremen des Darzustellenden hält und dabei ent-

94 In dem Satz, in einem Kunstprodukt sei eher auf Genie als auf Geschmack zu verzichten, liegt keine Höherschätzung des Geschmacks (dies widerspräche der herausgearbeiteten Vertiefung des Gedankens vom Geschmack zum Genie), sondern der Hinweis darauf, daß jenes Spiel der Erkenntniskräfte zur Darstellung kommen muß, nicht dem Genie innerlich bleiben darf. In Abwandlung eines Hegelwortes könnte man sagen: das Genie ohne Geschmack ist nichts, der Geschmack doch etwas ohne Genie.

weder der Seite des Geschmacks oder der des Genies näherkommt. In der Spanne von Verstandes- und Vernunftbegriff wird die Tätigkeit der Einbildungskraft eines Mehr oder Weniger fähig, die Darstellung des Vernunftbegriffs im Überstieg über den Verstandesbegriff ist eine Annäherung an jenen und kann mit der Kategorie der Quantität gedeutet werden. Die Einbildungskraft der schönen Kunst, die dem „Vernunft-Vorspiele in Erreichung eines Größten nacheifert" (314), grenzt ans Erhabene, für das, um der auszudrückenden Totalitäts-Idee willen, die Kategorie der Quantität geltend zu machen ist (244).

Soweit läßt sich das Kunstschöne auf das schwebende Spiel der Einbildungskraft zurückführen. Eine letzte Wende nimmt die Betrachtung des Kunstschönen jedoch, indem sie es nicht so sehr auf eine gewisse Stimmung der Vorstellungsvermögen als vielmehr auf eine besondere Art der Vorstellung gründet, also vom Genie als einer Proportion der Gemütskräfte zur ästhetischen Idee geht. Dieser Schritt dient dazu, die Darstellbarkeit, Ausdrückbarkeit des Spiels klarzumachen. Die Einbildungskraft bringt es im Spiel zwischen Verstandesbegriff und Vernunftbegriff zu einer Vorstellung sui generis, die sich in einer Darstellung festhalten läßt. Die Unbestimmtheit, welche die ästhetische Einbildungskraft auszeichnet, kommt zu einer eigenen gerundeten Bestimmtheit. Erstlich war die Einbildungskraft unbestimmt, nicht bestimmt durch den Verstandesbegriff, und als solche konnte sie das Geschmacksurteil tragen. Diese Unbestimmtheit ist zu näherer Bestimmtheit zu bringen, indem sie nicht als einseitige Nicht-Bestimmtheit durch den Verstandesbegriff, sondern als Mitte zwischen den beiden ihrerseits unbestimmten Gestalten des Begriffs fortbestimmt wird. Die Einbildungskraft *hält* aber diese Mitte nicht allein in einem (ver-)schwebenden Spiel; sie bildet eine – bestimmte – Vorstellung, in der das unnennbare und nicht mitteilbare Spiel sozusagen kondensiert, um dann wieder geweckt werden zu können, sei es im Auffassenden oder in einer ähnlich begabten Natur, die zur nachfolgenden Schöpfung angeregt wird.

Eine ästhetische Idee, etwa die Vorstellung der milde untergehenden Sonne, in Verbindung gebracht mit der „Vernunftidee von weltbürgerlicher Gesinnung noch am Ende des Lebens" (316), ist einerseits etwas ganz Bestimmtes, eine sinnliche Vorstellung von genauer Kontur; diese bestimmte Vorstellung ist jedoch dazu geeignet, „eine Menge von Empfindungen und Nebenvorstellungen rege [zu machen], für die sich kein Ausdruck findet" (316). Es bleibt nicht beim ungreifbaren Reichtum der „Nebenvorstellungen" zu einem gegebenen Begriff; dieser Reichtum ist in eine bestimmte Vorstellung gelegt und so fixiert, daß er dem allgemeinen Urteil zugänglich wird.

Sieht man auf die Verhältnisse, die durch die Beigesellung der ästhetischen Idee zum Begriff gestaltet werden, tritt die Erweiterung des Spiels der Erkenntniskräfte, welches schon in der Deduktion erreicht worden war, zutage. In der Deduktion ging es um das Spiel von Einbildungskraft und Verstand, die im Verhältnis wechselseitiger Belebung stehen; nun beleben sich Einbildungskraft und Vernunft. Die erstgenannte Richtung des Verhältnisses geht dabei nicht verloren; der Dichter vermag es, „dem Verstande spielend Nahrung zu verschaffen und seinen Begriffen durch Einbildungskraft Leben zu geben" (321). Der Vernunft kommt allerdings die vorgeordnete Stellung zu, da sie Beweggrund der gesamten Darstellungstätigkeit ist und die ästhetische Idee in ihr das Prinzip hat (344 Z 1-3): „Der Dichter wagt es, Vernunftideen[95] von unsichtbaren Wesen, das Reich der Seligen, das Höllenreich, die Ewigkeit, die Schöpfung u. d. gl., zu versinnlichen" (314).

Daß es aber hier durchgängig auf die Wechselwirkung ankommt, die symbolisch das der Vernunft eigene Selbstverhältnis ausdrückt, ist daran abzulesen, daß auch die Vernunftidee zur Belebung der Sinnlichkeit dienen kann: „Andererseits kann sogar ein intellectueller Begriff umgekehrt zum Attribut einer Vorstellung der Sinne dienen und so diese letztere durch die Idee des Übersinnlichen beleben" (316).

Das um das „Vernunft-Vorspiel" bereicherte Wechselspiel der Erkenntnisvermögen wird mit einem folgerecht abgewandelten Namen belegt; statt vom Spiel wird beim Genie vom Schwung[96] gesprochen, vom „freien

---

95 Es fällt ins Auge, daß die Vernunftideen an dieser Stelle in einer unabgeschlossenen Reihe genannt werden, also nicht in den Grenzen der maßgeblichen Trias. Dies ist auf die Unbestimmtheit zurückzuführen, die der Vernunftidee *für* die Einbildungskraft anhaften muß; in ihrer ganzen Bestimmtheit ist sie überhaupt nicht darstellbar und vom sinnlichen Vorstellen unaufhebbar verschieden, nicht in ein Bild zu bringen. Ähnlich weit gefaßt ist die Vernunftidee bei ihrer Einführung in der Kritik der reinen Vernunft; in Erinnerung an Platon werden als „Ideen überhaupt" die Tugend, die Republik, das Vollkommenste einer Art von Geschöpf vorgebracht (KRV, B 368 ff.).

96 Es ist nicht zu überhören, daß die Rede vom „Schwung" des Gemüts bei weitem schwerer

Schwung der Gemüthskräfte" (312), vom Geist, der die „Gemüthskräfte zweckmäßig in Schwung versetzt" (313), von den ästhetischen Attributen, die „der Einbildungskraft einen Schwung geben" (315), vom „Geistesschwung" (318) des Genies. Die Erweiterung des Gemüts (326) durch die schöne Kunst ist mehr als das Spiel der Gemütskräfte. Es deutet sich der Übergang der Einbildungskraft zum Erhabenen an, in dessen Vorstellung sie eine ähnliche „*Erweiterung* . . . zur Angemessenheit mit dem, was in unserm Vermögen der Vernunft unbegränzt ist, nämlich der Idee des absoluten Ganzen" (259 f.) erfährt.

Die Spanne des Gedankens, welche die Betrachtung des Schönen der Kunst durchläuft, läßt sich am kürzesten anhand der beiden Definitionen des Schönen in § 46 und § 51 übersehen. Zunächst mündet die Erläuterung der schönen Kunst in eine Erklärung, die sie noch ganz vom Geschmack und so von der Naturschönheit her deutet; „schön ist das, was in der bloßen Beurtheilung . . . gefällt" (306); dies läßt sich unterschiedslos von der Natur- und Kunstschönheit sagen, der Unterschied von Beurteilung und Hervorbringung ist noch ein formaler. Die mit dem Schönen der Kunst aber notwendig eintretende Frage nach dem Woher und Wozu des Produzierens, nach seinem Ursprung und Beweggrund, führt über diesen ersten Begriff hinaus, indem die Einbildungskraft aus ihrer einseitigen Beziehung auf den Verstand in ihre Zwischenstellung zwischen Verstand und Vernunft eingeht, welches Wechselspiel sie durch die ästhetische Idee zur allgemeinen Mitteilbarkeit beständigt. Jetzt ist die mittlere Definition des Schönen zwischen der ersten („Darstellung eines unbestimmten Verstandesbegriffs") und anderen, durch den unbestimmten Vernunftbegriff getragenen (Dialektik) gewonnen: „Man kann überhaupt Schönheit (sie mag Natur- oder Kunstschönheit sein) den Ausdruck ästhetischer Ideen nennen" (320). Dabei ist zu beachten, daß die auf dem Wege der Ergründung des Kunstschönen gewonnene Bestimmung nun auch auf die Naturschönheit zurückgetragen wird. Wurde das Kunstschöne vorläufig aus dem auf das Naturschöne gerichteten Geschmack begriffen, so wird jetzt das Naturschöne im Lichte des berei-

ins heutige Ohr geht als das eingängige „Spiel". Deutlicher als an seiner dem Verstand näher stehenden Gestalt, dem Geschmacksprodukt, wird die Geschichtlichkeit des Schönen am Genieprodukt in seiner Nachbarschaft zum Erhabenen.

cherten Begriffs des Kunstschönen gesehen. Dies ist schwierig, weil der Ort für die ästhetischen Ideen des Naturschönen zu fehlen scheint. Möglich ist aber diese zurücktragende Sicht dadurch, daß die ganze Reflexion sich im Modus des Als-ob bewegt: „Die Natur war schön, wenn sie zugleich als Kunst *aussah*" (306).

f. Der zweite Schritt der Begründung des Geschmacksurteils (Dialektik)

Die in der Dialektik gegebene Begründung des Geschmacksurteils ist nicht unvorbereitet, da bereits die Deduktion die Einseitigkeit des unbestimmten Verstandesbegriffs als Grundlage der ästhetischen Beurteilung vermuten ließ und vollends die Lehre von der ästhetischen Idee die Stellung der Einbildungskraft zwischen Verstand und Vernunft zeigte. Wie der innere Zug der Ergründung des Schönen an die Schwelle der Dialektik und deren Begriff des „intelligiblen Substrats" (345) führt, dürfte also geklärt sein. Zu beantworten übrig bleibt jedoch die Frage, wie auch eine isolierte Betrachtung der Dialektik die Notwendigkeit sehen läßt, auf eben dieses intelligible Substrat zurückzugehen, die Frage, wie der Widerstreit von Thesis und Antithesis nur die gegebene Auflösung zuläßt. Diese Frage kann nicht erspart werden, da der systematische Aufbau einer Kritik stets beansprucht, daß auch jedes Lehrstück für sich beweiskräftig sei – so wie etwa in der ersten Kritik die Idealität der Gegenstände der Sinne zwar ein von der Antinomie der Vernunft geforderter Gedanke ist, jedoch als apodiktisch gewiß befestigt schon in der transzendentalen Ästhetik geltend gemacht wird, ohne daß deren Ausführungen sich auf die Dialektik stützten.

Die Geschmacksantinomie konfrontiert eben dieselben logischen Eigentümlichkeiten des Geschmacksurteils, die den Ausgangspunkt seiner Deduktion abgaben: Begrifflichkeit und Begrifflosigkeit (339). Angesichts dieses selben Ausgangspunktes ist der differente Rückgang in den Grund des Urteils nicht ohne weiteres verständlich. Weshalb sollte nicht der unbestimmte *Verstandes*begriff die Mitte halten können zwischen erkenntnisermöglichendem Begriff und erkenntnisuntauglicher Empfindung? „We should look for Kant to argue that aesthetic judgments do not admit of dispute because they are not based on determinate concepts, but that they do admit of contention and rational claims to intersubjective validity because they are based on the indeterminate concept of the harmony of the higher cognitive faculties".[97]

Die doppelte Begründung des Geschmacksurteils kann nur erhellen, wenn seine beiden logischen Momente in ihrer unterschiedlichen Formulierung in Deduktion und Dialektik beachtet werden. Es sind nämlich zwar dieselben Momente in beiden Abschnitten, jedoch werden sie in der Dialektik modifiziert. Die erste Eigentümlichkeit des Geschmacksurteils in der Deduktion war seine Allgemeingültigkeit, „als ob es objectiv wäre" (281), die zweite seine Unbeweisbarkeit, „als ob es bloß subjectiv wäre" (284). Indem Objektivität und Subjektivität mit dem Zusatz des „Als-ob" versehen werden, ist von vornherein klargestellt, daß dieses Urteil nur per analogiam begrifflichen Charakter hat und ebenso nur per analogiam durch Einzelheit zu kennzeichnen sei. Die beiden Eigentümlichkeiten sind als die eines reflektierenden Urteils ausgesprochen; die ganze Arbeit der Exposition war darauf bedacht, die Disjunktion „Entweder Begriff – Oder Empfindung" zugunsten der reflektierten Anschauung aufzulösen.

Nimmt man nun Thesis („Das Geschmacksurtheil gründet sich nicht auf Begriffen" (338)) und Antithesis („Das Geschmacksurtheil gründet sich auf Begriffen" (338)), so ist dieser Vorbehalt in der Kennzeichnung des Urteils verschwunden. Das Geschmacksurteil wird geradewegs als begriffliches oder nicht-begriffliches behauptet. Es ist klar, daß nur durch Verwandlung der besagten logischen Momente von Eigenschaften eines reflektierenden Urteils zu solchen eines Erkenntnis- oder Empfindungsurteils der Widerspruch überhaupt eintritt. Denn wenn es heißt, das Geschmacksurteil sei *gleichsam* objektiv, so widerspricht dies keineswegs dem Satz, es sei so zu nehmen, *als ob* es bloß subjektiv sei. Die Antinomie wiederholt nicht bloß die Momente der Exposition, sondern vertieft deren Gegensatz zum Widerspruch. Derselbe Schritt wird durch die Antinomie der teleologischen Urteilskraft gemacht: „Aller Anschein einer Antinomie zwischen den Maximen der eigentlich physischen (mechanischen) und der teleologischen (technischen) Erklärungsart beruht also darauf: daß man einen Grundsatz der reflectirenden Urtheilskraft mit dem der bestimmenden . . . verwechselt." (389) Diese Verwechslung darf

[97] Guyer (1979) 338.

weder in der teleologischen noch in der Geschmacksantinomie ein beliebiger Mißgriff sein, weil sonst die Belehrung über den reflektierenden Charakter dieser Urteile ausreichte, den Widerspruch zu heben; eine Neubegründung der Urteile wäre überflüssig und der Streit ein leerer Umweg.

Daß die Geschmacksantinomie auf dem Entweder-Oder von Begrifflichkeit und Begrifflosigkeit insistiert, obwohl die Exposition dieses Entweder-Oder längst durch Analogie und Unterschied des reflektierenden Urteils zu den Extremen des logischen und ästhetisch-privaten Urteils überholt hat, ist dadurch zu erklären, daß diese Antinomie im Grunde eine der Vernunft ist. Sie betrifft zwar das Prinzip der Urteilskraft, entsteht aber dadurch, daß dieses unter die Unbedingtheitsforderung der Vernunft gestellt wird. Es ist „eine Antinomie der *Vernunft in Ansehung* des ästhetischen Gebrauchs der *Urtheilskraft* für das Gefühl der Lust und Unlust" (345).

Die Deduktion hatte gezeigt: Das Geschmacksurteil kann sich auf den unbestimmten Verstandesbegriff berufen, d. h. eine schön zu nennende Anschauung läßt sich möglicherweise (aber auch nur möglicherweise) auf einen Begriff bringen. Für die Vernunft aber ist die Möglichkeit zum Begriff soviel wie überhaupt kein Begriff. Ihre Forderung geht stets darauf, einen ersten Grund zu *erreichen*; das freie Spiel der Erkenntniskräfte, das nur zum Begriff hingeht, kann dieser Forderung nach unbedingter Begründung nicht genügen.

Soll nun aber die bloße Möglichkeit oder Unbestimmtheit des Begriffs festgehalten werden – was unverzichtbar ist, um den Charakter des ästhetischen Urteils nicht zu verfehlen – und gleichwohl ein Begriff als Grundlage des Urteils dienen, so kann dies nur so geschehen, daß ein Begriff gefunden wird, aus dessen Natur schon seine Unbestimmtheit – für die Einbildungskraft – erhellt. Ein solcher Begriff wird mit der unbestimmten Idee des Übersinnlichen angezeigt; aus deren Totalitätscharakter ist abzuleiten, daß sie für die Einbildungskraft unerreichbar bleiben muß. Der Forderung der Vernunft, jedes Urteil unbedingt zu begründen, ist also insofern Rechnung getragen, als zwar keine Ableitung des Geschmacksurteils aus einem Prinzip möglich ist, aber die Unableitbarkeit selbst in einem Prinzip festgemacht worden ist. Der Schritt von der Deduktion zur Dialektik führt von der Unbestimmtheit zur Unbestimm*barkeit* des Begriffs.

Die offene Seite der Deduktion ist damit geschlossen. Sie konnte das Geschmacksurteil rechtfertigen, indem sie das zum Verstande stimmende Spiel der Einbildungskraft als verwandt mit derjenigen Proportion der Erkenntnisvermögen aufzeigte, die zu jedem empirischen Erkenntnis vorausgesetzt wird, mußte dabei jedoch eine Differenz dieser beiden Proportionen einräumen, die zwar die Deduktion nicht gefährdet, aber doch ihrerseits unbegründet blieb; unbegründet blieb das Verweilen der Einbildungskraft im Zustande eines bloßen Vermögens zur Darstellung eines Begriffs. Daß die Vorstellungen der Einbildungskraft überhaupt nicht auf einen bestimmten Begriff zu beziehen sind, ist nun durch die Unerreichbarkeit der Vernunftidee offengelegt. Aus der Unerreichbarkeit der Vernunftidee fließt andererseits auch, daß die Anschauung der Einbildungskraft, die doch zu dieser Totalität strebt, nicht durch einen Verstandesbegriff zu erschöpfen ist. Die Inexponibilität der Anschauung des Schönen nach der Seite des Verstandesbegriffs, die durchaus schon in der Deduktion berührt worden ist, hat nun in der Unerreichbarkeit des Vernunftbegriffs ihre unbedingte Begründung erfahren.

In der Auflösung der Antinomie durch Verweis auf die unbestimmbare Vernunftidee wird zugleich der Verstandesbegriff zurückgewiesen: „wäre der Begriff, worauf es sich gründet, ein nur bloß verworrener Verstandesbegriff etwa von Vollkommenheit, dem man correspondirend die sinnliche Anschauung des Schönen beigeben könnte: so würde es wenigstens an sich möglich sein, das Geschmacksurtheil auf Beweise zu gründen, welches der Thesis widerspricht“ (340).

Abgelehnt wird der verworrene, nicht der unbestimmte Verstandesbegriff. Da deren Unterschied nicht auf der Hand liegt, sei der Sinn dieser Unbestimmtheit herausgehoben, wie er sich aus der Begründung der Unbestimmtheit des Prinzips des Geschmacks verstehen läßt.

Zunächst zum verworrenen Begriff. Kant macht die Anmerkung, daß der herkömmlicherweise verworren genannte Begriff eigentlich undeutlich genannt werden müßte;[98] der verworrene Begriff wird nämlich dem deutlichen entgegengesetzt, die Undeutlichkeit kann aber, muß jedoch nicht auf die mangelnde Ordnung der Merkmale zurückgehen, sie kann auch der mangelnden Klarheit einiger Merkmale zuzuschreiben sein. Ob

98 Logik, AA 9, 34 f.

nun an der zitierten Stelle „verworren" im herkömmlichen oder im engeren Sinn gebraucht wird, in beiden Fällen ist Verworrenheit ein Mangel des Begriffs. In der Deutung der Sinnlichkeit und Schönheit durch einen solchen verworrenen Begriff ist nun diese Defizienz etwas Zufälliges; es ist nicht einzusehen, weshalb das Undeutliche einer Vorstellung nicht zur Deutlichkeit entwickelt werden könnte, weshalb ein Urteil, das sich auf solch einen mangelhaften Begriff stützt, nicht „an sich" in ein logisches aufzulösen sei.

Hält man gegen den so verstandenen verworrenen Begriff den unbestimmten Begriff im Kantischen Sinne, so ist zu sagen: Unbestimmt bleibt der Verstandesbegriff, auf den die Einbildungskraft durch die Urteilskraft bezogen wird, nicht deshalb, weil ihm etwas fehlt – sei es Ordnung oder Vollständigkeit seiner Merkmale –, sondern umgekehrt deshalb, weil der Reichtum der Einbildungskraft zu groß ist, um in die Grenzen eines bestimmten Begriffs gelegt zu werden. Nicht dem Begriff selbst, vielmehr dem Verhältnis der Sinnlichkeit zum Begriff eignet die Unbestimmtheit. Ein Verhältnis der Sinnlichkeit zum Verstand ist aber nur unter der Voraussetzung denkbar, daß die Sinnlichkeit dem Ursprung und Inhalt nach vom Verstand getrennt worden ist; eine Sinnlichkeit, die „an sich" Verstand *ist*, kann nicht einen über ihn hinausgehenden Reichtum an Stoff in sich enthalten.

Genau dieses Zuviel auf der Seite der Einbildungskraft, diese Fülle an Bestimmtheit, im Unterschied zur bloßen Mangelhaftigkeit des verworrenen Begriffs, ist begründbar. Es beruht auf dem Vorspiel der Totalitätsidee, welche die Einbildungskraft zur Produktion anregt. Die Unbestimmtheit des Begriffs als Grund des ästhetischen Urteils hat so zwei Seiten: Der Reichtum des Stoffes der Einbildungskraft ist zu groß für den Verstandesbegriff, zu klein für den Vernunftbegriff – woraus ersichtlich wird, daß und wie beide Begründungen sich ergänzen.

2. Das Über-sich-Hinausweisen des Schönen

Nachdem die Tendenz selbst der *reinen* Beurteilung des Schönen, ihr eigenes Prinzip in Richtung auf die Vernunft zu übersteigen, verfolgt worden ist, soll nun dieselbe Tendenz in der Verbindung des Schönen mit dem Erhabenen und objektiv Zweckmäßigen aufgewiesen werden. Der Übergang des Schönen ins Erhabene wird dabei vornehmlich der Kunstschönheit anzusehen sein. Sie besitzt als durch die ästhetische Idee begründet die größere Nähe zum Vernunftbegriff, während das Naturschöne eher das Gefällige im Sinne des Wechselspiels von Einbildungskraft und Verstand bleibt. Für den Übergang in die teleologische Beurteilung ist umgekehrt das Naturschöne geeignet, da dessen Dasein sich offensichtlich nicht menschlichem Herstellen verdankt und so die Frage nach seinem Ursprung weckt.

a. Der Übergang ins Erhabene

Allein die Tatsache, daß das Ideal des Schönen in der menschlichen Gestalt nicht rein Sache des Geschmacks ist, die Urteilskraft also auch dort und gerade dort, wo sie darangeht, das ihr in vollkommener Weise Entsprechende zu beurteilen (und die Einbildungskraft, es hervorzubringen), in eine exzentrische Bahn gezogen wird, ist Index für die sich hervortuende Unselbständigkeit der Urteilskraft. Zum Urbild der Schönheit bedarf es neben der ästhetischen Normalidee der „Vernunftidee, welche die Zwecke der Menschheit, sofern sie nicht sinnlich vorgestellt werden können, zum Princip der Beurtheilung seiner Gestalt macht, durch welche als ihre Wirkung in der Erscheinung sich jene offenbaren" (233). Es ist eine doppelte Abweichung vom reinen Geschmack zu beobachten. Zum einen wird die Schönheit an die menschliche Gestalt gebunden und diese als solche eines Lebewesens bestimmter Art idealisiert. Für die besagte Tendenz der Urteilskraft ist aber die andere Abweichung sprechender. Sie reicht so weit, daß selbst der Normalidee bisweilen Eintrag getan werden muß, indem im vernunftorientierten ästhetischen Urteil ein Zug der menschlichen Gestalt gefallen mag, der, gemessen an der Normalidee, nicht recht proportioniert wäre.[99] Die Normalidee gehört zum Ideal als negative Bedingung; daß aber das Procedere der Einbildungskraft in Bildung der Normalidee allenfalls auch „mechanisch" (234) vorstellbar ist, rückt die Normalidee in größere Nähe zum Verstandesgeschmack.

---

[99] Dies ist aus der Anmerkung Kants zur Schönheit ganz regelmäßiger Gesichter zu ziehen (KU, AA 5, 235 Anm.).

Dieser Geschmack muß hinter den Ideen-Geschmack zurücktreten, der *gegen* das alleinige Interesse der Sinne (nämlich das in der Normalidee erfüllte) gehen kann und so an die Grenze zum Erhabenen führt.

Wie im Erhabenen ist im Ideal des Schönen die Vernunftidee das Darzustellende.[100] Dies festzustellen genügt allerdings nicht, um die Affinität des ideal Schönen zum Erhabenen sichtbar zu machen, da über das Was der Darstellung hinaus vor allem ihr Wie verglichen sein will.

Einer Darstellung von Ideen steht zunächst deren Unanschaubarkeit entgegen, „die Unerforschlichkeit der Idee der Freiheit schneidet aller positiven Darstellung gänzlich den Weg ab" (275). Die erhabene Darstellung entspricht dieser Unmöglichkeit insofern, als sie nur vermittels der Undarstellbarkeit von Ideen zustandekommt; das Scheitern der Einbildungskraft, eine Totalität zu erfassen, ist die einzige, indirekte und negative Möglichkeit, diese sinnlich darzustellen.

Das Schöne kann sich nun nicht in der Weise dem Erhabenen nähern,[101] daß es in dessen Form- und Grenzenlosigkeit führt; das Schöne bleibt, erst recht im Ideal, eine Gestalt, beruht in der Qualität. Wenn die Kernformulierung zur Bestimmung des Ideals sagt, daß dieses „in dem Ausdrucke des Sittlichen" (235) besteht, so ist es die Vorstellung der Äußerung oder sogar Offenbarung (233 Z 25) eines Inneren, die schwer mit der im Erhabenen durchgehaltenen Undarstellbarkeit und Uneinbildbarkeit der Ideen zusammengeht. Die Fortsetzung der zitierten Stelle gibt jedoch eine Andeutung, wie die Möglichkeit solcher Darstellung denkbar wird; es wird gesprochen vom „sichtbaren Ausdruck sittlicher Ideen, die den Menschen *innerlich beherrschen*" (235). Nicht die Idee selbst, vielmehr diese relativ auf das Gemüt, ihre Herrschaft über das Gemüt und so auch über die menschliche Gestalt ist darstellbar. Damit geht zusammen, was von der Bestimmungskraft des moralischen Gesetzes gilt,

---

100 Kants Rede von einer „durch einen Begriff von objectiver Zweckmäßigkeit fixirten Schönheit" und vom „zum Theil intellectuirten Geschmacksurtheil" (KU, AA 5, 232) läßt auch an den Übergang in die Teleologie denken. Das Ideal des Schönen aber für den Übergang ins Erhabene anzuführen, dazu berechtigt, daß es zwar nach einem objectiven Zweck (sei es der Norm der äußeren Gestalt oder dem selbstgesetzten Zweck der Menschheit) beurteilt wird, das Urteil dabei aber *ästhetisch* bleibt, nämlich den erscheinenden Ausdruck dieser Zwecke betrifft.

101 Daß Kant die erweiterte Bedeutung des Erhabenen, der gemäß es auch in der Begrenzung zu finden ist, durchaus im Auge gehabt hat, belegt der Passus, in dem er vom „Erhabenen und Schönen in der Menschengestalt" (KU, AA 5, 270) spricht.

daß sie sich nämlich „eigentlich nur durch Aufopferungen ästhetisch-kenntlich macht" (271).

Von dem, was als in der menschlichen Ideal-Gestalt sich ausdrückend genannt wird, ist einiges ohne weiteres auf die Seite der Erhabenheit zu setzen. Die „Ruhe" (235), welche sich in der ideal-schönen Gestalt abzeichnen kann, wird als Gemütsstimmung geradewegs der Erhabenheit zugerechnet: „Aber (welches befremdlich scheint) selbst Affectlosigkeit (Apatheia, Phlegma in significatu bono) eines seinen unwandelbaren Grundsätzen nachdrücklich nachgehenden Gemüths ist und zwar auf weit vorzüglichere Art erhaben, weil sie zugleich das Wohlgefallen der reinen Vernunft auf ihrer Seite hat." (272) Ebenso ist die „Stärke" (235), die in der idealen Schönheit erscheinen kann, als Gemütszustand erhaben zu nennen: „Ein jeder Affect von der wackern Art (der nämlich das Bewußtsein unserer Kräfte jeden Widerstand zu überwinden (animi strenui) rege macht) ist ästhetisch erhaben" (272).

Wird also die Idee nicht durch die Unmöglichkeit ihrer Darstellung dargestellt, wie dies durch das Erhabene sensu stricto geschieht, sondern in der Tat durch eine Anschauung von positiver Bestimmtheit, so bleibt das negative Moment doch insoweit gewahrt, als es vornehmlich die – Negation der Sinnlichkeit einschließende – Herrschaft der Idee ist, die erscheinen kann.

b. Der Übergang in die Teleologie

ba. Das Naturschöne

Während das Sich-Vertiefen der Begründung des reinen Geschmacks und dessen Übergehen in die Beurteilung des Erhabenen zwar deutlich genug zu erkennen sind, nicht jedoch ausdrücklich[102] von Kant angesprochen werden, ist der Übergang in die Teleologie eigens unter dem Titel des intellektuellen Interesses am Schönen (§ 42) kenntlich gemacht; vermutlich deshalb, weil dieser Übergang härter ist, insofern er

---

[102] Der § 23 ist eine vergleichend-kontrastierende Zusammenstellung der Eigenschaften des Schönen und Erhabenen, hebt aber nicht die vorhin bezeichnete innere Tendenz zum Übergang heraus (ähnlich auch § 61 zu Beginn der Teleologie).

über die Entgegensetzung von ästhetischer und logischer, subjektiver und objektiver Zweckmäßigkeit hinwegführt, und das Ziel des Übergehens besondere Wichtigkeit für das Unternehmen der dritten Kritik besitzt.

Das intellektuelle Interesse am Naturschönen ist Wohlgefallen an seinem Dasein. Eine solche Betrachtung des doch interesselos Gefallenden, wenn sie nicht eine Vermischung der Interesselosigkeit mit einem Interesse oder eine Aufhebung der Interesselosigkeit durch ein Interesse sein soll, entspringt einer gleichsam „potenzierten" Reflexion. Das Fehlen eines bestimmten Zwecks in der Zweckmäßigkeit ohne Zweck wird nicht durch einen hinzukommenden Zweck weggebracht; es wird gefragt, wozu das Ganze der Zweckmäßigkeit ohne Zweck dasei, also nach dem Zweck der Zweckmäßigkeit ohne Zweck: Ist das Schöne zugunsten der Urteilskraft von der Natur hervorgebracht worden, oder verdankt sich die in seiner Kontemplation waltende Übereinstimmung einem Zufall? (Dieselbe potenzierte Frage ist im § 58 aufgeworfen.) Es steht nicht mehr in Frage, ob das Schöne „für unsere Urtheilskraft gleichsam vorherbestimmt zu sein scheint" (245) – dies ist bereits in der Analytik des Schönen bejaht und nichts anderes als der Begriff der subjektiven Zweckmäßigkeit –, sondern ob die ganze so begriffene Fügung von Schönheit und Urteilskraft von der Natur (gleichsam) absichtlich hervorgebracht worden ist oder nicht. Der Unterschied des Realismus und Idealismus der ästhetischen Zweckmäßigkeit greift also nicht noch einmal das „ohne Zweck" des dritten Moments der Exposition an; er betrifft die Kausalität, die eine solche subjektive Zweckmäßigkeit in der Natur zustandebringt. „Folglich kann selbst nach dem Princip des Rationalisms das Geschmacksurtheil und der Unterschied des Realisms und Idealisms desselben nur darin gesetzt werden, daß entweder jene subjective Zweckmäßigkeit im erstern Falle als wirklicher (absichtlicher) Zweck der Natur (oder der Kunst) mit unserer Urtheilskraft übereinzustimmen, oder im zweiten Fall nur als eine ohne Zweck von selbst und zufälliger Weise sich hervorthuende zweckmäßige Übereinstimmung zu dem Bedürfnis der Urtheilskraft in Ansehung der Natur und ihrer nach besonderen Gesetzen erzeugten Formen angenommen werde." (347) Die neue Ebene der Reflexion wird greifbar, wenn gefragt wird, ob die subjektive Zweckmäßigkeit, die doch per definitionem Zweckmäßigkeit ohne Zweck ist, als Ganzes und auf ihr Dasein hin betrachtet eine „ohne Zweck . . . sich hervorthuende zweckmäßige Übereinstimmung" sei.

Der im § 58 vertretene Ausschluß des Realismus der ästhetischen Zweckmäßigkeit, welcher zwar ausdrücklich nur die *absichtliche* Kausalität der Natur trifft, aber wohl überhaupt auf die objektive Zweckmäßigkeit zu beziehen sein wird,[103] scheint nun ebensowenig mit der Sicht des intellektuellen Interesses vereinbar zu sein wie mit der späteren Einbeziehung der Naturschönheit in das teleologische Ganze der Natur,[104] welche Kant auf die Formel bringt: „In dem ästhetischen Theile wurde gesagt: wir sähen die schöne Natur mit Gunst an . . . In einem teleologischen Urtheile . . . können wir es als Gunst der Natur ansehen, daß sie uns durch Aufstellung so vieler schönen Gestalten zur Cultur hat beförderlich sein wollen." (380)

Bei näherem Zusehen sind beide Urteile gleichwohl vereinbar. Der Ausschluß des Realismus der Zweckmäßigkeit im § 58 beruft sich auf die Autonomie des Geschmacks, die keine Rücksicht auf eine teleologische Zweckmäßigkeit zu nehmen erlaubt, „weil wir da von der Natur lernen müßten, was wir schön zu finden hätten" (350). Dies bedeutet aber nur soviel, daß das autonome Geschmacksurteil eben keine Rücksicht auf eine objektive Zweckmäßigkeit nehmen kann, ähnlich wie in der Betrachtung einer Naturschönheit das Geschmacksurteil rein bleiben kann, auch wenn das Naturschöne in einer anderen Hinsicht ein objektiver Naturzweck ist; dies ist auch von Kant angedeutet worden: „Die Eigenschaft der Natur, daß sie für uns Gelegenheit enthält, die innere Zweckmäßigkeit in dem Verhältnisse unserer Gemüthskräfte in Beurtheilung gewisser Producte derselben wahrzunehmen, . . . kann nicht Naturzweck sein, *oder vielmehr von uns als ein solcher beurtheilt werden*" (350).

Was wird nun beim intellektuellen Interesse-Nehmen an der Naturschönheit gedacht? Das Interesse selbst ist zwar ein Gefühl, das „Gefühl

---

[103] Vgl. KU, AA 5, 349 Z 25, wo teleologische und „realistische" Beurteilung synonym gebraucht werden.

[104] Vgl. Kohler (1980), der die Brüchigkeit des § 58 zeigen will: „Denn so, wie das Kunstschöne auf einen realen Erzeuger bezogen werden muß, auf eine Ursache mithin, in deren Absicht es liegt, die „Unabsichtlichkeit" der Schönheit hervorzubringen (vgl. dazu KdU §§ 44 und 45), so ist es auch nicht ausgeschlossen, das Naturschöne als von einem Schöpfer produziert zu denken, es also – der Möglichkeit nach – dem Begriff realer Zweckmässigkeit zu unterstellen, ohne dass deshalb die spezifisch ästhetische Subjektivität seiner Zweckmässigkeit, die allein mit der vom § 58 namhaft gemachten Autonomie des Geschmacks verträglich ist, nicht mehr behauptbar wäre." (193)

für die schöne Natur" (303), und auf diese Weise ist gesichert, daß der Übergang in die Teleologie im Felde des Ästhetischen selbst ansetzt. Diesem Gefühl liegt jedoch ein Gedanke und demzuvor: eine „Denkungsart" (303) zugrunde. Wie das Gefühl überhaupt, sofern apriorischen Ursprungs, „intellektuell" gewirkt ist – sei es das vernunftgewirkte Gefühl der Achtung, sei es das durch Reflexionstätigkeit hervorgerufene Geschmacksgefühl –, so ist auch das intellektuelle Gefallen an der Natur durch ein Denken bedingt: das Gemüt denkt über die Schönheit der Natur nach (300). Wenn dieses Denken als unentwickeltes (300 Z 5), nicht „deutliches, subtiles und vorsätzliches" (301) bezeichnet wird, so muß allerdings beachtet werden, daß es, im Unterschied zum Reichtum der in der ästhetischen Idee liegenden Nebenvorstellungen, „an sich" sehr wohl entwickelbar ist, da es teleologischer Natur ist. Die Entwicklung ist kurz diese: „Da es aber die Vernunft auch interessirt, daß die Ideen . . . auch objective Realität haben, d. i. daß die Natur wenigstens eine Spur zeige, oder einen Wink gebe, sie enthalte in sich irgend einen Grund, eine gesetzmäßige Übereinstimmung ihrer Producte zu unserm von allem Interesse unabhängigen Wohlgefallen . . . anzunehmen: so muß die Vernunft an jeder Äußerung der Natur von einer dieser ähnlichen Übereinstimmung ein Interesse nehmen" (300).

Die das intellektuelle Interesse am Naturschönen hervorrufende Denkungsart ist das praktische Interesse an der „objektiven Realität" der Ideen. Objektive Realität – der Kontext spricht eindeutig dafür, daß diese, im Unterschied zur Rede von einer solchen Realität in der Vorrede zur Kritik der praktischen Vernunft,[105] diejenige der Natur *außer* uns ist. Der dieser Denkungsart entspringende Gedanke stellt nun eine Analogie, eine Gleichheit zweier Verhältnisse vor. Bei dieser geht es nicht so sehr um die (im § 59 ausführlicher gezeigte) symbolische Beziehung des Geschmacksurteils zum moralischen als vielmehr um die Analogie der Übereinstimmungen auf seiten des Gegenstandes; die Übereinstimmung eines Produkts der Natur zum Geschmack, in der bezeichneten potenzierten Weise teleologisch gedeutet, läßt eine „ähnliche Übereinstimmung" der Produkte der Natur zum moralischen Urteil erwarten.

Daß das im intellektuellen Gefallen an der Naturschönheit liegende

[105] KPV, AA 5, 4 Z 4.

Interesse an der objektiven Realität der Ideen durchaus auf die *äußere* Natur geht, ist deshalb zu betonen, weil hierin eine Erinnerung an die Gesamtaufgabe der Urteilskraft liegt. Sie wurde zusammengezogen in die Bestimmbarkeit des intelligiblen Substrats der Natur *in* uns und *außer* uns; dabei kommt der Vernunftbestimmbarkeit der Natur *außer* uns eine vorzügliche Wichtigkeit zu, weil gerade sie problematisch ist, während die Bestimmbarkeit der Natur *in* uns, d. h. ihre Empfänglichkeit fürs moralische Gefühl, zwar auch gefordert, aber nicht unabdingbar ist; die Natur *in* uns zu bestimmen, das liegt in unserer Gewalt – der Erfolg der sittlichen Handlungen in der Sinnenwelt nicht. An der in dieser Weise differenzierten Gesamtaufgabe der Urteilskraft hängt die Wichtigkeit und sogar der Vorrang der Teleologie; an diesem so begründeten Vorrang der Teleologie hängt andererseits die Höherschätzung der Naturschönheit im Vergleich mit der Kunstschönheit. Die mögliche Vorzüglichkeit des Kunstschönen „der Form nach" (299) wird dabei gar nicht in Abrede gestellt, sie ist durch die aufgezeigte Bereicherung des Begriffs des Schönen im Zusammenhang mit der ästhetischen Idee erkennbar. Daß ungeachtet dessen dem Naturschönen von Kant der Vorzug gegeben wird, wäre ganz unverständlich, wenn nicht die maßgebende Aufgabe der Urteilskraft den Stellenwert der Teleologie befestigte, wie umgekehrt die Einschätzung des Naturschönen als Indiz für die differenzierende Festlegung dieser Aufgabe gelesen werden kann.

bb. Die Natur des Genies

Wie das Dasein des Naturschönen Anzeige auf eine teleologische Naturverfassung gibt, so ist auch dem Dasein des Kunstschönen ein solcher Hinweis zu entnehmen, allerdings nicht in der Unmittelbarkeit eines Gefühls desjenigen, der sich interessiert findet angesichts der von der Natur ausgebreiteten Formen; diese in die Teleologie führende Spur nimmt allein die Kritik des Schönen wahr.

Die Produktivität der künstlerischen Einbildungskraft erwies sich als zweifach bedingt: Sie hat ihren Darstellungsgrund am Vernunftbegriff, den Ursprung ihres Vermögens zieht sie jedoch aus einer begabenden Natur. Vom Ursprung her gesehen ist die Tätigkeit der Einbildungskraft des Genies etwas Undurchsichtiges und nicht Mitteilungsfähiges.

Es ist nun hervorzuheben, daß ein solcher Ursprung nicht das letzte Wort zur Erklärung der schönen Kunst bleibt. Das Genie ist ein „Günstling der Natur“ (318). Die Umkehrung des Satzes, daß wir die Natur mit Gunst ansehen, in die Annahme einer Gunst der Schönes hervorbringenden Natur bezeichnete die mögliche teleologische Auslegung des Naturschönen. Entsprechend wird auch die das Genie begünstigende Natur teleologisch zu verstehen sein; das Genie wird auf diese Weise in die Sphäre des Begreiflichen genommen. Zwar bleibt die Stimmung des Genies nicht mitteilbar; soviel kann jedoch gesagt werden, daß das Genie sich einer Natur verdankt, die zweckmäßig wirkt. Im Ganzen des Systems der Zwecke, in dem alles „irgend wozu gut“ (379) ist, hat die Natur uns nicht nur durch „Aufstellung so vieler schönen Gestalten“ (380 Anm.), sondern eben auch durch die Begabung des Genies „zur Cultur . . . beförderlich sein wollen“ (380 Anm.).

Damit ist aber dem Gedanken eines Ursprungs, der für den Begriff undurchsichtig bleibt, ein begrenzter Stellenwert zugewiesen. Im ästhetischen Teil muß ein solcher Ursprung angenommen werden, im teleologischen Teil wird er in die objektive Zweckmäßigkeit der Natur einbezogen und insofern aufgehellt.

Diese Wendung in die teleologische Betrachtung, welche den Gedanken eines unerklärlichen, unbegreiflichen Ursprungs nicht als letzte Instanz gelten lassen kann, ermöglicht einen weiterführenden Blick in eine Grenzfrage des kritischen Unternehmens. Die im ästhetischen Teil berufene Natur des Genies wird auch als das „übersinnliche Substrat aller . . . Vermögen“ (344) des Subjekts angesprochen. Die Einheit der Erkenntnis- und Gemütsvermögen ist nicht erst eine Frage der Kritik der Urteilskraft. Die Kritik der reinen Vernunft hatte auf die „unbekannte Wurzel“ von Sinnlichkeit und Verstand hinausgeblickt;[106] die praktische Philosophie auf die Einheit von theoretischer und praktischer Vernunft;[107] die Kritik der Urteilskraft nun auf die Einheit *aller* Vermögen. Gemeinsam ist diesen Verweisen, daß sie im Gesichtskreis des kritischen Unternehmens nicht eingelöst werden. Die im Genie angedeutete Einheit aller Vermögen erlaubt aber wohl zu sagen, daß sie – nach der inneren Ten-

---

106 KRV, B 29; vgl. B 863.

107 GMS, AA 4, 391; KPV, AA 5, 91, 121.

denz des Kantischen Denkens – nicht in einen vorbegrifflichen Ursprung zu setzen, vielmehr in der Sphäre des Begriffs zu suchen sein wird. Dies nämlich bezeugt der Übergang vom ästhetischen zum teleologischen Verständnis dieser Einheit, welcher den Ursprung der Kunst der Einsichtigkeit des teleologisch Reflektierbaren unterstellt.

3. Die weltbildende Bedeutung des Schönen

Die bisherigen Versuche, die Welt-Bedeutung des Schönen aufzuweisen, bewegen sich vornehmlich in einer Abwehr des gegen die Kantische Ästhetik erhobenen Vorwurfs, sie stehe auf dem Boden der Subjektivität des Subjekts;[108] es wird versucht, die eigentümliche „Seinsweise" des Schönen gegen dessen ebenso zu verzeichnende Ästhetisierung zu retten und so die im Kantischen Denken selbst aufbrechende Fragwürdigkeit der neuzeitlichen Herrschaft des Subjekts herauszustellen. Mit der Abwehr der Subjektivität geht die von Heidegger stammende und übernommene In-eins-Setzung des Subjekts der neuzeitlichen Philosophie und des Subjekts der technischen Machenschaft einher. Auf diese Weise rückt die Gegenstandsbestimmung durch den theoretischen Verstand in die Nähe zum „Stellen" im Heideggerschen (oder landläufig gewordenen) Sinne: „Wenn das Wirken der ästhetischen Idee auf das Unsagbare, Ungreifbare verweist, so ist damit schon ausgedrückt, daß dieses sich nicht mehr in der Weise der Gegenstände repräsentieren, und d. h. stellen läßt, daß hier ein Vergewissern nicht mehr möglich ist."[109] Mit der Kritik der Subjektivität verbindet sich eine nicht zu übersehende Empfindlichkeit gegen den „Begriff" in der metaphysischen Tradition und seinen Allgemeinheitscharakter.[110] Diese Empfindlichkeit beruft sich auf die Kantische Analyse des Schönen. Es scheint dem Zugriff des begreifenden Subjekts entnommen zu sein und sich in einer Selbstgegebenheit zu präsentieren, die es, auch gegen Kant, zu wahren gilt. „Die Gunst verwirk-

---

108 Gadamer (1975) 39-77, insb. 52, 56.

109 Biemel (1959) 134.

110 Das ist auch der Studie von Bartuschat (1972) anzusehen, vgl. dazu seine Kritik der mangelnden Berücksichtigung der Eigenständigkeit der Sinnlichkeit in der KRV und KPV, zusammengefaßt 248 f.

licht sich im Gönnen, d. h. im Verzicht auf jegliche Unterwerfung des ihr Begegnenden unter ein Herrschaftsinteresse und im Freigeben des anderen auf sein Anders-und-Selbst-Sein in der Vielfalt seiner Möglichkeiten. Weil sie ihm so lässt, was ihm gehört, lässt die Gunst es sein. Die Gunst ist eine Weise des Sein-Lassens; das Wort im doppelten Verstande aufgefaßt. Mit Bezug auf die ästhetische Urteilskraft bedeutet das: Die ästhetische Zuwendung ist „Gunst", weil sie das ihr Erscheinende sein läßt, indem sie es nicht zum beliebigen und in seiner einzelnen Existenz unwesentlichen Fall einer allgemeinen Regel verkürzt, sondern – im „Spiel" – gerade seine Eigenheit und Unverwechselbarkeit sich inszenieren macht."[111]

Im Zusammenhang dieser Bemühungen um die subjektunabhängige Seite des Schönen ist auf seinen Unterschied vom Erhabenen aufmerksam gemacht worden;[112] während das Erhabene in der Tat nur einen bloßen Anlaß zur Stimmung des Subjekts gebe, besitze das Schöne eine Eigenbestimmtheit, indem es dem Anschauen ein schon Formiertes darbiete.

Gegen diesen Ansatz ist zuerst entschieden daran festzuhalten, daß es auf dem Kantischen Standpunkt kein „Seiendes" gibt, weder im Husserlschen noch im Heideggerschen Verstande. Die Gegenstände der Sinne sind Erscheinungen, theoretisch als das „bloße Spiel unserer Vorstellungen"[113] gefaßt. Diese Situation wird auch in der Kritik der ästhetischen Urteilskraft nicht verlassen oder auch nur in Frage gestellt. Im Gegenteil, Kant erinnert in der Auflösung der Geschmacksantinomie, dem vollendenden Schritt der Begründung des Geschmacksurteils, daran, daß ebenso wie die „Idealität der Gegenstände der Sinne als Erscheinungen" im Felde der Theorie, so der „Idealism der Zweckmäßigkeit in Beurtheilung des Schönen der Natur und der Kunst" (351) die einzige Möglichkeit zur Rechtfertigung der synthetischen Urteile biete. Auch das Schöne ist also Erscheinung.

Dennoch: Es liegt etwas Treffendes in der Sicht, daß das Schöne Anderes sei als Erscheinung, wie sie dem Verstand unterstellt ist. Um die Frage zu klären, seien zunächst die einschlägigen Passagen zusammenge-

---

111 Kohler (1980) 191.

112 Dörflinger (1988) 107 f.

113 KRV, A 101.

stellt. Wie nach der Einteilung der Zweckmäßigkeit in die subjektive und objektive nicht anders zu erwarten, betont die Exposition eindeutig den Erscheinungscharakter des Schönen. Um etwas schön zu finden, kommt es an „auf das, was ich aus dieser Vorstellung in mir selbst mache" (205); Schönheit ist „ohne Beziehung auf das Gefühl des Subjects für sich nichts" (218). Die Auflösung der Antinomie befestigt weiter, daß „Schönheit keine Beschaffenheit des Objects, für sich betrachtet, ist" (347); es kommt nicht darauf an, „was die Natur ist, oder auch für uns als Zweck ist, sondern wie wir sie aufnehmen" (350); die Natur enthält lediglich die „*Gelegenheit* . . ., die innere Zweckmäßigkeit in dem Verhältnisse unserer Gemüthskräfte in Beurtheilung gewisser Producte derselben wahrzunehmen" (350). Die Kontrastierung von ästhetischer und teleologischer Zweckmäßigkeit führt abschließend zu der Feststellung, daß im Falle des Schönen „die Vorstellung der Dinge, weil sie etwas *in* uns ist, als zu der innerlich zweckmäßigen Stimmung unserer Erkenntnißvermögen geschickt und tauglich, ganz wohl auch a priori gedacht werden" (359) kann.

Ein anderes Bild ergibt sich, wenn das Schöne gegen das Erhabene gestellt wird. Denn da zeigt sich, daß die Zweckmäßigkeit des Schönen „doch im Objecte und seiner Gestalt ihren *Grund*" (279) hat, während das Erhabene „bloß die *Veranlassung*" (280) gibt, eine Zweckmäßigkeit in uns wahrzunehmen. Das Schön-Finden hat einen vorgegebenen Grund in der Natur, es ist species finalis *data* (280), das Erhaben-Finden einen bloßen Anlaß in ihr (species finalis *accepta* (280)) – und doch hieß es, auch die schöne Form biete eine bloße Gelegenheit für ein Selbstgefühl.

Damit die Überlegungen nicht bei einem Hin und Her stehenbleiben, muß noch einmal in abstracto vergegenwärtigt werden, was es mit der Reflexion der Urteilskraft hinsichtlich des ihr Vorgegebenen und ihrer Zutat zum Vorgegebenen auf sich hat. Dazu eignet sich aber die Betrachtung der formallogischen Zweckmäßigkeit, weil sie zum einen als Grundform aller Reflexionsformen angesehen werden kann und zudem mit der ästhetischen Zweckmäßigkeit des Schönen als subjektive übereinkommt (359).

Das, was von der verstandesgeleiteten Erfahrung gilt, gilt auch von der reflektierenden Erfahrung: sie ist ein „*Zusammengesetztes* aus dem . . ., was wir durch Eindrücke empfangen, und dem, was unser eigenes Erkenntnißvermögen (durch sinnliche Eindrücke bloß veranlaßt) aus sich selbst hergiebt".[114] Für die verstandesgeleitete Erfahrung erschöpft sich die Seite des Vorgegebenen im Material der Empfindung, das an ihm selbst verbindungslos ist. Die reflektierende Erfahrung, die in der Zweckmäßigkeit ebenso ein nicht der Erfahrung entnommenes Prinzip besitzt, hat sich dagegen nach der Natur zu richten (180), und dies kann sie nur, wenn die Seite des Vorgegebenen an ihr selbst nicht völlig verbindungslos ist. Genau ist zu sagen: „Denn den Naturproducten kann man so etwas als Beziehung der Natur an ihnen auf Zwecke nicht beilegen, sondern diesen Begriff nur brauchen, um über sie in Ansehung der *Verknüpfung* der Erscheinungen in ihr, die nach empirischen Gesetzen *gegeben* ist, zu reflectiren." (181) Das, worauf die Urteilskraft in ihrer Reflexion angewiesen ist, zeichnet sich vor dem Gegebenen des Verstandes dadurch aus, daß es bereits Verknüpfung in sich enthält.

Die besonderen Gestalten der Zweckmäßigkeit können nach dem Anteil des Vorgegebenen an der Reflexion unterschieden werden. Das Schöne ist ein schon Formiertes, das erst in der Beziehung auf die Erkenntniskräfte des Subjekts zweckmäßig genannt werden kann. Dem Erhabenen fehlt zwar eine solche Form, aber seine Formlosigkeit selbst ist doch eine Bestimmtheit, auf die seine (indirekte) Zweckmäßigkeit für das Subjekt verwiesen bleibt. Das teleologisch Zweckmäßige schließlich ist wie das Schöne ein schon Formiertes, darüberhinaus hat es das Woraufhin seiner Zweckmäßigkeit in ihm selbst; die ganze Zweckbeziehung fällt so auf seiten des Gegenstandes. Unbeschadet dieser Stufung des Vorgegebenseins gilt freilich für alle Gestalten der Zweckbeziehung mit Einschluß der teleologischen, daß sie „nur ein Verhältnis der Dinge zu unserer Urtheilskraft"[115] ist.

Allein: die Aufmerksamkeit auf das der Reflexion Vorgegebene ist nicht hinreichend, um den Welt-Charakter des Schönen zu bestimmen. Dieser Gesichtspunkt ist schon deshalb unzureichend, weil er unbestimmt die Seite des Nicht-Subjektiven wahren will, ohne einen genauen Begriff von dem zu haben, was „Welt" im Kantischen Denken sagen

---

114 KRV, B 1.

115 EE, AA 20, 221.

will. Ausdruck dieser Unbestimmtheit ist die schwankende Rede von „Realität", „Seinsweise", „Gegenständlichkeit" des Schönen in den Untersuchungen der bezeichneten Ausrichtung.

Einen sicheren und dem Kantischen Denken immanenten Leitfaden bietet die Weltidee der reinen Vernunft. Welt ist die von den Prinzipien der Vernunft her geschlossene Totalität der Erscheinungen. Für die Urteilskraft kann es nun nicht um eine solche Totalität als erschlossene, nämlich durch das schließende Verfahren der Vernunft erreichte Totalität gehen; die vernünftige Totalität der Erscheinungen bleibt ein durch das reflektierende Verfahren der Urteilskraft zu Denkendes.

Offensichtlich kann beim Schönen nicht von einer Totalität der Erscheinungen die Rede sein. Das Schöne ist Einzelnes. Wenn es aber nicht die vernünftige Totalität selbst bezeichnet, so kann es doch zu ihr gehören – und die Weise seiner Zugehörigkeit ist das Verweisen. Nicht das Verweisen auf ein Ungreifbares; das Schöne verweist genau auf die Ideen der Vernunft und zuhöchst auf die Idee der Freiheit.

Dies, daß das Schöne auf die Freiheit verweist und sich innerlich zu einem solchen Verweis qualifiziert, erlaubt die Rede von Erscheinung auch wieder zurückzunehmen. Aufgrund der ihm eigenen Verweisungstendenz ist es anderes als die Erscheinung, die Gegenstand des Verstandes ist, anderes auch als der Gegenstand in praktischer Bedeutung, der Widerstand der Neigung ist – es ist, um Kants eigenen (nicht terminologischen) Sprachgebrauch aufzunehmen, Ding.

Wie geschieht das Verweisen des schönen Dinges? Der hier unternommene Durchgang durch Analytik und Dialektik hatte nur das Ziel, dieses Verweisen freizulegen, und zusammennehmend kann gesagt werden: Das schöne Ding verweist auf die Freiheit, indem es eine freie Tätigkeit der Erkenntnisvermögen hervorruft. Insofern ist der subjektive Charakter der Zweckmäßigkeit des Schönen nicht wegzubringen; es hat auch keine Not damit, weil ein Verweisen, das sich nicht durch Beziehung auf die Tätigkeit des Subjekts vollzieht, im sich organisierenden Naturzweck vorgestellt wird. Die durch das schöne Ding hervorgerufene Freiheit ist unmittelbar die disjunktiv umgrenzte Interesselosigkeit. Sie bestimmt sich fort zum freien Spiel der Einbildungskraft in Zusammenstimmung mit dem Verstand. Der Verweischarakter des Schönen wird aber besonders daran kenntlich, daß es seine Beurteilung über sich hinaus verweist – es fordert die Erweiterung des freien Spiels von Einbildungskraft und Verstand zu dem von Einbildungskraft und Vernunft. Das Schöne weist schließlich so über sich hinaus, daß es in die benachbarten Formen der Beurteilung führt – in die Beurteilung des Erhabenen, welche den unmittelbaren Bezug auf die Autonomie herstellt, und in die Beurteilung der teleologischen Zweckmäßigkeit, die – wie anhand der Einleitungen gezeigt – sich aus ihrer Funktion verstehen läßt, die objektive Realität von Freiheitszwecken vorstellbar zu machen.

Die Verweisungstendenz des Schönen macht sich derart geltend, daß selbst die Totalität qua Totalität, also nicht allein die vom Einzelnen her aufgeschlossene, in ihm aufbricht. Es ist nicht von ungefähr das der Vernunft näherstehende Kunstschöne, welches diesen Schritt macht: „Die Einbildungskraft (als productives Erkenntnißvermögen) ist nämlich sehr mächtig in Schaffung gleichsam einer *andern Natur* aus dem Stoffe, den ihr die wirkliche giebt. Wir unterhalten uns mit ihr, wo uns die Erfahrung zu alltäglich vorkommt; *bilden* diese auch wohl *um*; zwar noch immer nach analogischen Gesetzen, aber doch auch *nach Principien*, die höher hinauf in der Vernunft liegen" (314). Es wird hier wie auch im Zusammenhang mit der Dichtkunst (326 Z 32) von *der* Natur gesprochen, nicht bloß von den einzelnen Dingen in ihr; und die Umbildung der Natur nach Prinzipien in eine „andere Natur" ist nichts anderes als die Transformation der Natur in eine Welt der Freiheit – die These unserer Untersuchung findet sich an dieser Stelle explizit formuliert.

Die Welt des Schönen ist die umgebildete Natur. Das strenge Festhalten an diesem Leitbegriff für die Auslegung mag einen Zweifel wecken, der auf einer Mehrdeutigkeit des Weltbegriffs beruht. Innerhalb eines Abrisses der Geschichte des Weltbegriffs[116] hat Heidegger nachgewiesen, daß bei Kant neben der als Allheit der Natur gedachten Welt ebenso die Welt im Sinne der Gemeinschaft der Menschen wieder hervortritt. In der Tat bildet der Geschmack eine Gesellschaft der Weltwesen aus, die sich über das Schöne austauschen. Zwar wird die Begründung des Geschmacksurteils auf solches empirische Interesse eigens zurückgewiesen, als Folge des Geschmacks ist die Bildung der Geselligkeit jedoch unbestritten und erwünscht. Mehr noch: teleologisch kann die durch Ge-

---

116 Heidegger, GA 9, 142 ff.

schmack beförderte Geselligkeit sogar als Zweck der Natur angesehen werden. Zur Kultur als dem letzten Zweck der Natur gehört sowohl die Bildung einer Gemeinschaft der sich über das Schöne Mitteilenden als auch die bürgerliche Gesellschaft, die zu einem „weltbürgerlichen Ganzen" (432) zu erweitern ist. Aber gerade der Ort der Thematisierung dieser „Welt" in der dritten Kritik zeigt, daß der hier zum Leitfaden genommene Weltbegriff seinen Vorrang behauptet: die Kultur und mit ihr die Gemeinschaft der Menschen wird situiert in der Natur als teleologischem System (§ 83). Der „anthropologische" Weltbegriff – Welt als Gemeinschaft der Menschen oder auch Welt als der Horizont menschlichen Handelns – ist zwar der Kritik der Urteilskraft nicht fremd, er bleibt jedoch dem Begriff der Welt als der von den Prinzipien durchdrungenen Natur untergeordnet. Genau besehen stellt sich die Alternative dieser Unterscheidung überhaupt nicht. Indem die Natur als Ganze auf den Menschen bezogen wird, wird sie doch auf ihn nur als solchen bezogen, der seiner Bestimmung nach Subjekt des selbstgegebenen Gesetzes ist.

III. Das Erhabene

1. Die kategoriale Gliederung der Erörterung des Erhabenen

Vor einer sachlichen Betrachtung des Erhabenen sei zunächst die formale Anlage seiner Untersuchung geklärt, die einige Schwierigkeiten bereitet und zugleich einen ersten Zugang zur Bewegung der ästhetischen Urteilskraft bietet. Kant gibt zwar an, die Analyse des Erhabenen laufe an denselben Momenten fort, die auch schon die des Schönen geleitet haben; das Wohlgefallen am Erhabenen sei allgemeingültig, ohne Interesse, subjektiv zweckmäßig und notwendig, lediglich dies bezeichne den Unterschied zum Schönen, daß der Anfang mit der Quantität zu machen sei (244).

Sieht man erst einmal von der Unterscheidung des Mathematisch- und Dynamisch-Erhabenen ab, so scheint die Aufteilung der Abschnitte dem zu folgen: § 25 und 26 haben es mit dem Großsein und der Größenschätzung des Erhabenen zu tun, § 27 ausdrücklich mit der Qualität des Wohlgefallens an ihm, im § 28 ist in der Natur als Macht unschwer eine Relationskategorie, die Kausalität, als zugrundeliegend zu erkennen, und § 29 handelt wieder eindeutig von der Modalität des Urteils über das Erhabene.

Dieses auf der Oberfläche sich abzeichnende Bild löst sich jedoch bei genaueren Hinsehen auf, insofern diese Aufgliederung *nicht* parallel mit der beim Schönen durchgehaltenen läuft.

Und zwar betrifft dies schon das erste Moment. Von einer Vertauschung der Reihenfolge Qualität – Quantität kann nicht gesprochen werden, da die Quantität, die in § 25 f. in erster Linie behandelt wird, nicht dieselbe ist, die im zweiten Moment des Schönen zum Tragen kommt. Jene war die Quantität des Urteils, seine exemplarische Allgemeinheit, diese ist die Quantität des Objekts, die eine schließt aber die andere nicht notwendig ein. Obwohl auch im § 25 von der Quantität des *Urteils* die Rede ist, von seinem Anspruch auf „allgemeine Beistimmung" (248; 249), so ist dieses Moment doch in diesem Abschnitt nicht das zentrale. Vielmehr sind von vornherein alle Momente gegenwärtig, neben der Allgemeingültigkeit des Urteils, die von seiner Notwendigkeit nicht zu trennen ist, wird auch die Interesselosigkeit (249) und die subjektive Zweckmäßigkeit (248, 253) erwähnt. Nimmt man noch hinzu, daß die Qualität des Gefallens, obschon bezüglich des *Mathematisch*-Erhabenen besprochen, nicht allein auf dieses beschränkbar ist, wenn anders die „Lust vermittelst der Unlust" auch durch das *Dynamisch*-Erhabene erzeugt wird, daß ingleichen die *innerhalb* des *Dynamisch*-Erhabenen behandelte Modalität nicht spezifisch für dieses sein kann, da beide Formen des Urteils dasselbe Ansinnen auf Zustimmung stellen, so wird vollends klar, daß die aus dem Inhaltsverzeichnis abzulesende und der Analytik des Schönen scheinbar entsprechende Folge, der gemäß innerhalb und nur innerhalb des Mathematisch-Erhabenen Quantität und Qualität, innerhalb des Dynamisch-Erhabenen Relation und Modalität leitend erscheinen, nicht den sachlichen Gang trifft.

Da aber die logischen Momente das Begreifen Schritt für Schritt führen, so fragt es sich, in welcher Ordnung sie gebraucht werden.

Die Analyse des Mathematisch-Erhabenen beginnt mit der Quantität, diese aber betrifft das Objekt, wie sich auch die Begründung der Vertauschung der beiden ersten Momente auf die Geformtheit bzw. Formlosigkeit des Objekts (247 Z 14) beruft (obgleich an derselben Stelle die Quantität des Urteils (247 Z 16 f.) genannt wird, was wohl so zu verstehen ist, daß es um die Quantität des Objekts geht, auf welche das Urteil *Rücksicht nimmt*). Die Analyse des Dynamisch-Erhabenen beginnt ebenso mit einer Bestimmtheit des Objekts, auf das die Beurteilung zunächst gerichtet ist, nämlich mit dem Macht-Charakter der erhabenen Erscheinung, die Macht aber wird, wenn auch nicht ausdrücklich, mit einer Relationskategorie, nämlich der Kausalität zu fassen sein. Ordnung gewinnt die Untersuchung also zuerst in der Weise, daß die die ästhetische Beurteilung veranlassende Beschaffenheit des Gegenstandes mit Hilfe der Kategorien unterschieden wird. Die Unterscheidung des Mathematisch- und Dynamisch-Erhabenen drängt sich vor die ebenso nach den logischen Momenten vorgenommene Unterscheidung des Urteils, und zwar so, daß diese dabei nicht verdrängt wird, sondern für beide Gestalten des Erhabenen gleichermaßen gültig bleibt; subjektiv allgemein und notwendig, interesselos und subjektiv zweckmäßig ist das Mathematisch- ebenso wie das Dynamisch-Erhabene.

Daß die Unterscheidung des Mathematisch- und Dynamisch-Erhabenen sich vordrängt, wird darauf zurückzuführen sein, daß sie die gestufte Verfassung dieser ästhetischen Beurteilung sehen läßt. Beide Formen des Erhabenen können sowohl vom Gegenstand her durch Größe und Macht der Naturerscheinung als auch von der Beurteilung her auseinandergehalten werden, indem die Einbildungskraft entweder auf das Erkenntnis- oder das Begehrungsvermögen bezogen wird (247). Die letztgenannte Unterscheidungshinsicht zeigt, wie die beiden Formen des Erhabenen nicht koordiniert sind. Zwar führt sowohl die Größe als auch die Macht der Natur zu einer Erinnerung an die praktische Bestimmung des Menschen, das Zweckwidrige, das diese Erinnerung hervorruft, ist jedoch allein beim Dynamisch-Erhabenen praktischer Art, während das Zweckwidrige im Sinne der nicht faßlichen Größe der Natur unter dem Vorzeichen des erkennenden Verhaltens zu den Gegenständen gesetzt bleibt. Durch die Unterscheidung des Dynamisch- vom Mathematisch-Erhabenen kommen Einbildungskraft und Urteilskraft in die innerhalb der Ästhetik größtmögliche Nähe zur praktischen Vernunft, ihr Weg führt genau an die Grenze, allerdings ohne sie zu überschreiten: das Praktisch-Zweckwidrige, das die Einbildungskraft an die praktische Vernunft verweist, wird immer noch ästhetisch genommen, nicht als wirkliche Bedrohung, wie auch die Erinnerung an die praktische Vernunft selbst noch ästhetisch bleibt.

Die gestufte Begründung des Geschmacksurteils ließ bereits einen Weg der Einbildungskraft vom Erkenntnisvermögen (das Spiel von Einbildungskraft und Verstand) zum Begehrungsvermögen (das Spiel von Einbildungskraft und Vernunft) ans Licht kommen; genau diese Stufung wird jetzt auf der Ebene des Erhabenen wiederholt, und nicht nur wiederholt, sie tritt auch schärfer und reicher in sich gegliedert hervor. Will man es so ansehen, daß das Geschmacksurteil als eine einheitliche Form der ästhetischen Beurteilung eine gestufte Begründung erfährt, so ist die Beurteilung des Erhabenen insofern schärfer gegliedert, als sie zwei unterschiedene Gestalten ausbildet, die eine Stufung zu dem Ende hin ergeben, das in einem der Anfang aller Tätigkeiten der Urteilskraft gewesen ist. Will man es aber so ansehen, daß es auch zwei unterschiedene Gestalten des Schönen sind, die jeweils dem Verstand oder der Vernunft näherstehen, so ist das Erhabene insofern reicher bestimmt, als *jede* seiner Gestalten das *ganze* Verhältnis zwischen Verstand und Vernunft umfaßt.

Wenn die Hauptunterscheidung des Erhabenen zuerst statt durch die Urteilsmomente durch die Kategorien vorgenommen wird, so deckt sich dies nicht mit der Verwendung der logischen Momente in der Exposition des Schönen, und es fragt sich, welcher Regel ihr Gebrauch in der Kritik der Urteilskraft überhaupt folge. Genau betrachtet ist auch beim Schönen der Gebrauch der logischen Momente nicht auf eine Hinsicht festgelegt. Vornehmlich ist es zwar das Urteil, was durch sie zerlegt wird; ohne daß dies die Untersuchung verschöbe, wird das dieses Urteil tragende Wohlgefallen in derselben Weise analysiert. Doch im dritten Moment ist es der Gegenstand des Gefallens, welcher mit einer Relationskategorie gefaßt wird; es macht keinen Sinn, hier die Relation als Charakterisierung des Urteils zu suchen (das Urteil wird nicht als kategorisch, hypothetisch oder disjunktiv erläutert), und dementsprechend lautet die Überschrift des § 10: „Drittes Moment der Geschmacksurtheile nach der Relation der Zwecke, welche *in ihnen in Betrachtung gezogen wird*" – „subjektiv zweckmäßig" ist hier Prädikat des Gegenstandes.

Die Verwendung der Urteilsmomente und Kategorien ist also schon beim Schönen keineswegs univok. Mit den Momenten kann das ästhetische Urteil, das Wohlgefallen und sein Gegenstand bezeichnet werden. Überdies ist die Relation, die im dritten Moment zum Tragen kommt, nicht allein dem Gegenstand zu eigen; dieser ist nicht nur zweckmäßig *für* das Spiel der Vermögen, auch dieses Spiel selbst ist *in sich* eine zweckmäßige Beziehung (222 Z 25).

Aus all dem kann eine Beobachtung zur Vorgehensweise des Kantischen Denkens gezogen werden. Sofern die Urteilsmomente und Kategorien nicht in ihrem eigentümlichen Gebiet, und d. h. als gesetzgebende zum Tragen kommen, übernehmen sie eine dienende Funktion, derart, daß sie sich den Notwendigkeiten, die im begreifenden Gewinnen der Sache liegen, anpassen. Die logischen Momente haben außerhalb des Verstandesgebrauchs instrumentale Bedeutung. Sie bieten nicht mehr und nicht weniger als einen Leitfaden für den Fortgang des Begreifens und ein Indiz für seine Vollständigkeit. In dieser Funktion lassen sie im gezeigten Sinn einen nicht-strikten[117] Gebrauch zu; so ist der Wechsel von den Urteilsmomenten zu den Kategorien im Gebiet der Theorie ausgeschlossen, hat aber einen guten Sinn in Auslegung der ästhetischen Zweckmäßigkeit. In dieser Funktion wird demzuvor ihr analoger Gebrauch erfordert; es braucht nur erinnert zu werden, daß die Allgemeinheit und Notwendigkeit des ästhetischen Urteils nicht einerlei mit der entsprechen formal-logischen Eigenschaft der Urteile ist, oder auch, daß die im dritten Moment verhandelte „innere Causalität" (222 Z 25) nicht mit dem Verstandesbegriff identifiziert werden darf.

Wenn auch die Einteilung in das Mathematisch- und Dynamisch-Erhabene größeres Gewicht besitzt, so bleiben doch die dem Schönen parallel laufenden Urteilsmomente erkennbar. Wie die Lust am Schönen ist diejenige am Erhabenen interesselos, nur daß die Grenze nun zum Unangenehmen gezogen werden muß: „Wer sich fürchtet, kann über das Erhabene der Natur gar nicht urtheilen, so wenig als der, welcher durch Neigung und Appetit eingenommen ist, über das Schöne." (261) Allgemeinheit und Notwendigkeit des ästhetischen Urteils erhalten sich ebenso, sind aber aufgrund der größeren Vernunftnähe des Erhabenen voraussetzungsreicher, es ist „bei weitem größere Cultur nicht bloß der ästhetischen Urtheilskraft, sondern auch der Erkenntnißvermögen, die ihr zum Grunde liegen, erforderlich" (264). Die „Zweckmäßigkeit ohne Zweck" des Schönen wird zu einer Zweckmäßigkeit, die aus einer „Unzweckmäßigkeit" (260) herkommt.

Da sich in der Analytik des Schönen aus diesen Momenten ein grundlegendes herausheben ließ (die Interesselosigkeit), aus dem die übrigen

---

[117] Um zu illustrieren, was mit diesem behelfsmäßigen Ausdruck gesagt sein soll, kann als ein einfaches Beispiel die formal-logische Einteilung der Vollkommenheit einer Erkenntnis genommen werden:

„Ein Erkenntniß ist vollkommen 1) der Quantität nach, wenn es allgemein ist; 2) der Qualität nach, wenn es deutlich ist; 3) der Relation nach, wenn es wahr ist, und endlich 4) der Modalität nach, wenn es gewiß ist." (Logik, AA 9, 38)

Allgemeinheit und Gewißheit lassen sich eindeutig den Titeln Quantität und Modalität der *Urteils*tafel zuordnen, auch die Deutlichkeit (determinatio est negatio), doch wie verhält es sich mit der Wahrheit? Die Relation ist nicht die des Urteils, auch nicht die kategoriale; die „Übereinstimmung" einer Erkenntnis mit ihrem Gegenstand ist unter den *Titel* der Relation *überhaupt* gebracht.

ableitbar sind, liegt es nahe, eine ähnliche Folge beim Erhabenen zu suchen. Die anfängliche Bemerkung über die Vertauschung der beiden ersten Momente scheint für die außerhalb der Urteilsmomente stehende kategoriale Quantität zu sprechen; dieses Moment trägt die Abgrenzung des Erhabenen mit Blick auf die Beschaffenheit des Gegenstandes, der die Reflexion veranlaßt. Die Kontrastierung des Angenehmen, Schönen, Erhabenen und Guten dagegen ordnet dem Erhabenen vorzüglich die Relation zu (266); mit diesem Moment wird die Zweckmäßigkeit als äußere gekennzeichnet. Das entscheidende Moment für den Übergang von der Natur zur Freiheit, für die Zweckmäßigkeit „in Beziehung auf das moralische Gefühl" (267) ist nichtsdestoweniger wiederum die Qualität des Gefühls des Erhabenen, in die denn auch seine ganze Exposition zusammengezogen wird: „Erhaben ist das, was durch seinen Widerstand gegen das Interesse der Sinne unmittelbar gefällt." (267) Wie der Vorzug des ersten Moments des Geschmacksurteils sich darauf gründete, daß es aus der Vermittlung von Natur und Freiheit rein resultierte und nichts als der disjunktiv umgrenzte Begriff der geforderten Mitte ist, so bezeichnet auch die zitierte Formel die der Beurteilung des Erhabenen eigentümliche ästhetische Freiheit. Die Formel zeigt, daß und wie sich die ästhetische Freiheit fortbestimmt hat. Wenn nicht mehr die Freiheit *vom* Interesse der Sinne, welche das Geschmacksurteil kennt, vielmehr die Freiheit *gegen* dieses Interesse gewonnen wird, so bringt dies eine Verschiebung der disjunktiven Mitte zwischen Natur und Freiheit mit sich. Das Schöne hielt sich in der Mitte zwischen dem Angenehmen und Guten, indem es Unterschied und Analogie nach beiden Seiten behauptete, wobei freilich Unterschied und Analogie nicht mit gleichem Wert gesetzt waren; zum Angenehmen hin kam es eher auf Abgrenzung, zum Guten hin eher auf Verwandtschaft an. Diese Verteilung verschärft sich nun angesichts des Erhabenen. Nach der Seite der Natur ist das Urteil nicht nur nicht-fremdbestimmt durch Angenehmes oder Unangenehmes. Die Fremdbestimmung geht in das Urteil des Erhabenen ein als Widerstand, der überwunden wird. Auch das Gefallen am Schönen setzt eine vorgängige Lösung vom Interesse der Sinne voraus. Die Lösung stellt sich aber in diesem Gefallen nicht dar, sie ist in der *Ruhe* der Kontemplation schon erreicht. Dagegen zeichnet die Bewegung der Urteilskraft in Auffassung des Erhabenen den Weg der Realisierung der Freiheit nach, der das *negative Moment* notwendig einschließt. Die ästhetische Freiheit ist vertieft, weil um die Negation ergänzt.

Sieht man von gelegentlichen Hinweisen ab (etwa 253 Z 18 f., wo die subjektive Zweckmäßigkeit der Interesselosigkeit folgt), so findet sich eine ausdrückliche Ableitung aller Momente des Erhabenen aus dem Moment des „interessewidrigen Gefallens“ nicht, da die Darstellung ohnehin nicht ein Moment nach dem anderen durchspricht. Um das Moment der Qualität zu gewichten, kommt es auch nicht so sehr auf das Folgeverhältnis der Momente zueinander an; entscheidend ist, daß in ihm die Freiheit der Urteilskraft ausgedrückt wird. Beim Schönen schlägt sich dies dann auch so nieder, daß die anderen Momente als in ihm begründet dargestellt werden. Die Darstellung ist zu einer solchen Folge jedoch nicht gezwungen, da die Momente untrennbar voneinander sind und folglich auch wechselseitig auseinander abgeleitet werden können.

2. Die um das negative Moment bereicherte ästhetische Freiheit

Auch wenn die Freiheit des Gefallens am Schönen eine ebensowohl negative als positive Fassung verlangte – die Abwehr jeglichen Interesses und die Begründung des Schön-Findens in einer Harmonie der Erkenntnisvermögen –, so bleiben doch beide Momente in einer Weise getrennt, welche die Beurteilung des Erhabenen nicht kennt. Beim Schönen waren die Ebenen der Gemüts- und Erkenntnisvermögen auseinanderzuhalten, und zwar so, daß das Gefühl der Lust frei genannt wurde im Sinne der Verneinung fremdbestimmten oder selbstgewirkten Interesses, die positive Fundierung dieses Gefühls dann auf die Erkenntnisvermögen und so auf die Freiheit der Einbildungskraft zurückging. Negation der Sinnlichkeit und positive Bestimmung der Sinnlichkeit zu . . . fallen auf diese Weise auseinander. Die Interessefreiheit hat beim Schönen den Sinn, einen Ort des liberalen Verhältnisses zu den Dingen einzuräumen, dieses Verhältnis selbst hat die – notwendig vorausgesetzte – Negation des illiberalen Verhältnisses zu den Gegenständen der Begierde hinter sich gelassen.

Beim Erhabenen ist nun zu beobachten, daß die doppelte, negativ-positive Bestimmtheit seiner freien Beurteilung sich eigentümlich verdichtet.

Das Schöne verlangt, daß sich der Beurteilende von anderen Gegenständen des Genusses trennen kann, um ihm die Gunst entgegenzubringen, es mag auch verlangen, daß der Beurteilende vom Angenehmen, was sich mit dem Schönen selbst verbindet, absehen kann.

Das Erhabene dagegen fordert eine entsprechende Befreiung des Gefallens in einem Selben, indem ebendas Ding, welches der Sinnlichkeit widersteht, unangenehm ist (was insbesondere auf das Dynamisch-Erhabene zutrifft) in der ästhetischen Beurteilung Lust hervorruft. Das Gefallen am Erhabenen muß die Negation vermittels der *einen* Handlung der Beurteilung durchlaufen, kann sie nicht von sich abhalten.

Auf die Einbildungskraft zurückgesehen, findet sich eine entsprechende Kontraktion ihrer Bewegung. „Denn so wie Einbildungskraft und Verstand in der Beurtheilung des Schönen durch ihre Einhelligkeit, so bringen Einbildungskraft und Vernunft hier durch ihren Widerstreit subjective Zweckmäßigkeit der Gemüthskräfte hervor" (258). Die Schönes auffassende und hervorbringende Einbildungskraft muß sich zwar, um dem Verstand ungezwungen Stoff zuzuspielen, von ihrem empirischen Gebrauch, der von den Assoziationsgesetzen fremdbestimmt wird, lösen, sie muß sich auch aus der Dienststellung zum theoretischen Verstand lösen, diese Lösung ist aber als eine Voraussetzung ihrer schöpferischen Tätigkeit schon erbracht, ohne daß sie im Spiel selbst mitdargestellt würde. Wie das Erhabene nicht nur ohne, sondern mehr noch gegen das Interesse der Sinne aufgenommen wird, so ist der assoziative Gebrauch der Einbildungskraft nicht nur wie beim Schönen schon verlassen, der freie Gebrauch behauptet sich gegen jenen. Ingleichen wird die Einbildungskraft, statt von den Gesetzen des Verstandes bloß freigelassen zu sein, über sie hinausgerissen. Vor der subjektiven Zweckmäßigkeit der Gemütskräfte steht der Widerstreit der Einbildungskraft mit der Vernunft, welcher zugleich einen Widerstreit mit dem Verstand bedingt, insofern der Versuch, der Vernunft ein Genüge zu tun, die gewohnte Einstimmung zum Verstand stören muß. Zu einem solchen Widerstreit bringt es die Einbildungskraft angesichts des Schönen nicht, geschweige denn, daß sie *durch* diesen Widerstreit ihre Einstimmung zur Vernunft herstellte.

Einstimmung durch Widerstreit heißt, daß der Widerstreit selbst bewegende Kraft annimmt. Er ist nicht abzuhalten oder wegzubringen, er ist Movens der sich in den Grund vertiefenden Beurteilung. Ähnlich hatte der Widerspruch der Geschmacksantinomie die Kritik des Geschmacks nicht gestört, sondern zur Ergänzung der abschließenden Begründung weitergetrieben. Noch deutlicher aber wird die produktive Kraft der Negativität am disharmonischen Verhältnis der Vermögen, da sie jetzt die ganze Beurteilung überhaupt erst ermöglicht.

Daß das Verhältnis von Einbildungskraft und Vernunft als widerstreitend-einstimmiges ein bereichertes ist, läßt sich weiter durch die in der Analyse des Schönen berufene symbolische Beziehung auf das Gute erhellen. Das ungezwungene Zuspielen der Einbildungskraft zum Verstand ist dem Selbst-Verhältnis von Wille und Vernunft analog, jene Wechselwirkung der Vermögen drückt diese Identität aus. Wenn aber der durch die Neigungen vorgreifend natürlich affizierte Wille nur dadurch zur Vernunft als zu sich selbst kommt, daß er sich von dieser seiner vorgängigen Affiziertheit unterscheidet, so kann das besagte Selbst-Verhältnis nur ein sich-herstellendes, und zwar aus der Negation sich herstellendes sein. Das schöne Ding regt aber ein Harmonie-Verhältnis von Einbildungskraft und Verstand an, welches die Form der bereits hergestellten Einstimmung zeigt, während das Erhabene sich dadurch auszeichnet, daß es die der Vernunft analoge, sich durch Widerstreit herstellende Einstimmung vorstellt und so dem darzustellenden Bei-sich-Sein näherkommt.

Die Vertiefung der ästhetischen Freiheit durch das Gefühl des Erhabenen bekräftigt die eingangs gemachte Leitbeobachtung, daß die Urteilskraft gerade durch diejenige Vorstellung der Zweckmäßigkeit, die auf die Vernunft hin relativiert wird, ihrer Darstellungsaufgabe ein Genüge tut, daß also diese Zweckmäßigkeit von der Funktion her gesehen ein größeres Gewicht besitzt, als ihrer systematischen Valenz entspricht, wenn anders die Urteilskraft durch das Hinausgehen zur Vernunft nicht mehr die Selbständigkeit des eigenen Prinzips aufrechterhalten kann. Man versieht sich allerdings leicht an der Bereicherung der ästhetischen Freiheit, stellt man einseitig ihre negative Seite heraus. Wie sollte eine Stellung der Vernunft zur Sinnlichkeit, welche durch die Gewalt, welche jene gegen diese gebraucht, geprägt ist, etwas zur Vermittlung beider beitragen?[118] Es

---

118 Vgl. Dörflinger (1988): „Eine Analytik des Erhabenen bietet demnach kaum Anhalt, ent-

ist nicht abzuweisen, daß in der Stimmung des Erhabenen die Vernunft negativ gegen die Einbildungskraft auftritt, diese wird nicht bloß eingeschränkt, sie wird bis zur Vernichtung ihres Vermögens getrieben: „Das Überschwengliche für die Einbildungskraft . . . ist gleichsam ein Abgrund, worin sie sich selbst zu verlieren fürchtet" (258). Doch in und durch die Vernichtung ihres Vermögens fühlt die Einbildungskraft eine Erweiterung, die sie mehr gewinnen läßt, als sie aufzugeben gezwungen wird. Die Gewalt, welche die Vernunft übt, hat die positive Bewandtnis, „sie auf das Unendliche hinaussehen zu lassen" (265). Der Widerstand, den die erhabene Erscheinung der Einbildungskraft entgegensetzt, ist „abstoßend" (258), dies jedoch, wie sehr genau gesagt, „für die bloße Sinnlichkeit" (258) – wenn es eine „bloße" Sinnlichkeit des erhaben gestimmten Gemüts gibt, so doch offenbar auch eine nicht mehr bloße, vielmehr vernunftbestimmbare Sinnlichkeit, und diese wird durch die Negation, welche allein die bloße Sinnlichkeit trifft, erreicht. Die Einbildungskraft reicht durch den Abgrund an den Grund. Weil dem so ist, bleibt die Einbildungskraft frei. Auf den Weg der Einbildungskraft gesehen – Lösung aus der Dienststellung zum Verstand, Freisetzung in das Spiel der Harmonie mit dem Verstand, Einschränkung dieser Freiheit in Bildung des Ideals des Schönen, Werkzeug der Vernunft beim Auffassen des Erhabenen –, bezeichnet die letzte Phase zunächst die sich vervollständigende Aufhebung ihrer Freiheit. Es ist aber eine *bestimmte* Freiheit, die da aufgehoben wird, die Freiheit, die die Negation vermissen läßt. Sie wird aufgehoben, um jene zu erreichen, die aus der Einstimmung in das Gesetz der Vernunft kommt. Eine Einstimmung, zu der die Einbildungskraft „gewaltsam" genötigt wird, und auch nicht, insofern „im ästhetischen Urtheile über das Erhabene diese Gewalt *durch die Einbildungskraft selbst*, als durch ein Werkzeug der Vernunft, ausgeübt vorgestellt wird" (269). Allein diese Doppelstruktur der „Beraubung der Freiheit der Einbildungskraft *durch sie selbst*" (269) macht diese Gemütsstimmung geeignet, das Selbst-Verhältnis von Wille und Vernunft symbolisch darzustellen; die Einbildungskraft der Vernunft unterworfen und sich unterwerfend.

---

sprechend der Leitfrage der ‚Kritik der Urteilskraft' zu erörtern, wie der *Übergang* zwischen Natur- und Freiheitsbegriff möglich sein könne" (41 f.).

3. Die weltbildende Bedeutung des Erhabenen

a. Das Mathematisch-Erhabene

Die vertiefte Freiheit der Einbildungskraft in Auffassung des Erhabenen muß gegen den Anschein der sich erhaltenden Kluft der Gebiete von Natur und Freiheit aufgedeckt werden. Dieselbe Schwierigkeit stellt sich für die nun in Angriff zu nehmende Frage nach der Welt des Erhabenen. Wie kann das Erhabene anzeigen, daß das freie Vernunftwesen sich in *seine* Welt gefunden hat, wenn es, um sich aus der widerstehenden Sinnlichkeit zu retten, nur in sich zurückziehen kann, in das Selbst-Gefühl seiner Macht gegen alle Macht der Natur?

Um den in der Stimmung des Erhabenen geschehenden Weltentwurf aufzuweisen,[119] sei zuerst ausführlicher das *Mathematisch*-Erhabene erläutert, das die Beurteilungsart des Erhabenen in ihrer gestuften Verfassung besonders deutlich erkennen läßt.

Die herausgearbeitete Bewegung der Einbildungskraft angesichts des Schönen führte zu einer Entfaltung der dem Schönen zunächst allein zugeschriebenen Beziehung auf den unbestimmten Verstandesbegriff zu einem Verhältnis, vermöge dessen die Einbildungskraft ebenso auf das Extrem des Vernunftbegriffs durch die Mitte ihres zwischen beiden schwebenden Spiels bezogen wird. Die sich wandelnden Definitionen des Schönen erwiesen sich die Stationen des Weges der Einbildungskraft anzugeben. Wenn nun das Mathematisch-Erhabene mit einer Namenerklärung eingeführt wird, so wird eine durch die Analyse des Schönen vorbereitete Aufmerksamkeit auch in der bloßen Namenerklärung eine Hindeutung auf die Tätigkeit der Einbildungskraft suchen. Wenn aber des weiteren die Namenerklärung des Erhabenen (§ 25) in eine dreifache Formel gelegt wird, so kann vermutet werden, daß die zunächst für das Erhabene allein angeführte und auch als primäre festzuhaltende Beziehung der Einbildungskraft auf die Vernunft sich einer differenzierenden Betrachtung zu einem Verhältnis von Verstand, Einbildungskraft und Vernunft vervollständigen wird. Die Definitionen des Erhabenen enthalten in nucleo die Schrittfolge der zugrundeliegenden Reflexion und lassen

[119] Vgl. den kurzen Hinweis Heideggers, GA 9, 151 Anm.

sich in eine präzise Analogie zu denen des Schönen bringen, weshalb sich die Rekonstruktionen des Schönen und Erhabenen wechselseitig stützen und erhellen.

Wie die Bereicherung der ästhetischen Freiheit durch die Negation zugleich eine Verdichtung bedeutet, da der Unterschied des freien und unfreien Gefallens in *einer* Handlung der Urteilskraft und an ein und demselben Gegenstand zu machen ist, so sind auch die Definitionen des Erhabenen und die darin ausgedrückte Bewegung der Einbildungskraft kontrahiert. Zwar kann der Sachverhalt beim Schönen auch so dargestellt werden, daß das *eine* Geschmacksurteil eine doppelte Begründung erfährt, daß also die bloße Beziehung der Einbildungskraft auf den Verstand die Beziehung auf die Vernunft mehr oder weniger vernehmlich voraussetzt; das ändert jedoch nichts daran, daß es für sich bestehende Gestalten des Schönen gibt, die als gefällig-verständige nur eine äußerst unscheinbare Vernunftstimmung hervorrufen. Das Erhabene dagegen ist eine Erscheinung, welche die Einbildungskraft veranlasst, die Spanne des besagten Verhältnisses stets ganz, angesichts beider Gestalten des Erhabenen, zu durchlaufen.

1) Zur vollständigen Nachzeichnung der Bahn der Einbildungskraft in diesem Verhältnis gehört nun die Bezeichnung des Ausgangspunktes der Reflexion; die erste Formel der Namenerklärung gibt ihn an: „Erhaben nennen wir das, was schlechthin groß ist.“ (248)

Die Behauptung, daß mit dieser Erklärung des Erhabenen das Pendant zur ersten Definition des Schönen als Darstellung eines unbestimmten Verstandesbegriffs gegeben sei, wird vor allem deshalb befremden, weil die sich über den Verstand hinaus erweiternden Einbildungskraft anscheinend jegliche Angemessenheit zu ihm abgeschnitten hat und die Erörterung des Erhabenen sich auf die Beziehung zum Verstand überhaupt nicht einzulassen scheint. Gleichwohl gilt es, den Punkt des Beginns der Bewegung der Einbildungskraft nicht zu verfehlen, weil anders der ästhetische Charakter dieser ganzen Beurteilung nicht greifbar wird.

Stellt die mit dem schlechthin Großen befaßte Einbildungskraft einen Verstandesbegriff dar? Eine Antwort kann nur so gefunden werden, daß zuerst als Hintergrund, vor dem sich die ästhetisch freie Darstellungstätigkeit der Einbildungskraft abhebt, ihre nicht freie, dem Verstand dienende Tätigkeit beachtet wird. Die Dienststellung der Einbildungskraft zum Verstand, *von dem* sie sich löst, *auf den* sie aber deshalb auch bezogen bleibt, beruht auf dem, was sie zur Darstellung des Verstandesbegriffs der Größe beiträgt. In dieser mathematischen Größenschätzung *bedient* (254 Z 11) sie den Verstand mit einem Maß, aus dem die Größe sukzessiv zusammengesetzt werden kann. Fungiert die Einbildungskraft auf diese Weise darstellend, ist allerdings so etwas wie das Erhabene nicht zu erblicken, weil die logisch geschätzte Größe eine relative bleibt, eine auf das Maß relative, das seinerseits für den Verstand gleichgültig ist. Ein schlechthin, nicht mehr relatives Großes kommt erst dann zum Vorschein, wenn es um die Größe des Maßes selbst zu tun ist, welche nur ästhetisch geschätzt werden kann und Sache der Einbildungskraft ist. Der Übergang von der logischen zur ästhetischen Größenschätzung fällt zusammen mit der Entbindung der Einbildungskraft aus ihrer Dienststellung gegenüber dem bestimmten Verstandesbegriff (eben der Größe) und ihrer Freisetzung zur Gründung der Reflexionslust. Aber auch als so freigesetzte zeigt sie immer noch eine Spur ihrer Angemessenheit zum Verstand, eine Spur ihres Herkommens aus der bestimmend-darstellenden Funktion, und dies muß so sein, da der von der Einbildungskraft zu vollziehende Übergang ohne das Woher des Übergehens die Kluft unüberbrückt ließe. Obwohl die Verstandesschätzung indifferent gegen die Größe des Maßes ist, oder genauer, obwohl die Einbildungskraft vom Verstand nicht genötigt wird, an die Grenze ihres Vermögens zur Zusammenfassung zu gehen (254), besitzt dieses Maß doch eine mögliche Angemessenheit oder Unangemessenheit zum Verstand: „Also muß es die ästhetische Größenschätzung sein, in welcher die Bestrebung zur Zusammenfassung, die das Vermögen der Einbildungskraft überschreitet, die progressive Auffassung in ein Ganzes der Anschauung zu begreifen, gefühlt und dabei zugleich die *Unangemessenheit* dieses im Fortschreiten unbegränzten Vermögens wahrgenommen wird, *ein mit dem mindesten Aufwande des Verstandes zur Größenschätzung taugliches Grundmaß zu fassen* und zur Größenschätzung zu gebrauchen.“ (255)

Die Bestrebung der Einbildungskraft, ein immer größeres Maß zusammenzufassen, kann demnach, noch vor der Erweiterung durch die Vernunft, als dem Verstand angemessen, weil seinen „mindesten Aufwand“ bewirkend angesehen werden. Dies ist zweifellos eine unscheinbare Seite der Tätigkeit der Einbildungskraft, die jedoch zu ihrer vollständigen Umgrenzung gehört, vergleichbar der unscheinbaren Analogie, die auch zwischen dem Schönen und Angenehmen waltet, insofern die Weile beim Schönen mit der wiederholten Aufmerksamkeit, die das Angenehme auf sich zieht, immer noch verwandt ist (222), und zwar deshalb vergleichbar, weil die durch die Urteilskraft jeweils erbrachte Mitte stets eine nach beiden Seiten ausgerichtete Erhellung verlangt.

Es ist somit festzuhalten, daß die Einbildungskraft zu Beginn das Große, das nicht mehr relativ ist, wenn nicht im Dienst des Verstandes so doch in seinem Gesichtskreis zu fassen sucht. Die erste Gestalt des schlechthin Großen ist sinnlich und verstandesbezogen. Wenn die Ausführung der ersten Definition des Erhabenen sogleich versichert, „daß alle Größenbestimmung der Erscheinungen schlechterdings keinen absoluten Begriff von einer Größe, sondern allemal nur einen Vergleichungsbegriff liefern könne" (248), so ist dies ein Vorgriff auf das Resultat derjenigen Reflexion, die bei einem schlechthin Großen ansetzt, das sich *in* den Erscheinungen findet, nämlich bei dem Maximum, welches die Einbildungskraft gerade noch als Einheit für eine mögliche Größenzusammensetzung fassen kann. Und dieses Maximum der ästhetischen Größenschätzung wird als „die Größe *schlechthin*, so weit das Gemüth sie in einer Anschauung fassen kann" (251) angesprochen.

Um die erste Definition des Erhabenen als des schlechthin Großen ordine zu verstehen, muß die Unmittelbarkeit des Auffassens dieses Großen gewahrt werden. Unmittelbar ist das schlechthin Große ununterschieden, nicht unterschieden in das scheinbar sinnliche und das in Wahrheit nur im übersinnlichen Vermögen des Gemüts zu findende Große; die Unterscheidung ist Resultat der Reflexion, welche bei einem sinnlichen Maximum beginnt, das immer noch Einheit für eine verständige Synthesis sein kann. Obgleich die Ausführungen zur ersten Definition sich nicht auf diesen Beginn der Vorstellung des Erhabenen einschränken, vielmehr die ganze Beurteilung skizzieren, so ist doch nicht von der Hand zu weisen, daß die verschiedenen Formeln einen Fortschritt (nicht bloß eine variierende Umschreibung) in der Bestimmung des Erhabenen ausdrücken und jedenfalls dazu gebraucht werden können, die Reflexion über das Erhabene in drei klar voneinander abzuhebende Schritte zu gliedern.

2) „Erhaben ist das, mit welchem in Vergleichung alles andere klein ist." (250)

Soll diese Erklärung des Erhabenen derjenigen des Schönen als Ausdruck ästhetischer Ideen entsprechen, so muß sie die Einbildungskraft in einer Situation zeigen, in der sie zwischen Verstand und Vernunft schwebend über jenen hinausgeht, ohne diese zu erreichen, also das eigentümliche Zwischen beider aushält.

In diese Situation wird die Einbildungskraft durch die hinzutretende Vernunft geführt. Im Bezirk des Verstandes hat die Einbildungskraft alsbald ein subjektives Maximum erreicht, sie ist an ihre Grenze gestoßen. Diese Grenze ist nicht die der Vernunft. Es kommt zu dem in der Definition angezeigten Vergleich, der dem in der Definition der ästhetischen Idee angesprochenen korrespondiert, dem gemäß sie eine „Anschauung (der Einbildungskraft) ist, der niemals ein Begriff adäquat gefunden werden kann“ (342), nur daß die Vorstellung der Einbildungskraft beim Erhabenen gegen den *Vernunft*begriff gehalten wird, dem sie ihrerseits nicht gleichkommt. Hier wie dort akzentuiert die mittlere Definition die Inadäquatheit von Begriff und Anschauung. Recht verstanden ist diese Inadäquatheit jeweils eine zweiseitig ausgerichtete, als welche sie erst das Zwischen umschreibt, indem die Einbildungskraft entweder spielt (das Schöne) oder sich erweitert (das Erhabene). Denn wie eine eingehende Betrachtung der ästhetischen Idee den zu ihrer Begrenzung notwendigen doppelten Vergleich ans Licht bringt (kein Begriff ist ihr adäquat, sie ist der Idee inadäquat), so ist auch die sinnliche Vorstellung des schlechthin Großen doppelt eingespannt: sie führt über das Maß, das die verständige Größenschätzung braucht, hinaus, erreicht aber nicht die Maß-Vorgabe der Vernunft.

Was verlangt das Maß der Vernunft? „Nun aber hört das Gemüth in sich auf die Stimme der Vernunft, welche zu allen gegebenen Größen, selbst denen, die zwar niemals ganz aufgefaßt werden können, gleichwohl aber (in der sinnlichen Vorstellung) als ganz gegeben beurtheilt werden, Totalität fordert, mithin Zusammenfassung in eine Anschauung und für alle jene Glieder einer fortschreitend-wachsenden Zahlreihe Darstellung verlangt und selbst das Unendliche (Raum und verflossene Zeit) von dieser Forderung nicht ausnimmt, vielmehr es unvermeidlich macht, sich dasselbe (in dem Urtheile der gemeinen Vernunft) als ganz (seiner Totalität nach) gegeben zu denken.“ (254)

Die Vernunft erweitert die Einbildungskraft in zwei Stufen. Zuerst betrifft die Totalitätsforderung die jeweilige endliche Größe, die als ganz gegeben „beurteilt" wird, d. h. die in der verständigen Größenschätzung übersehen werden kann, ohne daß das Vermögen der Anschauung sie zusammenzunehmen vermöchte; dann aber geht die Forderung auf eine Darstellung des Unendlichen, welches darzustellen die gegebene endliche und die Einbildungskraft gleichwohl übertreffende Größe Anlaß gibt. Letzterer Vergleich bringt erst den für das Erhabene unverzichtbaren Widerstand hervor, insofern die Einbildungskraft nicht mehr an eine empirisch zufällige, subjektiv verschiedene Grenze ihre Vermögens stößt, vielmehr ein schlechthin für sie unerreichbares Maß vorgehalten bekommt. Unverzichtbar ist dieser Schritt aber, weil die Grenzerfahrung der Einbildungskraft auf diese Weise unüberholbar wird; nur die vollständige und nicht zu überbietende Negation ihres Vermögens läßt sie über sich hinausgehen.

Genau hier ist der Punkt erreicht, an dem die Wiederaufnahme der theoretischen Vernunftantinomie festzumachen ist. Wie die Reflexion über das Erhabene beruht die Dialektik der reinen Vernunft in einem Vergleich von Totalitätsidee und Sinnlichkeit: „Ob diese Vollständigkeit nun sinnlich möglich sei, ist noch ein Problem. Allein die Idee dieser Vollständigkeit liegt doch in der Vernunft unangesehen der Möglichkeit oder Unmöglichkeit, ihr adäquat empirische Begriffe zu verknüpfen."[120] Die Situation der Antinomie wird allerdings der Urteilskraft entsprechend verwandelt. Während die Vernunft im Felde der Naturerkenntnis eine ihrer Idee adäquate Verknüpfung der Begriffe verlangt, hält sie die Einbildungskraft in der ästhetischen Reflexion zu einer zusammengefaßten Anschauung an. Die Totalitätsforderung geht statt auf den vollständigen Regressus in der Reihe der begriffenen Bedingungen auf die vollständige Komprehension in der Anschauung. Das antinomische Verhältnis von Vernunft und Verstand ist in das Verhältnis von Vernunft und Einbildungskraft übersetzt und die Vernunftantinomie dergestalt „ästhetisch" geworden.

An dieser Stelle ist erneut zu sehen, was zu Beginn als die Verwandtschaft des Prinzips der Urteilskraft mit dem hypothetischen Grundsatz der Vernunft herausgestellt wurde. Indem Einbildungskraft und Urteils-

---

120 KRV, B 444.

kraft unter die Totalitätsforderung kommen, erweist sich das *principium rationis* als *maßgebend* für sie. Das principium rationis – seine Übersetzung im Bezirk des theoretischen Verstandes ist der „oberste Grundsatz aller synthetischen Urteile",[121] seine Fassung im Bezirk der theoretischen Vernunft jedoch der alles Begründen des Verstandes zum unbedingten Grund hinausführende hypothetische Grundsatz. Dieser Grundsatz gehört zwar der rekonstruierten und kritisierten Metaphysik an, behält aber seine Gültigkeit vermöge seiner Modifikation zu einem Regulativ. Dem regulativ gewordenen principium rationis folgt auch die Reflexion über das Erhabene; sie kann zwar den Grund (die Vernunft) nicht in der direkten Weise eines Rückgangs in ihn erreichen, reicht aber an ihn – um das zur Negativität Gesagte zu wiederholen – durch den Abgrund.

Ihre Unangemessenheit zum Maß der Vernunft erfährt die Einbildungskraft in einem Zustand, der ihrem Schweben zwischen Begriff und Idee angesichts des Schönen entspricht. Freilich tritt wieder das negative Moment hinzu. Die das Unendliche zu fassen versuchende Einbildungskraft fühlt zugleich das Unvermögen, es zu erreichen. Sie verweilt nicht in der freien Schwebe, sie wird in eine „Anspannung" (265), eine „Anstrengung" (257) versetzt, welche sie zuletzt in sich selbst zurücksinken läßt (252).

Sowohl im Schweben als auch in der Anspannung der Einbildungskraft kommt ans Licht, wodurch ihre produktive Tätigkeit erforderlich wird. In beiden Fällen ist es ein Gegensatz, der zusammengespannt oder im Spiel überbrückt sein will, und zwar, wie besonders deutlich beim Erhabenen, der Gegensatz des Unendlichen und Endlichen. Weil aber die Entgegensetzung des Unendlichen gegen das Endliche die Endlichkeit der Vernunft selbst ausmacht,[122] so kann gesagt werden, daß die Einbildungskraft aus der Endlichkeit als der Entgegensetzung des Unendlichen und Endlichen entspringt.

Im Zustand der besagten Anspannung ist die Totalität der Vernunft so da, wie sie für die Einbildungskraft nur erscheinen kann. Sie ist nicht angeschaut da – das übersteigt das Vermögen der Einbildungskraft dem Grade nach, sie ist auch nicht begriffen da – das übersteigt ihr Vermögen

---

121 Vgl. Boeder (1980) 458 f.

122 Der Begriff der Endlichkeit wird in der Teleologie thematisiert, vgl. dazu unten Kap. IV 3b.

auch der Art nach, sie ist aber als erstrebte und doch unerreichbare da. Auch im Zusammenhang der kosmologischen Antinomie gibt es einen Hinweis auf die Totalität der Vernunft, wie sie für die Einbildungskraft ist; vor der Prüfung dieses Gedankens heißt es: „Dieses Unbedingte ist nun jederzeit in der absoluten Totalität der Reihe, *wenn man sie sich in der Einbildung vorstellt*, enthalten."[123] Vor der (theoretisch) erwiesenen oder (ästhetisch) gefühlten sinnlichen Unmöglichkeit der Totalität liegt die (versuchte) Einbildung ihrer Möglichkeit, die für die Antinomie im Element des Begriffs bedeutungslos, für die Urteilskraft jedoch dienlich ist zum Verweis auf die weder angeschaute, noch eingebildete, vielmehr zu denkende Totalität.

Bislang konnte der theoretische Weltbegriff über den Weltentwurf der Urteilskraft Aufschluß geben, indem er in seiner Allgemeinheit als Begriff einer Totalität der Erscheinungen genommen wurde; die in dieser Allgemeinheit noch liegende Unbestimmtheit eignet ebenso dem Verweis der ästhetischen Beurteilung auf den unbestimmten Vernunftbegriff. Des näheren und maßgebend konnte die Besonderung des Weltbegriffs zur dritten kosmologischen Idee, vermöge deren die Freiheit der Reihe der Erscheinungen vorgesetzt wird, als Anhalt dienen. Nunmehr ist die Anknüpfung an die erste kosmologische Idee offensichtlich, insofern die Vernunftforderung des gegebenen Ganzen der gemessenen Größe der Welt wie dort an den Verstand so hier an die Einbildungskraft gerichtet wird. Um die Aufbewahrung des mathematischen Weltbegriffs einsichtig werden zu lassen, muß der Schein einer partikulären Wiederaufnahme eben dieser besonderen Gestalt des kosmologischen Unbedingten aufgehoben werden. Partikulär ist die Wiederaufnahme in der vorher bezeichneten Weise nicht. Der Weltbegriff in seiner Allgemeinheit kann als Vorbegriff zu demjenigen Weltbegriff gelten, durch den die Sinnenwelt auf die Freiheit und so auf die prinzipielle Idee im System der Ideen bezogen wird. Doch wie kommt der mathematische Weltbegriff in der Restriktion auf seine erste Gestalt dazu, für die Weltidee überhaupt zu stehen? Dies muß damit zusammenhängen, daß es darum zu tun ist, die Vernunftvorstellung der Welt für die Einbildungskraft anschaulich werden zu lassen. Es ist eine Eigenschaft *aller* kosmologischen Ideen, die sich da-

---

123 KRV, B 444.

zu eignet, eine Anschauung herzugeben: „Die Reihen der Bedingungen sind freilich in so fern alle gleichartig, als man lediglich auf die Erstrekkung derselben sieht: ob sie der Idee angemessen sind, oder ob diese für jene zu groß oder zu klein sind.“[124] Die nur auf diesen einheitlichen Gesichtspunkt gehende skeptische Vorstellung der kosmologischen Fragen insistierte dabei: „Wir haben in allen diesen Fällen gesagt, daß die *Weltidee* für den empirischen Regressus, mithin jeden möglichen Verstandesbegriff entweder zu groß, oder auch für denselben zu klein sei . . . Denn man sagt nur von demjenigen, daß es verhältnisweise auf etwas anderes zu groß oder zu klein sei, was nur um dieses letzteren willen angenommen wird und darnach eingerichtet sein muß.“[125] Wo hingegen der Zweck nicht „mögliche Erfahrung“,[126] sondern mögliche Realisierung und Darstellung der Freiheit ist, kehrt sich das Maß-Verhältnis um. In der Beurteilung des Erhabenen mißt sich die Einbildungskraft am Maß der Vernunft, ist der Vernunftbegriff dasjenige, darnach die Sinnlichkeit „eingerichtet sein muß“. Und da andererseits das Verhältnis Verstand-Vernunft in das Verhältnis Einbildungskraft-Vernunft übersetzt worden ist, kann von den beiden Gestalten des Unbedingten[127] nur diejenige maßgebend werden, in Vergleichung mit welcher die Unangemessenheit der Sinnlichkeit zur Vernunft selbst sinnlich wird: Eingebildet ist das kosmologische Unbedingte nicht das Erste, sondern das Unendliche, dies seinerseits nicht verstanden auf das logische Zuviel im Regressus zu den Bedingungen, vielmehr auf die Größe eines zur Anschauung kommenden Gegenstandes hin. Dies ist der Grund, weshalb die kosmologisch-mathematische Idee des unendlichen Raumes an Stelle des kosmologischen Vernunftbegriffs *überhaupt* treten kann. Interesse hat in der Beurteilung des Erhabenen nicht so sehr der Gehalt dieser Idee (der Raum), als vielmehr die Möglichkeit, das Unbedingte in der Form des Unendlichen an die Einbildungskraft kommen zu lassen.

3) Wie die abschließende Bestimmung des Schönen auf den „Vernunftbegriff von dem Übersinnlichen, was dem Gegenstande (und auch dem urtheilenden Subjecte) als Sinnenobjecte, mithin als Erscheinung

124 KRV, B 558.
125 KRV, B 517.
126 KRV, B 517.
127 KRV, B 445.

zum Grunde liegt" (340) führt, so setzt die resultierende Definition des Erhabenen dieses in das Übersinnliche:

„Erhaben ist, was auch nur denken zu können ein Vermögen des Gemüths beweiset, das jeden Maßstab der Sinne übertrifft." (250)

Zur Ergänzung dieser Definition ist zu bemerken, daß auch für das Erhabene das intelligible Substrat der Natur in uns *und außer uns* in Anspruch genommen wird (255 Z 36); die Unbestimmtheit des in der ästhetischen Beurteilung erstrebten Vernunftbegriffs erlaubt solche Zusammennehmung des der Natur in uns und außer uns als Erscheinung Zugrundeliegenden, obgleich diese Beurteilung im Ganzen, erst recht aber diejenige des Erhabenen primär unter der Forderung steht, die Bestimmbarkeit des Übersinnlichen *in uns* zu erbringen.

Um den in den drei Definitionen auseinandergelegten Fortschritt der Reflexion noch einmal zu sichern, so nimmt deren erste das Erhabene als das schlechthin Große, welches – noch nicht unterschieden – das sinnliche Maximum der sich aus der mathematischen herausbewegenden ästhetischen Größenschätzung ist. Die mittlere Definition zeigt, wie dieses sinnliche Maximum im Zusammenwirken der ästhetischen und intellektuellen Größenschätzung zum versuchsweise eingebildeten Unendlichen wird (255 Z 3). Dessen Unmöglichkeit schließlich führt auf die Idee oder das Vermögen, sie zu denken, und so auf die Bestimmung des Gemüts, die allein der „Schätzung durch die Vernunft" (257) zugänglich ist.

Der entscheidende Unterschied der resultierenden Bestimmungen des Schönen und Erhabenen liegt darin, daß das Erhabene geradewegs in das Übersinnliche des Gemüts gesetzt, das Schöne aber auf es darstellend hinbezogen wird. Das Erhabene *ist* die Idee, das Schöne drückt sie aus. Das muß die Frage aufwerfen, wie es mit einer Darstellung der Idee auch durch das Erhabene bestellt ist, wenn anders die Absicht der Ästhetik, die Sinnlichkeit zu durchdringen, nicht aufgegeben werden kann. Anders gewendet: Wenn die Vorstellung einer vernunftbestimmten Totalität der Sinnenwelt sich im mittleren Schritt der Reflexion als antinomisch erweist, indem das Grundmaß des Unendlichen „ein sich selbst widersprechender Begriff ist" (255), wenn der letzte Schritt aber gleichsam diese ästhetisch gewordene Antinomie löst, indem die Beurteilung aus der Vorstellung des eingebildeten Unendlichen in die von aller sinnlichen Vorstellung geschiedene Unendlichkeit der Menschheit des Menschen abspringt, was bleibt dann vom Gedanken einer Sinnenwelt, die der Vernunft zu eigen ist? Wie kommt sie als vernünftige Totalität ins Urteil, wo sich diese versuchte Vorstellung der Einbildungskraft doch aufhebt?

Auch die Wendung in das Selbst-Gefühl der Bestimmung läßt Raum für den Gedanken einer Sinnenwelt im Ganzen, die allerdings nicht mehr die eingebildete Unendlichkeit sein kann. In Erinnerung an die Auflösung der Antinomie der reinen Vernunft kann gesagt werden: Die Totalität der Sinnenwelt ist keine gegebene, sondern aufgegebene. Aufgegeben deshalb, weil in der Vernunftschätzung der eigenen Bestimmung zugleich der Anspruch liegt, die Sinnlichkeit im Ganzen dieser unterzuordnen. „Es ist nämlich für uns Gesetz (der Vernunft) und gehört zu unserer Bestimmung, *alles*, was die Natur als Gegenstand der Sinne für uns Großes enthält, in Vergleichung mit Ideen der Vernunft für klein zu schätzen" (257).

Die Natur erschließt sich als Totalität (Welt) nicht von sich her, das heißt so, daß ihre Anschauung gleichsam verunendlicht wird. Sie wird in umgekehrter Blickstellung von einem Erstem her erreicht, dessen Überlegenheit (261) über die Natur den Gedanken einer Totalität der Natur erst ermöglicht. In dem Augenblick, da das Gemüt auf dem Wege des Scheiterns seiner Einbildungskraft dessen inne wird, „reine, selbstständige Vernunft" (258) zu haben, schließt sich die Sinnenwelt zu einem Ganzen, das dieses Selbstbewußtsein nicht anzutasten vermag. Die Erinnerung in die Freiheit und die Bildung einer Welt gehören so zueinander, daß die der Freiheit eigene Überlegenheit nicht auf dieses oder jenes, auf etwas, sondern auf Alles, was die Natur enthält, geht. Nicht die Erhebung der Anschauung der Natur ins Unendliche erbringt die Vorstellung der Welt, sondern das Erinnern eines Ersten, gegen das alles andere als klein zu achten ist.

Da der mittlere ebenso wie der letzte Schritt der Beurteilung die Totalität aus einem Vergleich zu fassen sucht, müssen die Weisen des Vergleichens im einen und anderen Fall gegeneinander abgehoben werden, um die nicht mehr widersprüchliche Vorstellung der Totalität zu verdeutlichen.

Der zunächst versuchte Vergleich von Totalitätsidee und Anschauung der Einbildungskraft hat das Eigentümliche, die Totalität selbst *von* dem zu Totalisierenden *her* aufzufassen; dies entspricht den antinomischen Schlüssen, welche die kosmologische Idee hypothetisch und somit aus dem Gesichtskreis des Verstandes herkommend zu erschließen suchen.

Der Vergleich, der in der so gearteten Erweiterung der Einbildungskraft (bzw. der verständigen Synthesis) zum Tragen kommt, setzt Gleiches mit Gleichem in Beziehung und nimmt so einerlei Maßstab. Dies hat zur Folge, daß die Totalitätsidee durch das von ihr Zusammenzufassende gleichsam bedingt wird, ähnlich wie das aus dem Bedingten erschlossene Unbedingte durch diese seine Schlußgrundlage mitbestimmt bleibt. Eine solche Totalität ist aber weder zu erkennen noch anzuschauen: „Denn dazu würde eine Zusammenfassung erfordert werden, welche einen Maßstab als Einheit lieferte, der zum Unendlichen ein bestimmtes, in Zahlen angebliches Verhältniß hätte" (254). Im Versuch, die Vernunft in Gestalt des Unendlichen zu erreichen, in dieser ästhetischen Anspannung nimmt die Einbildungskraft ein und dasselbe Maß für das Endliche und das Unendliche – und erfährt im Scheitern dieser Maßnahme auf ihre Weise die Inkommensurabilität von Idee und Anschauung. Sie erfährt die inkommensurable Verschiedenheit (Abgeschiedenheit) der Vernunft.

Indem sie aber diese Abgeschiedenheit, und sei es auch nur in der negativen Weise des Über-sich-„Hinaussehens", erreicht, kann auch die Totalität der Sinnenwelt neu gefaßt werden. Sie ist keine widersprüchliche Vorstellung, weil sie aus dem Standpunkt einer unvergleichlichen Überlegenheit gedacht oder zu denken aufgegeben wird. Deshalb spricht die abschließende Definition konsequenterweise nicht von einem Übertreffen der Sinnlichkeit, sondern des Maßstabes der Sinnlichkeit durch das Vermögen der Vernunft.

Das Unendliche der Einbildung – das vom Standpunkt der Vernunft verschwindende (257 Z 4) Alles der Sinnenwelt: noch bleibt unklar, wie diese Sinnenwelt von der Vernunft durchdrungen sein soll, wenn dies erbracht ist, daß sie ihr im Ganzen nicht zu widerstehen vermag. Ist auf diese Weise nicht die von der praktischen Vernunft verlangte Unterordnung der Sinnenwelt unter die Verstandeswelt bloß befestigt, nicht jedoch der durch Urteilskraft zu denkende Zusammenschluß beider zustandegebracht?

Dies verhielte sich in der Tat so, wenn nicht der aufgezeigte Weg der sich erinnernden Beurteilung des Erhabenen, nämlich der sich aus der Vorstellung des schlechthin Großen qua sinnliches Maximum in das schlechthin Große der Vernunftbestimmung erinnernden Beurteilung, als Weg einer Entäußerung zurückgegangen würde, welche auf dem beruht, was Kant eine „Subreption" nennt. „Also ist das Gefühl des Erhabenen in der Natur Achtung für unsere eigene Bestimmung, die wir einem Objecte der Natur durch eine gewisse Subreption (Verwechselung einer Achtung für das Object statt der für die Idee der Menschheit in unserm Subjecte) beweisen, welches uns die Überlegenheit der Vernunftbestimmung unserer Erkenntnißvermögen über das größte Vermögen der Sinnlichkeit gleichsam anschaulich macht." (257)

Diese Verwechslung des Subjekts mit dem Objekt ist produktiv, sie trägt die Überlegenheit der Vernunftbestimmung über die Sinnenwelt im Ganzen in diese selbst darstellend hinein.[128] Eben dadurch, daß die Überlegenheit über die Natur im Ganzen in den erhabenen Anblick hinausgeworfen (projiziert) wird, wandelt sich das Verhältnis der Unterordnung der Sinnenwelt unter die Vernunft in ein Verhältnis der Durchdringung der Sinnenwelt durch die Vernunft. Die Sinnenwelt selbst gibt im erhabenen Anblick Anzeige auf ihr Untergeordentsein und ist eo ipso nicht mehr eine bloß untergeordnete, bloß widerstehende und als Widerstand überwundene. Allein die Tatsache, daß eine Erscheinung der Natur zum Selbst-Gefühl der Bestimmung, wie sie über die Natur im Ganzen ist, anregt, bricht das Verhältnis der Fremdheit der Natur zum Prinzip. Das Erhabene ist aufgrund dieses seines Verweischarakters weltzugehörig. Es ist keine bloße Erscheinung, vielmehr Ding – dies jedoch nicht wie das Schöne als Gegenstand der Beurteilung, sondern als Widerstand. Die Weise seines Verweisens auf die Freiheit und die ihr eigene Welt ist die Erinnerung in sie durch den Widerstand gegen die unfreie Stimmung der Vermögen.

Wenn das *Mathematisch*-Erhabene als Widerstand bezeichnet wird, so ist die Art seines Widerstehens gleichsam „theoretisch", es widersteht der adäquaten Auffassung durch die Einbildungskraft. Aber wie die Verweisung dieses Widerstandes auf das Praktische geht, so ist in ihm selbst die Vorstufe zu demjenigen Widerstand zu sehen, der nicht allein auf die praktische Vernunft verweist, sondern selbst praktisch geartet ist, inso-

---

[128] Vgl. Kaulbach (1984): „Darin ist der ästhetische Charakter der Erfahrung des Erhabenen zu sehen, daß sie in gleichsam pervertierter Ästhetik der dem freien Spiel zwischen Einbildungskraft und Verstand feindlichen Unförmigkeit von Naturgebilden eine die eigene Erhebung darstellende Bedeutung gibt, die im Gefühl des Erhabenen erfaßt wird." (174)

fern er die äußere Ausführung von Handlungen betrifft. Angesichts des Mathematisch-Erhabenen nimmt der Begriff des „Vermögens" der Einbildungskraft schon eine praktische Nuance an. Dieses Vermögen ist, auch als Erkenntnisvermögen, „Macht" (256 Z 21). Die durchgängig zu beobachtende Verkettung der besonderten Beurteilungsformen ist auch für das Erhabene zu konstatieren. Das Mathematisch- und Dynamisch-Erhabene stehen nicht nebeneinander, die erste Form geht in die andere über, die das, was die erste als Spur enthält, ausdrücklich setzt.

Unbeschadet dieses gestuften Übergehens ist die Schrittfolge der Beurteilung des Mathematisch-Erhabenen deutlicher zu erkennen und sogar auf das Dynamisch-Erhabene zu übertragen. Wie gezeigt kann die Form der Vernunftidee nur so in den Gesichtskreis der Einbildungskraft rücken, daß diese als das Unendliche (und nicht das Erste) in der Größe eines Gegenstandes anschaulich wird. Wenn nun statt der Größe die Macht einer Erscheinung ästhetisch beurteilt wird, so wird diese Macht immer noch quantifizierend vorgestellt: „Übrigens geht die Beurtheilung der Dinge als groß oder klein auf alles, selbst auf alle Beschaffenheiten derselben; daher wir selbst die Schönheit groß oder klein nennen: wovon der Grund darin zu suchen ist, daß, was wir nach Vorschrift der Urtheilskraft in der Anschauung nur immer darstellen (mithin ästhetisch vorstellen) mögen, insgesammt Erscheinung, mithin auch ein Quantum ist." (249 f.) Weil die Exzentrik der Einbildungskraft, ihr Über-sich-Hinausgerissenwerden aber dort, wo es um die Größe im Raum geht, leichter überschaubar ist, soll die geraffte Erörterung des Dynamisch-Erhabenen mit Hilfe der hervorgehobenen drei Definitionen gegliedert werden.

b. Das Dynamisch-Erhabene

„Die Natur, im ästhetischen Urtheile als Macht, die über uns keine Gewalt hat, betrachtet, ist dynamisch-erhaben." (260)

Um der Bewegung der Einbildungskraft nachzugehen, ist die in dieser Namenerklärung zusammengezogene Schrittfolge wieder auseinanderzulegen. Ähnlich der Beurteilung des Mathematisch-Erhabenen hat auch die des Dynamisch-Erhabenen einen verständigen Hintergrund, von dem sie abzuheben ist. Da ist zunächst der empirische Gebrauch der Einbildungskraft, der es nun nicht mit der Größenschätzung von Gegenständen, aber immer noch mit einer Schätzung zu tun hat, nämlich der Abschätzung von Gegenständen oder besser Widerständen in der Natur auf ihre Macht hin, die sie über die physische Existenz des „Weltwesens" haben. Die so tätige Einbildungskraft „nach dem Associationsgesetze macht unseren Zustand der Zufriedenheit physisch abhängig" (269). In der ästhetischen Beurteilung ist nun diese Abhängigkeit insofern aufgehoben, als der Beurteilende sich sicher weiß vor dem Bedrohlichen, das er abschätzt. Daß aber die ästhetische Auffassung einer machtvollen Erscheinung ihr Herkommen aus der verständigen nicht gänzlich abgeschnitten hat, wird daran deutlich, daß die Größe der Macht, der sich die Einbildungskraft nicht gewachsen sieht, zuerst eine subjektiv-zufällige ist, entsprechend der empirischen Grenze, an die die Fassungskraft der größenschätzenden Einbildungskraft stößt.

Damit aber die Einbildungskraft über sich hinausgeführt werde, ist es nötig, daß diese Grenze, auf die hin sich die Einbildungskraft dynamisch anspannt, so weit hinausgesetzt wird, daß sie schlechthin unerreichbar ist. Das bloß partikulär Furchtbare einer machtvollen Erscheinung der Natur ist zu steigern zur „scheinbaren *All*gewalt der Natur" (261). Dies entspricht dem mittleren Schritt der Reflexion über das Mathematisch-Erhabene; die Einbildungskraft scheitert nicht allein an einem sinnlichen Maximum, ihr wird wie dort die unendliche Raumgröße so hier die unendliche Macht der Natur vorgehalten. Daß eine solche auf das Quantum – der Macht – bezügliche Erweiterung der Einbildungskraft auch angesichts des Dynamisch-Erhabenen stattfindet, zeigt die Rede von dem „großen *Maßstabe*" (265) der Naturmacht. Der große Maßstab ist mathematisch die „zusammengefaßte Unendlichkeit" (255) im Raum, dynamisch die Macht, mit der verglichen alles andere klein ist. Diese Mitte der Beurteilung ist deshalb hervorzuheben, weil sie erst die Erschütterung des Gemüts hervorruft. Es muß sich einer unüberholbaren Vernichtung seines sinnlichen Vermögens ästhetisch ausgesetzt sehen, um den abschließenden Schritt zurück in das Selbstbewußtsein der eigenen Bestimmung zu tun.

In der Wendung von der Erhabenheit des Gegenstandes auf die Erhabenheit der Bestimmung erinnert sich das Subjekt seiner Macht, die durch die nunmehr als scheinbare erfahrene Allgewalt der Natur nicht angetastet werden kann. Um die Grenze von Ästhetik und Teleologie nicht zu verwischen, muß die Art dieser Macht beachtet werden. Die Macht der Natur hat keine Gewalt über uns, „wenn es auf unsre höchste Grundsätze und deren Behauptung oder Verlassung ankäme“ (262). Die durch das Erhabene erinnerte Macht ist nicht die der *äußeren* Ausführung moralischer Handlungen, sondern die Macht über den Widerstand, der in der Natur der dem reinen Willen widerstehenden Neigung liegt, „das moralische Gesetz in seiner *Macht*, die es *in uns* über alle und jede vor ihm vorhergehende Triebfedern des Gemüths ausübt“ (271). Die Macht des Weltwesens hinsichtlich der äußeren Natur vorstellig zu machen, bleibt der Teleologie aufbehalten.

Ist es auch die „Macht in uns“, die vermittelst einer erinnernden Erschütterung durch das Erhabene gegenwärtig wird, so wird diese in der aufgewiesenen rückläufigen Weise doch in eben den Anblick hinausgeworfen, der diese Erinnerung angeregt hat. Der Hinweg in die Bestimmung und der Rückweg in die Natur außer uns gehören untrennbar zusammen und tragen die Weltbildung sowohl durch das Mathematisch- als auch das Dynamisch-Erhabene.

Im mittleren Schritt der Beurteilung des Mathematisch-Erhabenen erfährt die sich zum Unendlichen erweiternde Einbildungskraft die Antinomie, die in der Vorstellung der in der Sinnenwelt gegebenen Totalität beruht, gleichsam ästhetisch. Dies, daß die Einbildungskraft sich erweitert, in sich zurücksinkt und auf ihre Bestimmung hinaussieht, gilt auch für das Dynamisch-Erhabene. Das Unendliche ist auch als unendliche Macht unerreichbar für die sinnliche Vorstellung, „ein sich widersprechender Begriff“, wenn es in einer auf das Quantum bezüglichen progressiv-regressiven Zusammenfassung genommen werden soll. Die Auflösung der dynamischen Antinomie der reinen Vernunft ließ aber zu, das Unbedingte außer der Reihe der Erscheinungen wenigstens als nicht unmöglich zu setzen. Dem entspricht in der „ästhetischen Auflösung“ der Beurteilung des Dynamisch-Erhabenen, daß das Unendliche qua unendliche Macht anders als der unendliche Raum nicht eine in die Erinnerung in die abgeschiedene Vernunft verschwindende Vorstellung bleibt. Die machtvolle Erscheinung der Natur kann als Wirkung der Macht Gottes angesehen werden, die Allmacht der Natur als Allmacht Gottes, und *diese* Unendlichkeit, als außerhalb des Feldes der Erscheinungen liegend, muß nicht als widersprüchlicher Begriff aufgegeben werden.

Dies hat zur Folge, daß das Dynamisch-Erhabene, was seine „Entäußerung" angeht, anders als das Mathematisch-Erhabene nicht allein in den endlichen Anblick gelegt werden kann, sondern ebenso in die Unendlichkeit Gottes. Mit einer sich geradezu paradox ausnehmenden Formulierung wird die Erhabenheit Gottes abgeleitet: „und nur unter der Voraussetzung dieser Idee in uns und in Beziehung auf sie sind wir fähig, zur Idee der Erhabenheit desjenigen Wesens zu gelangen, welches nicht bloß durch seine Macht, die es in der Natur beweiset, innige Achtung ins uns wirkt, sondern noch mehr durch das Vermögen, welches in uns gelegt ist, jene ohne Furcht zu beurtheilen und unsere Bestimmung als über dieselbe erhaben zu denken" (264). Also: die Erhabenheit Gottes ist „eigentlich" unsere Erhabenheit über sie. Dies ist der Form nach dieselbe Subreption, die hinsichtlich der endlichen erhabenen Erscheinung geschieht; die Erhabenheit Gottes ist eine Projektion des Selbstbewußtseins.

Was für die göttliche Macht im Herrschaftsbereich des Selbstbewußtseins gilt, daß sie nämlich ganz aus ihm bestimmt, entworfen ist, gilt ebenso für den göttlichen Willen; der heilige Wille ist eine Projektion des selbstbewußt Handelnden, insofern er sich aus *demselben Gesetz* bestimmt, das sich der nichtheilige, endliche Wille gibt. Daß der göttliche Verstand schließlich dem endlichen selbstbewußten Erkennen dient, läßt die Ableitung des Prinzips der Zweckmäßigkeit erkennen: im Modus des Als-ob reguliert er die Systematisierung der besonderen Naturgesetze.

c. Die in der ästhetischen Beurteilung sich durchhaltende Stellung des „Subjekts" zu seiner Bestimmung

Es ist gezeigt worden: Die Freiheit der Einbildungskraft wird durch das Erhabene nicht bloß negiert, sie wird um das negative Moment bereichert. Ingleichen ist die Beurteilung des Erhabenen nicht allein ein Insichgehen des Gemüts, sie bildet ebenso die Sinnenwelt als den Umkreis des partikulär Angenehmen oder Unangenehmen um in eine Totalität, die der Vernunft untergeordnet ist und an ihr selbst dieses Untergeordnetsein zur Anschauung gibt.

Unverkennbar bleibt dabei die Stellung der Vernunft zur Sinnlichkeit mit der Gewalt verbunden. Wenn auch die Sinnenwelt selbst Anzeige auf die so geartete Stellung gibt, ändert dies nichts daran, daß diese nicht ästhetisch gebrochen, vielmehr ästhetisch dargestellt wird. Um abschließend zu befestigen, weshalb dies nicht anders sein kann, sei ein Deduktionsentwurf aus den Vorarbeiten zur Kritik der Urteilskraft beigezogen, der ein Licht auf diesen Zusammenhang werfen kann.

„§. – A. Deduction der asthetischen Urtheilskraft über das Schöne der Natur;
B. – über das Erhabne der Natur.
§. Beyder Cultur [ist] an der Natur Vorbereitung zum Moralischen Gefühl: das erstere in Ansehung der Unvollkomnen, das zweyte in Ansehung der Vollkomnen Pflichten."[129]

Aus der Kenntnis der vollendeten Kritik ist zu ersehen, weshalb Kant an diesem Entwurf nicht ohne weiteres festhalten konnte.

Erstlich ist zu bemerken, daß die Deduktion des Geschmacksurteils primär ohne Rücksicht auf den Vernunftbegriff und das moralische Gefühl zu führen war, um die Möglichkeit des Beginns bei einer ästhetischen Freiheit zu sichern, welche die praktische Freiheit symbolisiert, aber auch ohne Bezug auf diese dem „gemeinen Verstand" nahegebracht werden kann. Die unterschiedliche Vernunftnähe des Schönen und Erhabenen gehört zum Reichtum der in sich gegliederten ästhetischen Beurteilung.

Sodann hat Kant später auf eine eigene Deduktion des Urteils über das Erhabene verzichtet, weil sie in dessen Exposition schon liegt (280),[130] näher im Moment der Modalität, das auch beim Schönen den Übergang zur Deduktion bezeichnete: die Lust am Erhabenen, eben weil sie unmittelbar Unlust ist, kann gar nicht exponiert werden, ohne das Insichgehen des Gemüts, das sich seiner Bestimmung bewußt wird im moralischen Gefühl, mit in die Exposition hineinzunehmen.

Ungeachtet dieser Abweichung ist der Hinweis auf die vollkommenen und unvollkommenen Pflichten brauchbar, um eine auch in der ausgeführten Kritik sich findende Sicht zu erhellen.

---

129 Reflexionen zur Anthropologie, AA 15 (Erste Hälfte), 437.

130 Dies belegt, daß Kant durchaus nicht schematisch einteilt, hatte er doch in der frühen Ersten Einleitung zunächst auch eine Deduktion des Erhabenen vorgesehen (EE, AA 20, 251.).

Die vorläufige Einteilung der Pflichten in der „Grundlegung" scheint spätestens in der „Metaphysik der Sitten" revidiert[131] worden zu sein, und deren endgültige Fassung des Unterschiedes von vollkommenen und unvollkommenen Pflichten läßt den zit. Deduktionsentwurf verständlich werden. Die vollkommenen Pflichten sind die engen, d. h. sie geben präzise an, welche Handlung sittlich notwendig ist, die unvollkommenen dagegen sind die weiten,[132] sie können ihrer Natur nach nicht bis hinab in die Konkretion der einzelnen Handlung reichen. Im letzteren Fall ist die „Nöthigung . . . blos zu einer Gattung von Handlungen (z. E. des Wohlwollens) so daß in Ansehung einzelner Fälle *Freyheit der Wahl* sowohl der Art als des Grades übrig gelassen wird".[133] Diese Freiheit der Näherbestimmung, dieser „Spielraum der Freyheit",[134] der „Überlegung"[135] der „Wahl"[136] im Gegensatz zu den vollkommenen Pflichten, welche der „Urtheilskraft kein *freyes Spiel* übrig lassen",[137] hat nun eine Affinität zur Freiheit der Einbildungskraft, wie sie nur in der Auffassung des Schönen eingeräumt ist. Es ist allerdings darauf zu sehen, daß diese Freiheit der Einbildungskraft nicht die Willkür im Sinne der empirischen Assoziation ist, vielmehr sich als Freiheit erst dadurch erweist, daß sie zum Gesetz des Verstandes unbestimmt zusammenstimmt. Dabei bleibt aber die Abwesenheit der Nötigung Kennzeichen des Spielens der Einbildungskraft. Dieser Abwesenheit wegen ist die Bestimmung des Willens durch Vernunft, wie sie in der unvollkommenen Verbindlichkeit gegeben ist, eher durch die spielende denn durch die sich anspannende Einbildungskraft zu veranschaulichen, welche ihrerseits mehr die vollkommene Verbindlichkeit symbolisiert, insofern es ihr nicht überlassen bleibt, wie weit sie

---

131 Vgl. GMS, AA 4, 421 Anm.: „Übrigens verstehe ich hier unter einer vollkommenen Pflicht diejenige, die keine Ausnahme zum Vortheil der Neigung verstattet" mit MS, AA 4, 390: „Es wird aber unter einer weiten Pflicht nicht eine Erlaubnis zu Ausnahmen von der Maxime der Handlungen, sondern nur die der Einschränkung einer Pflichtmaxime durch die andere . . . verstanden"; doch bereits die KPV setzt die Unterscheidung unter den Titel der Modalität (AA 5, 66), was zur späteren Fassung paßt. Vgl. Kersting (1983) 404-421.

132 MS, AA 6, 390 Z 14.

133 Vorarbeiten zu Die Metaphysik der Sitten, AA 23, 380.

134 Ebd. AA 23, 393.

135 Ebd. AA 23, 394 Z 17 f.

136 Ebd. AA 23, 394 Z 18.

137 Ebd. AA 23, 389 Z 30 f.

sich anspannen mag in der Spanne zwischen unbestimmtem Verstandes- und Vernunftbegriff. Sie soll sich nämlich bis zur gänzlichen Angemessenheit zum Maß der Totalität ausstrecken, diese Erweiterung ist ohne Spielraum, ist Nötigung und letztlich Negation ihres Vermögens.

Den Gedanken, die im Hinblick auf das Moment der Negation unterschiedene ästhetische Freiheit auf einen praktischen Unterschied zurückzubeziehen, behält die Kritik der Urteilskraft bei, sie geht sogar noch weiter, indem sie diesen Rückbezug gleichsam „prinzipiell" macht. Denn sollte der Unterschied des Schönen und Erhabenen in der Deduktionsskizze einem Unterschied *innerhalb* des Pflichtbegriffs entsprechen, so dient dieselbe Unterscheidung jetzt dazu, nicht eine Besonderung der Verbindlichkeit, sondern eine Differenz hinsichtlich der Weise der Bindung, der gemäß das Subjekt zu seiner Bestimmung steht, auszudrücken: „Hieraus folgt: daß das intellectuelle, an sich selbst zweckmäßige (das Moralisch-) Gute, ästhetisch beurtheilt, nicht sowohl schön, als vielmehr erhaben vorgestellt werden müsse, so daß es mehr das Gefühl der *Achtung* (welches den Reiz verschmäht), als der *Liebe* und vertraulichen Zuneigung erwecke; weil die menschliche Natur nicht so von selbst, sondern nur durch Gewalt, welche die Vernunft der Sinnlichkeit anthut, zu jenem Guten zusammenstimmt." (271)

„Liebe" und „Achtung" sind nicht allein in den Pflicht*arten* zu erkennen, die traditionell „Liebespflichten" und „Zwangspflichten"[138] heißen. Die Achtung, „näher dem vormaligen timor domini als dem amor dei",[139] verdrängt gleichsam die Liebe als prinzipielle Stellung des Subjekts zu seiner Bestimmung, wie es die Übersetzung des christlichen Liebesgebots durch die Kritik der praktischen Vernunft zeigt.[140] Die Natur des endlichen Vernunftwesens macht es notwendig, „die Gesinnung seiner Maximen auf moralische Nöthigung, nicht auf bereitwillige Ergebenheit, sondern auf *Achtung*, welche die Befolgung des Gesetzes, obgleich sie ungerne geschähe, fordert, nicht auf *Liebe,* die keine innere Weigerung des Willens gegen das Gesetz besorgt, zu gründen, gleichwohl aber

---

138 Vgl. Kersting (1982) 196.

139 Boeder (1990 b) 167.

140 Diese geschichtliche Dimension berücksichtigt Prauss (1983) nicht hinreichend, wenn er Kant vorhält, dem Thema der Liebe „im Rahmen seiner Konzeption nun einmal nicht gewachsen" (250) zu sein.

diese letztere, nämlich die bloße Liebe zum Gesetze, ... sich zum beständigen, obgleich unerreichbaren Ziele seiner Bestrebung zu machen".[141]

Weil die ästhetische Urteilskraft unter einer von der praktischen Vernunft gestellten Darstellungsaufgabe steht – gerade in den zuspitzenden Formulierungen der Bewandtnis, die es mit dem Schönen und Erhabenen hat, hebt Kant auf diesen Gesichtspunkt des „Vorstellig-Machens" der Verbindlichkeit ab (267, 271) – und das darzustellende praktische Prinzip in seiner Bestimmungsweise (Hervorrufen der Achtung) auf die ästhetische Beurteilung durchschlägt, der Primat der praktischen Vernunft also keineswegs ästhetisch überholt wird, muß dem Erhabenen, um die Beobachtung zur Exzentrik der Urteilskraft erneut zu befestigen, unbeschadet seiner nicht zu leugnenden systematisch schwächeren Position doch, was die Funktion der Darstellung anlangt, das größere Gewicht beigemessen werden. Diese Frage der Gewichtung ist, jedenfalls auf dem Boden des Kantischen Denkens, nur durch den Rückblick auf die Eigenart des praktischen Verhältnisses von Bestimmung und Subjekt zu entscheiden. Das Schöne und Erhabene haben die durchaus relative Bedeutung, auf die praktische Bestimmung des Subjekts zu verweisen, und nur, wenn diese relative Bedeutung unbeachtet bleibt, kann das Erhabene gegenüber dem Schönen herabgesetzt oder, was im Grunde dasselbe ist, bevorzugt werden aus Interessen, die sich im zeitgenössischen Denken[142] finden.

Der sich an der ästhetischen Urteilskraft zur Geltung bringende Primat der praktischen Vernunft ruft eine Wechselbeziehung beider hervor. Die Stimmung des Schönen und Erhabenen bereitet einerseits das moralische Gefühl vor,[143] andererseits setzt insbesondere das Erhabene das moralische Gefühl voraus (265). Wie dieses Voraussetzen und Vorbereiten zusammenzudenken ist, erläutert die späte Bestimmung des moralischen Gefühls in der „Metaphysik der Sitten". Vorausgesetzt ist das moralische Gefühl insofern, als es die Menschheit des Menschen mitkonstituiert: „Nun kann es keine Pflicht geben ein moralisches Gefühl zu haben, oder sich ein solches zu erwerben; ... sondern ein jeder Mensch (als ein mo-

[141] KPV, AA 5, 84.

[142] Zur zeitgenössischen Diskussion sei auf den von Pries herausgegebenen Sammelband (1989) verwiesen.

[143] Vgl. die Deduktionsskizze; KU, AA 5, 197.

ralisches Wesen) hat es ursprünglich in sich".[144] Vorbereitet werden kann das moralische Gefühl insofern, als es, obzwar unerwerbbar und unverlierbar, doch gestärkt werden kann: „die Verbindlichkeit aber kann nur darauf gehen, es zu cultiviren und selbst durch die Bewunderung seines unerforschlichen Ursprungs zu verstärken".[145]

Nach Aufweisung des sowohl innerhalb der Lehre vom Schönen vollzogenen (Deduktion – Dialektik) als auch über sie zum Erhabenen und objektiv Zweckmäßigen hinausführenden Übergangs, ingleichen nach Herausstellung des Übergangs innerhalb der Lehre vom (mathematisch und dynamisch) Erhabenen, sollte auch ein Weg vom Erhabenen in die Teleologie zu erwarten sein. Dieser ist zwar schwerer auszumachen, weil die erhabene Erscheinung äußerlich zweckmäßig ist. Wie jedoch gegen den Anschein des bloßen Selbst-Bezuges die Weltbedeutung des Erhabenen aufzudecken ist, so kann auch dessen teleologische Bewandtnis bemerkt werden. In den Gedanken, daß es die Natur sei, die der ästhetischen Urteilskraft Entgegenkommendes hervorgebracht habe (d. h. in die Umkehrung der Gunst, die wir der Natur erweisen, in diejenige, die die Natur uns erweist), wird ausdrücklich ihre „Unermeßlichkeit" (380) eingeschlossen. Durch die „systematische Abtheilung des Weltgebäudes" (256 f.) etwa wird die Ermessung des Mathematisch-Erhabenen begünstigt. Das Erhabene kann für die Urteilskraft gleichsam vorherbestimmt angesehen werden, weil es eine Eigenbestimmtheit besitzt – eben das Quantum, das weder leicht zu übersehen noch völlig unüberschaubar ist –, in die das Selbst-Gefühl hinausgeworfen werden kann.

---

144 MS, AA 6, 399.

145 MS, AA 6, 399 f.

IV. Der Naturzweck

1. Ding und Welt, innere und relative Zweckmäßigkeit

Auch wenn das Inhaltsverzeichnis dies nicht ausdrücklich macht, so wird die Kritik der teleologischen Urteilskraft doch so eingeteilt, wie es die Erste Einleitung vorsah, nämlich durch die Unterscheidung von innerer und relativer Zweckmäßigkeit.[146] Analytik und Dialektik behandeln die innere Zweckmäßigkeit; die Vorstellung der äußeren Zweckmäßigkeit wird zwar durch beide vorbereitet, zum Hauptgegenstand jedoch in einem Anhang unter dem Titel „Methodenlehre".

Die Frage nach der relativen Zweckmäßigkeit betrifft das Dasein der Dinge, und sie ist es, die die Natur als auf das Handeln aus Freiheit bezogene Totalität (Welt) erschließt.

Wenn auch das Dasein der Dinge in der ästhetischen Beurteilung aufgrund ihrer Interesselosigkeit nicht beachtet werden kann, so führt diese Beurteilung doch an die Grenze zur Teleologie. Die letzte Gestalt der ästhetischen Zweckmäßigkeit, das Dynamisch-Erhabene, nähert sich soweit wie unter dem Vorzeichen der Anschauung der Dinge möglich der Vorstellung ihres Daseins. Dynamisch-Erhaben ist die Natur als Macht, und diese betrifft schon das Dasein, die physische Selbsterhaltung des

---

146 Dies ist gegen Mertens (1975) festzuhalten, die eine Divergenz von EE und Ausführung konstatiert: „Was die Architektonik der dritten Kritik betrifft, so hat sich das Unterscheidungskriterium Vollkommenheit – Nützlichkeit nicht in der Gliederung niedergeschlagen. Die äußere relative Zweckmäßigkeit wird zwar kurz eingeführt, findet in der Exposition des teleologischen Urteils aber nicht die selbständige Systemstelle, wie sie das Erhabene beim ästhetischen Urteil einnimmt." (224)

Weltwesens, nur daß die Macht immer noch in einer Anschauung zugänglich wird. Hier bekundet sich erneut die Eigenschaft der entgegensetzenden Gliederung der dritten Kritik, daß sie die jeweilige Entgegensetzung zugleich übergreift. Die dynamische Ansicht der Natur ist Sache der teleologischen Urteilskraft, die ästhetische Urteilskraft präfiguriert diese Ansicht durch das Dynamisch-Erhabene, welches eben deshalb, weil es schon das Dasein der Dinge erreicht, auch die Vorstellung der Totalität der Natur (Welt) erreichen kann.

Geht unsere Untersuchung auch in erster Linie auf die Weltvorstellung, so wird sie doch zuvor die Vorstellung des Dinges dieser Welt in Angriff nehmen müssen. Das im ästhetischen Teil Herausgearbeitete kann dabei einen gewissen Anhalt bieten. Ließe sich nämlich die Anlage des ästhetischen Teils im teleologischen Teil wiederfinden, so wären der Betrachtung folgende Schritte vorgezeichnet:

1) Die teleologische Urteilskraft geht nicht unvermittelt auf die Welt als teleologisches System, sondern zuerst auf das Ding dieser Welt. Das innerlich zweckmäßige Ding gehört der Natur-Totalität an, die durch ein Handeln aus Freiheit bestimmbar ist, wird dann besagen: das organisierte Wesen ist darstellend auf die Freiheit bezogen.

2) Die Beurteilung der Naturdinge hat *in sich* die Tendenz, zur Vorstellung des Welt-Systems hinüberzuleiten. Dies ist allein daraus ersichtlich, daß diese zwar einzelne Dinge sind, dies jedoch „in der Form von Systemen".[147] Dieser Übergang zur Welt-Vorstellung vollzieht sich *innerhalb* der Lehre von der inneren Zweckmäßigkeit und entspricht dem beobachteten Übergang *innerhalb* der Lehre von der *reinen* Schönheit.

3) Sodann wird der Übergang zur Vorstellung der Welt dadurch vorbereitet, daß die innere Zweckmäßigkeit über sich hinaus auf die relative verweist. Dies hat seine Parallele darin, daß die Beurteilung des Schönen an die benachbarten Formen der Beurteilung (das Erhabene, das objektiv Zweckmäßige) grenzt.

4) Zuletzt wird die Welt selbst mit der Antwort auf die Frage der relativen Zweckmäßigkeit gedacht: Wozu ist die gesamte Natur da?

---

147 EE, AA 20, 217 Z 12.

2. *Der Naturzweck in der disjunktiv umgrenzten Mitte zwischen Mechanismus der Natur und Selbst-Verhältnis der Vernunft (Analytik)*

Entsprechend der Aufgabe, die Disjunktion von Natur und Freiheit zu vermitteln, wurde die Exposition des Schönen so angelegt, daß diesem seine Stelle durch Unterschied und Analogie zu den Extremen des Angenehmen und Guten angewiesen, also das disjunktive Entweder-Oder zugunsten eines Weder-Noch und Sowohl-Als-auch aufgelöst wurde. Der aus der Disjunktion stammende Rhythmus der Erörterung ist auf diese Weise kein Notbehelf in dem Sinne, daß der Begriff des Schönen, eben weil er überhaupt kein Begriff eines Gegenstandes sensu stricto ist, nicht anders denn so gefaßt werden könnte, daß er gegen anderes gehalten würde, daß also dem Geschmacksurteil gleichsam nur auf dem Umweg über das Erkenntnis- und Sinnenurteil beizukommen wäre. Vielmehr ist die Aufgabe der Vermittlung von Natur und Freiheit derart bestimmend für das Schöne, daß sein erster Begriff (schön ist, was ohne Interesse gefällt) als reines Resultat dieser Aufgabe zu verstehen ist.

Für den Begriff und die Beurteilung des Naturzwecks entfällt nun die bei der Bestimmung des Schönen zu beobachtende Schwierigkeit, daß dessen Begriff nicht direkt zugänglich ist. Der Naturzweck läßt sich geradezu „definieren". Weil aber das disjunktive, ausschließend-einschließende Verfahren der Exposition beim Schönen nicht bloß ein methodischer Behelf ist (obgleich es *auch* dadurch bedingt ist, daß sich dessen Beurteilung nicht auf einen bestimmten Begriff bringen läßt), so ist anzunehmen, daß sich auch der Begriff des Naturzwecks erst dann in seiner Funktion erschließen wird, wenn man ihn nicht isoliert betrachtet, sondern stets die Frage mitbedenkt, wie dieser Begriff eine Mitte konstituiert, er also seiner Aufgabe entspringt.

Um diese Aufgabe genauer anzugeben, so ist an dem einen der zu vermittelnden Extreme, der Kausalität der Natur, vornehmlich auf folgendes Moment zu achten. Die Naturkausalität bedeutet „eine besondere Art der Synthesis . . ., da auf etwas A *was ganz Verschiedenes* B nach einer Regel gesetzt wird".[148] Sie ist durch das Anders-Sein von Ursache und Wirkung charakterisiert.

---

[148] KRV, B 122.

Gesehen auf dieses Moment, ist die Kausalität aus Freiheit nicht allein, wie es ihr negativer Begriff zunächst nahelegt, dadurch von der Naturkausalität abzuheben, daß sie dem Regressus des Verursachens entnommen ist, als eine Ursache, die nicht wiederum verursacht ist, sondern ebenso dadurch, daß sich das Verhältnis von Ursache und Wirkung selbst verwandelt. Die Kausalität der Vernunft in Hervorbringung des guten Willens ist nicht als ein Bewirken von etwas durch etwas anderes vorzustellen. Die Vernunft, als für sich selbst praktisch, bringt sich im vernünftigen Willen selbst hervor, der Wille ist als vernünftiger, dem Vernunftgesetz unterworfener, bei sich selbst als dem selbstgesetzgebenden. Das Anders-Sein von Ursache und Wirkung ist in ein Identitätsverhältnis zurückgenommen.

Eine Ursache jedoch, die das von ihr Bewirkte nicht außer ihr hat, ist Grund. Auf diese Unterscheidung der Ursache der Natur von der Vernunft als Grund legt Kant Gewicht gerade in dem Kapitel der Einleitung, das es mit der Verknüpfung der Gesetzgebungen des Verstandes und der Vernunft zu tun hat (195 Z 24 f., 196 Z 37). Soll also zugesehen werden, wie der Begriff des Naturzwecks diese Verknüpfung leistet, so ist in ihm eine Gestalt der Kausalität zu suchen, die zwischen Ursache und Grund steht und ganz aus dieser Mittelstellung hervorgeht.

Um die Herausarbeitung dieses Begriffs möglichst plastisch werden zu lassen, sei der nunmehr schon bewährte Weg gewählt, die Definitionen, die Kant gibt, in ihrer schrittweisen Vertiefung zu verfolgen. Es wird also die erste und vermutlich noch abstrakte Bestimmung des Naturzwecks daraufhin zu befragen sein, inwiefern sie der gestellten Aufgabe ein Genüge tut und inwiefern sie eine Defizienz erkennen läßt, die zugleich das weitere Vorgehen vorzeichnet.

1) „Die Erfahrung leitet unsere Urtheilskraft auf den Begriff einer objectiven und materialen Zweckmäßigkeit, d. i. auf den Begriff eines Zwecks der Natur nur alsdann, wenn ein Verhältnis der Ursache zur Wirkung zu beurtheilen ist, welches wir als gesetzlich einzusehen uns nur dadurch vermögend finden, daß wir die Idee der Wirkung der Causalität ihrer Ursache, als die dieser selbst zum Grunde liegende Bedingung der Möglichkeit der ersteren, unterlegen." (366 f.)

Worauf es bei dieser weiten, sowohl die innere als auch die äußere Zweckmäßigkeit umfassenden Bestimmung ankommt, wird in einer erneuten Charakterisierung der Zweckmäßigkeit überhaupt genannt. Im Gegensatz zur Verstandeskausalität, die eine „Verknüpfung [ist], die eine Reihe (von Ursachen und Wirkungen) ausmacht, welche immer abwärts geht" (372), ist die Zweckverbindung diejenige, „welche, wenn man sie als Reihe betrachtete, sowohl abwärts als aufwärts Abhängigkeit bei sich führen würde, in der das Ding, welches einmal als Wirkung bezeichnet ist, dennoch aufwärts den Namen einer Ursache desjenigen Dinges verdient, wovon es die Wirkung ist" (372).

Die Wirkung ist auch Ursache, und die Ursache ist auch Wirkung. Ganz abstrakt genommen ist also die einseitige Beziehung der Verstandeskausalität durch die Zweckmäßigkeit in eine Wechselbeziehung von Ursache und Wirkung transformiert. Und ebenso abstrakt genommen liegt in diesem Begriff der wechselseitigen Beziehung von Ursache und Wirkung schon die ganze Lösung der geforderten Mitte zwischen Ursache und Grund, zwischen dem Verhältnis des Anders-Seins von Ursache und Wirkung und dem Selbst-Verhältnis von Grund und Folge. Denn einerseits sind die beiden Glieder einer Wechselwirkung andere gegeneinander, sie haben je ein eigenständiges Bestehen und insofern ist die Wechselbeziehung dem Mechanismus verwandt. Andererseits bringt die Ursache nichts anderes als sich selbst hervor, indem das, was sie hervorbringt, wiederum Ursache ihrer selbst ist. Der Kreis der Wechselbeziehung von Ursache und Wirkung ist genau ein Selbst-Verhälnis unter den Bedingungen des Mechanismus, ein Selbst-Verhältnis von Ursache und Wirkung, das gleichsam getrübt ist durch das Anders-Sein der Relationsglieder.

Der Hinweis darauf, daß die Wechselwirkung als Darstellung des Selbst-Verhältnisses des Grundes zu lesen sei, mag treffend, doch an die Kantische Analyse herangetragen scheinen. Daß sich aber die Zweckmäßigkeit auf diese Weise erschließen läßt, kann durch einen Rückblick auf die Bestimmung des Schönen erhärtet werden. Das Schöne, welches innerhalb der Lehre von der subjektiven Zweckmäßigkeit dieselbe Stelle einnimmt wie der Naturzweck innerhalb der Lehre von der objektiven (beide sind innerlich zweckmäßig), wurde von Kant als Symbol des Sittlich-Guten gefaßt. Das Hauptstück dieser Analogie bestand in einer paritas rationis, die der hier zu beobachtenden parallel läuft. Das Selbst-Verhältnis von Vernunft und Wille, dem gemäß „die Freiheit des

Willens als Zusammenstimmung des letzteren mit sich selbst nach allgemeinen Vernunftgesetzen gedacht" (354) wird, stellte sich in der mit der Gesetzmäßigkeit des Verstandes einhelligen Freiheit der Einbildungskraft dar, welche Übereinstimmung von Einbildungskraft und Verstand als wechselseitige Belebung und so formell als Wechselbeziehung zu bezeichnen ist.

Wenn also die vermittelnd-darstellende Bedeutung der Wechselbeziehung hinsichtlich des der Kausalität aus Freiheit eigenen Identitätsverhältnisses hervorgehoben wird, so folgt diese Beobachtung nur einer Anweisung, die im Kantischen Gedanken liegt. Diese Beobachtung aber ist so, wie sie jetzt formuliert wurde, noch roh und ergänzungsbedürftig. Sieht man sich nämlich die Erläuterung an, die diesem Gedanken der wechselseitigen Abhängigkeit von Ursache und Wirkung gegeben wird, so tritt sogleich eine gewisse Hemmung ein, die den beschriebenen Kreis der Wechselwirkung zu stören scheint. „Im Praktischen (nämlich der Kunst) findet man leicht dergleichen Verknüpfung, wie z. B. das Haus zwar die Ursache der Gelder ist, die für die Miethe eingenommen werden, aber doch auch umgekehrt *die Vorstellung* von diesem möglichen Einkommen die Ursache der Erbauung des Hauses war." (372) Dies ist zwar nur in bezug auf die menschliche Kunst und weiter in bezug auf die äußere Zweckmäßigkeit gesagt, macht aber auf einen Unterschied aufmerksam, der in der ersten Formulierung ungenannt blieb, gleichsam zugunsten der ungetrübten Aufmerksamkeit auf die Wechselbeziehung. Zuerst wurde von dem Ding gesprochen, „welches einmal als Wirkung bezeichnet ist, dennoch aufwärts den Namen einer Ursache desjenigen Dinges verdient, wovon es die Wirkung ist" (372), nun wird in der Bewegung aufwärts nicht die Wirkung, sondern die Vorstellung der Wirkung zur Ursache.

So leicht verständlich diese Wendung ist, so entscheidend ist es, im abstrakten Begriff der Zweckmäßigkeit diese doppelte Bedeutung und dieses doppelte Auftreten des Terminus der Wirkung festzuhalten. Die Wirkung tritt einmal als Vorstellung oder Begriff (idealiter, 373), einmal als Gegenstand (realiter) auf. Wenn sich dies so verhält und wenn diese doppelte Bedeutung des Terminus der Wirkung sogar den Kreis der Wechselbeziehung erst schließt, so wird man schematisch die in der Zweckmäßigkeit liegende Wechselbeziehung nicht bloß so beschreiben können, daß A Ursache von B und B Ursache von A sei, vielmehr so, daß eigentlich drei Termini die Wechselbeziehung herstellen: Idee der Wirkung – Ursache – Wirkung.

Dieses Schema entdeckt, daß in der weitesten Bestimmung des nexus finalis nicht eine einfache Wechselbeziehung vorliegt.

Da ist einmal die Verknüpfung von Ursache und Wirkung, und diese Verknüpfung, für sich betrachtet, hat überhaupt nichts vom Eigentümlichen des nexus finalis an sich, sie ist Wirkung gemäß dem Gesetz des Mechanismus.

Zum anderen aber steht am Anfang der in sich zurückkehrenden Bewegung die Idee der Wirkung, die Zweckvorstellung. In der zu betrachtenden Definition heißt es, sie liege der Kausalität der Ursache „zum Grunde".[149] Nehmen wir dies beim Wort, so ergibt sich: Das Ganze des nexus finalis ist ein Ineinandergreifen von Grund und Ursache.

Die Idee der Wirkung liegt nicht nur der Kausalität der Ursache zum Grunde, sie ist ebenso „Bedingung der Möglichkeit"[150] der Wirkung (so ist das etwas schwer zu beziehende „der ersteren" (367 Z 3) zu lesen). Indem die Idee der Wirkung die Wirkung ermöglicht, ist sie Grund genau in der Bedeutung, die in der Exposition der Aufgabe des Begreifens der inneren Zweckmäßigkeit herausgestellt wurde. Der Grund hat das von ihm Gegründete nicht außer ihm, hier also: die Idee der Wirkung ist, in einer Hinsicht, dasselbe wie das, was sie hervorruft, nämlich die Wirkung; beide haben denselben Sachgehalt, der einmal als Begriff, das andere Mal als Gegenstand erscheint.

Die Idee der Wirkung ist Grund, indem sie die *ganze* Bewegung der Zweckmäßigkeit anfängt und in sich behält. Der Grund bestimmt nicht nur die Kausalität der Ursache oder bloß die Wirkung. Der Grund geht mit sich zusammen über die Mitte (das Mittel) der Ursache, er ist die „indirekt" wirkende Ursache.[151]

---

149 Vgl. zur Abhebung von Grund und Ursache im Zweckbegriff noch: „Die Vorstellung der Wirkung ist ... der Bestimmungs*grund* ihrer *Ursache*" (KU, AA 5, 220); weil der *Ursache* ... die Idee ... zum *Grunde* liege" (KU, AA 5, 369).

150 Diese wird auch „Grund der Möglichkeit" (KU, AA 5, 370) genannt.

151 So heißt es im Opus postumum (das hier und im folgenden nicht, um seine eigenen Tendenzen zu würdigen, sondern um die KU zu erläutern, herangezogen wird): „Das Wort Endursache (causa finalis) als indirect vermittelst gewisser Werkzeuge im Gegensatz der direct//wirkenden Ursache (causae efficientis) enthält etwas im ersten Anblick wiedersprechendes nämlich

Dieses dem Zweck zuzusprechenden Grund-Charakters wegen kann die Vorstellung der Wirkung als „Idee“ oder „Begriff, den nur Vernunft geben . . . kann“ (370) bezeichnet werden, eine auf den ersten Blick befremdliche Benennung. Denn wie sollte so etwas wie die Vorstellung von einem zu erbauenden Haus, eine Vorstellung, die empirisch darstellbar ist, Idee heißen dürfen? Ihr Recht hat diese Bezeichnung, weil die Zweckvorstellung ebenso wie die praktische Idee sich selbst als Gegenstand hervorbringt.[152]

Der ganze nexus finalis ist ein Wechselbeziehung. Näher besehen ist er aus zwei Momenten zusammengesetzt, nämlich der Grund- und der Ursache-Beziehung. Indem er aber durch diese beiden Momente erschöpfend konstituiert wird, ist er ein reiner Verbindungsbegriff. Er zieht seine Bestimmtheit aus den beiden zu vermittelnden Extremen, der Naturkausalität als der Relation von Ursache und Wirkung und der Kausalität aus Freiheit als dem Selbst-Verhältnis des Grundes zu sich.

Grund und Ursache haben im Ganzen des nexus finalis nicht denselben Stellenwert. Es ist eigentlich der Grund, dem es zu verdanken ist, daß diese so geartete Kausalität das ist, was sie ist, ein sich schließender Kreis. Der Grund ist die causa finalis, die End-Ursache, dasjenige antecedens, welches zugleich consequens ist. Demgegenüber ist die Beziehung von Ursache und Wirkung zwar beteiligt am Zustandekommen der Kreisbewegung, für sich aber das geblieben, was sie im Horizont des Verstandes schon war, eine Beziehung, die durch Einseitigkeit und deren Relata durch Äußerlichkeit gekennzeichnet sind.

Der Grund ist das führende Moment in der Zweckverbindung. Auch wenn der Zweckbegriff als Vermittlungsbegriff die Extreme der Ursache und des Grundes zusammenspannen soll, so ist er doch nicht eine indifferente Mitte, die gleichgültig Verwandtschaft und Verschiedenheit gegenüber den Extremen besäße. Dies verhält sich in Entsprechung zum Schönen, welches sowohl gegen das Angenehme als auch das Gute abgegrenzt und mit beiden verglichen wird, primär aber in die Analogie zum Guten tritt.

---

eines antecedens das doch zugleich in anderer Rücksicht ein consequens eben desselben Bestimmungsgrundes ist“ (AA 21, 198).

152 Von den praktischen Begriffen gilt, daß sie „die Wirklichkeit dessen, worauf sie sich beziehen, (die Willensgesinnung) selbst hervorbringen“ (KPV, AA 5, 66).

Ist der Grund das führende Moment in der ganzen Beziehung, indem er das Extrem des im Gebiet der Natur Darzustellenden (der Kausalität aus Freiheit) bezeichnet, ist aber auf der anderen Seite die Ursache zwar in die in sich zurückgehende Realisierung des Grundes eingefügt als Mittel, ohne dabei selbst eine Verwandlung erfahren zu haben, so liegt der Mangel der ersten und weitesten Definition darin, daß im Ganzen der Zweckverbindung der Zweck oder Grund als das eine Moment dieser Verbindung noch im Verhältnis der Äußerlichkeit zur Ursache als dem anderen Moment steht. Ein Fortgang, so ist zu erwarten, muß sich gerade des Moments der Ursächlichkeit annehmen, um dieses dem Grund zu vindizieren. Es steht an, eine Ursache mit dem Charakter eines Grundes zu denken. Hinreichend dafür wird es nicht sein, lediglich die Relation von Ursache und Wirkung zur Wechselseitigkeit zu erheben, da eine solche wechselseitige Abhängigkeit, bekannt als Verstandeskategorie, den Horizont des Mechanismus nicht übersteigt.

2) „Um einzusehen, daß ein Ding nur als Zweck möglich sei, d. h. die Causalität seines Ursprungs nicht im Mechanism der Natur, sondern in einer Ursache, deren Vermögen zu wirken durch Begriffe bestimmt wird, suchen zu müssen, dazu wird erfordert: daß seine Form nicht nach bloßen Naturgesetzen möglich sei, d. i. solchen, welche von uns durch Verstand allein, auf Gegenstände der Sinne angewandt, erkannt werden können; sondern daß selbst ihr empirisches Erkenntniß ihrer Ursache und Wirkung nach Begriffe der Vernunft voraussetze." (369 f.)

Durch diese Definition und Anweisung zur Reflexion wird aus der objektiven Zweckmäßigkeit überhaupt die innere ausgegrenzt. Die Unterscheidung von innerer und relativer Zweckmäßigkeit läßt erkennen, daß auch das Moment des Grundes weitergedacht wird.

Zwar gilt, daß der Grund als solcher sich dadurch auszeichnet, daß er seine Folge in ihm behält, und dementsprechend ist auch in der relativen Zweckmäßigkeit ein Kreis vorhanden, der die Idee der Wirkung mit der Wirkung zusammenschließt. Die Idee der Wirkung geht hier jedoch primär überhaupt nicht auf das herzustellende äußerlich zweckmäßige Ding, sondern auf eine weitere, mit ihm beabsichtigte Wirkung, zu welcher es sich als Mittel verhält. Zum Zweck gemacht wird ein Anderes, auf welches das zu Produzierende zufällig bezogen wird. Der Grund ist dem Produkt äußerlich. Dies drückt sich darin aus, daß die Reflexion über das Produkt zwar auf eine Kausalität durch Begriffe zurückgehen kann, eine solche aber nicht annehmen muß.

Die zweite Definition nimmt die Äußerlichkeit des Grundes zum Produkt um einen Schritt zurück. Als Zweck vorgestellt wird nicht zuerst ein Anderes, um von ihm her auf das Herzustellende zu kommen. Vorgestellt wird unmittelbar das Herzustellende, die Einheit des in ihm enthaltenen Mannigfaltigen. Der Grund des Produkts ist *sein* Grund.

Dennoch ist auch an dieser Gestalt des Grundes die Äußerlichkeit auszumachen. Der Grund als Vorstellung der Einheit des Mannigfaltigen bestimmt dieses Mannigfaltige, nicht bestimmt sich das Mannigfaltige zur Einheit. Der Grund ist so betrachtet der Seite der Kausalität zuzuschlagen. Die Zweckvorstellung ist die des Zwecke setzenden, Vorstellungen bildenden Vermögens. Es steht im Belieben der Kausalität, welche Zwekke sie sich setzen und realisieren mag. Insofern bestimmt nicht die Wirkung qua Idee der Wirkung die Kausalität zur Tätigkeit; es ist das Vermögen der Kausalität, dem die Vorstellung des Zwecks zuzuschreiben ist.

Die aus den beiden vorbereitenden Definitionen des Naturzwecks sich abzeichnende Richtung der Exposition kann folglich so beschrieben werden, daß nicht nur das Verhältnis von Ursache und Wirkung, sondern ebenso das Verhältnis von Grund und Folge, obwohl dieses von vornherein als Selbst-Verhältnis angelegt ist, aus der ihm anhaftenden Einseitigkeit und Äußerlichkeit zu befreien ist. Die Ursache muß den Charakter des Grundes annehmen, der Grund den Charakter der Ursache verlieren und damit einhergehend müssen beide Momente in den einen Begriff des nexus finalis gefügt werden.

Die eigentliche Bestimmung des Naturzwecks (3) wird doppelt angesetzt. Sie beginnt § 64 mit einer vorläufigen Charakterisierung, welche im § 65 vervollständigt wird (3a). Dieser ganze Weg wird noch einmal (§ 66) in eine Definition zusammengefaßt, welche weder weiterbestimmt noch wiederholt und so als Alternativformel zu lesen ist (3b).

3a) „Ich würde vorläufig sagen: ein Ding existirt als Naturzweck, wenn es von sich selbst (obgleich in zwiefachem Sinne) Ursache und Wirkung ist“ (370).

Die durch die Zweckmäßigkeit überhaupt und die innere im weiteren Sinne unverwandelt gelassene Ursächlichkeit wird zu einer wechselseitigen und verliert dadurch ihre Äußerlichkeit zum Zweck als Wirkung, sie wird *in* das Produkt verlegt. Die Wechselseitigkeit allein kann jedoch nicht die Ursächlichkeit, wie sie dem Naturzweck angehört, ausmachen, da sie sich so nicht vom Mechanismus abheben ließe. Es steht zu erwarten, daß die Ursache zugleich den Charakter des Grundes annimmt. Charakter des Grundes soll bedeuten: diese Kausalität ist keine mechanische, sie ist aber auch keine vernünftige, durch eine Vorstellung, die die Wirkung antizipiert, geleitete. Dies kann sie nicht sein, weil sonst der Unterschied von Grund und Ursache im nexus finalis zusammenfiele. Die gesuchte Kausalität muß in einer gewissen Weise durch den Begriff bestimmt sein, ohne daß ein von einem Verstand gedachter Begriff anzunehmen ist.

„Ein Baum zeugt erstlich einen andern Baum nach einem bekannten Naturgesetze. Der Baum aber, den er erzeugt, ist von derselben Gattung; und so erzeugt er sich selbst der Gattung nach, in der er einerseits als Wirkung, andrerseits als Ursache, von sich selbst unaufhörlich hervorgebracht und eben so sich selbst oft hervorbringend, sich als Gattung beständig erhält." (371)

Der Begriff, welcher der Kausalität des Naturzwecks zugrundeliegt, ist demnach „objektiv", er ist der Ursache innerlich als der Gattungsbegriff, unter den sie fällt. Der sich selbst bewirkende Naturzweck setzt sich keine Zwecke, er ist zweckmäßig tätig, indem er seinen Gattungsbegriff realisiert. Solche Kausalität nennt Kant „bildende Kraft" (374) oder „Bildungstrieb" (424).

Auch der Begriff der Bildungskraft wird in drei sich vertiefenden Schritten begrenzt. Sie vertiefen sich dadurch, daß sie sich dem gesuchten Grund-Charakter der Ursächlichkeit nähern, d. h. der Selbigkeit von Ursache und Wirkung unter der Bedingung ihrer nicht aufhebbaren Verschiedenheit.

Zuerst sind Ursache und Wirkung identisch hinsichtlich ihrer Gattung, verschieden hinsichtlich des Individuums. Ein Naturzweck bringt seinesgleichen hervor.

„Zweitens erzeugt ein Baum sich auch selbst als Individuum." (371)

Diese Art der Kausalität, das Wachstum, bereichert die Selbigkeit um das Moment des Individuums. Ein Naturzweck bringt nicht nur seinesgleichen, er bringt sich selbst hervor. Indem aber auf der Seite des Individuums die Selbigkeit von Ursache und Wirkung gewonnen wird, verliert sich die Selbigkeit auf der Seite der Gattung. Durch das Wachstum bringt der Naturzweck zwar sich selbst, aber nicht seinesgleichen, d. h. ein Ding derselben Gattung hervor. Er setzt bloß etwas zu sich hinzu, bildet Stoff zu seiner spezifischen Beschaffenheit um.

Zuletzt werden das Seinesgleichen- und das Sich-selbst-Hervorbringen zusammengenommen:

„Drittens erzeugt ein Theil dieses Geschöpfs auch sich selbst so: daß die Erhaltung des einen von der Erhaltung des andern wechselweise abhängt.“ (371)

Im Beispiel: Jeden Zweig und jedes Blatt kann man „als einen für sich selbst bestehenden Baum“ (371) ansehen. Indem ein Teil den anderen wechselseitig hervorbringt, bringt das Individuum sich selbst hervor – alle Teile gehören demselben Individuum an – und in einem damit seinesgleichen – denn die Teile haben je die Eigenständigkeit eines Ganzen derselben Gattung.

Die Selbsterhaltung ist die reichste, Selbigkeit hinsichtlich der Gattung und des Individuums vereinigende Ausprägung der bildenden Kraft. Sie konstituiert die dem Naturzweck eigentümliche Kausalität und wird im Folgenden auch allein, ohne die beiden vorgenannten Ausprägungen, zu dessen Umgrenzung gebraucht. Dementsprechend hat Kant im Opus postumum zwar nicht ausdrücklich das Wachstum, jedoch die Zeugung als nicht unabdingbar zur Definition des Organismus gehörig bezeichnet: „Daß aber diesen Körpern auch ein Vermögen zukomme ihre Species aus der vorliegenden Materie durch Fortpflanzung zu erhalten gehört nicht nothwendig zum Begriffe des Organismus, sondern ist ein empirischer Beysatz, um noch andere Eigenschaften der organischen Körper (z. B. ihres Gleichen durch zwey Geschlechter zu erzeugen) wovon man in dem Begriffe derselben abstrahiren kann, jenen beyzugesellen.“[153]

Mit der Bildungskraft ist die dem Naturzweck eigene Form der Ursächlichkeit erreicht. Es bleibt zu sehen, wie der Grund seine ihm noch zukommende Äußerlichkeit verliert und wie Ursache und Grund ineinandergefügt werden.

In der Vervollständigung der vorläufigen Bestimmung wird zuerst die Stellung des Grundes in der inneren Zweckmäßigkeit überhaupt erin-

---

153 Opus postumum, AA 22, 547.

nert: „Zu einem Dinge als Naturzwecke wird nun erstlich erfordert, daß die Theile (ihrem Dasein und der Form nach) nur durch ihre Beziehung auf das Ganze möglich sind. Denn das Ding selbst ist ein Zweck, folglich unter einem Begriffe oder einer Idee befaßt, die alles, was in ihm enthalten sein soll, a priori bestimmen muß." (373)

„Erstlich" wird die Gattungsbestimmtheit des Naturzwecks genannt, nämlich daß er ein Ding sei, dessen Mannigfaltiges durch einen Begriff vorgezeichnet ist. Obwohl das auch die Eigenschaft eines Kunstprodukts ist, ist dieses nicht die Gattung. Gattung ist der innere Zweck überhaupt, der sich zum Kunstprodukt durch den Zusatz spezifiziert, daß er *„nur* auf diese Art als möglich gedacht wird" (373). In einem Kunstprodukt, dessen Begriff des Mannigfaltigen „nur" vorausgeht, ist dieser Begriff einseitig bestimmend. Der Grund hat den Charakter der Ursache, liegt außerhalb des Produkts.

„Soll aber ein Ding als Naturprodukt in sich selbst und seiner innern Möglichkeit doch eine Beziehung auf Zwecke enthalten, d. i. nur als Naturzweck und ohne die Causalität der Begriffe von vernünftigen Wesen außer ihm möglich sein: so wird zweitens dazu erfordert: daß die Theile desselben sich dadurch zur Einheit eines Ganzen verbinden, daß sie von einander wechselseitig Ursache und Wirkung ihrer Form sind." (373)

„Zweitens" wird die differentia specifica des Naturzwecks vorgebracht. Sie wird ebenso in das Moment der Ursache wie in das des Grundes gelegt, und zwar so, daß die spezifische Beschaffenheit der Ursache die Eigenart des Grundes nach sich zieht. Spezifische Beschaffenheit der Ursache ist die eben erläuterte Wechselseitigkeit der Selbsterhaltung der Teile. *Durch* diese Wechselseitigkeit der Kausalität verliert nun auch der Grund die Einseitigkeit seines Bestimmens. *Durch* die wechselseitige Selbsterhaltung verbinden die Teile *sich* zu einem Ganzen. Die Vorstellung des Ganzen bestimmt nicht bloß die Teile, die Teile selbst ergeben ein Ganzes. Nachdem der Grund in der Gattungsbestimmtheit nur erst als Ursache erschien, ist er jetzt als solcher vorhanden: der Grund als Grund. „Denn auf solche Weise ist es allein möglich, daß umgekehrt (wechselseitig) *die Idee des Ganzen* wiederum die Form und Verbindung aller Theile bestimme: *nicht als Ursache* ... sondern als *Erkenntnißgrund*" (373).

Angesichts dieser Spezifizierung von Ursache und Grund zur Wechselseitigkeit ist die anschließende Ausführung nicht leicht einzusehen: „Zu einem Körper also, der an sich und seiner innern Möglichkeit nach als Naturzweck beurtheilt werden soll, wird erfordert, daß die Theile desselben einander insgesammt ihrer Form sowohl als Verbindung nach wechselseitig und so ein Ganzes aus eigener Causalität hervorbringen, *dessen Begriff* wiederum umgekehrt (in einem Wesen, welches die einem solchen Product angemessene Causalität nach Begriffen besäße) *Ursache* von demselben nach einem Princip sein, folglich die Verknüpfung der wirkenden Ursachen zugleich als Wirkung durch Endursachen beurtheilt werden könnte." (373)

Der erste Teil des Satzes wiederholt die Auszeichnung des Naturzwecks: die Wechselseitigkeit im Verhältnis der Teile, welche das Sichbilden der Teile zum Ganzen bedingt („und so", 373 Z 29). Das Folgende aber muß befremden. Hatte sich herausgestellt, daß Kunstprodukt und Naturzweck dadurch auseinandergehen, daß im letzteren die Idee des Ganzen (der Zweck, der Grund) nicht mehr als Ursache auftritt, so wird sie jetzt erneut zur Ursache, die unzweideutig außer dem Produkt liegt in einem hervorbringenden Wesen. Wie läßt sich dies zusammenbringen?

Dadurch, daß die Idee des Ganzen in ein produktives Wesen verlegt wird, fällt die Exposition nicht wieder auf den Begriff des Kunstprodukts und so hinter das Gezeigte zurück. Die Idee des Ganzen, als Ursache des Naturzwecks genommen, hat zur Voraussetzung, daß dieser Naturzweck *in sich* bereits ein sich zum Ganzen Bildendes ist. Die Idee des Ganzen steht sozusagen in unterschiedener Potenz: zuerst einseitig auf die zu formenden und zu verbindenden Teile bezogen, sodann nicht bloß auf die Teile, sondern auf ein Wechselverhältnis von Ganzem und Teilen gerichtet. Dies ist der Sinn des Ausdrucks „angemessene Kausalität", welche dem Urheber des Naturzwecks zugeschrieben wird. Seine Kausalität ist angemessen einem Ding, das sich selbst erzeugt. Die angemessene Kausalität ist die Erzeugung eines sich selbst „aus eigener Kausalität" Erzeugenden. Der Naturzweck wird zuerst beurteilt als Ursache und Grund seiner selbst, um *sodann* dieses so begriffene Ganze auf einen produktiven Verstand zurückzuführen. Geschähe diese Zurückführung ohne die vorgängige Beurteilung des Naturzwecks nach seinem eigenen Begriff, käme allemal nur ein Kunstprodukt heraus.

Ist auch zu betonen, daß der Grund, wie er zuletzt wieder in eine vernünftige Kausalität gelegt wird, nicht die Äußerlichkeit besitzt, der gemäß er zum Kunstprodukt steht, so ist doch zu fragen, was im Begriff des Naturzwecks selbst diesen äußeren Grund zuläßt oder gar verlangt.

Dazu ist noch einmal die Wechselbeziehung von Grund und Folge im Naturzweck anzusehen. Diese Wechselbeziehung ist vermittelt durch die Wechselbeziehung von Ursache und Wirkung; durch ihre wechselseitige Selbsterhaltung bilden die Teile ein Ganzes aus, und *deshalb* ist die Vorstellung des Ganzen keine den Teilen äußerliche. Wie kann das wechselseitige Sich-Verursachen der Teile ein Ganzes ausmachen? Da die Teile oder die Materie für sich genommen eine „Vielheit der Dinge" (377) sind, so lautet die Frage genauer: Wie entsteht aus einer Vielheit durch Wechselbeziehung Einheit? Durch die Wechselbeziehung entsteht durchaus Einheit, diese Einheit jedoch ist zuerst ein Ganzes aus *zwei* Gliedern.[154] Eines und ein anderes verhalten sich wechselseitig bestimmend zueinander. Nimmt die reflektierende Urteilskraft demnach den Begriff der Wechselwirkung der Teile zum Regulativ der Erforschung des Naturzwecks, so kann durch dieses Regulativ allein die Zufälligkeit, die in der Vielheit liegt, nicht zur Gesetzlichkeit (Zweckmäßigkeit) gebracht werden. Der Begriff der wechselseitigen Verursachung der Teile läßt offen, wie viele Teile sich zu einem Ganzen bilden, weil eine mehrgliedrige Wechselbeziehung begrifflich nur eine mehrfache zweigliedrige ist. Der Begriff der Wechselwirkung der Teile läßt auch offen, welche Vielheit verschiedener Formen von Naturzwecken sich finden mag.

Daraus folgt, daß die im Naturzweck liegende Wechselbeziehung von Ganzem und Teilen keine ganz strenge ist. Sie bleibt mit Einseitigkeit behaftet, insofern die Bildung der Teile zum Ganzen zwar auch von der Seite der Teile ausgeht, nicht jedoch restlos aus ihrer Wechselbeziehung zu begreifen ist. Für die durch die Wechselbeziehung der Teile nicht getilgte Vielheit braucht die Reflexion einen regulativen Begriff, und dieser ist der Zweck, wie er einer vernünftigen Kausalität außer dem Produkt

---

[154] Kant hat dies zwar nicht ausdrücklich in bezug auf die Wechselwirkung im Naturzweck ausgesprochen, es ist aber zu ergänzen mit Hilfe des Begriffs des disjunktiven Urteils. Dieses Urteil bildet ebenso ein Ganzes aus Teilen, in dem die Teile sich wechselseitig ausschließen und bestimmen. Im Zusammenhang mit dem Schluß aus einem disjunktiven Urteil heißt es nun: „Alle disjunctiven Vernunftschlüsse von mehr als zwei Gliedern der Disjunction sind also eigentlich polysyllogistisch. Denn alle wahre Disjunction kann nur bimembris sein, und die logische Division ist auch bimembris" (Logik, AA 9, 130).

beigelegt wird. Nur weil die Wechselbeziehung von Ganzem und Teilen durch eine verbleibende Einseitigkeit gekennzeichnet ist, gehört der Hinweis auf einen verständigen Urheber in die Exposition; denn diese hat es nur mit der zu beurteilenden Eigenart, nicht mit dem Ursprung des Naturzwecks zu tun.

Im Naturzweck wird „die Verknüpfung der wirkenden Ursachen zugleich als Wirkung durch Endursachen" beurteilt. Dieses „zugleich" war aus der abstrakten Fassung der Zweckmäßigkeit als das zu Begreifende herauszulesen. Dort sind die wirkende Ursache und die Endursache als Momente des Ganzen der finalen Kausalität beisammen, jedoch so, daß sie nebeneinanderstehen und je mit Einseitigkeit behaftet sind. Indem sie je diese Einseitigkeit ablegen – die Ursache des zweckmäßigen Dinges wird zur „eigenen Kausalität" des Naturzwecks, sein Grund liegt als Erkenntnisgrund in ihm selbst, oder wenn noch in einer äußeren Kausalität, dann doch in dieser als „angemessener" –, verwandelt sich das Nebeneinander in das Zugleich, durchdringen sich Ursache und Grund. Diese Durchdringung ist der nervus definiendi der inneren Zweckmäßigkeit.

Um die Vollständigkeit ihres Begriffs hinsichtlich dieser Durchdringung darzutun, sei der Definitionsweg zusammengeschaut auf die Termini des Ganzen und der Teile. Das Verhältnis von Ganzem (bzw. dessen Begriff) und Teilen und dasjenige der Teile zueinander sind qualitativ verschieden. Es waltet zwar eine durchgängige Wechselbeziehung zwischen allen Termini, aber das Verhältnis des Ganzen zu den Teilen ist das von Grund und Folge, dasjenige von Teil zu Teil das von Ursache und Wirkung.

– Die Vorstellung des Ganzen bestimmt die Teile. Dies für sich genommen ist die spezifische Beschaffenheit des Kunstprodukts und bildet die zu determinierende Gattungsbestimmtheit des Naturzwecks. Der Grund bestimmt einseitig und hat deshalb die Eigenart der Ursache.

– Die Teile verursachen sich wechselseitig. Darin liegt die differentia specifica des Naturzwecks. Die Ursache nimmt den Charakter des Grundes an.

– Die Teile bilden sich zum Ganzen. Dies geschieht zufolge der zuvor genannten Wechselwirkung der Teile untereinander und ergänzt die an erster Stelle genannte Einseitigkeit des Gründens zur Wechselseitigkeit.

– Die Vorstellung des Ganzen bestimmt das Ganze, welches in sich ein Wechselverhältnis von Ganzem und Teilen ist. Der Grund wird in „höherer Potenz“ erneut zur Ursache, in der angemessenen Kausalität eines produktiven Wesens, das ein Ganzes hervorzubringen vermag, das sich selbst zum Ganzen macht. Der Grund behält zuletzt eine unaufhebbare Einseitigkeit seines Bestimmens.

Daß das Moment des Grundes im Naturzweck die Einseitigkeit nicht gänzlich abstreifen kann, erhellt aus der Aufgabe dieses Begriffs. Er soll die Mitte zwischen Naturkausalität und Kausalität aus Freiheit, zwischen bloßem Verursachen und reinem Gründen bilden. Er bildet diese Mitte durch die Verklammerung von Ursache und Grund, in welcher Ursache und Grund die Einseitigkeit ihres Bestimmens zurücknehmen. Zurückgenommen werden kann die Einseitigkeit allerdings nicht bis zur rein durchsichtigen Identität beider Seiten, wenn anders die Darstellung dieser Identität im Bezirk der Natur zu leisten ist. Das bedeutet für die Ursache, daß das Außereinander-Sein von Ursache und Wirkung auch erhalten bleibt (sie sind in Wechselwirkung als für sich bestehende Glieder), und das heißt für den Grund, daß er nicht der reine, sich nur auf sich selbst beziehende Grund sein kann, wie er nur als praktische Vernunft wirklich ist.

3b) „Ein organisirtes Product der Natur ist das, in welchem alles Zweck und wechselseitig auch Mittel ist. Nichts in ihm ist umsonst, zwecklos, oder einem blinden Naturmechanism zuzuschreiben.“ (376)

Die gegebene Umgrenzung des Naturzwecks bestand darauf, daß es für diesen nicht hinreichend sei, wenn ein Teil *um* des anderen *willen* da sei, es müsse unverzichtbar hinzukommen, daß ein Teil *durch* den anderen sei (374 Z 11). Die abschließende Definition läßt genau diesen Zusatz fallen und scheint deshalb den Naturzweck gar nicht zu treffen. Ein Ding, in dem alles wechselseitig Zweck und Mittel, eines um des anderen willen ist,[155] könnte auch Kunstprodukt sein.

Um zu erklären, weshalb das Durch als Ergänzung des Umwillen in dem zitierten Satz nicht mehr erscheint, muß das Umwillen selbst differenziert werden.

---

155 Im Opus postumum findet sich sogar eine (3b) entsprechende Definition, die das Umwillen (propter) gegen das Durch (per) stark macht: „Organisirte Wesen sind die von welchen und in welchen ein jeder Theil um des anderen willen (propter, non per aliam partem eiusdem systematis) da ist.“ (AA 21, 184)

Daß in einem Kunstprodukt eines um des anderen willen sei, ist eine unvollständige Kennzeichnung. In ihm ist zuerst alles um Eines willen da, d. h. alle Teile sind Mittel in bezug auf das Ganze. Und nur weil die Teile insgesamt Mittel zum Zweck des Ganzen sind, verhalten sie sich zueinander als Zweck und Mittel. Das Prädikat „Zweck" kann den Teilen eines Kunstprodukts nur deshalb beigelegt werden, weil ihnen zuerst das Prädikat „Mittel" zu *einem* Zweck beigelegt worden ist. Die Beziehung der Teile untereinander als Zweck und Mittel ist vermittelt durch den übergeordneten Zweck, *in ihm* verbinden sich die Teile. Dies ist die Äußerlichkeit des Zwecks zum Produkt.

Wenn nun der Naturzweck dadurch definiert wird, daß alles, d. h. alle Teile wechselseitig Zweck und Mittel sind, ohne daß mitgesagt wird, daß diese Wechselseitigkeit durch einen übergeordneten Zweck bedingt ist, so ist damit schon ausgedrückt, daß der Zweck unmittelbar in den Teilen liege. Sie sind nicht bloß deswegen Zweck, weil sie Mittel für den einen Zweck des Ganzen sind.

Der Zweck liegt unmittelbar in den Teilen, das heißt: die Teile werden nicht vorgestellt durch eine äußere vernünftige Kausalität und dadurch zur Zweckeinheit verbunden, sie verbinden *sich* zur Zweckeinheit. Dies ist im Bezirk der Natur aber nicht anders möglich denn durch das Sich-Hervorbringen im Sinne der bildenden Kraft. Dies, daß die Teile selbst Zweck und Mittel sind, schließt ein, daß sie *durch* einander sind.

Weshalb aber das Durch in die maßgebliche Formel (3b) nicht aufgenommen werden braucht oder vielmehr darin unscheinbarerweise enthalten ist, läßt sich aus dem Weg des Exposition verstehen. Die vorläufige Exposition hatte den Weg beschritten, zuerst so etwas wie ein Ding als Zweck zu begrenzen und *dann* diesen Zweck als den der Natur zu fassen. Wird dieser Weg eingeschlagen, erscheint innerhalb der Gattungsbestimmtheit das wechselseitige Umwillen der Teile. Die spezifische Differenz muß dann ergeben, daß diese wechselseitige Zweckmäßigkeit die der Natur[156] ist, sie muß also in das „durch einander" der sich hervorbringenden Teile gesetzt werden.

---

156 Ein Definitionsentwurf des Opus postumum folgt dieser Ordnung. Als Gattungsbestimmtheit wird der organische Körper genommen (dieser wird dem inneren Zweck überhaupt der KU entsprechen), der zum mechanisch-organischen (entspricht dem Kunstprodukt) und physisch-organischen (Naturzweck) spezifiziert wird. In dieser Folge ist das „von Natur"

Die abschließende und von Kant als gültig betrachtete Definition geht genau den umgekehrten Weg. Sie sagt nicht: Zu einem Zweck als dem der Natur wird erfordert, daß . . ., vielmehr: Zu einem Naturprodukt als Zweck wird erfordert, daß . . . Und zum Naturprodukt gehört bereits, daß die Teile *durch* einander sind, daß sie sich selbst vermöge einer Kausalität verbinden, die der Natur, nicht der Kunst angehört. Die spezifische Differenz muß dann in das Umwillen gesetzt werden, die Naturkausalität ist als zweckmäßige zu determinieren.

Die vorläufige Definition (3a) geht von der uns bekannten causa finalis aus, um diese als die der Natur zu fixieren, die abschließende (3b) von der causa efficiens, um diese als zweckmäßig vorzustellen. Die erste Formel ist von der Absicht geleitet, den Begriff von dem uns Bekannten, der zweckmäßigen Tätigkeit durch Verstand und Willen, näherzubringen. Die andere Formel ist der Sache angemessen, da sie den Weg der Reflexion beschreibt. Dieser geht vom Produkt der Natur aus, um dieses auf den Begriff zu bringen, nicht vom Produkt der menschlichen Kunst, um dieses in die Natur zu legen.[157]

3. Der Übergang zur Vorstellung der Welt innerhalb der Lehre von der inneren Zweckmäßigkeit (Dialektik)

a. Die Retraktation der Analytik durch die Dialektik

In der Maxime der Beurteilung des Naturzwecks ist bereits die Tendenz auf die Totalität und so auf die Welt-Vorstellung zu erkennen. Wenn ein

---

über das Umwillen hinaus als spezifische Differenz zu akzentuieren. „Ein physisch//organischer Körper (zum Unterschiede von mechanisch//organischen) ist ein solcher dessen jeder Theil von Natur um des andern Willen in ihm selbst da ist wo also auch umgekehrt der Begriff des Ganzen die Form der Theile äußerlich so wohl als innerlich (in Figur und Textur) bestimmt." (AA 22, 283)

157 Daß Kant die alternative Möglichkeit der Definition des Naturzwecks, die dem Zugleich von Endursache und wirkender Ursache entspringt, im Blick hat, zeigt auch das Opus postumum: „Nähere Bestimmung des Begrifs von einem organischen Körper und der inneren Möglichkeit desselben. Man kann ihn Erstlich als einen solchen definiren: ‚dessen jeder Theil in dem Innern eines Ganzen um des anderen Willen da ist' und da enthält die Erklärung deutlich eine Hinweisung auf Zwecke (causae finales). – Man kann aber auch Zweytens seine Definition so stellen: ‚ein organischer Körper ist der, an welchem die Idee des Ganzen vor der

Produkt der Natur als innerlich zweckmäßig angenommen wird, so muß es durchgängig nach der Regel der Zwecke betrachtet werden: „Denn wenn wir einmal dergleichen Wirkung im Ganzen auf einen übersinnlichen Bestimmungsgrund über den blinden Mechanism der Natur hinaus beziehen, müssen wir sie auch ganz nach diesem Princip beurtheilen" (377).

Die Dialektik führt diese Tendenz weiter, indem sie über die Totalität des Dinges hinaus die Totalität der Welt in den Blick bringt. Diese Weiterführung wird durch den Widerspruch hervorgerufen. Es wird sich die zur Dialektik des Geschmacksurteils gemachte Beobachtung bestätigen, daß der Widerspruch eine den Gedanken bewegende Kraft besitzt.

Was in der Dialektik verhandelt wird, ist eben das in der Analytik erreichte Zugleich von finaler und effizienter Verursachung in den organischen Wesen. Es muß auffallen, daß die Dialektik die Durchdringung von Mechanismus und Zweckverbindung wieder zersetzt. Hatte die Exposition des Naturzwecks das Zugleich von nexus finalis und nexus effectivus bereits auf den Begriff gebracht, so wird diese Verknüpfung jetzt in Zweifel gezogen. Dies entspricht dem Verhältnis von Deduktion[158] und Dialektik des Geschmacks. Letztere hatte, nachdem das Geschmacksurteil als zugleich begrifflich und nicht-begrifflich dargetan worden war durch den Rückgang auf den unbestimmten Verstandesbegriff, eben diese Vereinbarkeit der beiden logischen Eigentümlichkeiten aufgelöst, um sie weiterführend zu begründen. Allein die Entsprechung der Retraktation der beiden logischen Eigentümlichkeiten des Geschmacksurteils, welche aus der Entgegensetzung in den Widerspruch getrieben werden, mit der Retraktation der im Begriff des Naturzwecks liegenden Vereinbarkeit und Vereinigung von Mechanismus und Finalität ist Indiz dafür, daß die Dialektik unverzichtbarer Teil der Kritik der teleologischen Urteilskraft ist.

Das Hervortreiben des Widerspruchs ist Sache der Vernunft. Die Exposition des Naturzwecks als eines Begriffs der reflektierenden Urteilskraft

Möglichkeit seiner Theile in Ansehung ihrer vereinigt bewegenden Kräfte vorhergeht' (causae efficientes)." (AA 22, 548)

158 Dem Verhältnis von Deduktion und Dialektik des Geschmacksurteils entspricht in der Teleologie das Verhältnis von Exposition und Dialektik, weil die Analytik des Naturzwecks überhaupt keine Deduktion leisten kann; das Vorkommen von Naturzwecken ist nicht aus dem allgemeinen transzendentalen Prinzip der Urteilskraft ableitbar (KU, AA 5, 359), es bedarf der Erfahrung, um der Natur die innere Zweckmäßigkeit beizulegen.

sieht zwar die Bildungskraft als „unerforschliche Eigenschaft" (374) an, stößt sich aber nicht an dieser Unerforschlichkeit, in der sich der Widerspruch verbirgt. Für die Absicht der reflektierenden Beurteilung bedarf es nicht der Frage nach der Möglichkeit der Vereinbarkeit von Mechanismus und Zweckverbindung: „Nun könnte man diese Frage oder Aufgabe für die Speculation gänzlich unausgemacht und unaufgelöset lassen: weil, wenn wir uns mit der letzteren innerhalb den Gränzen der bloßen Naturerkenntniß begnügen, wir an jenen Maximen genug haben" (390).

Dagegen fordert die Vernunft eine unbedingte Erklärung des Naturzwecks auf seinen „ersten Ursprung" (389) hin und deshalb die Verwandlung der Maximen des allgemeinen Mechanismus und der besonderen finalen Kausalität in konstitutive Grundsätze:

„Satz: Alle Erzeugung materieller Dinge ist nach bloß mechanischen Gesetzen möglich.

Gegensatz: Einige Erzeugung derselben ist nach bloß mechanischen Gesetzen nicht möglich." (387)

Wie es sich bei der Geschmacksantinomie nicht um eine Antinomie der Urteilskraft, vielmehr um eine „Antinomie der Vernunft *in Ansehung* des ästhetischen Gebrauchs *der Urtheilskraft*" (345) handelt, so ist die teleologische Antinomie „zwar eine Antinomie, doch nicht der Urtheilskraft, sondern ein Widerstreit in der Gesetzgebung der Vernunft" (387). Die Vernunftforderung unbedingten Begründens und nur sie überführt die Disparatheit der beiden Maximen in die kontradiktorische Entgegensetzung von Grundsätzen (391).

Sogleich nach der Formulierung von Satz und Gegensatz betont Kant: „Die Vernunft kann aber weder den einen noch den andern dieser Grundsätze beweisen" (387). Dies ist die endgültige kritische Entscheidung über die Antinomie vorwegnehmend gesagt. Ist die Antinomie aber eine natürliche und unvermeidliche Illusion, so wird es für die beiden Sätze sehr wohl (dialektische) Beweise geben müssen, und diese werden kurz vor der abschließenden Lösung der Antinomie nachgetragen (§ 78 1. Absatz für die Thesis, 2. Absatz für die Antithesis). Da die Beweise nicht formell gefaßt und nur knapp skizziert sind, ist es nützlich, sich der Beweise der Freiheitsantinomie zu erinnern. Diese hatten die Form einer reductio ad impossibile, und es liegt nahe, auch die Beweise der teleologischen Antinomie dergestalt nachzuziehen.

Für die *Thesis* der durchgängigen mechanischen Erklärung alles Materiellen bedeutet dies, daß sie nicht direkt, sondern durch Ausschluß der teleologischen Erklärung bewiesen wird. Zunächst beschränkt sich die Argumentation allerdings darauf, das Recht des Mechanismus als unbestreitbar zu setzen („Es liegt der Vernunft unendlich viel daran, den Mechanism der Natur in ihren Erzeugungen nicht fallen zu lassen" (410)), die Unvereinbarkeit von Mechanismus und Teleologie festzustellen (411 Z 30 ff.) und deshalb die teleologische Erklärung abzuweisen. Sie ist unmöglich, weil sie einer anderen unbezweifelten Erklärung widerspricht.

Ergänzend zu diesem Schritt, der lediglich den Widerspruch zweier Sätze hervorhebt, wird von der Thesis der zur teleologischen Erklärung gehörige Begriff einer vernünftigen Kausalität, eines höchsten Architekten (410) angegriffen. Wenn mit der Annahme eines solchen produktiven Verstandes „von oben herab" (410) erklärt wird, so ist diese Ursache uns ihrer Wirksamkeit nach unbekannt. „Von unten hinauf" (410) zu erklären hilft dieser Unkenntnis über den als Erklärungsgrund angenommenen Verstand nicht ab, weil das Zweckmäßige das zu Erklärende ist und bleibt und folglich nicht zur Erhellung des Erklärenden gebraucht werden kann, auf diese Weise also „tautologisch" (410) verfahren würde. Der Begriff eines nach Zwecken wirkenden Verstandes wird verworfen, weil er die Erklärung der Naturerkenntnis entzieht. Über den Widerspruch zwischen den Sätzen des Mechanismus und der Teleologie hinaus wird geltend gemacht, daß der Begriff, dessen die teleologische Erklärung bedarf, ein ens rationis[159] sei.

Die Argumentation der Thesis kann noch weitergetrieben werden. Sie kann über den Widerspruch zwischen den Sätzen des Mechanismus und der Teleologie und über die Zurückweisung des Begriffs des produktiven Verstandes als eines leeren Gedankendinges den Widerspruch im Begriff

---

159 Soweit stimmt die Argumentation mit der „reductio" im Beweis der Freiheitsantinomie überein: „Also ist die transscendentale Freiheit *dem Causalgesetze entgegen* und eine solche Verbindung der successiven Zustände wirkender Ursachen, nach welcher keine Einheit der Erfahrung möglich ist, die also auch in keiner Erfahrung angetroffen wird, mithin ein *leeres Gedankending*" (KRV, B 473 f.). Es sei darauf aufmerksam gemacht, daß die einfache Konstatierung des Widerspruchs zum Kausalgesetz hier von Kant als Beweisgrund gerechnet wird, und entsprechend auch die Konstatierung des Widerspruchs der teleologischen Erklärung zur mechanischen als ein solcher verstanden werden will.

der inneren Zweckmäßigkeit selbst hervorziehen. Der Naturzweck ist, so hat die Exposition verdeutlicht, auf seine Erzeugung hin doppelt anzusehen: Er ist ein durch eine vernünftige Ursache Erzeugtes, und er ist zugleich ein Sich-Erzeugendes. Auf keines dieser Momente kann verzichtet werden. Mit der Kritik am Begriff des als Erklärungsgrund angeführten höchsten Architekten ist aber nur erst das eine Moment getroffen, das Moment der *außer* dem Naturzweck stehenden vernünftigen Ursache. Richtet sich die Kritik auf das Moment der Selbst-Erzeugung, so wird sie dieses Naturvermögen nicht bloß als ens rationis, vielmehr als ein nihil negativum bloßstellen. Dogmatisch verstanden ist die Kraft der Selbst-Erzeugung, die bildende Kraft so etwas wie eine „lebende Materie". Von ihr heißt es in der Ausführung der Thesis zu den „mancherlei Systemen": „Aber die Möglichkeit einer lebenden Materie (*deren Begriff einen Widerspruch enthält*, weil Leblosigkeit, inertia, den wesentlichen Charakter derselben ausmacht) läßt sich nicht einmal denken" (394).

Der im Rahmen der Thesis-Argumentation geltend zu machende Widerspruch zwischen Naturmechanismus und Teleologie bringt in den Gedankengang eine gewisse Unübersichtlichkeit, weil er ein sich gleichsam verdoppelnder Widerspruch ist. Diese Verdoppelung hat ihren Grund im Begriff der inneren Zweckmäßigkeit. Sie kann im ganzen in den äußeren Widerspruch zum Mechanismus gesetzt werden, und auch dieser Widerspruch kann zweifach vorgestellt werden: dem Mechanismus entgegen ist einmal die Wirksamkeit eines das sich-organisierende Wesen hervorbringenden Verstandes (410); zum anderen aber – Kant wechselt hier unvermittelt den Gesichtspunkt – ist dem Mechanismus die „Materie, als ... Causalität nach Zwecken zu handeln" (411 f.) entgegen. In beiden Fällen ist der Widerspruch ein äußerer insofern, als eine Erklärung einer anderen widerspricht.

Da aber das Ganze der inneren Zweckmäßigkeit, wie mit Nachdruck an der Exposition aufgewiesen wurde, bereits *in sich* die Verbindung von wirkenden und Endursachen bezeichnet, kann der Widerspruch genauso als innerer, nämlich im Begriff der teleologischen Beurteilung selbst liegender herausgebracht werden, ohne – vermittels einer Konfrontation der Erklärungssätze – zum Mechanismus hinauszublicken.

Der Beweis der *Antithesis* geht ausdrücklich von der „nothwendigen Maxime" (411 Z 1) zum zu beweisenden konstitutiven Satz über: „Weil es aber doch *am Ende* zur Frage wegen der letzteren [der Möglichkeit der Naturzwecke] kommen muß: so ist es eben so nothwendig für sie, eine besondere Art der Causalität, die sich nicht in der Natur vorfindet, zu denken" (411). Dies ist zu beachten, weil es den bezeichneten Ursprung der Antinomie aus der Vernunft-Forderung unbedingten Begründens bestätigt. Nicht die Maxime, erst die in ein konstitutives Prinzip verwandelte Maxime tritt in den Widerspruch zur Thesis.

Wenn nun im zitierten Satz geradezu von der Wirkung (dem Naturzweck) auf die Ursache zurückgeschlossen wird, so ist darin nicht die Form der reductio ad impossibile zu erkennen. Doch schon die Formulierung der Antithesis zielt genau genommen nicht positiv auf eine teleologische Erklärung, sondern besagt zunächst, einige Produkte seien nicht mechanisch erklärbar. Der Ausschließungsgrund der mechanischen Erklärung des Zweckmäßigen, so wird man ergänzen dürfen, liegt aber in einem Selbstwiderspruch. Er wird angedeutet in der zusammenfassenden Ablehnung der mechanistischen These: „immer den bloßen Mechanism befolgen wollen, muß die Vernunft eben so phantastisch und unter Hirngespinsten von Naturvermögen, *die sich gar nicht denken lassen*, herumschweifend machen" (411). Ein solches Naturvermögen, also eine bloß bewegende Kraft, die gleichwohl Organisches bilden soll, läßt sich, weil einen Widerspruch in sich enthaltend, nicht denken, sie ist ein Unding oder nihil negativum. Daß der Beweis der Antithesis, obgleich der Wortlaut des Textes dies nicht hergibt, so zu führen ist, läßt sich aus einer Passage ersehen, in der im Rahmen der Kritik der dogmatischen Position die Möglichkeit und Unmöglichkeit der mechanischen Erzeugung eines Naturzwecks bedacht wird: „Hieraus folgt aber, wie eben gewiesen worden, nicht, daß die mechanische Erzeugung eines solchen Körpers unmöglich sei; denn das würde soviel sagen, als, es sei eine solche Einheit in der Verknüpfung des Mannigfaltigen für jeden Verstand *unmöglich (d. i. widersprechend)* sich vorzustellen, ohne daß die Idee derselben zugleich die erzeugende Ursache derselben sei, d. i. ohne absichtliche Hervorbringung. *Gleichwohl würde dieses in der That folgen, wenn wir materielle Wesen als Dinge an sich selbst anzusehen berechtigt wären.*" (408 f.)[160] Diese Ununterschiedenheit von Ding an sich und Er-

160 Die „generatio aequivoca, worunter man die Erzeugung eines organisirten Wesens durch

scheinung ist aber durchaus der Standpunkt der Antinomie, und demnach kann der Antithesis-Beweis mit seinem Recht von der Unmöglichkeit der mechanischen Erzeugung auf eine andere, besondere Kausalität schließen. Diese wird aber eben die der Endursachen sein, wenn anders die Einteilung in die reale und ideale Verursachung erschöpfend ist (373 Z 2).

Beruht die Antinomie auf einer Verwechslung von reflektierender und bestimmender Urteilskraft, so ergibt sich für die teleologische Maxime folgender Dreischritt:

1) Die Maxime der Beurteilung von organisierten Wesen, exponiert als eine der reflektierenden Urteilskraft.

2) Die Verwandlung der Maxime in einen konstitutiven Grundsatz durch die Vernunftantinomie.

3) Die Restitution des regulativen Charakters der Maxime durch die Auflösung der Antinomie.

Diese Schrittfolge liefe leer, wenn die Maxime in erster und abschließender Position genau dieselbe Bedeutung behielte. Es genügte dann die von Beginn an eingeschärfte Behauptung des regulativen Charakters der teleologischen Beurteilung.[161] Hat aber der Widerspruch seine eigene Notwen-

---

die Mechanik der rohen unorganisirten Materie versteht" (KU, AA 5, 419 Anm.), ist „ungereimt" (KU, AA 5, 419 Anm.), was widersprechend heißen muß, da von der ihr entgegengesetzten „generatio univoca" hervorgehoben wird: „A priori, im Urtheile der bloßen Vernunft, widerstreitet sich das nicht" (KU, AA 5, 419 Anm.). Vgl. auch: „Denn daß rohe Materie sich nach mechanischen Gesetzen ursprünglich selbst gebildet habe, daß aus der Natur des leblosen Leben habe entspringen und Materie in die Form einer sich selbst erhaltenden Zweckmäßigkeit sich von selbst habe fügen können, erklärt er mit Recht für vernunftwidrig" (KU, AA 5, 424). Ob der in der Antithesis anzuführende Widerspruch, wie er der mechanischen Erzeugung anhängt, nun als im Begriff („generatio aequivoca") oder im Satz, in der Hypothese der mechanischen Erzeugung des Zweckmäßigen liegend angesetzt wird, läuft auf dasselbe hinaus: es ist in beiden Fällen ein äußerer Widerspruch, weil der Mechanismus nur in der Verbindung mit der Zweckmäßigkeit widersprechend wird, für sich aber (anders als die innere Zweckmäßigkeit) keinen Widerspruch enthält.

161 So die Kritik von Adickes: „Denn die Antinomie besteht in dem Widerspruch, welcher auftritt zwischen jenen beiden Betrachtungsweisen, sobald man die teleologische Erklärung zu einem konstitutiven Princip macht und die Lösung besteht also in der Beschränkung dieser Erklärung auf ein bloß regulatives Princip. Kant hat aber schon in der ganzen Analytik davor gewarnt, sie zu einem konstitutiven Princip zu machen, und die Dialektik war deshalb an sich völlig unnötig, nur Symmetrie und Systematik verlangten sie gebieterisch" (Adickes (1887) 171, zit. nach McLaughlin (1989 a) 132).

digkeit und ist er Movens des Gedankens, so ist eine Verwandlung der Maxime in der abschließenden gegenüber der ersten Position zu erwarten. Dieser Verwandlung soll die Aufmerksamkeit gelten, weil sie den Übergang von der Vorstellung des Dinges zur Vorstellung der Welt einleitet.

Vor die Auflösung der Antinomie stellt Kant eine Erläuterung der Endlichkeit des Erkennens, die nicht nur für die Dialektik, sondern auch für die Kritik der Urteilskraft im Ganzen erhellend ist und deshalb mitberücksichtigt sei, während die nähere Ausführung von Thesis und Antithesis zu den „mancherlei Systemen über die Zweckmäßigkeit der Natur" (§ 72) als für das Gerüst der Dialektik verzichtbar übergangen sei.

b. Die Endlichkeit

Die Endlichkeit wird in den §§ 76 und 77 hinsichtlich der Ideen der absoluten Notwendigkeit, der absoluten Freiheit und der Zweckmäßigkeit erläutert und so auf das System der Erkenntnisvermögen im Ganzen bezogen. Obwohl dem Interesse der Kritik der Urteilskraft entsprechend die Endlichkeit, die der Idee der Zweckmäßigkeit zugehört, den größten Raum einnimmt, ist die Schrittfolge der Exposition der Endlichkeit in bezug auf die absolute Notwendigkeit leichter zu übersehen, und mit ihr sei deshalb begonnen.

„Es ist dem menschlichen Verstande unumgänglich nothwendig, Möglichkeit und Wirklichkeit der Dinge zu unterscheiden." (401) Wenn hier und im folgenden vom menschlichen Verstand und von der menschlichen Vernunft die Rede ist, so ist dabei immer mitzuhören: oder der Verstand und die Vernunft eines endlichen Wesens überhaupt, mag dessen Vermögen auch das unsrige „dem Grade nach" (409) übertreffen.

Wie es der Lehre der „Postulate des empirischen Denkens" entspricht, werden Möglichkeit und Wirklichkeit unterschieden, indem auf das Verhältnis zum Erkenntnisvermögen geblickt wird. Die Unterscheidung von Möglichkeit und Wirklichkeit geht zurück auf die Unterscheidung von Verstand und sinnlicher Anschauung. Verstand und Anschauung sind „zwei ganz heterogene Stücke" (401) des Erkenntnisvermögens, „äußerste Enden",[162] ihre Unterscheidung ist eine Entgegensetzung. Demnach

[162] KRV, A 124.

wird die auf diese Entgegensetzung zurückgehende Unterscheidung von Möglichkeit und Wirklichkeit den Charakter einer Entgegensetzung besitzen. Möglichkeit ist verstanden als bloße Möglichkeit; daß etwas durch uns begriffen ist, heißt noch nicht, daß es uns gegeben sei. Wirklichkeit ist ebenso bloße Wirklichkeit; daß uns etwas gegeben ist, heißt noch nicht, daß es von uns begriffen sei.

Dieses entgegensetzende Unterscheiden ist es nun, welches als zufällige Beschaffenheit des menschlichen und überhaupt des endlichen Erkennens behauptet wird. Um den Gang der Exposition genau im Auge zu behalten, sei also der erste Satz über die Endlichkeit festgehalten: Die Endlichkeit beruht in der Entgegensetzung.

Daß aber die Entgegensetzung von Möglichkeit und Wirklichkeit einer zufälligen Beschaffenheit des menschlichen Erkenntnisvermögens entspringt, kann gar nicht gewußt werden, ohne eine zumindest denkbare Nicht-Unterscheidung dagegenzuhalten. Die Aufmerksamkeit auf den Ursprung der Unterscheidung von Möglichkeit und Wirklichkeit im endlichen Erkenntnisvermögen – und solche Aufmerksamkeit ist „transzendentale Reflexion" – bedarf des Vergleichens, um von der Zufälligkeit der Entgegensetzung abstrahieren zu können. Die gegen die Entgegensetzung geltend zu machende Voraussetzung einer Nicht-Entgegensetzung kann nun sowohl auf die Opposition von Möglichkeit und Wirklichkeit, also die entgegengesetzten Begriffe resp. Gegenstände, als auch auf die Entgegensetzung im Erkenntnisvermögen selbst, also auf die Entgegensetzung von Verstand und Anschauung, bezogen werden. Im letzteren Fall ist der Gegenbegriff der Nicht-Entgegensetzung der des anschauenden Verstandes (402 Z 2). Die Abstraktion von der Zufälligkeit der Entgegensetzung kann jedoch mit demselben Resultat durch Dagegenhaltung der Nicht-Entgegensetzung von Möglichkeit und Wirklichkeit vollzogen werden, und dieser Abstraktionsschritt ist von Kant besonders faßlich und präzise ausgeführt.

Daß von der Unterscheidung von Möglichkeit und Wirklichkeit zu abstrahieren ist, „leuchtet aus der unablaßlichen Forderung der Vernunft ein, irgend ein Etwas (den Urgrund) als unbedingt nothwendig existirend anzunehmen, an welchem Möglichkeit und Wirklichkeit gar nicht mehr unterschieden werden sollen" (402).

Die Aufmerksamkeit auf die Endlichkeit des menschlichen Erkennens setzt einen Gegenbegriff der Unendlichkeit voraus. Wie steht es aber mit diesem Gegenbegriff? Eine leicht anzustellende Überlegung zeigt sogleich, daß der Begriff eines absolut-notwendigen Daseins durch genau dieselbe Eigentümlichkeit des endlichen Erkennens gewonnen wurde, von der im Blick auf die Unendlichkeit abstrahiert werden sollte: das Entgegensetzen. Nach der einfachen Entgegensetzung von Möglichkeit und Wirklichkeit stellt sich eine erneute Entgegensetzung her, die nun den Begriff der Unendlichkeit oder der Nicht-Entgegensetzung selbst betrifft.

Die Endlichkeit des Erkennens muß demnach um einen entscheidenden Schritt weitergedacht werden. Endlichkeit besagt nicht: dem Erkennen ist überhaupt nur dergleichen wie Mögliches, das nicht wirklich sein muß, und Wirkliches, dessen Gegenteil möglich ist, also nur das Zufällige zugänglich. Da das endliche Erkennen durchaus auf das Unendliche hinausblickt, wird die Endlichkeit darauf beruhen, daß dieses Unendliche selbst nur *endlicherweise*, d. h. nur aus und in der Entgegensetzung gegen das Endliche gefaßt wird. Die Endlichkeit beruht nicht allein und nicht primär in einer einfachen Entgegensetzung. Der zweite, vervollständigte Satz über die Endlichkeit lautet also: Die Endlichkeit beruht in der Entgegensetzung von Entgegensetzung (nämlich von Möglichkeit und Wirklichkeit) und Nicht-Entgegensetzung (absoluter Notwendigkeit).

Es wurde gesagt, daß die Exposition der Endlichkeit im Blick auf die Entgegensetzung von Möglichkeit und Wirklichkeit besonders präzise geführt sei. Dies trifft auf den herausgestellten Zusammenhang des ersten und des zweiten Schritts der Entgegensetzung zu, auf den Sachverhalt, daß aus der ersten Abstraktion von der Entgegensetzung in der Weise eines Rückstoßes eine zweite Entgegensetzung entspringt. Diesen Zusammenhang macht die Fortführung des zitierten Satzes klar. Nachdem der Entgegensetzung von Möglichkeit und Wirklichkeit die Nicht-Entgegensetzung als die Idee der absoluten Notwendigkeit entgegengestellt ist, heißt es: „und für welche Idee unser Verstand schlechterdings keinen Begriff hat, d. i. keine Art ausfinden kann, wie er ein solches Ding und seine Art zu existiren sich vorstellen solle. Denn wenn er es denkt (er mag es denken, wie er will), so ist es bloß als möglich vorgestellt. Ist er sich dessen als in der Anschauung gegeben bewußt, so ist es wirklich, ohne sich hiebei irgend etwas von Möglichkeit zu denken." (402) Die Voraussetzung einer Nicht-Entgegensetzung von Möglichkeit und Wirklichkeit wird von dieser Entgegensetzung unmittelbar wieder eingeholt, und zwar deshalb, weil die Nicht-Entgegensetzung allein durch das endliche Erkennen, das unumgänglich entgegensetzen muß, erreicht wurde.

Die Art der Entgegensetzung ist im ersten Schritt der einfachen Entgegensetzung und im folgenden Schritt der verdoppelten Entgegensetzung nicht dieselbe. Die einfache Entgegensetzung von Möglichkeit und Wirklichkeit betrifft den Gehalt dieser Begriffe. Das Absehen von dieser einfachen Entgegensetzung führt von Begriffen, deren Gehalt eine Entgegensetzung einschließt, zu einem diesen entgegengesetzten Begriff, dessen Gehalt die Einheit dieser Entgegengesetzten ist. Wenn nun die Reflexion darauf aufmerksam werden soll, daß dieser erreichte Begriff, dessen Gehalt die Nicht-Entgegensetzung oder Einheit ist (der Begriff der absoluten Notwendigkeit), nur durch Entgegensetzung zustandegekommen ist und so die Signatur der Endlichkeit trägt, so kann sie die diesem Begriff noch anhaftende Entgegensetzung nicht mehr im Gehalt des Begriffs suchen und ihn etwa noch an einem anderen Begriff messen, dessen Gehalt diese Entgegensetzung nicht mehr enthielte – denn dies ist schon im ersten Schritt getan. Die Endlichkeit des gewonnenen Begriffs der Einheit (der absoluten Notwendigkeit) kann jetzt nur noch so gezeigt werden, daß statt auf den Gehalt auf die Form dieses Begriffs gesehen wird. Der Gehalt des Begriffs der Einheit von Möglichkeit und Notwendigkeit ist zwar schon das gegensatzlose Unendliche, aber genau dadurch, daß dieser Gehalt in die Form des Begriffs (oder der Anschauung[163]) kommt, wird er erneut zu einem Entgegengesetzten. Die Einheit wird gedacht, aber die Form des Denkens widerspricht dem, was zu denken aufgegeben ist, nämlich der Möglichkeit, die eins ist mit ihrer Wirklichkeit. Daß die Form des Denkens dem zu denken Aufgegebenen widerspricht, ist in der „Definition“ des Absolut-Notwendigen bereits mitangedeutet. Dieses ist nämlich nicht das, an welchem Möglichkeit und Wirklichkeit nicht mehr unterschieden sind, vielmehr das, an welchem sie „nicht mehr unterschieden werden *sollen*“.

---

163 Die Seite der Anschauung wird genannt, um die Unmöglichkeit, die Idee der absoluten Notwendigkeit nichtentgegensetzend zu fassen, erschöpfend darzutun; die Anschauung des Absolut-Notwendigen ist aber bloß eine hypothetische Möglichkeit; was interessiert, ist die hier verhandelte absolute Notwendigkeit als gedachte, als Begriff.

Die einfache Entgegensetzung, von der dieser Weg der Exposition der Endlichkeit ausgeht, ist die der Kategorien von Möglichkeit und Wirklichkeit. Diese Kategorien aber sind, wie erinnert, durch das Verhältnis zu den Erkenntnisvermögen Verstand und Anschauung zu erklären. Folglich kann die Exposition der Endlichkeit auch so gestellt werden, daß sie unmittelbar bei der Entgegensetzung der Erkenntnisvermögen ansetzt. Beide Wege der Exposition der Endlichkeit, der vom Gegenstand des endlichen Erkenntnisvermögens und der von diesem selbst beginnende, müssen auf dasselbe hinauslaufen, insofern das Zu-Denkende ein Verstand ist, in dem Erkenntnis und Gegenstand nicht mehr getrennt sind.

Wird aber bei den Erkenntnisvermögen selbst angesetzt, bei der Entgegensetzung von Verstand und Anschauung, so ist der Gegenbegriff des Unendlichen nicht der von einem „Etwas", das in einem möglich und wirklich ist, sondern dies ist der „anschauende Verstand". Der Entgegensetzung von Anschauen und Begreifen wird deren Einheit entgegengesetzt, dem diskursiven Verstand der intuitive. Auch auf diese Weise stellt sich die Entgegensetzung, die im Begriff des intuitiven Verstandes seinem Gehalt nach getilgt ist, sogleich wieder her. Dies spricht sich darin aus, daß man den Begriff des intuitiven Verstandes allein *„negativ, nämlich bloß als nicht discursiven"* (406) denken kann. Die Aufmerksamkeit auf die zufällige Einrichtung des menschlichen Erkennens bewegt sich hier in demselben charakteristischen Dopppelschritt. Sie setzt zuerst einer bestimmten Entgegensetzung eine bestimmte Nicht-Entgegensetzung entgegen (der Differenz von Verstand und Anschauung den intuitiven Verstand), um sodann auf die Form des Entgegensetzens als solche sich zu richten: auch der Begriff des intuitiven Verstandes ist durch Entgegensetzung zustandegekommen, auch der Begriff des intuitiven Verstandes ist Begriff und untersteht so der Form der Diskursivität.

Die Aufmerksamkeit auf und die Abstraktion von der Endlichkeit qua Entgegensetzung setzt den Gegenbegriff einer Nicht-Entgegensetzung voraus, dieser ist der Begriff der absoluten Notwendigkeit bzw. der des intuitiven Verstandes. Dieser Gegenbegriff dient jeweils dazu, von der ersten, einfachen Entgegensetzung abzusehen, diese als zufällige sehen zu lassen. Wenn sich aber durch dieses Entgegenhalten des Begriffs der Nicht-Entgegensetzung, wie verdeutlicht, die Entgegensetzung wiederherstellt, und wenn auch von dieser erneuten Entgegensetzung abstrahiert werden soll, so müßte sich, schematisch gedacht, ein weiterer Begriff einer Nicht-Entgegensetzung finden lassen, an dem die verdoppelte Entgegensetzung zu messen wäre. Dem ist jedoch nicht so. Der Gegenbegriff der Nicht-Entgegensetzung, der dazu dient, die erste, einfache Entgegensetzung zu reflektieren, dient ebenso dazu, die verdoppelte Entgegensetzung zu reflektieren. Die zweite, verdoppelte Entgegensetzung geht, wie gezeigt, auf die Form des Begriffs als Begriff. Wenn nun auf diese Form des Begriffs, die Form des Entgegensetzens aufgemerkt werden soll, so bedarf es eines weiteren Gegenbegriffs deshalb nicht, weil der Begriff der Nicht-Entgegensetzung (der absoluten Notwendigkeit resp. des intuitiven Verstandes) in seinem Gehalt selbst das Maß bei sich führt, an dem die Form, die verdoppelte Entgegensetzung, zu messen ist.[164] Der Begriff des intuitiven Verstandes „kritisiert" den Begriff des endlichen, diskursiven Verstandes, und er kritisiert im zweiten Schritt sich selbst, läßt nämlich darauf aufmerksam werden, daß auch er selbst ein bloß entgegensetzend-diskursiv gewonnener Begriff ist.

Nur wenn beachtet wird, daß sich die beiden Stufen des Absehens von der Entgegensetzung nicht einförmig wiederholen, daß sie komplementär ein Ganzes bilden, indem zunächst der Gehalt der bestimmten Entgegensetzung, dann die Form des Entgegensetzens als zufällige Beschaffenheit des endlichen Erkennens aufgedeckt wird, daß ferner der Gegenbegriff der Nicht-Entgegensetzung ein und derselbe ist, der nur zuerst auf einen anderen Begriff, dann auf sich selbst als Maß bezogen wird, läßt sich der sich aufdrängende Einwand des infiniten Regresses zurückweisen. Sieht man nur auf den Formalismus – Entgegengesetzte werden an einer Einheit gemessen, dies führt zu einer erneuten Entgegen-

---

164 Daß der hier zur Bezeichnung der Einheit der Entgegengesetzten gewählte Ausdruck „Nicht-Entgegensetzung" ganz im Kantischen Sinne auf die Form des Begriffs, wie sie von seinem Gehalt abzuheben ist, geht, ist zu belegen aus dem, was Kant zum Wörtchen „Nicht" sagt: „Die logische Verneinung, die lediglich durch das Wörtchen Nicht angezeigt wird, hängt eigentlich niemals einem Begriffe, sondern nur dem Verhältnisse desselben zu einem andern im Urtheile an und kann also dazu bei weitem nicht hinreichend sein, einen Begriff in Ansehung seines Inhalts zu bezeichnen." (KRV, B 602) So auch hier: die absolute Notwendigkeit, der anschauende Verstand sind oder sollen ihrem Gehalt nach transzendentale Bejahungen (KRV, B 602) sein, die aber für uns, ihrer Begriffsform nach, nur auf dem Wege der Entgegensetzung zugänglich sind, und diese ist genau ein Verhältnis eines Begriffs zu einem anderen im Urteil.

setzung, die wiederum an einer Einheit zu messen ist usw. . . . –, dann liefe die Reflexion ins Leere. So aber kommt sie an ihr Ende, indem sie zuerst die endlichen Begriffe an der Idee mißt, um sodann den Idee-Charakter dieser Idee offenzulegen.

Um die Verdoppelung der Entgegensetzung und der entsprechenden Aufmerksamkeit auf sie noch einmal zu zeigen: „Für einen Verstand, bei dem dieser Unterschied nicht einträte, würde es heißen: alle Objecte, die ich erkenne, sind (existiren); und die Möglichkeit einiger, die doch nicht existirten, d. i. die Zufälligkeit derselben, wenn sie existiren, also auch die davon zu unterscheidende Nothwendigkeit würde in die Vorstellung eines solchen Wesens gar nicht kommen können" (403). Dieser Satz ist nicht ohne Zweideutigkeit. Er kann so gelesen werden, daß für den intuitiven Verstand sämtliche Entgegensetzung, die in die Sphäre des endlichen Verstandes gehört, wegfällt, so daß die endlichen Kategorien des Möglichen, Wirklichen und Notwendigen sich in ihm aufheben. Er kann jedoch auch so gewendet werden, daß Möglichkeit, Wirklichkeit und Notwendigkeit nicht in einerlei Bedeutung genommen werden. Möglichkeit und Wirklichkeit sind dann die empirisch gebrauchten Kategorien des Verstandes und bezeichnen die erste Entgegensetzung im Endlichen; die Notwendigkeit dagegen ist nicht die hypothetische,[165] sondern die absolute als Idee. Damit ist aber gesagt, daß auch das Prädikat „absolut notwendig" nicht in die Vorstellung des anschauenden Verstandes kommt und in Abstraktion von der verdoppelten Entgegensetzung, dadurch dieses Prädikat zustandekommt, das Unendliche überhaupt nicht mehr prädiziert werden kann.

Die Aufmerksamkeit auf die verdoppelte Entgegensetzung, welche dem Gegenbegriff des Unendlichen alle Prädikate abspricht, hat aber ihren Sinn nur darin, den Status der Prädikate, die dem Unendlichen in der Tat zugesprochen werden, klarzustellen. Indem der zufälligen Entgegensetzung von Möglichkeit und Wirklichkeit die Nicht-Entgegensetzung in Gestalt der absoluten Notwendigkeit gegenübergestellt wird, wird der Begriff erzeugt, der als regulativ zu gebrauchen ist. Indem aber die Form des Entgegensetzens, der gemäß jene regulative Idee zustandegekommen ist, an ihrem Gehalt gemessen wird und als diesem nicht ent-

---

165 KRV, B 280.

sprechend erscheint, wird auf die Form des Begriffs als solchen, auf seinen regulativen Charakter geachtet. Der erste Schritt der Abstraktion von der einfachen Entgegensetzung erbringt den regulativen Begriff, der zweite Schritt der Abstraktion auch noch von der erneuten Entgegensetzung erbringt den regulativen Begriff *als* regulativen. Das prädikatlose Unendliche hat für sich genommen kein Interesse, Interesse – letztlich praktisches – besitzt allein das prädizierte Unendliche, dessen Prädikate ihrem Status nach aber nur verdeutlicht werden können, indem auf das Unvermögen des endlichen, diskursiven Denkens geblickt wird, das Unendliche objektiv bestimmend zu prädizieren. Daß das „Etwas", das als Regulativ dient, streng genommen nicht einmal mehr als „absolut-notwendig" anzusprechen ist, weil auch die Unterscheidung des Absolut-Notwendigen vom Zufälligen noch der zufälligen Eigentümlichkeit des endlichen Erkennens entstammt, – diese Bemerkung zielt nur darauf, die Weise, in der das Unendliche doch prädiziert wird als absolut-notwendig, zu sichern.

An dieser Stelle sei ein kurzer Blick auf Heideggers Auslegung der Endlichkeit im Rahmen seiner Kant-Interpretation erlaubt. Der auffälligste Eingriff Heideggers in die Kantische Exposition betrifft die sich verdoppelnde Entgegensetzung, an der die Orientierung des Kantischen Endlichkeitsbegriffs hängt. Zu Ende des Kant-Buches ist dieser Eingriff in die Form einer die Tradition aufbrechenden Frage gebracht: „Läßt sich aber die Endlichkeit im Dasein auch nur als Problem entwickeln ohne eine ‚vorausgesetzte' Unendlichkeit"? Welcher Art ist überhaupt dieses ‚Voraus-setzen' im Dasein? Was bedeutet die so ‚gesetzte' Unendlichkeit?"[166] In seiner Vorlesung zur Kritik der reinen Vernunft ist Heidegger deutlicher: „Die Endlichkeit des Daseins kann nur aus ihm selbst gezeigt und radikal aufgeklärt werden; es bedarf nicht der Idee eines Geschaffenseins und nicht der Voraussetzung eines Schöpfergottes – was bei Kant traditionell im Hintergrund steht. Erst dann wird die eigentliche Endlichkeit sichtbar, sonst erfassen wir nur eine äußerliche Endlichkeit."[167]

Die radikale, eigentliche Endlichkeit, die im Verzicht auf die Voraussetzung der Unendlichkeit und so von ihr selbst her verstanden wird,

---

166 Heidegger, GA 3, 246.
167 Heidegger, GA 25, 155.

läßt sich aber auf keine Weise als eine radikalisierte Kantische Endlichkeit fassen. Indem die „Entgegensetzung von Entgegensetzung und Nicht-Entgegensetzung" um die verdoppelte Entgegensetzung (die Voraussetzung der Unendlichkeit) beschnitten wird, verkehrt sich die Orientierung des Begriffs im Ganzen. Der Kantische Begriff der Endlichkeit ist gerade in der Aufmerksamkeit auf die Entgegensetzung von Endlichkeit und Unendlichkeit an der Unendlichkeit orientiert. Dem Endlichen wird das Unendliche entgegengesetzt, dies besagt für Kant: das Unendliche selbst ist nur durch Entgegensetzung, nur endlicherweise zugänglich. Die Thematisierung der Endlichkeit geschieht um der „Idee" willen, deren Status im endlichen Erkennen geklärt sein will. Sie ist es, welche die Endlichkeit erst zum „Problem" werden läßt.

Das Interesse des Heideggerschen Denkens dagegen gilt der Endlichkeit als solcher, ohne daß dieses Interesse durch die Absicht, den Charakter der Idee als Idee offenzulegen, vermittelt wäre. Die Voraussetzung der Unendlichkeit sinkt zu einem Mittel herab, die Endlichkeit zu verstehen, und dieses Mittel muß letztlich aufgegeben werden, weil es nicht nur untauglich ist, sondern den Gesichtspunkt des Endlichkeitsbegriffes für Heidegger verkehren muß; von dieser Voraussetzung her gedacht wird die Endlichkeit zur „äußerlichen", nämlich an der außer ihr (!) gelegenen Unendlichkeit gemessenen.

Genau besehen läßt sich auch nicht sagen, die Kantische Endlichkeit werde um die verdoppelte Entgegensetzung beschnitten. Denn die sozusagen zurückbleibende einfache Entgegensetzung bleibt nicht das, was sie im Gefüge des Kantischen Begriffs ist. Im ersten Schritt setzte Kant die Endlichkeit in die entgegensetzende Unterscheidung von Verstand und Anschauung. Heidegger dagegen legt ausdrücklich die Endlichkeit in das eine Extrem dieser Entgegensetzung: „Der Wesensunterschied dieser Erkenntnisarten [der göttlichen und menschlichen] liegt vielmehr primär – weil eben Erkennen eigentlich Anschauung ist – im Anschauen selbst. Die Endlichkeit der menschlichen Erkenntnis muß demnach zuerst in der Endlichkeit der ihr eigenen Anschauung gesucht werden."[168]

Die so verstandene Endlichkeit ist „Angewiesenheit auf Gebung".[169]

---

168 Heidegger, GA 3, 25.
169 Heidegger, GA 3, 298; GA 25, 391.

Zufolge dieser Sicht muß denn auch von der Kantischen Form der Anschauung das Moment der „Thesis“ ferngehalten werden. Heidegger nennt die zur Form der Anschauung gehörige Einheit in einer seiner seltenen Korrekturen[170] der Kantischen Terminologie statt synthetische „syndotische Einheit“.[171] Nach der Tilgung der Voraus-Setzung (Entgegen-Setzung) der Unendlichkeit wird die Endlichkeit nicht in die einfache Entgegensetzung zurückgenommen. Vielmehr wird die Setzung überhaupt, auch noch die einfache Entgegensetzung, getilgt zugunsten der Gebung.

Als Resultat dieses Exkurses sei festgehalten: Heidegger redet nur scheinbar von derselben Sache. Er ist vom Kantischen Begreifen derart getrennt, daß er nur dem Namen nach dieselbe Endlichkeit kennt.

Kants Überlegung zur Endlichkeit des praktischen Vermögens folgt derselben Ordnung, die hinsichtlich des theoretischen Vermögens befolgt wird. Zunächst ist die Endlichkeit die der einfachen Entgegensetzung: „Weil nun aber hier die objective Nothwendigkeit der Handlung als Pflicht derjenigen, die sie als Begebenheit haben würde, wenn ihr Grund in der Natur und nicht in der Freiheit (d. i. der Vernunftcausalität) läge, *entgegengesetzt* und die moralisch-schlechthin-nothwendige Handlung physisch als ganz zufällig angesehen wird . . .: so ist klar, daß es nur von der subjectiven Beschaffenheit unsers praktischen Vermögens herrührt, daß die moralischen Gesetze als Gebote . . . vorgestellt werden müssen“ (403).

Hervorzuheben ist allerdings eine Verschiebung. Die eine Seite der einfachen Entgegensetzung ist bereits die Idee, welche im Gedankengang, der die Endlichkeit des Erkennens erläuterte, die Stelle der der Entgegensetzung gegenüberliegenden Nicht-Entgegensetzung einnahm.

Die Nicht-Entgegensetzung, an der diese einfache Entgegensetzung gemessen wird, ist nun die Idee der Freiheit als eine solche, deren Realisierung nicht mehr bloß als möglich vorgestellt wird, eine intelligible Welt, „wo zwischen Sollen und Thun, zwischen einem praktischen Gesetze von dem, was durch uns möglich ist, und dem theoretischen von

---

170 Vgl. noch die Umprägung der „Recognition“ in die „Praecognition“ (GA 25, 359 ff.), wodurch die Zeitfreiheit der Apperzeption bestritten, so wie hier die Selbständigkeit der Zeit gegen die Apperzeption behauptet wird.

171 Heidegger, GA 25, 135.

dem, was durch uns wirklich ist, kein Unterschied sein würde" (404). Obwohl die sich zwischen „intelligibler Welt" einerseits und Entgegensetzung von Freiheitsgesetz und Naturgesetz andererseits wiederherstellende Entgegensetzung nicht so pointiert herausgearbeitet wird, wie dies mit Bezug auf die absolute Notwendigkeit geschieht, ist doch der Rückschlag, der auch der Idee der Nicht-Entgegensetzung von Sein und Sein-Sollen, der Form nach, die Signatur der Endlichkeit einträgt, deutlich genug zu erkennen. Die Nicht-Unterscheidung von Sein und Sein-Sollen, des praktisch Wirklichen und Möglichen, wird, da sie bloß durch Entgegensetzung vorgestellt wird, zu einem regulativen Prinzip, „welches die Beschaffenheit der Freiheit . . . nicht objectiv bestimmt, sondern . . . die Regel der Handlungen nach jener Idee für jedermann zu *Geboten* macht" (404). Indem die Nicht-Unterscheidung von Sein und Sollen zum regulativen Prinzip wird, stellt sich diese Unterscheidung wieder her, sofern nämlich das Regulieren dieses regulativen Prinzips die Form des Sollens behält. Wie von der absoluten Notwendigkeit zu sagen war, daß sie, als gedachte, unumgänglich als bloß möglich vorgestellt werde, so gilt auch von dieser intelligiblen Welt der Nicht-Unterscheidung von Sein und Sollen, daß sie, als praktische Voraussetzung, nur eine seinsollende ist, der die Differenz von Sein und Sollen gegenüberbleibt. Es ist an dieser Stelle fast verwunderlich, daß Kant die „Paradoxie", die er sehr wohl hinsichtlich des Begriffs der absoluten Notwendigkeit zuspitzt, nicht eigens hervorhebt.

Um jetzt auf die Endlichkeit des Erkennens hinsichtlich der Zweckmäßigkeit zu kommen, ist zuerst die einfache Entgegensetzung aufzusuchen, von welcher der Anfang der Exposition gemacht wird. Diese ist nicht die Unterscheidung von Naturmechanismus und Technik der Natur, sondern wiederum die von Möglichkeit und Wirklichkeit, zurückgenommen auf die Entgegensetzung von Begriff und Anschauung. „Unser Verstand nämlich hat die Eigenschaft, daß er in seinem Erkenntnisse, z. B. der Ursache eines Products, vom Analytisch-Allgemeinen (von Begriffen) zum Besondern (der gegebenen empirischen Anschauung) gehen muß" (407). Abweichend von der im Zusammenhang mit der absoluten Notwendigkeit angegebenen Entgegensetzung von Möglichkeit und Wirklichkeit kommt es hier aber nicht auf das bloße Dasein als Position des Dinges außer dem Begriffe an, sondern auf die mannigfaltige Bestimmtheit dieses

Daseins: „denn durch das Allgemeine unseres (menschlichen) Verstandes ist das Besondere nicht bestimmt; und es ist zufällig, auf wie vielerlei Art unterschiedene Dinge, die doch in einem gemeinsamen Merkmale übereinkommen, unserer Wahrnehmung vorkommen können“ (406).

Daß diese Entgegensetzung eine zufällige ist, kann nur durch den Blick auf das Maß einer Nicht-Entgegensetzung gedacht werden, und diese Nicht-Entgegensetzung ist hinsichtlich der Entgegensetzung von Allgemeinem und Besonderem das Synthetisch-Allgemeine (407), hinsichtlich des Ursprungs dieser Entgegengesetzten im Erkenntnisvermögen der schon erläuterte Grenzbegriff des intuitiven Verstandes. Die Nicht-Entgegensetzung von Möglichkeit qua Allgemeinheit und Wirklichkeit qua besondertes Dasein ist entsprechend der Nicht-Entgegensetzung von Möglichkeit qua Begriff und Wirklichkeit qua bloßes Dasein eine Gestalt der Notwendigkeit: „Um nun gleichwohl die Möglichkeit einer solchen Zusammenstimmung der Dinge der Natur zur Urtheilskraft (welche wir als zufällig, mithin nur durch einen darauf gerichteten Zweck als möglich vorstellen) wenigstens denken zu können, müssen wir uns zugleich einen andern Verstand denken, in Beziehung auf welchen und zwar vor allem ihm beigelegten Zweck wir jene Zusammenstimmung der Naturgesetze mit unserer Urtheilskraft, die für unsern Verstand nur durch das Verbindungsmittel der Zwecke denkbar ist, als *nothwendig* vorstellen können.“ (407)

Was über die Exposition sowohl des absolut-notwendigen Daseins als auch der notwendig realisierten Freiheit hinausgeht, ist, daß die Idee des notwendigerweise das Besondere enthaltenden Allgemeinen, die ebenso wie die beiden anderen Ideen nur per oppositionem gedacht und nur als Regulativ zu gebrauchen ist, dennoch als Regulativ nicht fungieren kann, ohne einer Modifikation unterzogen zu werden.

Das absolut-notwendige Dasein reguliert die Verstandeserkenntnisse als diese Idee, von der kein Begriff zu haben ist: „Wenn ich zu existirenden Dingen überhaupt etwas Nothwendiges denken muß, kein Ding aber an sich selbst als nothwendig zu denken befugt bin, so folgt daraus unvermeidlich, daß Nothwendigkeit und Zufälligkeit nicht die Dinge selbst angehen und treffen müsse, weil sonst ein Widerspruch vorgehen würde; mithin keiner dieser beiden Grundsätze objectiv sei, sondern sie allenfalls nur subjective Principien der Vernunft sein können, nämlich einerseits zu allem, was als existirend gegeben ist, etwas zu suchen, das nothwendig ist, ... andererseits aber auch diese Vollendung niemals zu hoffen".[172]

Die intelligible Welt, in der zwischen Sollen und Tun kein Unterschied ist, hält als diese nicht weiter bestimmbare Idee dazu an, die besagte Unterscheidung in der Sphäre der Endlichkeit aufzuheben.

Damit aber das endliche, sich im Gegensatz von Allgemeinem und Besonderem bewegende Denken vom Gedanken des intuitiven Verstandes und seinem Synthetisch-Allgemeinen geleitet werden kann, muß diese Idee, von der kein Begriff zu haben ist, selbst noch einmal vorgestellt werden: „Wollen wir uns also nicht die Möglichkeit des Ganzen als von den Theilen, wie es unserm discursiven Verstande gemäß ist, sondern nach Maßgabe des intuitiven (urbildlichen) die Möglichkeit der Theile (ihrer Beschaffenheit und Verbindung nach) als vom Ganzen abhängend vorstellen: so kann dieses nach eben derselben Eigenthümlichkeit unseres Verstandes nicht so geschehen, daß das Ganze den Grund der Möglichkeit der Verknüpfung der Theile (welches in der discursiven Erkenntnißart Widerspruch sein würde), sondern nur daß die Vorstellung eines Ganzen den Grund der Möglichkeit der Form desselben und der dazu gehörigen Verknüpfung der Theile enthalte." (407 f.)

Hier entspringt der Begriff der objektiven Zweckmäßigkeit. Obwohl das Gepräge des endlichen, entgegensetzenden Denkens tragend, ist er nicht in der einfachen Entgegensetzung zu situieren. Er ist die endliche Weise, die Nicht-Entgegensetzung von Möglichkeit und Wirklichkeit, Allgemeinheit und Besonderheit vorzustellen, während der Mechanismus durchaus der einfachen Entgegensetzung verhaftet bleibt. Mittels der Zweckmäßigkeit wird das an sich prädikatlose Unendliche so prädiziert, daß es als Regulativ für uns gebraucht werden kann.

Wie das Synthetisch-Allgemeine als Idee, von der wir uns keinen Begriff machen können, vom Zweck als dem Synthetisch-Allgemeinen, wie es für uns ist, zu trennen ist, so ist auch der „andere" Verstand zweifach zu nehmen. Als Grenzbegriff, der bloß per oppositionem gedacht wird, ist er der intuitive Verstand, „vor allem ihm beigelegten Zweck" (407 Z 9). Davon abzuheben ist der „andere" Verstand, wie er als zweckmäßig wirksam vorgestellt wird. Obwohl Kant den Unterschied nicht termino-

---

172 KRV, B 644.

logisch fixiert, kann für diesen analog vorgestellten Verstand der Name architektonischer Verstand[173] vorbehalten werden. Weil letztlich der andere Verstand nur als architektonischer regulativ gebraucht werden kann, beruft sich die Einleitung auf diesen architektonischen, nicht den gegensatz- und prädikatlosen intuitiven: die empirischen Gesetze sind so anzusehen, „als ob gleichfalls ein Verstand (wenn gleich nicht der unsrige) sie zum Behuf unserer Erkenntnißvermögen, um ein System der Erfahrung nach besonderen Naturgesetzen möglich zu machen, gegeben hätte" (180).

Auch wenn der architektonische Verstand als der ausdrücklicherweise endlich vorgestellte und der vom endlichen Prädizieren freigehaltene intuitive Verstand auseinanderzuhalten sind,[174] so ist doch auch an diesem Grenzbegriff des intuitiven Verstandes zu erkennen, wie er das Gepräge des entgegensetzenden Denkens trägt.

Der Sachverhalt, daß der Begriff der Nicht-Entgegensetzung, eben weil durch Entgegensetzung gewonnen, in der Sphäre des Endlichen verbleibt,

---

173 Die Architektonik setzt die *Idee* des Ganzen voraus, die dieses und seine Teile vorgängig bestimmt, vgl. dazu KRV, B 860. – Daß Kant diesen Gegensatz unter dieser Benennung im Blick hat, zeigt folgender Passus: „ob in der That für Dinge als eigentliche Naturzwecke . . . eine ganz andere Art von ursprünglicher Causalität, die gar nicht in der materiellen Natur *oder ihrem intelligibelen Substrat* enthalten sein kann, nämlich ein *architektonischer Verstand*, zum Grunde liege: darüber kann unsere . . . sehr enge eingeschränkte Vernunft schlechterdings keine Auskunft geben" (KU, AA 5, 388 f.). Dem „intelligiblen Substrat" korrespondiert aber die „intellectuelle Anschauung" (KU, AA 5, 409 Z 12), und diese tritt somit dem architektonischen Verstand gegenüber.

174 Baum hat in einem Aufsatz (1990) aufmerksam diese beiden Bedeutungen des anderen Verstandes getrennt und versucht zu zeigen, daß Hegel (in seinen Vorlesungen über die Geschichte der Philosophie) diesen Unterschied zusammenfallen läßt: „Er [Hegel] übersieht dabei aber, daß diejenige systematische Verfassung der Natur, die für unser diskursives Erkenntnisvermögen zweckmäßig ist, nach Kant zwar durch einen göttlichen Zweck gesetzt sein könnte, daß aber für den intuitiven Verstand selbst gar keine Zweckmäßigkeit in der Verfassung der Natur erforderlich oder auch nur möglich wäre." (169) „Hegels Identifizierung jenes Kantischen ‚Grundes der Einheit des Mannigfaltigen' mit dem intuitiven Verstand und die Begründung von Zwecken und Zweckmäßigkeit in ihm sind also durch den Kantischen Text nicht nur nicht gedeckt, sondern verkehren ihn und die darin ausgedrückte Theorie in ihr Gegenteil." (171) So richtig der Nachweis ist, daß Hegel den intuitiven Verstand und den zweckmäßig wirksamen in eins setzt, so wird doch übersehen, daß dies gerade der Punkt, und der einzige Punkt ist, auf den Hegel im betreffenden Abschnitt hinauswill: Das vermeintlich nicht zu prädizierende, unbestimmte Unendliche ist schon vorhanden als bestimmtes, begriffenes in dem, was Kant zur subjektiven Vorstellung herabsetzt, nämlich in der Zweckmäßigkeit.

war in aller Deutlichkeit hervorgetreten bei der Idee des absolut-notwendigen Daseins, welches als begriffenes eo ipso bloß als möglich begriffen wird.

Derselbe Sachverhalt läßt Form und Gehalt der Idee einer Nicht-Entgegensetzung von Sollen (das mögliche Gute) und Sein (das wirkliche Gute) auseinanderfallen, sofern diese Idee selbst objektive Realität annehmen *soll*.

Sieht man nun die Umgrenzung des intuitiven Verstandes genau an, wie er *vor* allem ihm beigelegten Zweck gedacht werden soll, so macht sich auch hierin die Unausweichlichkeit des diskursiven, entgegensetzenden Denkens bemerklich: „Nun können wir uns aber auch einen Verstand denken, der, weil er nicht wie der unsrige discursiv, sondern intuitiv ist, vom Synthetisch-Allgemeinen (der Anschauung eines Ganzen als eines solchen) zum Besondern geht, d. i. vom Ganzen zu den Theilen; der also und dessen Vorstellung [!] des Ganzen die Zufälligkeit der Verbindung der Theile nicht in sich enthält, um eine bestimmte Form des Ganzen möglich zu machen, die unser Verstand bedarf, welcher von den Theilen als allgemeingedachten Gründen zu verschiedenen darunter zu subsumirenden möglichen Formen als Folgen fortgehen muß." (407)

Diese Umgrenzung des intuitiven Verstandes ist gleichsam der Versuch des endlichen Verstandes, „eine Art auszufinden", wie er einen solchen Verstand und seine Art zu denken sich vorstellen solle (vgl. 402 Z 26), in welchem Versuch sich (fast unvermerkt) das Entgegensetzen wiederherstellt. Streng genommen wäre lediglich zu sagen, daß der intuitive Verstand nicht zwischen Allgemeinem und Besonderem unterscheidet. Nun aber wird gleichsam das Procedere des intuitiven Verstandes beschrieben: er geht *vom* Synthetisch-Allgemeinen *zum* Besonderen. Dieses Gehen von . . . zu . . . ist aber schon die Diskursivität, Umwegigkeit des endlichen Verstandes, der *von* den allgemein gedachten Gründen *zu* den Folgen fortgehen muß, nur daß das Verhältnis Ganzes-Teil umgekehrt worden ist. Ingleichen wird das Ganze des intuitiven Verstandes als Anschauung[175] gesetzt und damit die Differenz von Anschauung und Begriff in

---

175 Als Anschauung wohl deshalb, weil diese innerhalb des entgegensetzenden, endlichen Erkennens dasjenige Moment ist, welches der Nicht-Entgegensetzung, Nicht-Vermittlung nähersteht: die Anschauung bezieht sich unmittelbar auf den Gegenstand.

den intuitiven Verstand getragen. Mehr noch: im ausdrücklichen Widerspruch zu dem wenige Zeilen später gemachten Unterschied von Ganzem und Vorstellung des Ganzen wird dem intuitiven Verstand eine Vorstellung zugesprochen.

Durch die sich wiederherstellende Diskursivität auch in der Umgrenzung des nicht-diskursiven Verstandes bestätigt sich aber die Notwendigkeit des bestimmten Denkens des Unendlichen. Der letzte Schritt in der Reflexion auf die Endlichkeit, der die sich wiederherstellende Entgegensetzung hervortreibt, hat seinen Sinn darin, den Gedanken der durch Entgegensetzung gewonnenen Nicht-Entgegensetzung als regulativen, als einen der menschlichen Absicht angemessenen (403 Z 18) zu sichern. Die Absicht des regulativen Gebrauchs gibt dem prädizierten Unendlichen einen Vorrang vor dem prädikatlosen Unendlichen. Das ist der Grund, weshalb die Ausführungen des § 76 (und 77) als „episodisch" (401) bezeichnet werden. Die Exposition der Endlichkeit des Vorstellens der Urteilskraft nach Maßgabe einer Unendlichkeit läßt dem endlichen Vorstellen – wohlgemerkt dem endlichen Vorstellen des Unendlichen – nicht nur sein Recht, sie setzt es in sein Recht ein. Der episodisch erläuterte intuitive Verstand gibt dem von der Urteilskraft gebrauchten „ursprünglichen Verstande als Weltursache" (410), dem architektonischen Verstand, Raum.

c. Die Erweiterung der besonderen Maxime der Beurteilung von Naturzwecken zur allgemeinen

Um die Auflösung des Widerstreits der in konstitutive Sätze verwandelten Beurteilungsmaximen ins rechte Licht zu rücken, ist festzuhalten, daß die dogmatische Argumentation mit der finalen Kausalität bereits das „Übersinnliche" in Anspruch nimmt, eine „Spontaneität einer Ursache (die also nicht Materie sein kann)" (411), dies in Übereinstimmung mit der Exposition, die den Naturzweck „auf einen übersinnlichen Bestimmungsgrund über den blinden Mechanism der Natur hinaus" (377) bezieht. Soll also der Widerspruch zwischen der im Gebiet des Sinnlichen bleibenden mechanistischen Beurteilung und der das Übersinnliche geltend machenden teleologischen durch Verweis auf das Übersinnliche gehoben werden, so kann offensichtlich *dieses* Übersinnliche mit dem auf der *einen* Seite stehenden Übersinnlichen nicht einerlei sein: „Das Princip, welches die Vereinbarkeit beider in Beurtheilung der Natur nach denselben möglich machen soll, muß in dem, was außerhalb beiden (mithin auch außer der möglichen empirischen Naturvorstellung) liegt, von dieser aber doch den Grund enthält, d. i. im Übersinnlichen, gesetzt und eine jede beider Erklärungsarten darauf bezogen werden." (412)

Um die doppelte Stellung des Übersinnlichen kenntlich zu machen, ist zu sagen: die Antinomie wird aufgelöst, indem die Vereinbarkeit des Sinnlichen (Mechanismus) und Übersinnlichen (Teleologie) im Übersinnlichen angezeigt wird. Dies ist aber zu verstehen auf dem Hintergrund der eben erläuterten Endlichkeit des Erkennens.

Das Übersinnliche, welches in der Zweckmäßigkeit enthalten ist, ist das bestimmt prädizierte Unendliche, das Nicht-Entgegengesetzte, wie es durch uns vorgestellt ist und deshalb auf die eine Seite gegen den Mechanismus tritt.

Das Übersinnliche, in dem Mechanismus und Teleologie vereinbar sind, ist das gegensatzlose Unendliche, dessen Begriff wir „durch kein Prädikat näher bestimmen können" (412).

Der abstrakte Begriff des Übersinnlichen bleibt völlig nichtssagend, wenn nicht seine zweifache Situierung in der Exposition und Antithesis-Argumentation einerseits und in der Auflösung der Antinomie andererseits beachtet wird. Und nur wenn man diesen Begriff entsprechend der Exposition der Endlichkeit qua Entgegensetzung auslegt, fällt auch die von den übrigen Antinomien des kritischen Unternehmens abweichende Lösung der teleologischen Antinomie auf. Kant gibt nach Lösung der Geschmacksantinomie eine Synopsis der Antinomien und hebt den einheitlichen Gesichtspunkt hervor, der den Widerspruch in allen Ausprägungen hebt: „daß es nämlich dreierlei Arten der Antinomie der reinen Vernunft gebe, die aber alle darin übereinkommen, daß sie dieselbe zwingen, von der sonst sehr natürlichen Voraussetzung, die Gegenstände der Sinne für die Dinge an sich selbst zu halten, abzugehen, sie vielmehr bloß für Erscheinungen gelten zu lassen und ihnen eine intelligibles Substrat (etwas Übersinnliches, wovon der Begriff nur Idee ist und keine eigentliche Erkenntniß zuläßt) unterzulegen" (344).

Dies gilt auch für die hier nicht genannte teleologische Antinomie. Die Differenz im Gebrauch der Unterscheidung von Ding an sich und

Erscheinung tritt jedoch hervor, wenn man noch einmal die sonst ganz analog verfaßte Freiheitsantinomie vergegenwärtigt. Deren Lösung geht darauf aus zu zeigen, daß „beides [Natur und Freiheit] in verschiedener Beziehung bei einer und derselben Begebenheit zugleich stattfinden könne".[176] „Dieselbe Begebenheit", d. h. dieselbe Wirkung wird verschieden bezogen, die verschiedene Beziehung ist die auf das Ding an sich und die auf die Erscheinung: „Die Wirkung kann also in Ansehung ihrer intelligibelen Ursache als frei und doch zugleich in Ansehung der Erscheinungen als Erfolg aus denselben nach der Nothwendigkeit der Natur angesehen werden".[177]

Wollte man nun diesen Gedanken ohne Abwandlung auf die Lösung der teleologischen Antinomie übertragen, so müßte sie auf folgende Weise zusammengefaßt werden:

„Die Unterscheidung von Erscheinung und Ding an sich, die die Auflösung der Antinomien der reinen Vernunft ermöglicht, steht auch hier im Hintergrund. Die Thesis, als Maxime der reflektierenden Urteilskraft verstanden, nämlich als Maxime des Mechanismus, gilt nur für Erscheinungen in Raum und Zeit. Die Antithesis als Maxime der Naturteleologie bezieht sich gedanklich durch den Begriff des Naturzwecks für Organismen zugleich auf deren übersinnlichen Grund."[178]

---

176 KRV, B 564.

177 KRV, B 565; PROL: „so wird . . . Natur also und Freiheit eben demselben Dinge, aber in verschiedener Beziehung, einmal als Erscheinung, das andre Mal als einem Dinge an sich selbst, ohne Widerspruch beigelegt werden können" (AA 4, 344). Dieselbe Verteilung ist der Antinomie der praktischen Vernunft anzusehen. Formuliert man die von Kant nicht ausdrücklich aufgestellten Sätze in der Weise aus, daß die Thesis besagt: „Das höchste Gut ist möglich", die Antithesis: „Das höchste Gut ist nicht möglich" (nach einem Vorschlag von Beck (1974) 230), so findet Möglichkeit und Unmöglichkeit in verschiedener Beziehung statt; unmöglich ist das höchste Gut, d. h. zufällig ist die Verbindung von Sittlichkeit und Glückseligkeit in der Erscheinung (welche Zufälligkeit zu tilgen allerdings Aufgabe der reflektierenden Urteilskraft ist), in Beziehung auf eine „Verstandeswelt" ist es dagegen „nicht unmöglich, daß die Sittlichkeit der Gesinnung einen, wo nicht unmittelbaren, doch mittelbaren (vermittelst eines intelligibelen Urhebers der Natur) und zwar nothwendigen Zusammenhang als Ursache mit der Glückseligkeit als Wirkung in der Sinnenwelt habe" (KPV, AA 5, 114 f.). Ähnlich die Auflösung der Geschmacksantinomie: In bezug auf das übersinnliche Substrat gründet sich das Geschmacksurteil allerdings auf einen Begriff, der nur *für uns* schlechthin unbestimmbar und zu keinem Beweis zu gebrauchen ist.

178 Düsing (1990) 144.

So wird allerdings das Eigene der Auflösung der teleologischen Antinomie verdeckt. Es sei noch einmal gehört: Das Prinzip der Vereinbarkeit von mechanischer und teleologischer Beurteilung muß ins Übersinnliche gesetzt „und *eine jede* beider Erklärungsarten darauf bezogen werden" (412). Der Satz, der die Auflösung der Freiheitsantinomie bezeichnet,[179] muß demnach für die teleologische Antinomie neuformuliert werden: Beides, Mechanismus und Teleologie, findet in derselben Beziehung bei einem und demselben Produkt statt. Es wird eben nicht gesagt, dasselbe Produkt sei als Erscheinung mechanisch, als Ding an sich zweckmäßig zu beurteilen, wie es der Auflösung der Freiheitsantinomie entspräche; Mechanismus und Teleologie sind im „gemeinschaftlichen Princip" (412 Z 33) des Übersinnlichen, „in einem und demselben Grunde" (413 Z 34) vereinbar.

Die Selbigkeit der Beziehung auf dasselbe An-sich läßt aber den Widerspruch nur deshalb verschwinden – denn es müßte sonst scheinen, daß gar keine Lösung gegeben wird, insofern der Widerspruch nicht mehr, wie dies bei der Freiheitsantinomie der Fall ist, durch Unterscheidung der Beziehung weggenommen wird –, weil genauso wie beides, Mechanismus und Teleologie, im intelligiblen Substrat vereinbar sind, auch keines von beiden, „weder Mechanism, noch Zweckverbindung" (414 Z 29) in ihm vorhanden sind, wenn anders die Entgegensetzung selbst verschwunden ist.

Soweit der erste Teil der Auflösung. Der Widerspruch ist jedoch mit diesem Schritt nicht vollständig gehoben. Denn wenn auch Mechanismus und Zweckverbindung in derselben Beziehung auf dasselbe An-sich bei einem und demselben Produkt vereinigt sind, so bleiben doch auf der anderen Seite Mechanismus und Teleologie als Weisen des endlichen Vorstellens bestehen und sind *als* diese endlichen Vorstellungsarten als vereinbar zu erweisen. Gerade weil, im Unterschied zur Freiheitsantinomie, der Widerspruch nicht durch die Verschiedenheit der Beziehung gelöst werden soll, ist er sozusagen doppelt aufzulösen. Wenn der Widerspruch im An-sich verschwunden ist, so heißt dies nicht, jedenfalls nicht ohne weiteres, daß er im Für-uns verschwunden sei. Weil Mechanismus und Zweckverbindung nicht durch die Verschiedenheit der Beziehung

179 KRV, B 564 Z 7.

auseinandergehalten werden, so wird, auch nachdem die Entgegensetzung beider im An-sich getilgt worden, deren Entgegensetzung im Füruns rekurrieren. Selbst nach dem Verweis auf die Nicht-Entgegensetzung im An-sich bleibt es dabei, daß „für unsere (die menschliche) Vernunft beide Vorstellungsarten der Möglichkeit solcher Objecte nicht zusammenzuschmelzen sind" (414).

Es ist also wohl die Unterscheidung der Beziehung auf das An-sich und die Erscheinungen vorhanden, doch die Vereinbarkeit der beiden Beurteilungen ist sowohl innerhalb der einen als auch innerhalb der anderen Beziehung zu erbringen. Kant spricht denn auch präzise davon, daß Mechanismus und Zweckverbindung „in einem einzigen oberen Princip zusammenhängen *und* daraus gemeinschaftlich abfließen" (412).

Um nun die Vereinbarkeit von Mechanismus und Teleologie in der einen Beziehung auf die Erscheinungen einsichtig zu machen, wird zunächst der regulative Charakter der beiden Behauptungen restituiert. Restituiert insofern, als die Antinomie in nichts anderem besteht als in der Verwandlung des regulativen Prinzips in ein konstitutives: „so folgt, daß die Vereinigung beider Principien nicht auf einem Grunde der Erklärung (Explication) der Möglichkeit eines Products nach gegebenen Gesetzen für die bestimmende, sondern nur auf einem Grunde der Erörterung (Exposition) derselben für die reflectirende Urtheilskraft beruhen könne" (412).

Als restituiert ist der regulative Charakter der Maximen nunmehr begründet. Daß die beiden Beurteilungen nicht anders denn regulativ zu nehmen sind, ist festgemacht in der Unbestimmtheit und Unbestimmbarkeit des Begriffs des intelligiblen Substrats. Der Vernunftforderung unbedingten Begründens ist insoweit genüge getan, als die Unbegreiflichkeit des Naturzwecks selbst begreiflich wird.[180]

Weil die als regulativ angenommenen Maximen nicht durch die unterschiedene Hinsicht auf das An-sich und die Erscheinungen getrennt werden, ist das Verschwinden des Widerspruchs bloß durch den Verweis auf eben diesen regulativen Charakter nicht leicht zu erkennen.

---

180 Dies wiederum in Entsprechung zur Dialektik des Geschmacksurteils, welche die Unbestimmtheit des das Geschmacksurteil gründenden Begriffs zur Unbestimm*barkeit* werden läßt.

„Die erste Maxime derselben ist der Satz: Alle Erzeugung materieller Dinge und ihrer Formen muß als nach bloß mechanischen Gesetzen möglich beurtheilt werden.

Die zweite Maxime ist der Gegensatz: Einige Producte der materiellen Natur können nicht als nach bloß mechanischen Gesetzen möglich beurtheilt werden (ihre Beurtheilung erfordert ein ganz anderes Gesetz der Causalität, nämlich das der Endursachen).“ (387)

Man hat gefunden, daß dies eben der in der Antinomie aufgestellte Widerspruch sei: „the two maxims do not in fact harmonize at all; they are formulated as a direct contradiction“.[181]

In der Tat läßt die Satzform der Maximen einen Widerspruch vermuten: Alle . . . müssen – einige . . . können nicht.[182] Daß dieser gleichwohl durch die bloße Modifikation zum Regulativ gehoben werden kann, zeigt die Erläuterung, welche den genannten Maximen beigegeben wird. Es ist ein Zusatz, der die Art der Auflösung bezeichnet: Wenn einiges aus der Allgemeinheit des Mechanismus ausgenommen wird, um es teleologisch zu reflektieren, so bleibt die Forderung, es beim herausgenommenen Produkt mit der mechanischen Beurteilung zu versuchen „soweit ich kann“ (387 Z 33, 388 Z 4; ähnlich wiederholt: 414 Z 36 f., 415 Z 6, Z 15, 424 Z 30).

Eine Maxime wird zwar in einem Satz ausgedrückt, will aber lediglich als Anweisung verstanden sein, empirische Sätze aufzufinden, Erfahrungen zu machen. Der so aufgegebene Fortgang der Erfahrung, der empirische Regressus zu den Ursachen (und sei es auch nur hinsichtlich eines einzigen Produkts) hat aber, wie es die Kritik der reinen Vernunft klargestellt hat, die Eigenart, sich „in unbestimmte Weite (in indefinitum)“[183] zu erstrecken. Dieses indefinit fortgehende Erforschen läßt aber zu, an jedem neu zu Entdeckenden beide Maximen zu versuchen, und in solchem sich stets erneuernden Versuch kann kein Widerspruch liegen. Die Lösung des Widerspruch wird durch die Vorstellung des quantitativen Regresses getragen; mechanische und teleologische Beurteilung schließen sich nicht aus, weil eine empirische Beurteilung überhaupt nie abzuschließen ist.

---

181 McLaughlin (1989 b) 360 f.
182 Vgl. McLaughlin (1989 a) 123.
183 KRV, B 540.

Wenn Mechanismus und Teleologie im An-sich überhaupt nicht zu unterscheiden sind, dann reicht es nicht, für uns bloß die Widerspruchslosigkeit beider Maximen zu klären. In der Nicht-Entgegensetzung von Mechanismus und Teleologie liegt die Anweisung, über die Widerspruchslosigkeit hinaus die Gemeinschaft der beiden Beurteilungen herzustellen. Die Gemeinschaft beider Maximen ist aber dadurch noch nicht geklärt, daß sie als subjective Anweisungen immer wieder an den zu erforschenden Erscheinungen versucht werden können; solche sich ständig wiederholenden Versuche müßten wenn nicht widersprechend so doch sinnlos scheinen, wenn diese Gemeinschaft nicht auch im Für-uns verständlich wäre. Wozu bei einem als zweckmäßig zur Untersuchung Aufgestellten es noch mit der mechanischen Erklärung versuchen, auch wenn dies keinen formellen Widerspruch zur beabsichtigten teleologischen Reflexion ergibt?

Die als Resultat der Dialektik sich ergebende Nicht-Entgegensetzung von Mechanismus und Teleologie fordert also eine Weiterentwicklung des Verhältnisses beider Maximen, und hierin ist der Fortgang zu sehen, der durch den Widerspruch als Movens angeregt wird. Wenn an sich Mechanismus und Teleologie nicht zu unterscheiden sind, dann muß (1) ein als zweckmäßig angenommenes Produkt stets auch mechanisch beurteilt werden, und (2) auch das augenscheinlich bloß Mechanische teleologisch reflektiert werden.

1) Die mechanische und teleologische Vorstellungsart sind für uns nicht „zusammenzuschmelzen". Sollen sie aber in Beurteilung eines innerlich Zweckmäßigen in Gemeinschaft treten, so muß diese Gemeinschaft selbst noch einmal vorgestellt werden. Dies geschieht auf folgende Weise: „Denn wo Zwecke als Gründe der Möglichkeit gewisser Dinge gedacht werden, da muß man auch Mittel annehmen, deren Wirkungsgesetz für sich nichts einen Zweck Voraussetzendes bedarf, mithin mechanisch und doch eine untergeordnete Ursache absichtlicher Wirkungen sein kann." (414)[184]

Also: Innerhalb der einen Beziehung auf die Erscheinungen wird (nach der Einzigkeit desselben Prinzips im An-sich) die Gemeinschaft

184 Vgl. auch: „irgend eine ursprüngliche Organisation . . ., welche jenen Mechanism selbst benutzt" (KU, AA 5, 418); „der Mechanism . . . als das Werkzeug einer absichtlich wirkenden Ursache" (KU, AA 5, 422).

der Maximen des Mechanismus und der Teleologie für uns teleologisch vorgestellt. Mechanismus und Teleologie werden vermittels der Mittel-Zweck-Relation sowohl einander „beigesellt" als auch das eine dem anderen „untergeordnet" (§ 80 f.). Daß der Mechanismus innerhalb des Naturzwecks als Mittel fungiert, wurde in der Exposition kurz berührt (377), doch eher in beiläufiger Weise als etwas, das gelegentlich vorkommt. Nun ist, aufgrund der gegensatzlosen Einheit von Mechanismus und Zweckverbindung, die Forderung aufgestellt, stets den mechanischen „Anteil" innerhalb des Zweckmäßigen aufzusuchen.[185]

Die selbst teleologische Vorstellung der Gemeinschaft von Mechanismus und Teleologie hat die sich sogleich aufdrängende Schwierigkeit, daß sie auf die äußere Zweckmäßigkeit (die Mittel-Zweck-Relation) zurückgreift, um die Gemeinschaft innerhalb der inneren Zweckmäßigkeit herzustellen. Es wird auf die eine Seite die innere Zweckmäßigkeit gesetzt, die ja in sich das Zugleich von nexus finalis und nexus effectivus darstellt, auf die andere Seite der bloße nexus effectivus, um dann innere Zweckmäßigkeit und Mechanismus durch die äußere Zweckmäßigkeit zu verbinden.

Daß die innere Zweckmäßigkeit auf diese Weise mit der äußeren zusammengebracht werden kann, ist ihrer in der Exposition aufgewiesenen Eigenart zuzuschreiben, der gemäß sie zwar die Äußerlichkeit des Zwecks zum Produkt tilgt – wie an der schrittweisen Vertiefung der Definitionen von der äußeren zur inneren Zweckmäßigkeit abzulesen –, dabei aber im letzten Schritt gleichsam einen unaufgelösten Rest der Äußerlichkeit des Grundes behält: auch der Naturzweck als das den Zweck, den Grund in sich Habende ist noch als Produkt eines produktiven Verstandes außer ihm zu betrachten, auch wenn dieser Verstand eine dem inneren Zweck „angemessene" Kausalität besitzt. Es ist diese Zweiseitigkeit der inneren Zweckmäßigkeit, welche es nun erlaubt, den Mechanismus als „bloßen" in sie einzufügen.

---

185 Das bedeutet: Erst die durch den Widerspruch gegangene teleologische Maxime braucht die begleitende Maxime des Mechanismus; zuvor ist die „Beigesellung" des Mechanismus zwar möglich, aber grundlos. Daß der Mechanismus überhaupt regulativ genommen werden kann (was bezweifelt worden ist, vgl. McLaughlin (1989 a) 128-130), obwohl er in der KRV konstitutiv erscheint, erhellt daraus, daß er hier auf die Zusammenstimmung der besonderen Gesetze geht, von denen die Analogie der Erfahrung nichts sagt.

Das so gegliederte Zusammen von nexus finalis und nexus effectivus ist konsequentes Ergebnis der Antinomie. Diese hatte den Widerspruch als einen sich verdoppelnden behandelt. Dem innerlich Zweckmäßigen schien ein innerer Widerspruch anzuhaften, und es schien in den äußeren Widerspruch zum Mechanismus zu treten. Soll dieser Widerspruch aufgehoben werden, muß demnach die innere Zweckmäßigkeit sowohl als Zugleich von nexus finalis und nexus effectivus als auch in ihrer Verbindung mit dem bloßen nexus effectivus gerettet werden.

2) Die Erweiterung der besonderen Maxime der Zwecke zur allgemeinen liegt in der durch die Antinomie nötig gewordenen Nicht-Entgegensetzung von Mechanismus und Zweckverbindung beschlossen. Weil Mechanismus und Zweckverbindung an sich nicht entgegengesetzt sind, ist die für uns sich zunächst darbietende Entgegensetzung von Allgemeinheit des Mechanismus und Besonderheit der Zweckverbindung nicht mehr aufrechtzuerhalten. „Daher läßt sich selbst in organischen Producten der Natur, noch mehr aber, wenn wir, durch die unendliche Menge derselben veranlaßt, das Absichtliche in der Verbindung der Natursachen nach besondern Gesetzen nun auch (wenigstens durch erlaubte Hypothese) zum allgemeinen Prinzip der reflectirenden Urtheilskraft für das *Naturganze* (*die Welt*) annehmen, eine große und sogar allgemeine Verbindung der mechanischen Gesetze mit den teleologischen in den Erzeugungen der Natur denken" (414).

Wenn hier von der „unendlichen Menge" der organischen Produkte gesprochen wird, so ist dies die in der Erfahrung gelegene „Veranlassung" (387 Z 36; vgl. 400 Z 5), die teleologische Reflexion von einigen Produkten auf das Ganze der Natur auszudehnen. Der strenge Grund ist jedoch allein die durch die Antinomie erschlossene Untrennbarkeit von Mechanismus und Teleologie. Nicht bloß die Menge der organischen Produkte, vielmehr der Rückgang auf die an sich vorauszusetzende Nicht-Entgegensetzung, auf das „intelligibele Princip der Möglichkeit einer Natur überhaupt" (415 Z 1 f.), fordert die Ausweitung der Zweckmäßigkeit auch auf das, was empirisch keine Zweckeinheit verspricht, was bloß mechanisch zu sein scheint.

Geht die Erweiterung der teleologischen Maxime vom innerlich Zweckmäßigen aus, so wird sie doch nicht unumgänglich nur innerlich Zweckmäßiges (lauter Organismen oder gar einen Organismus) im Ganzen der Natur suchen. Die Natur im Ganzen ist „als organisirt (in der oben angeführten engsten Bedeutung des Worts) nicht gegeben" (398); die erweiterte Maxime wird nur Zweckmäßigkeit überhaupt voraussetzen dürfen.

4. Das Über-sich-Hinausweisen des Naturzwecks

Mit der Erweiterung der besonderen Maxime der Beurteilung von Naturzwecken zur allgemeinen ist der erste Schritt zur Natur-Totalität getan, diese jedoch nicht erreicht. Wenn aufgrund der an sich anzunehmenden Nicht-Unterscheidung von Mechanismus und Teleologie die teleologische Maxime dieselbe Allgemeinheit wie die des Mechanismus annimmt, so ist hiermit, um mit der Kritik der reinen Vernunft zu sprechen, die distributive Einheit[186] der zweckmäßig vorgestellten Natur gewonnen: an jedem Produkt soll die teleologische Maxime versucht werden. Zum Gedanken der Totalität der Natur bedarf es jedoch darüberhinausgehend eines Ersten, von dem her sich diese Totalität schließt.

Der Weg zu diesem Ersten führt nicht über das An-sich, sondern verläuft im Vorstellen der Zweckmäßigkeit, wie sie für uns ist. Die vom Naturzweck ausgehende Erweiterung der teleologischen Beurteilung durch Rückgang auf die Nicht-Unterscheidung von Mechanismus und Teleologie in der Dialektik ist deshalb von der in der Analytik ansetzenden (§ 67) und in die Methodenlehre hinüberführenden (§ 82) Erweiterung zu trennen.

Was weiterführt, ist die Frage nach dem Wozu des Daseins des organisierten Dinges. Es ist die Vorstellung des außer dem Naturzweck gelegenen produktiven Verstandes, welche die Vervollständigung des Zweckbegriffs verlangt: „Man kann von einem organisirten Wesen noch fragen: Wozu ist es da? aber nicht leicht von Dingen, an denen man bloß die Wirkung vom Mechanism der Natur erkennt. Denn in jenen stellen wir uns schon eine Causalität nach Zwecken zu ihrer inneren Möglichkeit, einen schaffenden Verstand, vor und beziehen dieses thätige Vermögen auf den Bestimmungsgrund desselben, die Absicht." (425)

---

186 KRV, B 672.

Wenn der Zweck des Daseins eines Dinges nun entweder „in ihm selbst" oder „außer ihm" (426) zu suchen ist, in ihm selbst aber kein Naturzweck den Zweck seines Daseins haben kann, weil „nichts in der Natur (als einem Sinnenwesen) [ist], wozu der in ihr selbst befindliche Bestimmungsgrund nicht immer wiederum bedingt wäre" (435), so wird die Beurteilung der inneren Zweckmäßigkeit notwendigerweise auf die äußere hinausgetrieben. Obgleich die Exposition nicht mit ihr beginnen kann, wenn anders feststeht, daß die „relative Zweckmäßigkeit, ob sie gleich hypothetisch auf Naturzwecke Anzeige giebt, dennoch zu keinem absoluten teleologischen Urtheile berechtige" (368 f.), so muß doch, ist ein solches absolutes teleologisches Urteil erst gesichert – und absolut ist das Urteil über den Naturzweck insoweit, als dieser den Grund seiner Form in ihm selbst hat –, eben dieses Urteil wieder „relativiert" werden, um die Frage nach dem Wozu des Daseins zu beantworten. Darin liegt die in jeder Gestalt der Zweckmäßigkeit sich hervortuende Exzentrik der Urteilskraft. Will sie nur das eigene Urteil zu Ende denken, sieht sie sich unvermeidlich über sich hinaus auf die Vernunft verwiesen.

Die Frage nach dem Wozu des Naturdinges dehnt sich zugleich auf die gesamte Natur aus. So nahe beieinander der eben nachgezeichnete Übergang zur Natur-Totalität innerhalb der Dialektik der inneren Zweckmäßigkeit und der zwischen innerer und äußerer sich bewegende Übergang liegen, so ist doch der Grund des Übergehens nicht derselbe. Wenn es bereits in der Exposition heißt, der Begriff des Naturzwecks führe „auf die Idee der gesammten Natur als eines Systems nach der Regel der Zwecke" (379) und dies darin begründet wird, daß die „Einheit des übersinnlichen Princips nicht bloß für gewisse Species der Naturwesen, sondern für das Naturganze als System auf dieselbe Art als gültig betrachtet werden muß" (381), so wird dieses Übersinnliche der architektonische Verstand sein.[187] Die Ausweitung des Prinzips der Zwecke liegt in diesem Kontext darin, daß die Annahme eines Verstandes, der einen Teil der Natur hervorbringt, es der stets die Einheit der Natur suchenden

[187] Die Anführung der „Einheit des übersinnlichen Princips" als Grund der Ausdehnung der Teleologie auf alles in der Natur schließt sich an die Argumentation des vorhergehenden § 66 an, der gemäß „der Zweck der Natur auf Alles, was in ihrem Producte liegt, erstreckt werden" (KU, AA 5, 377) muß.

Urteilskraft nahelegt,[188] ihn als Ursache des Naturganzen vorzustellen, und demzufolge die Maxime zu fassen: „Alles in der Welt ist irgend wozu gut; nichts ist in ihr umsonst" (379).

Irgendwozu deshalb, weil sowohl der Zweck des Daseins des organisierten Dinges, erst recht derjenige des nichtorganisierten Dinges nicht in ihm selbst liegt, also auf ein Anderes verweist, die sich so ergebende Unter- und Überordnung von Mittel und Zweck des Daseins aber über die Grenze der physischen Teleologie hinaussehen läßt, ohne daß das Erste von dieser bestimmt anzugeben wäre. Die Unbestimmtheit des Irgendwozu ist Ausdruck sowohl des vorbereitenden als auch des mangelhaften Charakters der physischen Teleologie.

Der aus dem Urteil über den Naturzweck erwachsende Verweis auf das Irgendwozu eröffnet die Spanne zwischen physischer und moralischer Teleologie, zwischen Naturzweck und Endzweck. Entsprechend der Vermittlungsfunktion der Urteilskraft springt die Beurteilung jedoch nicht zum Gedanken des Endzwecks. Gilt auch: „der Zweck der Existenz der Natur selbst muß über die Natur hinaus gesucht werden" (378), so tritt doch zwischen Naturzweck und Endzweck ein Mittleres, ein Zweck, der noch Naturzweck ist, durch die Natur realisiert werden kann, dabei aber an die Schwelle zum Freiheitszweck führt.

Steht auf der einen Seite der durch Urteilskraft vorgestellte Naturzweck, auf der anderen der durch praktische Vernunft gesetzte Endzweck, das höchste Gut – und dessen Begriff ist zu Beginn der Kritik der Urteilskraft als ihre Aufgabe vorausgesetzt –, sind die Elemente dieses Endzwecks Sittlichkeit und Glückseligkeit, so muß sich fragen lassen, wie der letzte Zweck als die Mitte zwischen Naturzweck und Endzweck sich zu den beiden Elementen des Endzwecks verhält.

Es ist verwunderlich, daß das Element des Endzwecks, um das es in der Kritik der teleologischen Urteilskraft erstlinig zu tun ist, die Glückseligkeit (denn die Teleologie stellt vornehmlich die äußere Ausführbarkeit von Zwecken vor) als Bestandteil des letzten Zwecks eigens ausgeschlossen wird. Als solcher Zweck wird die Glückseligkeit in den Überlegungen des § 83 „nach dem Zeugniß der Erfahrung" (436 Z 23 f.) abgewiesen. Die Erfahrung zeigt, daß die äußere Natur den Menschen

[188] Zur Berechtigung dieser Ausweitung vgl. unten Kap. V 1.

keineswegs „zu ihrem besondern Liebling aufgenommen" (430) hat. Ebenso gilt, daß die Natur in uns der Glückseligkeit „nicht empfänglich ist" (430); für uns ist die Glückseligkeit ein „schwankender Begriff" (430) und von keinem festen Maß (430 Z 23).

Der entscheidende Gesichtspunkt für die Nichtanerkennung der Glückseligkeit als des letzten Zwecks der Natur ist allerdings nicht die Erfahrung, daß sie es in der Tat nicht sei. Es ist die Überlegung, daß eine unmittelbare Befriedigung des Strebens nach Glückseligkeit durch die Natur nicht nur keine Vorbereitung auf den Endzweck bedeutete, daß diese vielmehr der Realisierung des Endzwecks zuwiderliefe. Durch eine widerstandslose Erfüllung des Strebens nach Glückseligkeit würde sie durch die Natur als unbedingter Zweck nahegelegt, entgegen ihrer Stellung im Endzweck, in dem sie nur als zweites und bedingtes Element ihr Recht bekommt. Es ist die Hinordnung des letzten Zwecks auf den Endzweck, welche die Glückseligkeit, die in der Tat zum Endzweck gehört, als Bestandteil des letzten Zwecks anzunehmen verbietet (431 Z 21).

Ist die Glückseligkeit im letzten Zweck ausgeschlossen, muß dieser allein auf das erste Element des Endzwecks vorbereiten: „Es bleibt also von allen seinen [des Menschen] Zwecken in der Natur nur die formale, subjective Bedingung, nämlich der Tauglichkeit: sich selbst überhaupt Zwecke zu setzen und . . . die Natur den Maximen seiner freien Zwecke überhaupt angemessen als Mittel zu gebrauchen, übrig, was die Natur in Absicht auf den Endzweck, der außer ihr liegt, ausrichten und welches also als ihr letzter Zweck angesehen werden kann." (431)

Auf dem Weg zur Freiheit gibt die Natur das Vermögen, selbst Zwecke zu setzen. Dieses Vermögen ist eine Gestalt der Freiheit, die selbstgesetzten Zwecke sind „freie Zwecke" (431). Als Mitte zwischen Natur und Sittlichkeit ist diese Freiheit jedoch Unbestimmtheit, nicht Selbstbestimmung; „freie Zwecke" heißt soviel wie „beliebige Zwecke überhaupt" (431 Z 29 f.). Vor der Freiheit der Selbstgesetzgebung und Selbstsetzung des bestimmten Endzwecks steht die Freiheit der „Wahl" (432 Z 1), die „Befreiung des Willens von dem Despotism der Begierden, wodurch wir . . . unfähig gemacht werden, selbst zu *wählen*" (432).

Zu erinnern ist das Gegenstück dieser Freiheit der Unbestimmtheit im ästhetischen Teil, die Freiheit der Interesselosigkeit. Auch sie definiert sich sowohl gegen die Fremdbestimmung durch das Interesse der Sinne als auch gegen die Selbstbestimmung durch das Vernunftinteresse. Wird die Selbstbestimmung gegen die Interesselosigkeit gehalten, so ist zu sagen: „wo das sittliche Gesetz spricht, da giebt es objectiv weiter *keine freie Wahl* in Ansehung dessen, was zu thun sei" (210) – also zeichnet sich die Interesselosigkeit dadurch aus, daß sie eine solche Wahl zuläßt (das Auslesen der Gegenstände des Geschmacks).

Hier wie dort ist die Unbestimmtheit, die Interesselosigkeit und das Vermögen der Wahl,[189] keine bloße Unbestimmtheit. Sie ist eine qualifizierte Unbestimmtheit, die prädestiniert, „empfänglich" (433 Z 21) für Bestimmung macht, also Bestimmbarkeit in genau der Bedeutung, welche die Einleitung als das von der Urteilskraft zu Erbringende festgelegt hat.

---

189 Es lohnt sich festzuhalten, daß hier die Freiheit der Willkür im Sinne des Wählens als vorbereitendes Moment der Freiheit des Willens so deutlich wie wohl sonst nirgendwo bei Kant anerkannt ist. Dem widerspricht nicht, daß die spätere Metaphysik der Sitten insistiert: „Die Freiheit der Willkür aber kann nicht durch das Vermögen der Wahl, für oder wider das Gesetz zu handeln, (libertas indifferentiae) definirt werden" (MS, AA 6, 226). – „Die Tugend, in ihrer ganzen Vollkommenheit betrachtet, wird also vorgestellt, nicht wie der Mensch die Tugend, sondern als ob die Tugend den Menschen besitze: weil es im ersteren Falle so aussehen würde, als ob er noch die Wahl gehabt hätte (wozu er alsdann noch einer andern Tugend bedürfen würde, um die Tugend vor jeder anderen angebotenen Waare zu erlesen)." (MS, AA 6, 406) Das Vermögen, sich beliebige Zwecke zu setzen, ist nur im Durchgang von der Fremdbestimmung zur Selbstbestimmung anzutreffen, die Bestimmbarkeit erfüllt sich durch die vollzogene Bestimmung ihrer, und solche bloße Möglichkeit der Freiheit ist nicht zum Definiens der Freiheit zu gebrauchen (MS, AA 6, 227 Z 8). Vgl. die hiermit übereinstimmende Lehre Fichtes und Hegels von der „formalen Freiheit" (Das System der Sittenlehre nach den Prinzipien der Wissenschaftslehre, Werke 4, 135; Enzyklopädie der philosophischen Wissenschaften, Werke 8, § 145 mündl. Zusatz, Werke 10, § 477; Grundlinien der Philosophie des Rechts, Werke 7, § 15).

V. Die Natur als teleologisches System (Welt)

Die Kritik der Urteilskraft vollendet sich, indem die Natur auf das Unbedingte, näher: den durch Freiheit gesetzten Endzweck bezogen und so die Vorstellung der Welt erbracht wird. Da dieses Hinausgehen der Urteilskraft zur Vernunft, der Überschritt von der physischen zur moralischen Teleologie mit dem Überschritt zur Theologie verknüpft und das Auszeichnende dieser Welt-Vorstellung auch vor dem Hintergrund der überkommenen Metaphysik theologischer Prägung zu erhellen ist, sei als Grundlage für die abschließende Betrachtung der moralische Beweis des Daseins Gottes (§ 87) genommen, in dem alle notwendigen Gesichtspunkte für die teleologische Welt-Vorstellung beisammen sind.

1. Die Maßgabe des hypothetischen Grundsatzes

In der Dialektik der reinen Vernunft stellte sich die engste Zusammengehörigkeit des hypothetischen Grundsatzes, welcher das Begründen des Verstandes zum Unbedingten hinausführt, und der Welt-Idee heraus. Soll die These zu bewähren sein, daß die Kritik der Urteilskraft die theoretische Welt-Idee weiterbestimmend aufnimmt, ist die maßgebliche Rolle des hypothetischen Grundsatzes, der Fassung des principium rationis im Bezirk der theoretischen Vernunft (für den Verstand ist dies, wie erinnert, das oberste Prinzip aller synthetischen Urteile), im Ganzen der Kritik der Urteilskraft nachzuweisen.

Dies ist schon geschehen mit Bezug auf das allgemeine transzendentale Prinzip der reflektierenden Urteilskraft, dessen Aufsuchung mit Hilfe der logischen Form des mittelbaren Schlusses seine Affinität zum Prinzip des unbedingten Grundes, wie es die theoretische Dialektik entwickelt, ersichtlich macht.

Dies ist ebenso geschehen mit Blick auf die relative, auf die Vernunft hin relativierte ästhetische Zweckmäßigkeit des Erhabenen. Die Welt-Bildung durch das Erhabene geht zusammen mit der Erweiterung der unter die Totalitätsforderung kommenden Einbildungskraft.

Es bleibt also noch aufzuzeigen, daß auch im Bereich der teleologischen Urteilskraft, und hier wiederum am Punkt der Ausweitung der Zweckmäßigkeit vom Ding zum Welt-Ganzen, der hypothetische Grundsatz leitend wird.

Die Beachtung des hypothetischen Grundsatzes in der letzten Phase der teleologischen Beurteilung ist um so wichtiger, als in ihm der Zusammenhang von physischer Teleologie einerseits und moralischer Teleologie andererseits besteht. Nur wenn dieser Zusammenhang im Auge behalten wird, kann die spezifische Stellung der moralischen Teleologie und Theologie innerhalb der dritten Kritik verstanden werden, wenn anders deren Inhalt durchaus aus der Kritik der praktischen Vernunft bekannt ist und sich die Methodenlehre sonst wie eine Wiederholung von Lehrstücken der zweiten Kritik ausnähme. Vor der Entwicklung des moralischen Beweises empfiehlt Kant denn auch diesen Zusammenhang der Aufmerksamkeit: „Wir wollen den Fortschritt der Vernunft von jener moralischen Teleologie *und ihrer Beziehung auf die physische* zur Theologie allererst vortragen und nachher über die Möglichkeit und Bündigkeit dieser Schlußart Betrachtungen anstellen." (448)

Der Totalitätsanspruch des Satzes vom – unbedingten – Grund erscheint in der Methodenlehre nicht ohne Vorbereitung durch Analytik und Dialektik.

Die Maxime der Beurteilung des Naturzwecks sagt: Alles in ihm hat einen Zweck, einen Grund (Analytik).

Diese Maxime als erweiterte: Alles (ein jedes Produkt) in der Welt ist überhaupt zweckmäßig, sei es innerlich, äußerlich oder wechselseitig äußerlich (Dialektik).

Dieselbe Maxime als über sich hinausweisend: Alles in der Welt ist irgendwozu gut; damit ist die Beurteilung der Zwecke als des unbedingten Zweckes, des unbedingten Grundes bedürftig ausgesprochen (Übergang von der Elementar- zur Methodenlehre).

Von dem so vorbereiteten hypothetischen Grundsatz nimmt nun der moralische Beweis in der Tat seinen Ausgang. Nach der Kritik der dialektischen Schlüsse der reinen Vernunft bedarf es keiner weitläufigen Erklärung mehr, daß der hypothetische Grundsatz nur als Regulativ den Beweis führen kann. Zum Bedingten kann das Unbedingte nicht als gegeben, sondern nur als vorauszusetzendes angenommen werden. Mit dieser von der Kritik der reinen Vernunft her bekannten Modifikation erschöpft sich jedoch die Anmessung des besagten Grundsatzes an die reflektierende Urteilskraft nicht. Nicht nur die Art der Gewißheit, welche dem Verhältnis des Bedingten zum Unbedingten gegeben werden kann, auch die Bestimmtheit des Unbedingten selbst wird weitergedacht: „Wenn man das Dasein gewisser Dinge (oder auch nur gewisser Formen der Dinge) als zufällig, mithin nur durch etwas Anderes als Ursache möglich annimmt: so kann man zu dieser Causalität den obersten und also zu dem Bedingten den unbedingten Grund entweder in der physischen, oder teleologischen Ordnung suchen (nach dem nexu effectivo, oder finali). D. i. man kann fragen: welches ist die oberste hervorbringende Ursache? oder was ist der oberste (schlechthin unbedingte) Zweck derselben, d. i. der Endzweck ihrer Hervorbringung dieser oder aller ihrer Producte überhaupt?“ (448)

Das Unbedingte (der unbedingte Grund im weiteren Sinne) ist entweder die unbedingte Ursache oder der unbedingte Grund. Es begegnet hier erneut die Unterscheidung, die für die Exposition des Naturzwecks grundlegend war. Beide Begriffe, Ursache und Grund, sind notwendig, um die Natur zu einer vernunftbestimmten Totalität zu schließen. Die Schlüsse der teleologischen Urteilskraft lassen sich mit Blick auf sie wie folgt aufgliedern:

1) Die Urteilskraft geht den unvermittelten Weg vom Naturzweck zur unbedingten Ursache (von der physischen Teleologie zur Physikotheologie).

2) Sie geht vom Naturzweck zum unbedingten Grund (von der physischen Teleologie zur moralischen Teleologie),

3) um dann, vermittelt durch den unbedingten Grund, die unbedingte Ursache zu suchen (von der moralischen Teleologie zur Ethikotheologie).

Die Kritik des ersten Weges als eines allein nicht hinreichenden gibt Anlaß, die Maßgabe des hypothetischen Grundsatzes und ihre Grenze zu klären und so festzulegen, inwieweit das Übergehen der Urteilskraft zum Unbedingten in den beiden anderen Schlüssen von der Vorgabe dieses Grundsatzes abhängt.

Wie es die Antinomie der reinen Vernunft und die gleichsam ästhetisch gewordene Antinomie der sich angesichts des Erhabenen vom Endlichen zum Unendlichen zu erweitern suchenden Einbildungskraft erkennen läßt, beruht das Dialektische im Gebrauch des hypothetischen Grundsatzes darauf, daß das vom Bedingten her zu erschließende Unbedingte durch eben diesen Rückschluß in die Gefahr kommt, unter die Botmäßigkeit des als Schlußgrundlage genommenen Bedingten zu geraten, allein vom Bedingten seinem ganzen Begriff nach aufgefaßt zu werden. Auch für den physikotheologischen Rückschluß auf eine unbedingte Ursache steht in Frage, wie weit der Rückgang zum Unbedingten reiche, welche Bestimmtheit des Unbedingten aus dem Bedingten zu gewinnen sei.

In einer Betrachtung der formalen Möglichkeit des Beweisens überhaupt und des Beweises des Daseins Gottes (§ 90) gibt Kant eine bündige Darstellung des Rückgangs vom Naturzweck zur obersten Ursache, welcher im ganzen als „Scheinbeweis" (461 Z 23) bezeichnet wird: „Denn freilich, wenn wir so viele Producte in der Natur antreffen, die für uns Anzeigen einer verständigen Ursache sind: warum sollen wir statt vieler solcher Ursachen nicht lieber eine einzige und zwar an dieser nicht etwa bloß großen Verstand, Macht u. s. w., sondern nicht vielmehr Allweisheit, Allmacht, mit einem Worte sie als eine solche, die den für alle mögliche Dinge zureichenden Grund solcher Eigenschaften enthalte, denken? und über das diesem einigen alles vermögenden Urwesen nicht bloß für die Naturgesetze und -Producte Verstand, sondern auch als einer moralischen Weltursache höchste sittliche praktische Vernunft beilegen" (461 f.).

Als Scheinbeweis ist dieser Rückgang allerdings nur zu kritisieren, wenn die Art des Schließens mißdeutet wird. Wird dieser Rückschluß als einer der bestimmenden Urteilskraft verstanden, so kann nicht einmal der erste Schritt von der Ursache einiger Produkte zu der Ursache aller Produkte der Natur getan werden, ja auch der Rückgang auf die Ursache eines einzigen zweckmäßigen Produkts ist nicht durch einen bestimmenden Schluß zu vollziehen.

Aber selbst dann, wenn der Rückschluß als einer der reflektierenden Urteilskraft[190] angesehen wird, ist seine Reichweite begrenzt. Als Rück-

---

[190] Ein ganz der reflektierenden Urteilskraft angehöriger Schluß kann nicht einmal als „auf

schluß der theoretisch reflektierenden Urteilskraft auf das Unbedingte hängt er vom Gegebensein des Bedingten ab, von den „*Data*, ... jenen Begriff einer intelligenten Weltursache (als höchsten Künstlers) zu bestimmen" (438).

Was die theoretisch reflektierende Urteilskraft im Ausgang vom gegebenen Bedingten leistet, ist den Begriff „von einem höchsten Verstande als Weltursache" (476) zu erbringen. Sie kann einen Verstand statt vieler verständiger Ursachen der vielen Naturzwecke annehmen. Sie kann auf einen höchsten Verstand schließen, indem sie die begrenzte Vollkommenheit eines Verstandes, der für die gegebene Zweckmäßigkeit gebraucht wird, zur unbegrenzten erweitert (480 Z 26), wenn dies nur unter Verzicht auf den Anspruch des bestimmenden Beweises geschieht.

Doch die Erweiterung der physischen Teleologie findet eine Grenze, die durch die Eigenart des durch den hypothetischen Grundsatz vorgezeichneten Regresses bedingt ist. Das Unbedingte zum Bedingten wird durch Entgegensetzung gedacht. Nach Maßgabe des hypothetischen Grundsatzes kann dem erschlossenen Unbedingten nur soviel Bestimmtheit gegeben werden, wie die Entgegensetzung hergibt – gegen die Vielheit die Einheit der verständigen Ursache, gegen deren endliche Vollkommenheit die unendliche Vollkommenheit.[191]

Weil der Rückschluß auf diese Weise den Stoff zum Begriff des Unbedingten aus dem Bedingten zieht, ist die eingangs als Scheinbeweis angesprochene stufenweise Erweiterung der physischen Teleologie auch dann, wenn sie lediglich als die der reflektierenden Urteilskraft beansprucht wird, nicht als eine durchgehende aufrechtzuerhalten. Das Argument ist zu zerfällen (462 Z 19) in das zur physischen und moralischen Teleologie Gehörige: „der physisch-teleologische [Beweis] aber hat nur das Verdienst, das Gemüth in der Weltbetrachtung auf den Weg der Zwecke, dadurch aber auf einen verständigen Welturheber zu leiten: da denn die moralische Beziehung auf Zwecke und die Idee eines eben solchen Ge-

---

dem Wege" (KU, AA 5, 463 Z 11) zum bestimmenden Beweis angesehen werden, der Schluß der theoretisch reflektierenden Urteilskraft wirkt nicht auf Überzeugung (KU, AA 5, 463 Z 6), obwohl er auf Überzeugung angelegt ist (KU, AA 5, 462 Z 35).

191 Wenn auch noch vom (durch die Kritik allerdings gerechtfertigten) Vorstellen der theoretisch reflektierenden Urteilskraft abstrahiert wird, bleibt nur der „Begriff von einem nichtsinnlichen Etwas" (KU, AA 5, 466 Z 34 f.) übrig.

setzgebers und Welturhebers, als theologischer Begriff, ob er zwar reine Zugabe ist, sich dennoch aus jenem Beweisgrunde von selbst zu entwikkeln scheint" (478).

Das sich auf das Bedingte stützende Erschließen der unbedingten Ursache führt zur verständigen Weltursache, nicht zum moralischen Welturheber. Der Rückgang zum Unbedingten ist insofern durch eine Diskontinuität gekennzeichnet. Von der Ursache eines Naturzwecks ist nicht „durch fortgesetzten Schluß" (479 Z 17) auf eine vollständige Bestimmung dieser Ursache zu kommen. Nach Anleitung des hypothetischen Grundsatzes wird zwar das Bedingte allerdings zur Vermittlung des Gedankens des Unbedingten genommen, diese Vermittlung jedoch im Gang des reflektierenden Erschließens auch wieder zurückgenommen, die begrenzte Tragweite des Bestimmens per oppositionem ausdrücklich anerkannt. Insofern dem aus dem Bedingten erschlossenen Unbedingten (hier also: der unbedingten verständigen Ursache der Welt) nur der Status eines Vor-Begriffs[192] zugemutet wird, ist die Maßgabe des hypothetischen Grundsatzes beschränkt. Der Begriff des Unbedingten wird nicht erschöpfend durch bloße Entgegensetzung gegen das Bedingte, durch den Regressus vom Bedingten zum Unbedingten gedacht. Der Schein, durch den der Begriff des Unbedingten (der Freiheitsbegriff) unter die Botmäßigkeit des Begriffs des Bedingten (des Naturbegriffs) kommt, ist aufgelöst.[193]

2. Die Transformation des Weltbegriffs

Nach Erinnerung der leitenden Bedeutung des hypothetischen Grundsatzes für die Erschließung der Welt und Kritik des unvermittelten Schlusses der theoretisch reflektierenden Urteilskraft auf die unbedingte Ursache, an dem ebenso die Grenze der Gültigkeit des hypothetischen

---

192 Die Physikotheologie „als Vorbereitung (Propädeutik) zur Theologie" (KU, AA 5, 442).

193 Dieser Sachverhalt, daß der Begriff der unbedingten Weltursache einerseits vermittels des regressiven Erschließens gewonnen, seine nähere Bestimmtheit jedoch unabhängig von diesem Verfahren erfährt, hat seine Entsprechung im Verhältnis des unter Maßgabe des hypothetischen Grundsatzes gebildeten negativen und des positiven Freiheitsbegriffs. Der Freiheitsbegriff zieht seine Herkunft aus der Erhebung der Verstandeskausalität nur nach seiner abstrakt-negativen Seite; die Idee der Freiheit, ihrem eigenen Gehalt nach, „*offenbart* sich durchs moralische Gesetz" (KPV, AA 5, 4).

Grundsatzes zu erläutern war, bleiben die beiden Schlüsse der Urteilskraft auf den unbedingten Grund (Zweck) und durch den unbedingten Grund auf die unbedingte Ursache in den Blick zu fassen (sie zusammen bilden den moralischen Beweis des Daseins Gottes).

Der Schluß auf den unbedingten Grund ist erstlinig derjenige, welcher die Welt-Vorstellung erbringt. Dabei ist es möglich, innerhalb des Systems der Kritik zurückzusehen auf die Vernunft-Idee der Welt, um sowohl deren Übernahme als auch deren Verwandlung herauszubringen. Erst an dieser Stelle ist eine ausdrückliche Konfrontation beider Begriffe, oder genauer der Idee der Vernunft und der Vorstellung der Urteilskraft, am Platz, weil die teleologische Urteilskraft als logisch reflektierende, sich im Element des Begriffs bewegende das genaue Pendant zur kosmologischen Idee erbringt.

Der Schluß vom unbedingten Grund auf die – dann vollständig zu bestimmende – unbedingte Ursache, den moralischen Welturheber, baut sich auf den vorigen Schluß. Weil hier die Welt als Schöpfung eines Gottes gedacht wird, ist in diesem Falle die transformierende Beziehung nicht so sehr innerhalb des Kantischen Systems, als vielmehr auf den Welt-Begriff der Tradition der theologisch geprägten Metaphysik herzustellen. Der Welt-Begriff der Tradition – dies ist eine unbestimmte Rede, und es soll der Rahmen der streng immanent angelegten Untersuchung auch nicht verlassen werden, um einen bestimmteren Vergleich anzustellen. Nichtsdestoweniger läßt sich aus der Exposition des Kantischen Begriffs, selbst wenn sie für sich genommen wird, ein kritischer Sinn gegen den theologischen Grundzug der überkommenen Metaphysik herauslesen, und dies vor allem hinsichtlich des vollendenden Schlusses im Gefüge der Schlüsse der reflektierenden Urteilskraft, der in eine Theologie, die Ethikotheologie führt.

a. Die Welt als Vernunft-Idee und als Vorstellung der teleologischen Urteilskraft

aa. Reihe und System

Die Kritik der Physikotheologie machte geltend, daß durch den vom Naturzweck beginnenden Rückschluß auf eine unbedingte Ursache kein

Endzweck herauszubringen sei: „Ich hätte alsdann zwar einen Kunstverstand für zerstreute Zwecke; aber keine Weisheit für einen Endzweck" (441).

Soll jedoch die Hinführung zur Annahme des unbedingten Grundes, die den ersten Teil des moralischen Beweises ausmacht, überhaupt einen Zusammenhang mit der physischen Teleologie besitzen und dem moralischen Beweis eine spezifische Stellung innerhalb der Kritik der Urteilskraft zukommen, so muß es einen wie auch immer gearteten Schluß der Urteilskraft geben, der Naturzweck und Endzweck verbindet, und als Prinzip für einen solchen Schluß ist kein anderes vorhanden als der hypothetische Grundsatz.

Daß es eine solche Verbindung von Naturzweck und Endzweck gibt, deutet die Exposition an dem Punkt an, wo sie das Über-sich-Hinausweisen des Naturzwecks offenlegt. Im Blick auf die relative Zweckmäßigkeit „gelangt man zu keinem kategorischen Zwecke, sondern alle diese zweckmäßige Beziehung beruht auf einer immer weiter hinauszusetzenden Bedingung, die als unbedingt (das Dasein eines Dinges als Endzweck) ganz außerhalb der physisch-teleologischen Weltbetrachtung liegt" (378). Dieses „immer weiter" gehende Hinaussetzen der Bedingung nimmt schon die Richtung auf das Unbedingte und ist als solches Richtungnehmen durch die Unbedingtheitsforderung der Vernunft bewegt. Im Über-sich-Hinausweisen des Naturzwecks liegt zwar, daß die Natur keinen Endzweck hergibt, doch ebenso, daß sie auf ihn weist und somit den Weg zu ihm eröffnet.

Dieser Weg wird nun explizit nach Leitung des hypothetischen Grundsatzes beschritten: „Wenn wir nun in der Welt Zweckanordnungen antreffen und, *wie es die Vernunft unvermeidlich fordert*, die Zwecke, die es nur bedingt sind, einem unbedingten obersten, d. i. einem Endzwecke, unterordnen: so sieht man erstlich leicht, daß alsdann nicht von einem Zwecke der Natur (innerhalb derselben), sofern sie existirt, sondern dem Zwecke ihrer Existenz mit allen ihren Einrichtungen, mithin von dem letzten Zwecke der Schöpfung die Rede ist" (443).

Die Beurteilung gemäß der Unbedingtheitsforderung der Vernunft geht nun so vor, daß sie die Kette der bedingten Zwecke durchläuft, um jedesmal festzustellen, daß der unbedingte Zweck sich nicht in der Natur finden lasse; sie erhebt sich zum Gedanken des unbedingten Zwecks vermittels eines vollständigen Durchgehens der Stufung der bedingten Zwecke. Die Vollständigkeit zieht dieser Durchgang aus der Trias leblose Wesen, lebende Wesen, vernünftige Wesen (449), wobei die vernünftigen Wesen wiederum unterschieden werden. Weder ein Wesen, das bloß theoretische Vernunft besäße (442 Z 23), noch ein Wesen, das instrumental-praktische Vernunft besäße (449 Z 4-6), ist als unbedingter Zweck anzusehen. (Statt der Unterscheidung der Vernunft kann mit demselben Ergebnis auch die Unterscheidung der Gemütsvermögen genommen werden, um den letzten Terminus in der Kette der Zwecke zu differenzieren, so 442 Z 22, Z 30, 443 Z 4.)

So richtig es also ist, daß die vom Naturzweck ausgehende Beurteilung nicht den Endzweck anzugeben vermag, so kann sie doch – dies ganz entsprechend dem Schluß der theoretisch reflektierenden Urteilskraft auf die unbedingte Ursache – einen abstrakt-negativen Vor-Begriff erbringen. *Daß* ein unbedingter Zweck vorausgesetzt werden müsse und daß er über die Natur hinausliege, so weit bringt es die mit Hilfe des hypothetischen Grundsatzes weitergetriebene physische Teleologie. Wenn der spekulativen Philosophie, „die den sittlichen Zweck mit den Naturzwecken vermittelst der Idee eines einzigen Zwecks zu verbinden sich anheischig macht" (454), dieser Zusammenschluß abgesprochen wird, so deshalb, weil die vollständige Bestimmtheit des Endzwecks ihr nicht zu entnehmen ist. Die von ihr geleistete Vorgabe ist jedoch der Begriff des *einen* Zwecks, so wie im vorigen der Begriff der *einen* Weltursache: „Nach dem Princip der *theoretisch*-reflektirenden [!] Urtheilskraft würden wir sagen: Wenn wir Grund haben, zu den zweckmäßigen Producten der Natur eine oberste Ursache der Natur anzunehmen . . .: so werden wir auch an diesem Urwesen nicht bloß allenthalben in der Natur Zwecke, sondern auch einen Endzweck zu denken hinreichenden Grund haben" (454).

Das Bedürfnis der theoretisch reflektierenden Urteilskraft, zu den vielen Naturzwecken den einen Endzweck zu bestimmen, erfüllt die praktische Vernunft. Sie kennt den Endzweck der Natur, die als solche auf einen Endzweck bezogene zur Welt wird. Diesem Übergang ganz angemessen spricht die Überschrift des § 83 vom „letzten Zwecke der Natur", die des § 84 von dem „Endzwecke des Daseins einer Welt".

Das Verhältnis von reflektierender Urteilskraft und praktischer Vernunft ist das einer Harmonie.[194] Die Urteilskraft setzt den Begriff des Endzwecks ohne Rücksicht auf das Praktische voraus und kommt so der praktischen Vernunft entgegen, die ihrerseits das, was die theoretische Urteilskraft nur als leere Stelle bezeichnen kann, näher bestimmt: „Die moralischen Gesetze aber sind von der eigenthümlichen Beschaffenheit, daß sie etwas als Zweck ohne Bedingung, mithin *gerade so*, wie der Begriff eines Endzwecks es bedarf, für die Vernunft vorschreiben: und ... die Existenz vernünftiger Wesen unter moralischen Gesetzen, kann also allein als Endzweck vom Dasein einer Welt gedacht werden." (449 f.)

Der Begriff des Endzwecks hat einen zweifachen Sinn. Er ist einmal, wie gerade angezeigt, die „Existenz vernünftiger Wesen unter moralischen Gesetzen".[195] Er ist aber weiter, wie es wenige Zeilen später heißt, das „höchste durch Freiheit mögliche Gut in der Welt" (450).[196] In der ersten Bedeutung ist der Endzweck ein schon daseiender, das Subjekt der moralischen Selbstgesetzgebung. In der zweiten Bedeutung ist der Endzweck ein hervorzubringender, nämlich das Objekt des guten Willens. Die Beziehung auf die Welt wird erst durch den Endzweck als hervorzubringenden hergestellt. So werden in der Vorbereitung zum moralischen Beweis von den vernünftigen Wesen (447 Z 19 f.) eigens abgehoben die „Weltwesen[197] und also mit andern Dingen in der Welt verbundene Wesen: auf welche letzteren entweder als Zwecke, oder als Gegenstände, in Ansehung deren wir selbst Endzweck sind, unsere Beurtheilung zu richten, eben dieselben moralischen Gesetze uns zur Vorschrift machen" (447). Um diesen zweifachen Sinn des unbedingten Zwecks zu akzentuieren, so ist das Vernunftwesen Selbstzweck, das vernünftige Weltwesen jedoch Endzweck, sofern durch das höchste Gut die Beziehung des Anderen der Vernunft auf diese als ihr „Ende" eingeschlossen ist.

Wie steht nun diese Welt-Vorstellung der Urteilskraft, die auf den unbedingten aus Freiheit gesetzten Zweck bezogene Natur zur Welt-Idee der reinen Vernunft? Die Welt der theoretischen Vernunft ist der „Inbe-

---

194 Vgl. oben Kap. I 5 am Ende.

195 Vgl. KU, AA 5, 443: „d. h. ein guter Wille ist dasjenige, ... in Beziehung auf welches das Dasein der Welt einen Endzweck haben kann" – also das Subjekt der Moralität noch vor dem Objekt, welches von ihm zu realisieren ist.

196 Beide Bedeutungen konfrontiert: KU, AA 5, 469 Z 28 f.

197 Vgl. auch KU, AA 5, 453 Z 18: „vernünftige Weltwesen".

griff aller Erscheinungen".[198] Um das Auszeichnende der teleologischen Welt-Vorstellung hervorzuheben, ist sie gegen den Vernunftbegriff zu halten sowohl hinsichtlich seiner Form als auch seines Gehaltes.

Die Form des theoretischen Welt-Begriffs, die Art, wie der Gehalt (die Erscheinungen) durch die Vernunft einbegriffen wird, ist die Reihe. Die kosmologischen Ideen sind Totalitäten der durch den Regressus vom Bedingten zum Unbedingten gebildeten Reihen. Für die herauszuarbeitende Transformation ist nun eine Eigenschaft dieser Reihe zu erinnern, auf die in der Kritik der reinen Vernunft besonderes Gewicht gelegt wird: „Ist aber eine vollständig (und unbedingt) gegebene Bedingung einmal da, so bedarf es nicht mehr eines Vernunftbegriffs in Ansehung der Fortsetzung der Reihe; *denn der Verstand thut jeden Schritt abwärts* von der Bedingung zum Bedingten *von selber.*"[199] Der Forderung des hypothetischen Grundsatzes entsprechend ist die Totalität der Welt nur als aufsteigende Reihe geschlossen.

Durch den Schluß der sich an die praktische Vernunft aufgebenden Urteilskraft hingegen wird die Welt als ein System der Zwecke vorgestellt: „Da wir nun den Menschen nur als moralisches Wesen für den Zweck der Schöpfung anerkennen: so haben wir erstlich einen Grund, wenigstens die Hauptbedingung, die Welt als ein nach Zwecken zusammenhängendes Ganze und als *System* von Endursachen anzusehen" (444).[200]

Die vollständige Reihe und das System sind nicht einerlei. Doch hatte nicht die Hinaufführung zum Endzweck, welche durch die Urteilskraft gemäß der Unbedingtheitsforderung geleistet wurde, sich an einer Reihe untergeordneter Bedingungen (leblose Wesen, lebende Wesen, Vernunftwesen) orientiert? Der der Erläuterung des Endzwecks allein gewidmete § 84 spricht überhaupt nicht vom System, vielmehr davon, daß ohne ei-

---

198 KRV, B 391.

199 KRV, B 393 f.

200 Düsing (1968) berührt diese Verwandlung nur kurz, ohne sie näher zu untersuchen: Der teleologische Weltbegriff „setzt die Idee der Welt als eines Ganzen der Erscheinungen zwar voraus, betrachtet diese jedoch nicht nur nach den kategorial bestimmten Reihen, sondern nach einer teleologischen Zuordnung alles gegebenen Besonderen und Mannigfaltigen in diesem Ganzen" (27).

nen Endzweck „die *Kette* der einander untergeordneten Zwecke nicht vollständig gegründet“ (435) wäre.

Offensichtlich also wird durch den Gedanken des Welt-Systems die Totalität der aufsteigenden Reihe nicht verdrängt, sie bleibt ein Moment des Systems. Für den teleologischen System-Begriff ist diese Totalität des Regressus sogar ebenso notwendig wie für die kosmologische Reihe, obgleich auch System im weiteren Sinne das heißt, was nicht in einem schlechthin Ersten beruht.[201]

Das über die Totalität der regressiven Reihe Hinausführende ist aber darein zu setzen, daß das Erste des Systems einen anderen Charakter besitzt als das Erste der Reihe. Wie die zu Beginn des moralischen Beweises gemachte Unterscheidung des hypothetischen Grundsatzes zeigt, ist das Erste des Systems Grund. Nach Analyse des das System der Welt präfigurierenden Systems des Dinges als Naturzweck ist die Beschaffenheit des Grundes, welche die Differenz des Systems zur Reihe konstituiert, leicht anzugeben. Der Grund behält das von ihm Gegründete ein. Weil das Verhältnis von Grund und Gegründetem nicht das bloße Anders-Sein ist, so hat die Vorstellung eines Ersten im Sinne der Ursache, die sich in consequentia äußert und sich immer wieder in einem Anderen äußert, so daß die absteigende Reihe unabschließbar ist, im teleologischen System keinen Platz mehr. Ist das Unbedingte der Vernunft nicht Ursache, sondern Grund, so kann nicht mehr die Rede davon sein, daß die Vernunft, was die absteigende Reihe angeht, alles dem Verstand überläßt. Das Unbedingte als Zweck steht nicht im Verhältnis der Äußerlichkeit zum Bedingten. Das Unbedingte als Zweck, und sei er auch unendlicher

201 So wird als Resultat der Dialektik „das Naturganze (die Welt)“ (KU, AA 5, 414; ausdrücklich „System“ KU, AA 5, 413 Z 2) angegeben, obgleich die Zweckmäßigkeit durch die Dialektik zwar zum allgemeinen Prinzip geworden ist, an dieser Stelle jedoch kein letztes Wozu in den Blick kommt. Auch wird bereits der durchgängigen Annahme der relativen Zweckmäßigkeit wegen, gemäß der alles irgendwozu gut ist, vom „System nach der Regel der Zwecke“ (KU, AA 5, 379 Z 2) gesprochen, obwohl gerade hier das Fehlen der „Hauptbedingung“ zum System greifbar ist. Des weiteren ist die auf den letzten Zweck (der doch vom Endzweck als dem schlechthin Unbedingten abzuheben ist) bezogene Natur System (KU, AA 5, 427 Z 3). Durch die Ausweitung der objektiven Zweckmäßigkeit vom besonderen zum allgemeinen Prinzip, das Über-sich-Hinausweisen der Zweckmäßigkeit auf einen unbestimmten Endzweck und die Vorgestalt des Endzwecks, den letzten Zweck, wird jedoch das System sensu stricto stufenweise vorbereitet, woraus sich der weitere Gebrauch der Bezeichnung rechtfertigt.

Zweck (481 Z 8), realisiert sich vermöge des von ihm Bedingten. Der Zweck, erst recht der Endzweck, ist End-Ursache – ein Erstes, welches durch die Äußerung in einem Anderen auf sich zurückkommt.[202]

Der Grund als das Erste des teleologischen Systems schließt jedoch nicht allein die Reihe der bedingten Zwecke zur Totalität. Der Grund bildet ebenso den „gemeinschaftlichen Beziehungspunkt" (440 Z 34) der vielen Naturzwecke, die sonst ein bloßes Aggregat blieben. Im ersten Fall ist der Grund das Erste der subordinierten Bedingungen, im anderen Fall das Erste der koordinierten Teile. Das teleologische System steht sowohl gegen die in antecedentia und consequentia grundlose Reihe als auch gegen die grundlose Zerstreuung des Beigeordneten.

Gegenüber der kosmologischen Idee ist die teleologische Welt-Vorstellung demnach entscheidend fortgebildet. In der Dialektik der reinen Vernunft hieß es einschränkend: „Die absolute Totalität wird von der Vernunft nur so fern gefordert, als sie die aufsteigende Reihe der Bedingungen zu einem gegebenen Bedingten angeht, mithin nicht, wenn von der absteigenden Linie der Folgen, noch auch von dem Aggregat coordinirter Bedingungen zu diesen Folgen die Rede ist."[203] Das teleologische System hält das Unbedingte als das Erste der regressiven Reihe fest. Weil dieses Unbedingte jedoch Zweck oder Grund geworden ist, kann der Totalitätsgedanke erweitert werden: Der Grund läßt die von ihm gegründete Reihe in ihn zurückkehren, und er vermag ebenso ein Ganzes koordinierter Teile vorzuzeichnen.[204]

---

202 Diese Eigenschaft des Grundes erhellt auch, wenn man das System, das die formal-logisch reflektierende Urteilskraft ebenso wie die regulativ gebrauchte Vernunft voraussetzt, vergleicht. Auch das formal-logische System hat sein Erstes, aber dieses Erste ist das Allgemeine, nicht der Grund (vgl. oben Kap. I 5 (1)). Dieses Allgemeine nun, der Begriff „einer Natur überhaupt", die „oberste Gattung" (EE, AA 20, 214; vgl. KRV, B 687: „die höchste Gattung") schließt das logische System im Aufsteigen vom Besonderen her, vermag aber nicht das Andere zu ihm einzubehalten, so daß sich die Spezifikation ins Endlose verläuft: „so verlangt die Vernunft in ihrer ganzen Erweiterung, daß keine Art als die unterste an sich selbst angesehen werde" (KRV, B 683).

203 KRV, B 436.

204 Daß sich das Kantische Denken der Form des Welt-Begriffs schon früh in diesen Bahnen (Reihe – Totalität der Reihe; Aggregat – System) bewegt, belegt die Dissertation von 1770. Sie sieht, im Gegensatz zur Kritik der reinen Vernunft, die Form des Weltbegriffs in der Koordination der Substanzen (AA 2, 390 Z 5). Eine Verknüpfung dieser koordinierten Substanzen zu einem Ganzen, das die Welt ist, wird zwar in der Sinnenwelt bereits bezeugt

Diese Abwandlung der Form des Weltbegriffs fügt sich in die Aufgabe der Urteilskraft. Überläßt die theoretische Vernunft dem Verstand das Feld des Bedingten insofern, als dieser, wie gehört, „jeden Schritt abwärts . . . von selber“ tut, so nimmt sich die Urteilskraft gerade dieses Bedingten an, um es nicht bloß als ein dem Ersten der Vernunft Untergeordnetes, vielmehr als ein zu ihm Zusammenstimmendes, von ihm Durchdrungenes, Bestimmbares vorzustellen.

ab. Erscheinung und Ding

Wie sich die Form des theoretischen Welt-Begriffs (die regressive Reihe) im teleologischen Welt-Begriff durchhält, so ist auch dessen Gehalt in ihm aufbewahrt. Die teleologische Dialektik befestigt sogar den Erscheinungscharakter des teleologisch Beurteilten; Mechanismus und Teleologie sind nur deshalb vereinbar, weil sie „Erscheinungen betreffen, die einen übersinnlichen Grund voraussetzen“ (413).

Daß das teleologisch Beurteilte dennoch mehr ist als Erscheinung, dies ist bereits für sich herausgearbeitet worden und braucht hier nicht in extenso wiederholt werden. Es ist zwar Erscheinung, aber eine solche, die sich darstellend auf das Selbst-Verhältnis der Vernunft bezieht. Nimmt man das ästhetisch Beurteilte hinzu, so lassen sich folgende Gestalten des „Dinges“, also derjenigen Erscheinung, welche die Freiheit (symbolisch) darstellt, voneinander abheben:

Das Schöne, welches die harmonische Wechselbeziehung der Erkenntniskräfte im Subjekt hervorruft und so Ding als Gegenstand der Beurteilung ist.

Das Erhabene, welches die disharmonisch-harmonische Wechselbezie-

(AA 2, 391 Z 8), kommt aber auf den Grund erst in der Verstandeswelt (AA 2, 407 Z 5-7), deren Form wie folgt in Frage gestellt wird: „quonam pacto possibile sit, ut plures substantiae in mutuo sint commercio et hac ratione pertineant ad idem totum, quod dicitur mundus“ (407 Z 9-11). Kant scheint sich in der KRV selbstkritisch auf diesen Passus zu beziehen, wenn er dieses Ganze der Substanzen aus dem System der kosmologischen Ideen ausschließt: „Eben dasselbe gilt auch von Substanzen in Gemeinschaft, welche *bloße Aggregate* sind und keinen Exponenten einer Reihe haben, indem sie nicht einander als Bedingungen ihrer Möglichkeit subordinirt sind“ (B 441). Demnach faßt die Dissertation die Welt ihrer Form nach als Aggregat, die KRV als Reihe, die KU schließlich als System.

hung der Erkenntniskräfte im Subjekt hervorruft und so Ding als Widerstand der Beurteilung ist.

Der Naturzweck, welcher nicht im Subjekt, sondern in ihm selbst eine Wechselbeziehung von Ursache und Wirkung, Grund und Folge und so das Ding als Ding[205] ist.

Es ist aber auch allein aus der Form des teleologischen Weltbegriffs zu zeigen, daß sein Gehalt, das durch ihn Einbegriffene, nicht die bloßen Erscheinungen sind. Besteht nämlich das Charakteristische des Systems darin, daß sein Erstes das von ihm Bestimmte einbehält, so ist darin schon ausgesprochen, daß die Erscheinungen, als solche durch das Erste einbegriffene, auf das Erste zurückbezogen sind. Dieses Zurückbezogensein der Glieder des teleologischen Systems auf dessen Erstes (was nicht von den Gliedern der Reihe gilt, wenn sie von der Vernunft als Totalität gedacht wird) ist jedoch gerade der bezeichnete Verweischarakter der teleologisch beurteilten Erscheinungen, der sie zu Dingen[206] macht. Die Transformation von Form und Gehalt des Weltbegriffs beruht insgesamt darauf, daß das Verhältnis des Unbedingten zum Bedingten verwandelt ist. Indem dieses Verhältnis die Äußerlichkeit abgestreift hat, wird sowohl das endlose, dem Verstand überlassene Fortgehen von Bedingtem zu Bedingtem zurückgenommen als auch dem Bedingten zugesprochen, das Unbedingte selbst darzustellen.

b. Welt als Schöpfung und Welt der Freiheit

Der Schluß der praktisch reflektierenden Urteilskraft vom unbedingten Grund (dem Endzweck) auf die unbedingte Ursache (den moralischen

205 Vgl. Boeder (1980) 516.

206 Kant hat Erscheinung und Ding nicht als Termini entgegengesetzt, an einer Stelle hebt er jedoch hervor, daß das teleologisch Beurteilte eo ipso nicht mehr nur Erscheinung ist: „und daß endlich in dem übersinnlichen Princip der Natur (sowohl außer uns als in uns) gar wohl die Vereinbarkeit beider Arten sich die Möglichkeit der Natur vorzustellen liegen könne, indem die Vorstellungsart nach Endursachen nur eine subjective Bedingung unseres Vernunftgebrauchs sei, wenn sie die Beurtheilung der Gegenstände *nicht bloß als Erscheinungen* angestellt wissen will, *sondern diese Erscheinungen* selbst sammt ihren Principien *auf das übersinnliche Substrat zu beziehen* verlangt, um gewisse Gesetze der Einheit derselben möglich zu finden, die sie sich nicht anders als durch Zwecke (wovon die Vernunft auch solche hat, die übersinnlich sind) vorstellig machen kann" (KU, AA 5, 429). Zu bemerken ist wiederum die

Welturheber) zerlegt sich in zwei Teilschlüsse, und diese Zerlegung macht deutlich, wie der Schöpfungsgedanke in den Herrschaftsbezirk der Idee der Freiheit übersetzt wird.

Aus der „praktischen Nothwendigkeit" (450) und der mangelnden „physischen Möglichkeit" (450) des höchsten Gutes, der Glückseligkeit unter der Bedingung der Würdigkeit, glückselig zu sein, ist nicht sogleich (wie es verkürzt in § 87 geschieht) auf einen moralischen Welturheber zu schließen. Die Reichweite des ersten Teilschlusses begrenzt sich wie folgt: „Also haben wir einen moralischen Grund, uns an einer Welt auch einen Endzweck der Schöpfung zu denken." (455) Endzweck der Schöpfung ist hier als realisierter Endzweck, als Wirkung verstanden und bedeutet „diejenige Beschaffenheit der Welt, die zu . . . dem Endzwecke unserer reinen praktischen Vernunft . . . übereinstimmt" (455). Der sich auf die praktische Notwendigkeit des Endzwecks stützende reflektierende Schluß führt demnach im ersten Schritt lediglich dahin, aufgrund der Notwendigkeit des Endzwecks seine Wirklichkeit anzunehmen. Es spricht nichts dagegen, vermittels dieses ersten Teilschlusses zu der notwendigen Wirkung auch die Ursache hinzuzusetzen, wenn dabei der Begriff dieser Ursache völlig unbestimmt gelassen wird. Zunächst besteht nur das Recht, „*Etwas*, das den Grund der Möglichkeit und der praktischen Realität, d. i. der Ausführbarkeit, eines nothwendigen moralischen Endzwecks enthält" (457), vorauszusetzen. Dieses Etwas ist darauf beschränkt, Ursache zur praktisch notwendigen Wirkung zu sein. Dieses Etwas ist jedoch noch nicht Schöpfergott. Kant legt hier wie bei den Schlüssen der reflektierenden Urteilskraft insgesamt größtes Gewicht auf den ordo probandi. Wird dieser beachtet, so ist das Resultat des ersten Teilschlusses die Welt in ihrer dem Endzweck gemäßen Wirklichkeit, nicht schon der Schöpfer dieser Welt. Die Schöpfung, eben die gemäß dem moralischen Endzweck bestimmte Welt, ist die durch praktisch reflektierende Urteilskraft primär notwendige Annahme.

Sieht man die Namenerklärungen zusammen, die Kant dem überkommenen Namen „Schöpfung" beigibt, so fällt an ihnen genau das ins Auge,

---

doppelte Bedeutung des Übersinnlichen: das „übersinnliche Princip der Natur" ist das, in dem Mechanismus und Teleologie ununterschieden sind; das durch die Teleologie berufene Übersinnliche, auf das die Erscheinungen bezogen werden, ist der architektonische Verstand und weiter sein übersinnlicher Zweck, der Endzweck aus Freiheit.

was sich durch die Zerlegung des Schlusses auf die Weltursache ergibt. Schöpfung als Wirkung heißt nicht mehr als die Welt auf ihr Dasein hin betrachtet (vgl. Überschrift § 84; „Schöpfung, d. i. die Welt selbst, ihrer Existenz nach" (453 Z 29 f.)), worin also noch keinerlei Hinweis auf den Schöpfer liegt. Weiter wird auch die Beschaffenheit dieser Welt eingeschlossen: „Schöpfung, d. i. [die] Existenz der Dinge gemäß einem Endzwecke" (455 Z 16) – „gemäß einem Endzwecke" heißt aber gemäß dem aus Freiheit gesetzten Endzweck; in die Namenerklärung wird so nicht der Bezug auf den Schöpfer, sondern auf den Menschen als Weltwesen genommen.

In dieselbe Richtung geht die Erklärung der Schöpfung in aktiver Bedeutung (als Kausalität): „Noch ist anzumerken, daß wir unter dem Wort Schöpfung, wenn wir uns dessen bedienen, nichts anders, als was hier gesagt worden ist, nämlich die Ursache vom Dasein einer Welt, oder der Dinge in ihr (der Substanzen), verstehen; wie das auch der eigentliche Begriff dieses Worts mit sich bringt (actuatio substantiae est creatio): welches mithin nicht schon die Voraussetzung einer freiwirkenden, folglich verständigen Ursache (deren Dasein wir allererst beweisen wollen) bei sich führt." (449 Anm.) Der Begriff der Schöpfung, als Wirkung oder Verursachung, wird zuerst ohne Rücksicht auf den Schöpfer (als Gott) gefaßt, um einerseits diesen Begriff aus der Verklammerung mit der theologischen Metaphysik zu lösen, andererseits den Begriff des Schöpfers so auszulegen, wie er von der praktisch reflektierenden Urteilskraft gebraucht wird.

Wenn nun, dem ordo probandi gemäß, zunächst auf die Welt als Schöpfung und dann erst, im zweiten Teil des Schlusses, auf den Schöpfer dieser Welt als Gott geschlossen wird (455 Z 20), d. h. als verständiges und moralisches Wesen (dieser Schluß der praktisch reflektierenden Urteilskraft verbindet sich mit dem vorbereitenden physikotheologischen der theoretischen Urteilskraft zufolge der Maxime der Einheit der Prinzipien (456)), so bekundet sich darin erneut der in der Kritik der Urteilskraft begegnende Weltgebrauch der theologischen Idee. Der Sinn dieses Weltgebrauchs kann an dieser Stelle weiter präzisiert werden.

Der Schluß der praktisch reflektierenden Urteilskraft auf eine Theologie geht vom Grund (dem Endzweck) auf die ihm entsprechende Ursache. Durch diese Schlußrichtung ist bereits ausgeschlossen, daß der

Schöpfergott, als welcher diese Ursache weitergedacht wird, selbst Zweck der Schöpfung sei. Die Schöpfung des Schöpfers steht unter dem Endzweck, den sich die endliche praktische Vernunft selbst setzt und sein Dasein wird umwillen der vorstellbaren Realisierung dieses Endzwecks angenommen. Weil die höchste Vernunft nicht selbst Zweck der Schöpfung ist, erfordert (436 Z 29) sie einen Endzweck der Schöpfung. Das Dasein des höchsten Wesens wird angenommen, um „eine beabsichtigte Wirkung als möglich denken zu können" (456 Z 36), und seine Eigenschaften vorgestellt „nach Beschaffenheit der von ihm *erwarteten* Wirkung" (457 Z 17 f.). Wenn die traditionelle Lehre, „die Ehre Gottes" (449 Z 32) sei Zweck der Schöpfung, noch beibehalten wird, so doch transponiert in die moralische Teleologie – die Ehre Gottes ist der „*Erfolg* nach moralischen Gesetzen" (449 Z 31 f.).[207]

Der Kantische Welturheber ist nicht Zweck seiner Schöpfung. Heißt dies, daß er Mittel der Schöpfung sei? So abwegig sich dies auf den ersten Blick ausnehmen mag, so wird man doch fast unweigerlich zu diesem Satz gedrängt. Der Angelpunkt des moralischen Beweises ist, daß zum Grund die Ursache gesucht wird, anders gewendet: zum Zweck der Freiheit wird die Kausalität gesucht, welche seine Ausführbarkeit ermöglicht, diese gebrauchte Kausalität hat aber die Stellung eines „Mittels" (450 Z 24) zu diesem Zweck.

Gleichwohl wäre der eigentümliche Weltgebrauch der theologischen Idee aus der Forderung des höchsten Gutes mißverstanden, legte man den Sinn dieses Brauchens und Gebrauchens in dieser Weise aus. Es verhält sich zwar so, daß Absicht und Stoff zur Bestimmung des Welturhebers aus der moralischen Teleologie gezogen werden. Dies Bestimmtwerden geschieht jedoch dergestalt, daß der Welturheber als moralisches Wesen, d. h. als den Zweck – der allerdings primär derjenige der endlichen Vernunft ist – sich selbst setzend vorausgesetzt wird. Eben dadurch, daß der für die Schöpfung gebrauchte Schöpfer als moralisches Wesen gebraucht wird, verbietet sich die Vorstellung seiner als eines Mittels. Kant hat dieses Sich-Richten der Theologie nach der moralischen Teleologie, welches gleichwohl dem höchsten Wesen nicht die untergeordnete Stel-

---

207 Dementsprechend wird die Gütigkeit als Zweck der Schöpfung unter die Bedingung der Heiligkeit gestellt (KPV, AA 5, 131; KU, 436 Z 30 ff.).

lung der bloßen Ursache (des Mittels) anweist, mit Genauigkeit ausgesprochen: Im Menschen als moralischem Wesen haben wir „ein *Princip*, die Natur und Eigenschaften dieser ersten *Ursache* [der verständigen Weltursache] als obersten *Grundes* im Reiche der Zwecke zu denken" (444). Die Folge ist also die, daß zwar zum Grund lediglich die Ursache durch Urteilskraft hinzugedacht, hernach aber eben dieser Ursache wiederum die Dignität des Grundes zuerkannt wird.

Die bezeichnete Auslegung der Schöpfung als Dasein der Welt gemäß dem moralischen Endzweck und der Gebrauch der theologischen Idee für diese Welt übersetzen die Idee der geschaffenen Welt in den Bezirk des Freiheitsprinzips. In der geschaffenen Welt wird nicht mehr die Spur des Schöpfers gelesen. Es wird ihr der Wink entnommen, daß der Freiheitszweck realisierbar sei. Der Schöpfer ist nicht selbst Bestimmungsgrund der Schöpfung. Er ist dahin bestimmt, Bedingung der Möglichkeit des höchsten Gutes der endlichen Weltwesen zu sein. Nimmt man dieses Resultat der Kritik der Urteilskraft zusammen mit dem Beginn, den die Dialektik der theoretischen Vernunft macht, so läßt sich sagen:

In der Kritik der reinen Vernunft wird die Idee der Welt insofern aus der Tradition gelöst, als sie nicht mehr erstlinig durch das Geschaffensein ausgezeichnet ist, sondern sich auf die Erschließung des grundlegenden Verhältnisses von Natur und Freiheit hin definiert. Dieses Verabschieden des Geschaffenseins der Welt und die Inanspruchnahme der Welt für das Prinzip der Freiheit ist gleichsam in statu nascendi an der Freiheitsantinomie zu beobachten, indem sich das Interesse der Beweise von der ersten Ursache der Welt auf die freie Ursache in der Welt verschiebt.

Die Kritik der Urteilskraft hingegen geht von diesem Resultat der Entbindung der Welt-Idee aus der kritisierten theologischen Metaphysik, vom Inbegriff der Erscheinungen aus, um das kritische Geschäft zu vervollständigen. Dies tut sie, indem sie den Schöpfungsgedanken nicht bloß abstößt, vielmehr ihn der Idee der Freiheit vindiziert.

VI. Das System der Ideen

Die Untersuchung des Zusammenhangs der Ideen von Welt und Freiheit hat sich von jener Anmerkung zum System der transzendentalen Ideen,[208] welche deren theoretische und praktische Sequenz konfrontiert, anregen lassen, war dabei aber konzentriert auf die Differenz der beiden in mittlerer Position stehenden Ideen, ohne die Folge als solche zum Gegenstand zu machen. Der letzte Abschnitt der Kritik der Urteilskraft (§ 91) gibt nun Gelegenheit, auch die Weise der Verknüpfung der Ideen zu einem System zu erläutern.

In jener Anmerkung hatte Kant von der analytischen (Seele, Welt, Gott) und synthetischen (Gott, Freiheit, Unsterblichkeit) Folge der Ideen gesprochen und die synthetische als die „schicklichste" für eine systematische Darstellung bezeichnet. Es ist jedoch nicht so, daß die praktische Fassung der Ideen unumgänglich mit dieser synthetischen Folge verbunden sei, wie es die Entgegensetzung der Anmerkung nahezulegen scheint. Im Gegenteil, die Ausführung des Zusammenhangs der Ideen in der Kritik der praktischen Vernunft fordert eine Folge, die nicht mit der Idee Gottes, sondern mit der Idee der Freiheit den Anfang macht, um die Ideen von Gott und Unsterblichkeit durch die Mitte des höchsten Gutes an diese anzuschließen. Dementsprechend wird in der Fortschrittsschrift der Unterschied von analytischer und synthetischer Methode der Darstellung an der praktischen Fassung der Ideen selbst gemacht, so daß die Zuordnung der Anmerkung (theoretische Ideen – analytische Methode; praktische Ideen – synthetische Methode) unterlaufen wird. In der Ordnung Freiheit, Gott, Unsterblichkeit sind die Ideen analytisch, in der von

---

208 KRV, B 395.

Gott, Freiheit, Unsterblichkeit sind sie synthetisch verknüpft.[209] Lassen sich also die praktischen Ideen sowohl analytisch als auch synthetisch verknüpfen, so muß die Frage der schicklichsten Verknüpfung noch einmal gestellt werden.

Zieht man zusammen, was zu den beiden Methoden überhaupt gesagt wird, so ist die analytische Methode diejenige, die vom Principiatum zum Princip geht,[210] von dem, was wir kennen, zu den „Quellen . . ., die man noch nicht kennt",[211] während die synthetische den Weg genau umkehrt und eben deshalb, weil sie vom Prinzip ausgeht, der systematischen Bearbeitung angemessen ist, wie es sowohl in der besagten Anmerkung als auch in der Logik heißt.[212] Es bietet sich an, der synthetischen Methode als der systematischen die analytische als die genetische[213] entgegenzusetzen, insofern diese dem Zustandekommen der Erkenntnis nachgeht.

Im § 91 wird nun der systematische Zusammenhang der Ideen so hergestellt, daß sie und ihre Gegenstände genommen werden, wie sie „für uns" (467 Z 4) sind. Unter diesem Vorzeichen ist von vornherein zu erwarten, daß die analytische Sequenz der Ideen leitend wird, die nämlich an dem orientiert ist, was für uns das Bekanntere ist. Das Erste für uns ist die Freiheit als Tatsache,[214] während die Bedingungen der Möglich-

---

209 Preisschrift über die Fortschritte der Metaphysik, AA 20, 295.

210 Logik, AA 9, 149.

211 PROL, AA 4, 275.

212 Logik, AA 9, 149.

213 Kant bedient sich zwar dieses Ausdrucks nicht als Gegenbegriff, spricht aber in der zit. Ergänzung zur Fortschrittsschrift (AA 23, 473) davon, daß die Ideen, sofern man auf ihren Gebrauch (für uns) achtet, genetisch behandelt werden.

214 Nicht so sehr, daß Kant die Freiheit zu den Tatsachen rechnet, als vielmehr, daß er ihr Beweisbarkeit in der Erfahrung zuspricht (vgl. KU, AA 5, 468 Z 28, 473 Z 33, 474 Z 17, Z 24, 475 Z 19), bereitet einige Schwierigkeit. Zunächst ist entschieden festzuhalten, daß der Satz im Kanon-Abschnitt der KRV („Die praktische Freiheit kann durch Erfahrung bewiesen werden." (B 830)) bloß das arbitrium liberum, die empirisch-praktische Freiheit betrifft (B 831 Z 34!) und so nicht auf dem Niveau der KU steht. Wie die Beweisbarkeit in der Erfahrung verstanden werden mag, erhellt eine Passage aus der „Verkündigung des nahen Abschlusses eines Traktats zum ewigen Frieden in der Philosophie", in der sie durch Kontrast deutlich wird: „Nun giebt es doch Etwas in der menschlichen Vernunft, was uns *durch keine Erfahrung bekannt* werden kann und doch seine Realität und Wahrheit *in Wirkungen beweiset, die in der Erfahrung dargestellt*, also auch (und zwar nach einem Princip a apriori) schlechterdings können geboten werden." (AA 8, 416) Das „in der Erfahrung beweisen" widerruft also nicht die nie aufgegebene Lehre von der Verborgenheit des moralischen Werts der Handlungen, Freiheit

keit des höchsten Gutes, Gott und die Unsterblichkeit der Seele, nur vermittels der Beziehung auf diese Tatsache als Glaubenssachen anerkannt werden.

Wenn demnach der ausgeführte Schlußzusammenhang der Ideen sowohl in der Kritik der praktischen Vernunft als auch in der Kritik der Urteilskraft analytisch ist, so kann kein Zweifel bestehen, daß die analytische Methode in bezug auf die Ideen, jener Anmerkung ungeachtet, die angemessenste ist. Diesen Vorzug verdient die analytische Folge deshalb, weil sie, näher besehen, der synthetischen nicht mehr entgegengesetzt ist. Auf dem Standpunkt des Selbstbewußtseins fällt die analytisch-genetische Folge mit der synthetisch-systematischen zusammen. Das, was für uns das Erste ist, sich uns unmittelbar offenbart, ist schon das Prinzip selbst, hat nicht die Bedeutung, bloß Weg zum Prinzip (zu den Ideen von Gott und Unsterblichkeit) zu sein. Was uns zuerst zur Kenntnis kommt, ist auch der Sache nach das Erste. Gott und Unsterblichkeit werden zu „Sachen", d. h. (vgl. 469 Z 31) nehmen objektive Realität an nur in Ableitung von der Tat-Sache der Freiheit. Dem Selbstbewußtsein ist die Bekanntheit des Für-uns so wesentlich, daß es auch das höchste Wesen nur aus dem und als das Verhältnis zum höchsten Gut (457 Z 23) anerkennt, die Erforschung dessen, „was es *an sich* selbst sei" als „eben so zwecklosen als vergeblichen Vorwitz" (465 Z 35) verwerfend.

Ist nun die analytische Methode, als zugleich synthetische, die maßgebliche für die praktische Idee, so bleibt es merkwürdig, daß Kant, und zwar nicht bloß in der zitierten Anmerkung, dennoch die in der Fortschrittsschrift der analytischen als synthetische entgegengesetzte Folge von Gott, Freiheit, Unsterblichkeit nennt, sogar häufiger als die eigentlich notwendige und auch im Anschluß an das im § 91 zum System der Ideen Gesagte (473 Z 7).

Der vorhin im Kontext des Schlusses der reflektierenden Urteilskraft vom Grund (dem höchsten Gut) auf die Ursache (den Welturheber) her-

---

wird nie durch Erfahrung bekannt, auf sie ist nicht aus der Erfahrung zu schließen (KPV, AA 5, 29 Z 31). „Freiheit beweisen" ist demnach nicht zu hören wie: Freiheit nachweisen, sondern eher wie: Freiheit realisieren, welche Realisierung allerdings erscheinende Wirkungen zeitigen kann; von diesen (theoretisch) auf die Freiheit zu schließen, ist nicht der Sinn des angesprochenen Beweises, dieser ist in der praktischen Richtung des Dartuns, Darstellens gelegen.

ausgestellte Sachverhalt, daß nämlich Gott als die moralisch geforderte Ursache der Welt in der Folge auch wieder als Grund anerkannt wird, erklärt ebenso den Gebrauch der synthetischen Sequenz. Die Inanspruchnahme der Idee Gottes greift so tief, ihm als Schöpfer und Gesetzgeber die Stellung des Prinzips, des „ursprünglichen" höchsten Gutes zu leihen, obgleich die objektive Realität der Idee Gottes von der Idee des höchsten Gutes als Endzweck der endlichen praktischen Vernunft deriviert ist. Dieser der theologischen Idee kraft Selbstgesetzgebung gelassenen Stellung entspringt aber die synthetische Verknüpfung der Ideen, in der von der theologischen Idee ausgegangen wird, gleich als ob sie Prinzip sei, zu dem wir „auf dem bloß theoretischen Wege" (474 Z 8) nicht, wohl aber auf praktischem Wege gelangen. Die synthetische Folge sieht so aus, als ob sie die der Tradition sei: in der Verkettung eines „zurechnenden Vernunftschlusses"[215] stehen die Ideen von Gott als Gesetzgeber, der Freiheit als Vermögen, seine Gebote zu erfüllen und der Unsterblichkeit, in welcher der Erfolg dieser Erfüllung gewährt wird – und ist doch vom Grunde her dem Selbstbewußtsein unterstellt. Die analytische (und unter den Bedingungen des Selbstbewußtseins auch synthetisch zu nennende) Folge zeigt ausdrücklich, wie sich die Ideen von Gott und Unsterblichkeit der Erkenntnis (und der Sache) nach an die Idee der Freiheit vermöge eines Glaubens als „freien Fürwahrhaltens" (472 Z 9)[216] anschließen und ist so die der Moral. Durch die synthetische Folge wird der theologischen Idee die Position des Ersten eingeräumt, dies jedoch, ohne das Bedingungsverhältnis der analytischen Folge aufzuheben. Das Selbstbewußtsein eignet sich vielmehr die überkommene synthetische Folge zu, die deshalb zu der einer moralischen Religion wird.

---

215 Verkündigung des nahen Abschlusses eines Traktats zum ewigen Frieden in der Philosophie, AA 8, 418.

216 Wieder erweist sich die Freiheit des Urteils der reflektierenden Urteilskraft als terminus medius zwischen Fremdbestimmung und Selbstbestimmung, welche Mitte zuerst in der Freiheit qua Interesselosigkeit des Geschmacksurteils eingeführt wurde. Zum Fürwahrhalten bestimmt sich das Weltwesen selbst, jedoch ohne dazu genötigt zu sein; in der KPV heißt es: „die Art, wie wir uns eine solche Harmonie der Naturgesetze mit denen der Freiheit denken sollen, hat etwas an sich, in Ansehung dessen uns eine *Wahl* zukommt" (AA 5, 144 f.).

Zitierweise

Zitatangaben in Klammern ohne weiteren Zusatz beziehen sich im ersten Teil auf die Kritik der reinen Vernunft, im zweiten Teil auf die Kritik der Urteilskraft (Paginierung der Akademie-Ausgabe). Die Sperrungen in Kant-Zitaten sind weggelassen worden, die Kursivierungen stammen von mir, fallen aber ggfs. mit den Hervorhebungen des Originals zusammen. Sekundärliteratur wird in der Regel nach Verfassernamen und Erscheinungsjahr zitiert.

AA	Akademie-Ausgabe (Kant)
EE	Erste Einleitung in die Kritik der Urteilskraft
GA	Gesamtausgabe (Heidegger)
GMS	Grundlegung zur Metaphysik der Sitten
KPV	Kritik der praktischen Vernunft
KRV	Kritik der reinen Vernunft
KU	Kritik der Urteilskraft
MS	Metaphysik der Sitten
PROL	Prolegomena

Literaturverzeichnis

1. Quellen

Baumgarten, A. G.: Metaphysica, 2. Nachdruck der 7. Aufl. Halle 1779 ([1]1739), Hildesheim 1982.
Fichte, J. G.: Werke, hg. von I. H. Fichte, Nachdruck Berlin 1971 (Berlin [1]1845-1846 und Bonn [1]1834-1835).
Hegel, G. W. F.: Werke, hg. von E. Moldenhauer und K.-M. Michel, Frankfurt a. M. 1986.
Hume, D.: A Treatise of Human Nature, hg. von L. A. Selby-Bigge und P. H. Nidditch, Oxford 1992.
-: Enquiries Concerning Human Understanding and Concerning the Principles of Morals, hg. von L. A. Selby-Bigge und P. H. Nidditch, Oxford 1992.
Kant, I.: Gesammelte Schriften, hg. von der Königlich Preußischen Akademie der Wissenschaften, Berlin 1902 ff. (Nachdruck von Bd. 1-9 Berlin 1968).
-: Briefwechsel, hg. von O. Schöndörffer und R. Malter, Hamburg 1986.
-: Manuscrit de Duisbourg, hg. von F.-X. Chenet, Paris 1988.
Leibniz, G. W.: Opera philosophica, hg. von J. E. Erdmann, Nachdruck Aalen 1959.
-: Opuscules et fragments inédits de Leibniz, hg. von L. Couturat, Nachdruck Hildesheim 1961 (Paris [1]1903).
-: Theodizee, übers. von A. Buchenau, Hamburg 1968.
Rousseau, J. J.: Oeuvres complètes, Paris 1969 ff.
Wolff, C.: Vernünfftige Gedancken von Gott, der Welt und der Seele des Menschen, auch allen Dingen überhaupt, Nachdruck der Ausgabe Halle 1751 ([1]1720), in: Gesammelte Werke, hg. von J. Écoloe u. a., I. Abt., Bd. 2 (hg. von C. A. Corr), Hildesheim 1983.

2. *Sekundärliteratur*

Adickes, E.: Kants Systematik als systembildender Faktor, Berlin 1887.

Allison, H. E.: Transcendental Idealism and Descriptive Metaphysics, in: Kant-Studien 60 (1969) 216-233.

-: Practical and Transcendental Freedom in the Critique of Pure Reason, in: Kant-Studien 73 (1982) 271-290.

Bartuschat, W.: Zum systematischen Ort von Kants Kritik der Urteilskraft, Frankfurt a. M. 1972.

Baum, M.: Der Aufbau der Deduktion der Kategorien, in: G. Funke und T. M. Seebohm (Hg.): Proceedings of the Sixth International Kant Congress (Pennsylvania State University 1985), Washington 1989, Vol. II/1, 143-156.

-: Kants Prinzip der Zweckmäßigkeit und Hegels Realisierung des Begriffs, in: H.-F. Fulda und R.-P. Horstmann (Hg.): Hegel und die „Kritik der Urteilskraft" (Veröffentlichungen der Internationalen Hegel-Vereinigung, Bd. 18), Stuttgart 1990, 158-173.

Baumanns, P.: Das Problem der organischen Zweckmäßigkeit, Bonn 1965.

-: Kants vierte Antinomie und das Ideal der Vernunft, in: Kant-Studien 79 (1988) 183-200.

Beck, L. W.: Kants „Kritik der praktischen Vernunft". Ein Kommentar, Übers. u. Einl. von K.-H. Ilting, München 1974 (A Commentary on Kant's Critique of Practical Reason, Chicago 1960).

Becker, D. E.: Kants Weg zu Lehre vom Übergang, Diss. Hamburg 1972.

Bennett, J.: Kant's Dialectic, Cambridge 1974.

Biemel, W.: Die Bedeutung von Kants Begründung der Ästhetik für die Philosophie der Kunst (Kant-Studien, Ergänzungsheft 77), Köln 1959.

Bobzien, S.: Die Kategorien der Freiheit bei Kant, in: W. Röd u. a. (Hg.): Kant. Analysen – Probleme – Kritik, Würzburg 1988, 193-219.

Boeder, H.: Die Reflexion (Kant), Unveröffentlichte Vorlesung WS 1967/1968.

-: Vom Schein der transzendentalen Ideen, Unveröffentlichte Vorlesung SS 1968.

-: Das natürliche Bewußtsein, in: Hegel-Studien 12 (1977) 156-178.

-: Topologie der Metaphysik, Freiburg/München 1980.

-: Natur und Menschenwesen, in: Acta Institutionis Philosophiae et Aestheticae 3 (Tokyo 1985) 27-39.

-: Das Vernunft-Gefüge der Moderne, Freiburg/München 1988.

-: Rousseau oder der Aufbruch des Selbstbewußtseins, in: H. Busche, G. Heffernan und D. Lohmar (Hg.): Bewußtsein und Zeitlichkeit. Ein Problemschnitt durch die Philosophie der Neuzeit, Würzburg 1990 a, 1-21.

-: Rousseau oder der Aufbruch des Selbstbewußtseins (Kurzfassung), in: Jahrbuch der Braunschweigischen Wissenschaftlichen Gesellschaft 1989 (Göttingen 1990 b) 167-170.

Borsche, T.: Nachdenken über die Weisheit. Drei Kolloquien, in: Allgemeine Zeitschrift für Philosophie 18/2 (1993) 61-72.

Brandt, R.: Die Urteilstafel. Kritik der reinen Vernunft A 67-76; B 92-201 (Kant-Forschungen, Bd. 4), Hamburg 1991.

Busche, H.: Die spielerische Entgegnung der Idee auf die ernste Natur. Versuch über Kants Analytik des Erhabenen, in: Zeitschrift für philosophische Forschung 45 (1991) 511-529.

Caird, E.: The Critical Philosophy of Immanuel Kant, 2 Bde., Amsterdam 1969 (Glasgow [1]1889).

Carl, W.: Der schweigende Kant. Die Entwürfe zu einer Deduktion der Kategorien vor 1781 (Abhandlungen der Akademie der Wissenschaften in Göttingen, Philologisch-Historische Klasse, Folge 3, Nr. 182), Göttingen 1989.

Cassirer, E.: Kants Leben und Lehre, Berlin 1921.

Cassirer, H. W.: A Commentary on Kant's Critique of Judgment, London 1938.

Couturat, L.: La logique de Leibniz. D'après des documents inédits, Nachdruck Hildesheim 1969 (Paris 1901).

Crawford, D. W.: Kant's Aesthetic Theory, Madison 1974.

Delekat, F.: Immanuel Kant. Historisch-kritische Interpretation der Hauptschriften, Heidelberg [3]1969 ([1]1962).

Derrida, J.: Parergon, engl. Übersetzung in: Ders.: The Truth in Painting, hg. von G. Bennington und I. McLeod, Chicago 1987 (La Vérité en peinture, Paris 1978).

Dörflinger, B.: Die Realität des Schönen in Kants Theorie rein ästhetischer Urteilskraft. Zur Gegenstandsbedeutung subjektiver und formaler Ästhetik, Bonn 1988.

Düsing, K.: Rez. von: W. Bartuschat: Zum systematischen Ort von Kants Kritik der Urteilskraft, Frankfurt a. M. 1972, in: Kant-Studien 65 (1974) 222 f.

-: Die Teleologie in Kants Weltbegriff (Kant-Studien, Ergänzungsheft 96) Bonn [2]1986 ([1]1968).

-: Naturteleologie und Metaphysik bei Kant und Hegel, in: H.-F. Fulda und R.-P. Horstmann (Hg.): Hegel und die „Kritik der Urteilskraft" (Veröffentlichungen der Internationalen Hegel-Vereinigung, Bd. 18), Stuttgart 1990, 139-157.

Eisler, R.: Kant-Lexikon, Hildesheim 1977 ([1]1930).

Enge, T. O.: Der Ort der Freiheit im Leibnizschen System, Königstein/Ts. 1979.

Fulda, H.-F. und Horstmann, R.-P. (Hg.): Hegel und die „Kritik der Urteilskraft" (Veröffentlichungen der Internationalen Hegel-Vereinigung, Bd. 18), Stuttgart 1990.
Funke, G.: Kants Satz: Die praktische Freiheit kann durch Erfahrung bewiesen werden, in: Revue internationale de philosophie 35 (1981) 207-221.
Funke, G., Klein, M. und Seebohm, T. M. (Hg.): Akten des 7. Internationalen Kant-Kongresses (Kurfürstliches Schloß zu Mainz 1990), Bd. I: Begrüßungsansprache, Festvorträge, Plenarvorträge, Bd. II/1 und II/2: Sektionen, Bonn 1991.
Funke, G. und Seebohm, T. M. (Hg.): Proceedings of the Sixth International Kant Congress (Pennsylvania State University 1985), Vol. I: Invited Papers, Kant-Bibliography 1970-1985, Vol. II/1 and II/2: Group Sessions, Washington 1989.
Gabel, G. U.: Immanuel Kant. Ein Verzeichnis der Dissertationen aus den deutschsprachigen Ländern 1900-1980, Köln 1987.
Gadamer, H.-G.: Wahrheit und Methode. Grundzüge einer philosophischen Hermeneutik, Tübingen 41975 (11960).
Gerhard, V. und Kaulbach, F.: Kant, Darmstadt 1979.
Gibson, A. B.: Freedom, in: R. Klibansky (Hg.): Contemporary Philosophy. A Survey, IV. Ethics Aesthetics Law Religion Politics Historical and Dialectical Materialism, Firenze 1971, 48-59.
Guyer, P.: Kant and the Claims of Taste, Cambridge (Mass.) 1979.
-: Kant and the Claims of Knowledge, Cambridge 1987.
Heidegger, M.: Kant und das Problem der Metaphysik (GA 3), Frankfurt a. M. 1991 (11929).
-: Vom Wesen des Grundes, in: Wegmarken (GA 9), Frankfurt a. M. 1976 (11929), 123-175.
-: Kants These über das Sein, in: Wegmarken (GA 9), Frankfurt a. M. 1976 (11962), 445-480.
-: Die Grundprobleme der Phänomenologie, Marburger Vorlesung SS 1927 (GA 24), Frankfurt a. M. 1975.
-: Phänomenologische Interpretation von Kants Kritik der reinen Vernunft, Marburger Vorlesung WS 1927/1928 (GA 25), Frankfurt a. M. 1977.
-: Die Grundbegriffe der Metaphysik. Welt – Endlichkeit – Einsamkeit, Freiburger Vorlesung WS 1929/1930 (GA 29/30), 2. Aufl. Frankfurt a. M. 1992.
-: Vom Wesen der menschlichen Freiheit. Einleitung in die Philosophie, Freiburger Vorlesung 1930 (GA 31), Frankfurt a. M. 1982.
-: Die Frage nach dem Ding. Zu Kants Lehre von den transzendentalen Grundsätzen (GA 41), Frankfurt a. M. 1984 (11962).

-: Nietzsche: Der Wille zur Macht als Kunst, Freiburger Vorlesung WS 1936/1937 (GA 43), Frankfurt a. M. 1985.

Heimsoeth, H.: Zum kosmotheologischen Ursprung der kantischen Freiheitsantinomie, in: Kant-Studien 57 (1966 a) 206-229.

-: Transzendentale Dialektik. Ein Kommentar zu Kants Kritik der reinen Vernunft, Bd. I, Ideenlehre und Paralogismen, Berlin 1966 b; Bd. II, Vierfache Vernunftantinomie, Natur und Freiheit, intelligibler und empirischer Charakter, Berlin 1967; Bd. III, Das Ideal der reinen Vernunft, Berlin 1969; Bd. IV, Die Methodenlehre, Berlin 1971.

Heintel, P.: Die Bedeutung der Kritik der ästhetischen Urteilskraft für die transzendentale Systematik (Kant-Studien, Ergänzungsheft 90), Bonn 1970.

Henrich, D.: Identität und Objektivität. Eine Untersuchung über Kants transzendentale Deduktion (Sitzungsberichte der Heidelberger Akademie der Wissenschaften, Philosophisch-Historische Klasse, 1976), Heidelberg 1976.

Högemann, B.: Die Idee der Freiheit und das Subjekt. Eine Untersuchung von Kants Grundlegung zur Metaphysik der Sitten (Monographien zur Philosophischen Forschung, begr. von G. Schischkoff, Bd. 196), Königstein/Ts. 1980.

Holzhey, H.: Das philosophische Realitätsproblem. Zu Kants Unterscheidung von Realität und Wirklichkeit, in: J. Kopper und W. Marx (Hg.): 200 Jahre Kritik der reinen Vernunft, Hildesheim 1981, 79-111.

Hudson, H.: Wille, Willkür, and the Imputability of Immoral Actions, in: Kant-Studien 82 (1991) 179-196.

Juchem, H-G.: Die Entwicklung des Begriffs des Schönen bei Kant unter besonderer Berücksichtigung des Begriffs der verworrenen Erkenntnis, Bonn 1970.

Kaehler, K. E.: Leibniz – der methodische Zwiespalt der Metaphysik der Substanz, Hamburg 1979.

-: Leibniz' Position der Rationalität. Die Logik im metaphysischen Wissen der „natürlichen Vernunft“, Freiburg/München 1989.

Kaluza, B.: Kants „Kritik der Urteilskraft“ im Entwurfe beider Einleitungen, Diss. Basel 1971.

Kaulbach, F.: Ästhetische Welterkenntnis bei Kant, Würzburg 1984.

Kemal, S.: Kant and fine Art. An Essay on Kant and the Philosophy of Fine Art and Culture, Oxford 1986.

Kersting, W.: Das starke Gesetz der Schuldigkeit und das schwächere der Gütigkeit. Kant und die Pflichtenlehre des 18. Jahrhunderts, in Studia Leibnitiana XIV/2 (1982) 184-220.

-: Der kategorische Imperativ, die vollkommenen und die unvollkommenen Pflichten, in: Zeitschrift für philosophische Forschung 37 (1983) 404-421.

Kersting, W. und Sturma, D.: Eine zuverlässige Bestandaufnahme der Bemühungen um Kants Philosophie (. . . über den 6. Internationalen Kant-Kongress), in: Information Philosophie (1986) Heft 4, 34-50.
Klibansky, R. und Pears, D. (Hg.): La philosophie en Europe, publié avec le concours de l'Unesco, Éditions Gallimard/Unesco 1993.
Kneale, W. und Kneale, M.: The Development of Logic, Oxford 1988 (Oxford [1]1962).
Koch, L.: Rez. von: G. Krämling: Die systembildende Rolle von Ästhetik und Kulturphilosophie bei Kant, Freiburg/München 1985, in: Zeitschrift für philosophische Forschung 43 (1989) 564-567.
Kohler, G.: Geschmacksurteil und ästhetische Erfahrung. Beiträge zur Auslegung von Kants „Kritik der ästhetischen Urteilskraft" (Kant-Studien, Ergänzungsheft 111), Berlin 1980.
Kopper, M.: Rez. von: B. Dörflinger: Die Realität des Schönen in Kants Theorie rein ästhetischer Urteilskraft. Zur Gegenstandsbedeutung subjektiver und formaler Ästhetik, Bonn 1988, in: Kant-Studien 81 (1990) 488-490.
Krämling, G.: Die systembildende Rolle von Ästhetik und Kulturphilosophie bei Kant, Freiburg/München 1985.
Krausser, P.: Zu einer systematischen Rekonstruktion der Erkenntnis- und Wissenschaftstheorie in Kants Kritik der reinen Vernunft. Teil VI: Zum Verhältnis von Kategorien, Schemata und Grundsätzen und der Rolle der Analogien-Kapitel in der sogenannten „Deduktion", in: Kant-Studien 67 (1976) 141-155.
Krings, H.: Natur und Freiheit. Zwei konkurrierende Traditionen, in: Zeitschrift für philosophische Forschung 39 (1985) 3-20.
Krüger, G.: Philosophie und Moral in der Kantischen Kritik, Tübingen [2]1967 ([1]1931).
Malter, R.: Der Ursprung der Metaphysik in der reinen Vernunft. Systematische Überlegungen zu Kants Ideenlehre, in: J. Kopper und W. Marx (Hg.): 200 Jahre Kritik der reinen Vernunft, Hildesheim 1981, 169-210.
McCloskey, M. A.: Kant's Aesthetic, State Univ. of New York Pr. 1987.
McFarland, J. D.: Kant's Concept of Teleology, Edinburgh 1970.
McLaughlin, P.: Kants Kritik der teleologischen Urteilskraft, Bonn 1989 a.
-: What is an Antinomy of Judgment? in: G. Funke und T. M. Seebohm (Hg.): Proceedings of the Sixth International Kant Congress (Pennsylvania State University 1985), Washington 1989 b, Vol. II/2, 357-367.
Martin, G.: Sachindex zu Kants Kritik der reinen Vernunft, Berlin 1967.
Mathieu, V.: Kants Opus postumum, hg. von G. Held, Frankfurt a. M. [2]1989 (La Filosofia transcendentale et l'Opus postumum di Kant, Turin [1]1958).
Mertens, H.: Kommentar zur Ersten Einleitung in Kants Kritik der Urteils-

kraft. Zur systematischen Funktion der Kritik der Urteilskraft für das System der Vernunftkritik, München 1975.

Metz, W.: Kategoriendeduktion und produktive Einbildungskraft in der theoretischen Philosophie Kants und Fichtes (Spekulation und Erfahrung II, 21), Stuttgart-Bad Cannstatt 1991.

Model, A.: Metaphysik und reflektierende Urteilskraft bei Kant. Untersuchungen zur Transformierung des leibnizschen Monadenbegriffs in der „Kritik der Ureilskraft" (Monographien zur Philosophischen Forschung, Bd. 247), Frankfurt a. M. 1987.

Mothersill, M.: Beauty Restored, Oxford 1984.

Neumann, K.: Gegenständlichkeit und Existenzbedeutung des Schönen. Untersuchungen zu Kants „Kritik der ästhetischen Urteilskraft" (Kant-Studien, Ergänzungsheft 105), Bonn 1973.

Paton, H. J.: The Categorical Imperative. A Study in Kant's Moral Philosophy, New York [2]1967 (London [1]1946).

Patzig, G.: Der Kategorische Imperativ in der Ethik-Diskussion der Gegenwart, in: Ders.: Tatsachen, Normen, Sätze. Aufsätze und Vorträge, Stuttgart 1980 ([1]1978), 155-177 .

-: I. Kant: Wie sind synthetische Urteile a priori möglich? in: J. Speck (Hg.): Grundprobleme der großen Philosophen. Philosophie der Neuzeit II, Göttingen [2]1982 ([1]1976), 9-70.

Pérez Paoli, U. R.: Hegels Lehre vom Schluß, Diss. Braunschweig 1977.

Peter, J.: Das transzendentale Prinzip der Urteilskraft. Eine Untersuchung zur Funktion und Struktur der reflektierenden Urteilskraft bei Kant (Kant-Studien, Ergänzungsheft 126), Berlin 1992.

Prauss, G. (Hg.): Kant. Zur Deutung seiner Theorie von Erkennen und Handeln, Köln 1973.

-: Kant über Freiheit als Autonomie, Frankfurt a. M. 1983.

Pries, C. (Hg.): Das Erhabene. Zwischen Grenzerfahrung und Größenwahn, Weinheim 1989.

Ratke, H.: Systematisches Handlexikon zur Kritik der reinen Vernunft, Hamburg [2]1965 ([1]1929).

Riedel, M.: Urteilskraft und Vernunft. Kants ursprüngliche Fragestellung, Frankfurt a. M. 1989.

Sala, G. B.: Dürftige Zeit der Kantforschung (. . . über neue Literatur zur Kritik der reinen Vernunft), in: Information Philosophie (1984) Heft 1, 4-21.

Sallis, J.: The Gathering of Reason, Ohio 1980.

Scheer, B.: Zur Begründung von Kants Ästhetik und ihrem Korrektiv in der ästhetischen Idee, in: W. F. Niebel und D. Leisegang (Hg.): „Philosophie als Beziehungswissenschaft". Festschrift für J. Schaaf, Frankfurt a. M. 1972, XI/1-28.

Scheier, C.-A.: Die Selbstentfaltung der methodischen Reflexion als Prinzip der Neueren Philosophie (Symposion, Bd. 42), Freiburg/München 1973.

-: Der neuzeitliche Begriff der Einbildungskraft, Unveröffentlichte Vorlesung WS 1985/1986.

-: Die Bedeutung der Naturphilosophie im deutschen Idealismus, in: Philosophia Naturalis 23 (1986) 389-398.

-: Rez. von: J. Sallis: Die Krisis der Vernunft. Metaphysik und das Spiel der Einbildungskraft, übersetzt von G. Shaw (Paradeigmata, Bd. 4), Hamburg 1983, in: Philosophisches Jahrbuch 95 (1988) 413-416.

Schmucker, J.: Das Weltproblem in Kants Kritik der reinen Vernunft. Kommentar und Strukturanalyse des ersten Buches und des zweiten Hauptstücks des zweiten Buches der transzendentalen Dialektik (Conscientia, Studien zur Bewußtseinsphilosophie, hg. von G. Funke, Bd. 18), Bonn 1990.

Simon, J.: „Anschauung überhaupt" und „Unsere Anschauung". Zum Beweisgang in Kants Deduktion der Naturkategorien, in: G. Müller und T. M. Seebohm (Hg.): Perspektiven transzendentaler Reflexion. Festschrift G. Funke zum 75. Geburtstag, Bonn 1989, 135-156.

-: Kategorien der Freiheit und der Natur. Zum Primat des Praktischen bei Kant, in: D. Koch und K. Bort (Hg.): Kategorie und Kategorialität. Historisch-Systematische Untersuchungen zum Begriff der Kategorie im philosophischen Denken. Festschrift für Klaus Hartmann zum 65. Geburtstag, Würzburg 1990, 107-130.

Smith, N. K.: A Commentary to Kant's Critique of Pure Reason, London [2]1923 ([1]1918).

Sobel, J. E.: Arguing, Accepting, and Preserving Design in Heidegger, Hume and Kant, in: T. Cohen und P. Guyer (Hg.): Essays in Kant's Aesthetics, Chicago 1982, 271-305.

Spaemann, R.: Artikel „Freiheit", in: J. Ritter und K. Gründer (Hg.): Historisches Wörterbuch der Philosophie, Darmstadt 1971 ff.

Spaemann, R. und Löw, R.: Die Frage Wozu? Geschichte und Wiederentdekkung des teleologischen Denkens, München 1981.

Stockhammer, M.: Kants Zurechnungsidee und Freiheitsantinomie, Köln 1961.

Strawson, P. F.: The Bounds of Sense. An Essay on Kant's Critique of Pure Reason, London 1976 ([1]1966).

Stuhlmann-Laeisz, R.: Kants Logik. Eine Interpretation auf der Grundlage von Vorlesungen, veröffentlichten Werken und Nachlaß, Berlin 1976 (Zugleich Diss. Göttingen 1974).

-: Considerations Concerning the „Transcendental Deduction's" Structure of Argument, in: G. Funke und T. M. Seebohm (Hg.): Proceedings of the

Sixth International Kant Congress (Pennsylvania State University 1985), Washington 1989, Vol. II/1, 351-365.
Teichner, W.: Die intelligible Welt. Ein Problem der theoretischen und praktischen Philosophie I. Kants, Meisenheim/Gl. 1967.
Tonelli, G.: Von den verschiedenen Bedeutungen des Wortes Zweckmäßigkeit in der Kritik der Urteilskraft, in: Kant-Studien 49 (1957/1958) 154-166.
Trede, J. H.: Die Differenz von theoretischem und praktischem Vernunftgebrauch und dessen Einheit innerhalb der Kritik der Urteilskraft, Diss. Heidelberg 1969.
Walker, R. C. S.: Kant (The arguments of the philosophers), London 1978.
- (Hg.): Kant on Pure Reason, Oxford 1982.
-: Synthesis and Transcendental Idealism, in: Kant-Studien 76 (1985) 14-27.
Waxman, W.: Kant's Model of the Mind. A New Interpretation of Transcendental Idealism, New York/Oxford 1991.
Willascheck, M.: Rez. von: W. Waxman: Kant's Model of the Mind. A New Interpretation of Transcendental Idealism, New York/Oxford 1991, in: Zeitschrift für philosophische Forschung 47 (1993) 642-644.
Zanetti, V.: Die Antinomie der teleologischen Urteilskraft, in: Kant-Studien 84 (1993) 341-355.
Zubiria, M.: Die Teleologie und die Krisis der Principien, Diss. Braunschweig 1983.

Personenregister

Sachregister